Ernst Kroker

Katharina von Bora
Martin Luthers Frau

SEVERUS

Kroker, Ernst: Katharina von Bora. Martin Luthers Frau
Hamburg, SEVERUS Verlag 2013
Nachdruck der Originalausgabe von 1906

ISBN: 978-3-86347-382-2
Druck: SEVERUS Verlag, Hamburg, 2013

Der SEVERUS Verlag ist ein Imprint der Diplomica Verlag GmbH.

Bibliografische Information der Deutschen Nationalbibliothek:
Die Deutsche Nationalbibliothek verzeichnet diese Publikation in der Deutschen Nationalbibliografie; detaillierte bibliografische Daten sind im Internet über http://dnb.d-nb.de abrufbar.

© **SEVERUS Verlag**
http://www.severus-verlag.de, Hamburg 2013
Printed in Germany
Alle Rechte vorbehalten.

Der SEVERUS Verlag übernimmt keine juristische Verantwortung oder irgendeine Haftung für evtl. fehlerhafte Angaben und deren Folgen.

seVerus

Käthe Luther
Ölgemälde von Lukas Cranach aus dem Jahre 1526
In der Sammlung des Herrn R. von Kaufmann in Berlin
(Nach dem Lichtdruck der Photographischen Gesellschaft in Berlin)

Katharina von Bora
Martin Luthers Frau

Ein Lebens- und Charakterbild
von
Prof. D. Dr. Ernst Kroker
Direktor der Leipziger Stadtbibliothek i. R.

Zur Einführung.

Katharina von Bora, Luthers Käthe, hat zu der vierhundertsten Wiederkehr ihres Geburtstages in Albrecht Thoma einen berufenen Biographen gefunden. Mit ebensoviel Fleiß wie Liebe hat Thoma alle die kleinen Stellen in unserer Überlieferung über ihr Leben und ihr Wesen zusammengetragen und zu einer einheitlichen Darstellung zu verarbeiten gesucht. Ein geschichtliches Lebensbild nennt er sein Werk.

Bei der Beschaffenheit unserer Überlieferung ist es in der Tat nicht möglich, eine Lebensgeschichte Käthes zu schreiben. Wir werden uns mit einem Lebens- und Charakterbilde begnügen müssen. Die einzelnen Teile fügen sich nicht zu einem farbenreichen Gemälde zusammen, sondern sie gleichen in ihrer Zusammenstellung einem musivischen Bilde. Ein Mosaik kann weder an Farbenpracht, noch in dem Reichtume der Einzelheiten oder der Feinheit der Übergänge mit einem Ölgemälde wetteifern; es hat aber doch in seiner Beschränkung seine eigenen künstlerischen Gesetze, und diese haben auch für unser Lebensbild Käthes Geltung. Auch hier ist die wichtigste Aufgabe, die zahllosen kleinen Steinchen an der rechten Stelle einzufügen und die Umrisse des Bildes klar und bestimmt hervorzuheben, das Ganze aber straff zusammenzuhalten.

Die Darstellung, die Thoma uns geschenkt hat, leidet — abgesehen von einzelnen Irrtümern — an einer gewissen Ungleichheit der Behandlung. Der Verfasser versucht immer wieder den biographischen Faden aufzunehmen, der doch von Anfang an nur dünn ist und mit Käthes Verheiratung für einen Zeitraum von zwanzig Jahren abreißt; fremde Verlobungen und Hochzeiten, Besuche und Reisen, Krankheiten und Todesfälle bilden doch keine Abschnitte in ihrem Leben. Durch die Überlieferung werden wir vielmehr zu einer dreifachen Gliederung des reichen Stoffes geführt. Die ersten Abschnitte, die ihre Jugendzeit behandeln, sind wesentlich biographisch; die nächsten Abschnitte, die sie als Hausfrau, Gattin und Mutter zu schildern haben, sollen für ihre Charakteristik den Grund legen, und die letzten Abschnitte, die von den schweren Zeiten ihrer Witwenschaft erzählen, sind wiederum biographisch. In einem zusammenfassenden und abschließenden Kapitel ist endlich ihr Charakterbild möglichst scharf und lebenswahr herauszuarbeiten.

Daß meine Darstellung auf den besten Zeugnissen beruht, glaube ich versichern zu dürfen. Daß aber die wissenschaftlichen Nachweise fehlen, das werden — hoffe ich — wenige Leser wirklich vermissen; für die weiteren Kreise sind die zahlreichen Anmerkungen zwecklos, für den engen Kreis der Gelehrten sind sie zum größten Teil überflüssig. Wenn ich oft den Tischreden als einer der wichtigsten Quellen über Luthers und Käthes Leben gefolgt bin, so brauche ich das hier nicht besonders zu rechtfertigen; ich darf hierfür auf die Einleitung in meine Veröffentlichung von Luthers Tischreden in der Mathesischen Sammlung hinweisen. Die wissenschaftliche Grundlage des ersten Kapitels dieses Buches bildet mein Aufsatz „Katharina von Bora, ihr Geburtsort und ihre Jugendzeit" in dem Neuen Archiv für Sächsische Geschichte und Altertumskunde, Band 26 (Dresden, 1905), Seite 251—273. — Das sind die einleitenden Worte, die ich der ersten Auflage meines Buches im Jahre 1906 mit auf den Weg gegeben habe. Seitdem sind bei der Feier des Reformationsjubiläums im Jahre 1917 mehrere neue Biographien Käthes erschienen; in welchem Verhältnis diese Bücher zu meinem Buche stehen, das wissen ihre Verfasser wohl am besten. Wenn der Verlag von Johannes Herrmann in Zwickau in Sachsen jetzt zu der bevorstehenden Gedenkfeier von Luthers und Käthes Vermählung am 13. Juni 1925 eine zweite Auflage meines Buches veröffentlicht, so geschieht das in dem Wunsche, das Buch weiteren Kreisen nahezubringen. Grundlegende Änderungen hat der Text dabei nicht zu erleiden brauchen; in Einzelheiten wird man aber an zahlreichen Stellen die ergänzende oder bessernde Hand erkennen.

Leipzig, Ostern 1925.

Ernst Kroker.

Lippendorf, Brehna, Nimbschen.

Doktor Martin Luther hat es seiner Katharina geschenkt — die geboren ist im Jahre 1499 am 29. Januar; so lautet in deutscher Übersetzung die lateinische Umschrift einer Schaumünze, die Käthe selbst als ein Geschenk ihres Gatten am Halse getragen haben soll.

Dürfen wir diese Nachricht als glaubwürdig hinnehmen, so ist dieses erste Datum aus Käthes Leben, ihr Geburtstag, auf lange Zeit auch das letzte, was wir über ihre Jugendzeit hören. Erst zehn Jahre später, 1509, setzen während ihres Aufenthalts in dem Kloster der Zisterzienserinnen zu Nimbschen gleichzeitige Urkunden ein, und nur zwei Nachrichten aus späterer Zeit, ein Brief und eine Chronik, bezeugen uns, daß sie schon vor ihrem Eintritt in Nimbschen seit 1504 oder Anfang des Jahres 1505 eine Zeitlang auf der Klosterschule der Benediktinerinnen zu Brehna gewesen ist. Alles, was zwischen ihrer Geburt und ihrer Aufnahme in Brehna liegt, ist uns noch unbekannt. Und manche Frage drängt sich uns auf, die wir gern beantwortet hätten. Wie heißen ihre Eltern? Niemand hat uns ihren Namen überliefert. Welches ist ihr Geburtsort? Sieben oder acht Ortschaften streiten um die Ehre, es zu sein. Und warum ist sie in so zartem Alter ins Kloster gebracht worden? Warum haben ihre Eltern sie nicht in ihrem Haus und Hof aufwachsen lassen?

Am eifrigsten hat sich die Forschung mit der Frage nach ihrem Geburtsort beschäftigt, denn wenn dieser nachzuweisen ist, dann dürfen wir erwarten, aus den Urkunden auch darüber Aufschluß zu erhalten, aus welchem Zweige des edlen Geschlechts derer von Bora unsere Käthe stammt, und wer ihre Eltern gewesen sind. Aber ihren Geburtsort nennt uns keine gleichzeitige Nachricht, und so hat fast jedes sächsische Dorf und Dörflein, wo einmal im 15. oder 16. Jahrhundert einer von Bora gesessen und gewirtschaftet hat, einen Gelehrten gefunden, der mit mehr oder weniger Scharfsinn und mit stärkeren oder schwächeren Gründen nachzuweisen versucht hat: Hier ist Käthe geboren.

Lange Zeit hat Steinlausig, das einige Stunden nördlich von Bitterfeld an der Mulde liegt, als Käthes Geburtsort gegolten. In der Umgebung von Bitterfeld in der Provinz Sachsen war wirklich im 15. Jahrhundert ein Zweig derer von Bora ansässig. Noch zu Käthes Zeit wird ein Hans von Bora auf Steinlausig genannt. Aber dieser Steinlausiger Hans von Bora kann Käthes Vater nicht gewesen sein, denn er starb, ohne einen Sohn zu hinterlassen, während wir von Käthe wissen, daß sie mehrere Brüder hatte. Und ebensowenig kann Käthe als ganz junges Mädchen vor ihrem Eintritt in Nimbschen schon eine Zeitlang auf dem Kloster zu Steinlausig gewesen sein, denn Steinlausig war ein Mönchskloster; vielleicht liegt dieser Nachricht eine Verwechslung mit Brehna zugrunde, wo sie wirklich auf der Klosterschule war. Auch Dohna bei Dresden und Simselwitz bei Döbeln, Moderwitz bei Neustadt an der Orla und Motterwitz bei Leisnig können als Käthes Geburtsort nicht ernstlich in Frage kommen, und wenn man auf der Wanderung nach ihrer Heimat bis nach Schlesien, ja bis nach Ungarn gelangt ist, so haben sich die Führer dahin als recht wenig zuverlässig erwiesen.

Wir brauchen nicht jeder Spur zu folgen. Die meisten Wege, die man nach ihrem Geburtsort eingeschlagen hat, sind leicht als Holzwege zu erkennen. Alle die Orte, die in Thüringen oder im Kurfürstentum Sachsen liegen, wie Steinlausig, oder die gar in Schlesien oder in Ungarn liegen, sind von vornherein ausgeschlossen. Ein Wegweiser, der uns zwar nicht ganz bis ans Ziel führt, der aber doch die Richtung angibt, in der wir zu wandern haben, ist in dem Funeralprogramm aufgerichtet, in dem Philipp Melanchthon und Paulus Eberus am 21. Dezember 1552 den damals wegen der Pest nach Torgau geflüchteten Angehörigen der Wittenberger Universität den Tod Käthes anzeigen; sie sagen von ihr: „Geboren aus einem edeln Geschlechte ritterlichen Standes in Meißen." Damit ist nicht die Stadt, sondern die Landschaft, die Mark Meißen, gemeint.

Der unselige Leipziger Vertrag, der am 26. August 1485 zwischen Kurfürst Ernst und Herzog Albrecht von Sachsen abgeschlossen worden war, hatte das reiche Erbe der Wettiner für alle Zeit in zwei Stücke auseinandergerissen. Mit einem zerschnittenen Staatskleide, das keinem der beiden Fürsten mehr paßte, verglich damals Klaus Narr das zerstückelte Gebiet seiner Herren. Und der Teilung folgte Mißtrauen, bald offene Feindschaft zwischen den beiden Linien des Fürstenhauses. Zu Beginn der Reformationszeit herrschte im Kurfürstentum Sachsen Friedrich der Weise in treuer Gemeinschaft mit seinem Bruder, dem Herzog Johann dem Beständigen, und im Herzogtum Sachsen Herzog Georg der Bärtige. Das Kurfürstentum umfaßte Kursachsen und den größten Teil des südlichen Thüringen mit den Städten Gotha, Weimar, Eisenach und Koburg; den Kern des Herzogtums bildete die Markgrafschaft Meißen mit den Städten Freiberg, Dresden und Leipzig.

Kursachsen, die Landgrafschaft Thüringen, die Mark Meißen — das waren damals festumgrenzte Gebiete, über deren Umfang sich jeder Sachse, jeder Thüringer, jeder Meißner klar war, und wenn Männer wie Melanchthon und Eber, die treuesten Freunde Luthers und seines Hauses, uns in einem öffentlichen Schriftstück bezeugen, Käthe sei eine geborene Meißnerin, so haben wir ihren Geburtsort nicht in Kursachsen oder in Thüringen, sondern wirklich in der Mark Meißen zu suchen. Hier sind aber die von Bora um die Wende des 15. Jahrhunderts nur noch in zwei Ortschaften nachzuweisen, und beide Dörfer erheben jetzt den Anspruch darauf, Käthes Geburtsort zu sein: Lippendorf, drei Meilen südlich von Leipzig, und Hirschfeld, eine Stunde östlich von Nossen.

Unweit von Nossen und Hirschfeld liegen die alten Stammsitze des Geschlechts, dem Katharina von Bora angehört, die Dörfer Wendischbora und Deutschenbora. Sie haben ihren Namen von den Kiefern, die hier in alter Zeit gewiß noch in größeren und dichteren Waldungen standen als jetzt, wo die Hügel östlich von Nossen nur noch von einzelnen

Gehölzen bedeckt sind. Einst saßen hier die Hermunduren, nicht in Dörfern, denn die Germanen liebten das enge Beisammenwohnen nicht. Sie hausten als freie Männer im Walde, und ihre Höfe waren oft durch weite Strecken Landes voneinander getrennt. Als dann die Germanen in der großen Völkerwanderung nach dem reicheren Westen und Süden fluteten, drängten von Osten her die Slaven nach und besiedelten das Land von der Oder bis an die Saale. Nach ihrer Volksweise ließen sie sich in Dörfern nieder, und zwar zunächst in den fruchtbaren Niederungen an den Flüssen und Bächen. Ein halbes Jahrtausend waren sie die Herren des Landes. Erst im 9. und 10. Jahrhundert waren die Deutschen wieder stark genug, das verlorene Gebiet östlich von der Saale in hartem Kampfe zurückzuerobern. Damals wurden die slavischen Dörfer von deutschen Rittern und Bauern besetzt, und allmählich wurde auch das rauhere Waldland, das die Slaven gemieden hatten, von den Deutschen gerodet und in fruchtbares Ackerland umgewandelt.

Wendischbora ist, wie schon der Doppelname besagt, eine wendische oder slavische Gründung. Das slavische Bor entspricht dem deutschen Föhre, es bedeutet Kiefer. Es kommt auch als Eigenname vor. Schon in der zweiten Hälfte des 11. Jahrhunderts wird ein slavischer Edler namens Bor erwähnt; er war in der Mark Meißen reich begütert. Das ritterliche Geschlecht von Bora stammte aber wohl nicht von diesem alten slavischen Häuptling Bor ab. Die von Bora waren vielmehr deutschen Geblüts, wie die Minckwitze, Staupitze, Haugwitze und Haubitze, wie die von Lochau und von Mochau und von Ponickau und all die andern von — itz und von — au, die seit dem 11. und 12. Jahrhundert in dem Heerbanne der Meißnischen Markgrafen oder der Kurfürsten von Sachsen gegen die Wenden fochten. Es waren deutsche Ritter: Franken, Schwaben, Bayern, Thüringer, Niedersachsen. Die Markgrafen hatten sie in die eroberte Ostmark gerufen und mit Land und Leuten begabt, dafür leisteten sie den Fürsten Heeresfolge. Sie nannten sich ein jeder nach dem Dorfe, mit dem er von dem Fürsten belehnt worden war, und da die meisten sächsischen Dörfer von den Slaven gegründet worden waren, tragen die meisten sächsischen Adelsgeschlechter slavische Namen. So nannten sich auch die Ritter, die seit dem 12. Jahrhundert auf Wendischbora oder Deutschenbora saßen, in den Urkunden von Bor, von Bora oder von Borau. Sie führten im Schild einen roten Löwen im goldenen Feld und auf dem Helm einen Pfauenwedel. Zu dem reichen Zisterzienserstift Altzelle bei Nossen standen sie in nahen Beziehungen. Hier lagen ja ihre Stammgüter. Andere Zweige des Geschlechts verpflanzten sich bis nach Kursachsen in die Gegend von Bitterfeld und ins Osterland südlich von Leipzig, wo schon um 1350 ein Friedricus vom Bor zwischen Pegau und Borna begütert war, und ins östliche Thüringen in die Umgebung von Weißenfels, und als ihnen die Stammsitze Wendischbora und Deutschenbora verloren gingen, hielten sie sich noch eine Zeitlang auf dem nahen Gute Hirschfeld.

Hier wohnte um 1500 ein Hans von Bora. Der Zeit nach könnte er Käthes Vater schon sein. Aber die Nachrichten, die wir sonst über Käthe und ihre Brüder haben, führen uns nicht nach Hirschfeld, sondern in die Gegend südlich von Leipzig, wo damals in Lippendorf zwischen Pegau und Borna ebenfalls ein Hans von Bora ansässig war, und wo uns noch heute zwei Gedenksteine an Käthe erinnern.

Verlassen wir halbwegs zwischen Leipzig und Altenburg bei der Station Kieritzsch den Zug, der uns längs der Pleißenaue nach Süden getragen hat, und wandern wir von dem Bahnhof nach dem Dorfe Kieritzsch, so sehen wir bald zur Linken einen Wegweiser: „Nach dem Lutherdenkmal." Der Feldweg, der hier von der Straße abzweigt, führt uns westlich in zwanzig Minuten zu einem granitnen Obelisten, der sich inmitten eines eisernen Gitters erhebt, und dessen Sockel unter den Bronzemedaillons Luthers und seiner Käthe die Inschrift trägt: „Zur Erinnerung an Dr. M. Luther und Kath. Luther 1883."

Seit der dritten Jubelfeier der Reformation im Jahre 1817 stand hier ein schlichter Gedenkstein, dessen verwitterte Trümmer jetzt etwas abseits von dem Denkmale liegen. Das Denkmal, ein Werk des Stuttgarter Meisters Adolf Donndorf, ist am 10. August 1884 enthüllt worden. Es bezeichnet die Stätte, wo einst Zölsdorf gestanden hat, das kleine Gut Zölsdorf, das Luther in der Woche vor Pfingsten 1540

seinem Schwager Hans von Bora um 610 Gulden abgekauft
hat, das er selbst ein Erbbächlein derer von Bora nennt,
das er 1542 in seinem Testament seiner Käthe zu einem Leib=
gedinge verschreibt. Von dem kleinen Gut, in dem Käthe
gern und oft geweilt und nach Herzenslust geschaltet und ge=
waltet hat, das aber auch ihr und ihrem Gatten manche
Sorge bereitet hat, liegt jetzt kein Ziegel mehr auf dem
andern. Einsam steht das Denkmal inmitten der Felder,
selten von einem Fremden besucht; wohl nur der Weg, der
von Kieritzsch her daran vorbeiführt, ist noch der alte, wie
zu Käthes Zeit. Doch hat man wenigstens die wertvollsten
Reliquien aus dem baufälligen und schon vor der Mitte des
18. Jahrhunderts in Trümmer gesunkenen Herrenhause ge=
rettet. Hier hingen einst die buntbemalten, erstaunlich reali=
stischen Reliefköpfe Luthers und seiner Frau, die jetzt in der
Kirche des nahen Dorfes Kieritzsch zu sehen sind, noch viel
zu wenig beachtet. Von Käthe haben wir jedenfalls kein
besseres Bildnis. Es stellt sie zwar schon im höheren Alter
dar. Es trägt die Jahreszahl 1540. Es ist also in dem
Jahre gearbeitet worden, in dem Luther das Gütchen gekauft
hat, und es schmeichelt Käthe nicht, aber es ist auch noch in
seinem jetzigen Zustand von einer sprechenden Lebendigkeit,
ein treues Abbild der fleißigen und energischen „gnädigen
Frau von Zulsdorf", wie Luther sie in seinen Briefen scher=
zend nennt.

Und blicken wir von Donndorfs Denkmal, wo wir auf
geweihtem Boden stehen, über das weite Ackerland nach
Norden, so sehen wir hinter den Häusern des nahen Dorfes
Kieritzsch die beiden aneinandergebauten Dörfer Medewitzsch
und Lippendorf, Medewitzsch mit seinem Rittersitz, Lippen=
dorf mit einem stattlichen Hofgut oder Freigut, an dessen
Herrenhause jetzt eine Inschrift meldet: „Geburtsstätte von
Katharina Luther, geb. v. Bora, 1499 * 29. Jan. 1899."

In der Tat saß hier auf dem Gute zu Lippendorf ein
Hans von Bora zu der Zeit, da Käthe geboren wurde.
Seine Vorfahren waren schon über hundert Jahre in der
Gegend zwischen Pegau und Borna begütert gewesen, und er
selbst war auch dann noch in Lippendorf wohnen geblieben,
als er im Jahre 1482 mit dem Rittersitze zu der Sale bei

Schkortleben nördlich von Weißenfels belehnt worden war. Nach dem Rittergute zu der Sale nannte sich das eble Geschlecht von der Sale, und als Landgraf Philipp der Großmütige von Hessen am 4. März 1540 das Fräulein Margarete von der Sale in verhängnisvoller Bigamie geehelicht hatte, begrüßte er Luther am 5. April 1540 brieflich als seinen Schwager, denn Luthers Frau Käthe wäre ja mit seiner eigenen Frau Margarete von der Sale verwandt. Hans von Bora auf Lippendorf scheint also durch seine Verwandtschaft mit denen von der Sale ein Anrecht auf das Rittergut zu der Sale gehabt zu haben. Zwei Urkunden und ein Kopialbuch im Sächsischen Hauptstaatsarchiv zu Dresden haben uns folgende Daten aus seinem Leben erhalten: Am 11. Dezember 1482 belehnen zu Weißenfels Kurfürst Ernst und Herzog Albrecht von Sachsen diesen Hans von Bora zu Lippendorf mit dem Dorfe, Vorwerk und Sitz zu der Sale in der Pflege Weißenfels, wobei die sächsischen Räte Kaspar von Schönberg und Heinrich von Miltitz als Zeugen aufgeführt werden. In der zweiten Urkunde, die am gleichen Tage in Weißenfels vollzogen worden ist, geben dieselben Fürsten ihre Zustimmung dazu, daß Hans von Bora zu Lippendorf dies sein Lehen zu der Sale der ehrbaren Katharina, seiner ehelichen Hausfrauen, zu einem Leibgedinge verschreibe; als Vormunde der jungen Frau werden wiederum die beiden sächsischen Räte von Miltitz und von Schönberg genannt, neben ihnen als dritter Michel Krawinkel.

Solche Verschreibungen zum Leibgedinge wurden durch das sächsische Erbrecht, das für die Witwen hart war, notwendig gemacht. Sie sollten der Frau für den Fall eines früheren Todes ihres Mannes von einem Teile des Erbgutes ein bestimmtes Einkommen sichern, deshalb wurden sie gewöhnlich bald nach der Hochzeit ausgestellt. Wir dürfen also aus dieser Urkunde schließen, daß sich Hans von Bora zu Lippendorf, dem auch der Rittersitz zu der Sale gehörte, kurz vor dem 11. Dezember 1482 mit Katharina vermählt hatte. Aus welchem Geschlechte seine Frau stammte, wird in der Urkunde nicht angegeben.

Dreiundzwanzig Jahre später, am 15. Mai 1505, läßt sich Jan von Bora zu Lippendorf von Herzog Georg dem Bär-

tigen eine neue Leibgedingverschreibung bestätigen. Seine
erste Frau Katharina muß also gestorben sein. Seine zweite
Frau heißt Margarete, und er verschreibt ihr zu einem Leib=
gut alle seine Güter zu Lippendorf; den Rittersitz zu der Sale,
den er in dieser Urkunde nicht erwähnt, hatte er wohl den
noch unmündigen Kindern erster Ehe als ihr Erbe vorbehalten.

Wir dürfen diesen Hans oder Jan von Bora zu Lippen=
dorf als Käthes Vater bezeichnen und seine erste Frau Katha=
rina als Käthes Mutter. Die stärksten Beweise dafür sind
die verwandtschaftlichen Beziehungen, die nach der Aussage
des Landgrafen von Hessen zwischen Käthe und Margarete
von der Sale bestanden, denn nach dem Zeugnis der Ur=
kunden wurde nicht der Hirschfelder, sondern der Lippendorfer
Hans von Bora mit dem Sitze zu der Sale belehnt, ferner
die Tatsache, daß Käthe eben zu der Zeit, da der Lippen=
dorfer Hans von Bora seine erste Frau Katharina durch den
Tod verlor und seine zweite Frau Margarete heimführte,
dem Kloster zu Brehna übergeben wurde, und endlich der
Umstand, daß Käthes Brüder auch später noch in eben der
Gegend, da Lippendorf liegt, ansässig und mit andern Adels=
geschlechtern des Leipziger Kreises verwandt und verschwägert
waren.

Käthe hatte wenigstens drei Brüder, vielleicht auch eine
Schwester. Ehe wir uns ihrem eigenen Leben zuwenden,
werfen wir zunächst noch einen Blick auf den Familienkreis,
dem sie durch ihren Eintritt ins Kloster frühzeitig entrissen
wurde.

Der älteste Bruder, Hans von Bora, trug den Vor=
namen des Vaters, wie Käthe den der Mutter. Er kam
später, wohl durch Luthers Fürsprache, an den Hof des Her=
zogs Albrecht von Preußen und erhielt von dem Fürsten eine
Anstellung in Memel in Ostpreußen, wo er zu Anfang der
dreißiger Jahre weilte. Seit 1534 war er, wie aus einem
Briefe Luthers vom 6. Mai 1538 hervorgeht, wieder in der
Heimat. Er hatte aus Preußen zurückkehren müssen, um das
kleine Gut Zölsdorf eine halbe Stunde südlich von Lippen=
dorf zu übernehmen und seinen Kindern als Erbbächlein zu
erhalten; er hatte es nicht etwa selbst erst gekauft, sondern
er hatte es — wie Luther ausdrücklich hervorhebt — als sein

und seiner Brüder Gütlein annehmen müssen, offenbar aus dem Erbe der Mutter, die jetzt (1534) wohl verstorben war. Er hatte sich auch vermählt, mit einer verwitweten von Seydewitz, die aus dem Geschlechte der Marschälle stammte; sie brachte ihm ein oder mehrere Kinder erster Ehe zu. Das Heiratsgut aber, das sie ihm zubrachte, reichte wohl kaum dazu hin, den Brüdern ihren Anteil an Zölsdorf auszuzahlen. Hans konnte auf dem kleinen Gute nicht bestehen. Er mußte es 1540 wieder verkaufen. Indessen Käthe mochte nicht zugeben, daß auch noch der letzte Rest des väterlichen Erbes in eine fremde Hand überginge, und sie bewog ihren Gatten, Zölsdorf zu kaufen. Der Kaufpreis betrug 610 Gulden. Uns erscheint diese Summe wohl lächerlich gering, aber das Geld stand damals höher im Werte als jetzt, freilich um wieviel höher, das können uns auch die Gelehrten nicht sicher sagen; die einen rechnen das Doppelte, die andern fast das Achtfache des heutigen Wertes heraus. Luther nahm sich auch weiterhin seines Schwagers Hans an, den er mit gutem Gewissen als einen treuen und frommen Menschen empfehlen konnte, dessen Geschicklichkeit und Fleiß er rühmen durfte. Seiner Fürsprache verdankte Hans das Amt eines Vorstehers an dem Kloster der Georgennonnen in der Stadt Leipzig, wo 1539 die Reformation eingeführt worden war, und als er 1541 diese Stellung wieder aufgeben mußte, war Luther von neuem mit seiner Fürbitte bei der Hand. Eine Zeitlang war davon die Rede, Hans sollte dem Kloster zu Brehna oder dem Kloster zu Nimbschen — also einem der beiden Klöster, in denen seine Schwester gewesen war — vorgesetzt werden, doch wurde hieraus nichts. Nachdem er wiederum kurze Zeit das Marienkloster Cronschwitz bei Weida im Vogtland verwaltet hatte, belehnte ihn der Kurfürst schließlich mit der Kartause, einem alten Klostergute bei Crimmitschau.

Ein anderer Bruder Käthes, Klemens von Bora, war ebenfalls an den Hof des Herzogs Albrecht von Preußen nach Königsberg gezogen, verscherzte sich aber durch sein übles Verhalten die Gunst des Fürsten, und Luther konnte nichts weiter für ihn tun, als seinen Gönner, den Herzog, bitten, er möge den jungen Gesellen mit einem Pferd und der nötigen Wegzehrung versehen und mit einer gnädigen Empfehlung an den Kurfürsten von Sachsen heimsenden. Er wurde 1549 mit dem Freigute zu Dohna belehnt und lebte noch 1573.

Der Vorname eines dritten Bruders Käthes ist nicht bekannt. Er war verheiratet und hatte von seiner Frau Christina einen Sohn Florian von Bora, der 1542 als Knabe in Luthers Haus in Wittenberg erzogen wurde; der Vater war damals vielleicht schon tot. Käthe sorgte auch nach dem Tode ihres Gatten für diesen Neffen Florian, und ebenso war Heinrich von Einsiedel auf dem Schlosse Gnandstein, das einige Stunden südöstlich von Lippendorf und Zölsdorf im Leipziger Kreise liegt, ein Wohltäter der Familie.

Endlich haben wir noch aus späterer Zeit die Nachricht, um 1525 habe sich eine Maria von Bora aus Zulsdorf mit Wolf Siegmund von Niemeck vermählt. Geht diese Nachricht auf gute Überlieferung zurück, so kann Maria von Bora eine Schwester Käthes gewesen sein.

Von weiteren Verwandten wird nur eine Muhme Magdalena von Bora erwähnt, wohl eine Schwester von Käthes Vater. Als Käthe geboren wurde, lebte sie schon seit längerer Zeit als Nonne in Nimbschen. Das Nimbschner Kloster rekrutierte sich — wenn man so sagen darf — aus den adeligen Geschlechtern eines verhältnismäßig kleinen Gebietes, dessen Grenzen im Westen durch Pegau, im Norden durch Leipzig und Wurzen, im Osten durch Leisnig gebildet werden. Innerhalb dieses Kreises liegt auch Lippendorf. Hirschfeld dagegen liegt weit abseits. Deshalb brachten auch die von Bora auf Hirschfeld ihre Töchter nicht nach Nimbschen, sondern in Klöster, die ihnen näher gelegen waren, wie Döbeln und Riesa.

Alle Nachrichten, die wir über Käthe und ihre Angehörigen haben, führen uns also in die Gegend südlich von Leipzig, nach Zölsdorf und Lippendorf. Wahrscheinlich auf dem Gutshofe zu Lippendorf wurde Käthe am 29. Januar 1499 geboren. Ihr Vater war Hans von Bora. Ihre Mutter Katharina war nach einer späteren, aber in diesem Punkte wohl glaubwürdigen Nachricht eine geborene von Haubitz. Die Mutter starb frühzeitig, und der Vater brachte das verwaiste Mädchen noch 1504 oder Anfang des nächsten Jahres auf die Klosterschule der Benediktinerinnen zu Brehna bei

Bitterfeld in der Provinz Sachsen. Achtzehn Jahre lang war Käthe seitdem in Brehna und danach in Nimbschen von Klostermauern umschlossen.

Daß der Vater gerade das Kloster Brehna wählte, dazu bestimmten ihn vielleicht verwandtschaftliche Beziehungen; in der Gegend von Bitterfeld war ja ein Zweig seines Geschlechts ansässig. Auch hatte er damals wohl noch nicht die Absicht, seine Tochter für den geistlichen Stand erziehen zu lassen, sondern er wollte ihr nur eine gute Erziehung angedeihen lassen. Die Benediktiner wurden durch die Regel des heiligen Benedikt zu der Pflege der Wissenschaften angehalten. Die Schulen, die sie mit ihren Klöstern verbanden, und in denen auch Kinder, die nicht für den geistlichen Stand bestimmt waren, Aufnahme und Unterricht fanden, waren berühmt. Sicherlich erhielt Käthe bei den Benediktinerinnen in Brehna eine Erziehung, wie sie damals ein adeliges Fräulein nirgends im Lande besser erhalten konnte. Gleichzeitig mit ihr war auch eine junge Leipzigerin in Brehna auf der Klosterschule, Klara Preußer, eine Tochter des Leipziger Amtmanns Doktor Johann Preußer. Sie stammte aus einem alten, reichen Geschlechte, nach dem noch jetzt das Preußergäßchen in Leipzig seinen Namen trägt. Schon in frühester Jugend hatte sie wohl beide Eltern verloren, und so war auch sie zu ihrer Erziehung den Benediktinerinnen in Brehna übergeben worden. Hier lernte sie Käthe kennen und wurde mit ihr befreundet, und noch viele Jahre später, als Käthe bereits mit Luther und sie selbst mit dem Magdeburgischen Kanzler Doktor Lorenz Zoch in Halle vermählt war, ließ sie am 30. Oktober 1531 ihre Schulfreundin Käthe brieflich an die gemeinsam verlebte Jugendzeit erinnern und versprach, sie in Wittenberg zu besuchen und die alte Freundschaft vom Kloster Brehna her zu erneuern. Dieser Brief ist leider die einzige Nachricht, die wir über Käthes Aufenthalt in Brehna haben.

Im Jahre 1505 vermählte sich ihr Vater zum zweitenmal, schon in höherem Alter, und diese seine zweite Ehe wurde für ihr Schicksal entscheidend. Einige Jahre ließ der Vater sie zwar noch auf der Klosterschule in Brehna, aber 1508 oder Anfang des nächsten Jahres bestimmte er sie für den geistlichen Stand und brachte sie ins Kloster Nimbschen. Daß die Stiefmutter Margarete auf diese Entschließung eingewirkt hat, kann wohl sein, ja es ist sehr wahrscheinlich. Doch werden auch die schlechten Vermögensverhältnisse der Familie ihren Einfluß dabei ausgeübt haben. Für Käthes Erziehung auf der Klosterschule mußte doch jedenfalls Jahr für Jahr Kostgeld an die Benediktinerinnen in Brehna gezahlt werden, und die Lippendorfer Linie war nicht reich. Das Freigut zu Lippendorf war wohl ein ganz stattliches Gut, doch zu den größeren Gütern im Lande gehörte weder der Rittersitz zu der Sale, noch das Gut zu Lippendorf. Immerhin hätten die beiden Güter ihren Herrn nähren können. Aber Hans von Bora scheint durch üble Wirtschaft oder durch Unglücksfälle in Schulden geraten zu sein, so daß er schließlich das Stammgut zu Lippendorf und den Sitz zu der Sale aufgeben mußte; das Erbe seiner Söhne bestand, wie wir schon gehört haben, nur in dem Gütchen Zölsdorf, das der Vater wohl um 1520 mit den letzten Resten seines Vermögens gekauft hatte. Durch seine schlechte Vermögenslage mag er auch dazu bestimmt worden sein, den Bitten seiner zweiten Frau nachzugeben und Käthes vorübergehenden Aufenthalt im Kloster zu einem dauernden zu gestalten, um sie für ihr Leben zu versorgen und vor Armut zu bewahren.

Aber warum ließ er sie nicht gleich in Brehna? Wahrscheinlich gaben auch bei dieser Entschließung seine bedrängten Verhältnisse in Verbindung mit verwandtschaftlichen Beziehungen den Ausschlag. In Nimbschen war die Aufnahme der Nonnen unentgeltlich; wer etwas geben wollte, durfte es tun, aber er brauchte es nicht. Dagegen war in andern Klöstern die Einsegnung der Nonnen eine recht kostspielige Angelegenheit. Vielleicht war das auch bei den Benediktinerinnen in Brehna der Fall, und deshalb brachte Hans von Bora seine Tochter zu den Zisterzienserinnen nach Nimbschen, wo gerade damals, Ende 1508 oder Anfang 1509, eine Verwandte mütterlicherseits, Margarete von Haubitz, zur Abtissin gewählt worden war, und wo ferner schon seit langer Zeit Käthes Tante Magdalena von Bora als Nonne lebte.

Kurze Zeit nach Käthes Eintritt in Nimbschen setzen gleichzeitige Klosterrechnungen ein, die auch ihren Namen nennen. Das älteste Rechnungsbuch reicht vom 1. Mai 1509 bis zum 27. April 1510. Diese Rechnungen enthalten zwar nicht regelmäßig, aber doch in den meisten Rechnungsjahren ein genaues Verzeichnis der Klosterinsassen, so daß wir die Namen aller der adeligen Jungfrauen kennen, mit denen Käthe in Nimbschen zusammen war. Voran stehen die Äbtissin Margarete von Haubitz und die Priorin, dann folgen die Namen der Nonnen und ohne äußere Trennung die der jungen Mädchen, die noch nicht alt genug waren, um schon als Nonnen eingesegnet zu werden, die aber bereits im Kloster dazu erzogen wurden, und am Schluß werden die Laienschwestern und das Gesinde aufgeführt. In diesen Verzeichnissen stehen die Nonnen und die jungen Mädchen, die noch Nonnen werden sollten, in der Reihenfolge, in der sie ins Kloster eingetreten sind, die ältesten voran, die jüngsten zuletzt. Katharina von Bora ist in dem Rechnungsbuch von 1509 auf 10 die dreiundvierzigste, die vorletzte; sie war eben erst kurz vorher aufgenommen worden. Nach ihr folgt nur noch Ave von Schönfeld. Auch in den Rechnungsbüchern von 1510 auf 11, von 1511 auf 12 und von 1512 auf 13 bleiben Katharina von Bora die vorletzte und Ave von Schönfeld die letzte in der Liste. Erst in dem Rechnungsjahre von 1513 auf 14 tritt Margarete (Martha) von Schönfeld neu hinzu, 1516 auf 17 Barbara von Plausig, 1517 auf 18 Katharina von Kertzsch und Katharina Scherl.

Wie aus diesen Rechnungen hervorgeht, war es kein kleines und auch kein armes Kloster, das Kloster Marienthron oder Gottesthron in Nimbschen. In Nimbschen hatte es aber nicht von Anfang an gestanden. Markgraf Heinrich der Erlauchte hatte es zunächst in der Stadt Torgau gegründet; von jener Zeit her hatten die Nimbschner Zisterzienserinnen auch noch später aus der Umgebung von Torgau reiche Einkünfte. Doch hatte schon der fürstliche Stifter selbst um 1250 das Kloster aus Torgau nach seiner Lieblingsstadt Grimma verpflanzt. Aber auch in dieser Stadt scheinen sich die adeligen Jungfrauen nicht wohl gefühlt zu haben. Sie kauften 1258 von dem Ritter Hartung von Rideburg das Gut Nimbschen und erbauten südlich neben dem Gutshof ein neues Kloster, das sie 1291 bezogen; wenigstens scheint in diesem Jahre die Klosterkirche geweiht worden zu sein, wobei den Gläubigen reicher Ablaß verkündet wurde.

Die geistlichen Orden haben sich gern in fruchtbaren und landschaftlich schönen Gegenden etwas abseits von den Städten niedergelassen. Wald und Wasser, Feld und Garten mußten ja den Klosterinsassen ihre Nahrung liefern, und je ferner das Getriebe der Welt vor ihren Mauern vorbeirauschte, um so ungestörter konnten sie sich ihren frommen Werken widmen. Auch Nimbschen liegt in dem Rahmen einer stillen, lieblichen Landschaft. Die Straße, die von Grimma nach Süden führt, zieht sich über die schroff abfallende Höhe, die hier die Mulde in eine nördliche Richtung drängt, bald wieder hinab in eine fruchtbare Aue. In weitem Bogen begrenzen waldige Hügel im Westen und der ruhig dahinströmende Fluß im Osten die Wiesen und Felder, die reichen Ertrag geben. Die Straße führt mitten hindurch. Ein großer, schilfumkränzter Weiher zur Rechten lieferte einst die Fastenspeise, und wo die Straße zu dem Klosterholz im Süden langsam wieder ansteigt, liegen zur Linken zwischen dem schattigen Wald und den sonnigen Feldern das große Klostergut mit dem Obstgarten und die Trümmer des Klosters Marienthron. Jetzt stehen nur noch die hochragenden Giebel und die langhingestreckten, in großen Fenstern geöffneten Mauern eines Hauptgebäudes aufrecht; die Kirche, die Klausur, die Propstei sind verschwunden, und ihre Grundmauern könnten nur durch Ausgrabungen bloßgelegt werden.

Die Klosterkirche war einst reich an Reliquien. Ein langes Verzeichnis vom 4. September 1508 zählt an allen zwölf Altären die heiligen Gegenstände auf, vor denen auch Käthe in Andacht gekniet und mit ihren Genossinnen in die vorgeschriebenen lateinischen Gesänge eingestimmt hat: Kruzifixe, größere und kleinere Monstranzen, Kapseln oder Schreine und Tafeln, die meisten von edlem Metall und vergoldet. Kostbarer noch als die Behälter war ihr Inhalt. Da waren Stückchen von der Krippe und dem Kreuze Christi, aber auch von dem Kreuze des Schächers, der zur Rechten des HErrn gehangen hatte, Partikel von der Dornenkrone, die dem

Heiland aufs Haupt gedrückt worden war, und von der Säule, an die sie ihn gebunden hatten, als sie ihn geißelten, auch ein Splitter von dem Tische des Abendmahls und ein Stück von dem Schweißtuche des HErrn. Da war ferner Erde von den heiligsten Stätten des Heiligen Landes, von Christi Grab und dem Grabe der Jungfrau Maria, von dem Ölberg, wo der HErr über Jerusalem geweint hatte, und aus dem Garten Gethsemane, von dem Kalvarienberg und von dem Orte, da Christi Füße gestanden hatten, ehe er gen Himmel fuhr. Von der heiligen Jungfrau Maria waren Haare und Reste ihres Schleiers, ihres Gewandes, ihres Hemdes da, ebenso von dem Kleide der schönen Sünderin und Büßerin Maria Magdalena, von dem Hemd der heiligen Elisabeth von Thüringen und von der Kutte des heiligen Bernhard, des großen Erneuerers des Zisterzienserordens. Vom Apostel Paulus konnte sogar zweimal etwas Blut gezeigt werden. Und schier endlos war die Reihe der Heiligen, deren Fürbitte sich das Kloster mit einem größeren oder kleineren Stück ihrer Gebeine, einem Zahn oder einem Armknochen, zugewendet hatte. Nicht weniger als 367 einzelne Partikel wurden gezählt. Um den Gläubigen ihre Wallfahrten zu lohnen, hatte das Kloster auch reichen Ablaß erworben. Wer an den hohen kirchlichen Festen zu Weihnachten, Ostern oder Pfingsten oder an den vier Festtagen der Jungfrau Maria nach Nimbschen pilgerte und an bestimmten Tagen da betete und seine Knie beugte oder an den Bittgängen im Kreuzgang und auf dem Kirchhofe teilnahm oder fromme Gaben spendete, konnte für schwere Vergehen Ablaß auf vierzig Tage und Ablaß auf ein Jahr für läßliche Sünden erhalten. Der höchste Festtag der Klosterkirche war ihre eigene Kirchweihe. Sie wurde von dem Volke wegen des Ablasses, der an diesem Tage verkündet wurde, geradezu aplas genannt. Wie in andern Wallfahrtsorten, war auch in Nimbschen mit der Kirchweihe eine Art Jahrmarkt verbunden, und um die Ordnung unter den Buden aufrechtzuerhalten, mußten die nahen Klosterdörfer Groß= und Kleinbardau je drei Mann stellen, die Tag und Nacht Wache zu halten hatten, bis es ihnen endlich gelang, wenigstens von dem beschwerlichen nächtlichen Dienst freizukommen. Mit der

Einführung der Reformation fanden ohnehin diese vielbesuchten und für das Kloster einträglichen Feste ihr Ende. Die Klosterkirche diente noch einige Zeit den zurückbleibenden Nonnen — 1536 waren es nur noch neun — zu ihrem Gottesdienst, dann verfiel sie allmählich und wurde schließlich abgetragen. Die Steine sind wohl in die Scheunen und Ställe des nahen Gutshofes verbaut.

Auch von der Klausur, die sich mit dem Kreuzgang an die Kirche anschloß, und die einst die Zellen der Nonnen, das Schlafhaus (Dormitorium) und den Speisesaal (Refektorium) enthielt, ist nichts mehr erhalten. Dieser Teil des Klosters, der von der Außenwelt am meisten entlegen und abgeschlossen war, hieß das Hinterkloster. Ein Pförtchen führte hier die Nonnen in ihre Gärten.

Zu der Propstei, die den vorderen Teil des Klosters bildete, gehörte wohl das große Gebäude, dessen Trümmer jetzt die letzten Überreste von Nimbschen sind. Die kleineren Bauten sind auch hier verschwunden, so das Torhaus, in dem der Torwächter Thalheim die Ein- und Ausgehenden überwachte, das Brauhaus, in dem das leichte Klosterbier, der sogenannte Kofent, gebraut wurde, das Backhaus und das Schlachthaus, die Schmiede und die Mühle; nur den Lauf des alten Mühlgrabens kann man noch hier und da verfolgen. Die schönsten Räume der Propstei waren gewiß der Frau Domina, der Äbtissin, vorbehalten; sie wohnte hier mit dem Gesinde, das ihrem Dienste besonders zugewiesen war, einer Magd und zwei Knaben. Auch die Gastzelle oder Gastkammer war hier. Ferner wohnte hier der Vorsteher, der die Einkünfte des Klosters verwaltete und der Frau Äbtissin verrechnete; ein Vogt und ein Schreiber standen ihm zur Seite. Die beiden geistlichen Herren von der Pforte, die bis zum Jahre 1526 als Beichtväter im Kloster waren — Nimbschen stand unter der Oberaufsicht des Zisterzienserklosters Pforte bei Kösen —, hatten ebenfalls in dem vorderen Hof ihre Wohnung; sie erhielten freie Kost und je 1 Schock 17 Groschen und 3 Pfennige Jahressold, und für ihre Bedienung wurde ein Bursche gehalten. Auch der Kellermeister, der Bäcker, der Müller und der Schmied, deren Lohn in den Jahresrechnungen verzeichnet ist, sowie der Holzhacker, der in dem

Klosterruine Nimbschen, Teilansicht

Aufnahme 1925 vom Landschaftsphotograph Landgraf, Zwickau i. Sa.

Eichenwäldchen am Kloster das Brennholz schlug, und der Hellenheizer, der die Höllen, das heißt, die Öfen zu heizen hatte, werden in dem vorderen Kloster gewohnt haben. Außerdem werden in den Rechnungen sechs Ackerknechte, zwei Füllenhirten, ein Kuhhirt, ein Schweinehirt, eine Gänsehirtin und eine Käsemutter genannt, ferner drei Mägde und eine zweite Käsemutter im Viehhof und mehrere Mägde auf dem Vorwerk und in dem kleinen Höfchen jenseits der Mulde. Das gesamte Gesinde, das gegen vierzig Köpfe zählte, wurde aus der Klosterküche gespeist, in der eine Köchin und zwei Kochmägde tätig waren.

Was das Kloster brauchte, wurde zum größten Teil in der Klosterwirtschaft selbst erbaut. Als in den dreißiger Jahren des 16. Jahrhunderts die Einkünfte genau verzeichnet wurden, da standen in dem Viehhof am Kloster — abgesehen von den Vorwerken — 57 Stück Rindvieh und 30 Pferde, nämlich ein Hengst, 17 Feldpferde, 8 Füllen und 4 Kutschpferde, die wohl auch alljährlich zu Martini eingeschirrt wurden, wenn die Frau Äbtissin mit einer Nonne nach Torgau fuhr, um da die Zinsen einzunehmen, oder wenn der Kurfürst einmal in der Gegend war und einen Wagen zu stellen befahl, ferner 674 Schafe und 44 Schweine; über die Schweine war gerade ein großes Sterben gekommen, vorher waren es an die 80 gewesen. Die Felder waren mit Weizen und Roggen, Gerste und Hafer, Erbsen und Rüben bestellt, doch war der Boden für Weizen nicht recht günstig. Auch Hanf, Flachs und Hopfen baute das Kloster selbst. Die Wiesen und Wälder, die Teiche und das wilde Fischwasser auf der Mulde waren gut gepflegt. Kapaunen, Hühner und Eier wurden in großen Mengen von den zinspflichtigen Dörfern eingebracht. Der Grundbesitz, den das Kloster von Anfang an im Amte Torgau gehabt hatte, war in den Jahrhunderten durch fromme Schenkungen oder eigene Ankäufe sehr gemehrt worden. Wie ein Kranz zogen sich um das Kloster die Vorwerke, Güter und Dörfer, die den geistlichen Jungfrauen gehörten, oder in denen einzelne Bauernhöfe jährlich einen bestimmten Zins in Getreide oder in Geld zu entrichten hatten. An Streitigkeiten mit andern Klöstern fehlte es dabei nicht, und besonders in den nahen Klosterdörfern fühlten sich die Bauern durch vielfache Fron bedrückt. So mußten die Leute aus Groß- und Kleinbardau und von den Vorwerken Groß- und Kleinbothen auf den Feldern des Klosters ackern und Mist breiten, mähen und schneiden, einfahren und dreschen, Hopfen pflücken, Hanf und Flachs raufen und rösten, Kraut stecken und hacken, Holz schlagen, den Mühlgraben von Schlamm und Eis frei halten, die Schafe scheren; auf den Vorwerken Groß- und Kleinbothen standen 1800 Schafe! Dafür erhielten sie zwar, wenn sie den ganzen Tag für das Kloster zu arbeiten hatten, Essen und Trinken, für die Schafschur auch Geld, aber das Kloster suchte von solchen Gegenleistungen mehr und mehr freizukommen, und der Lohn, der schon vor langer Zeit festgesetzt worden war, wurde im 16. Jahrhundert entweder gar nicht bezahlt, oder er entsprach doch nicht mehr der Arbeit. Verhältnismäßig hoch war dagegen die Vergütung, wenn die Bauern als Treiber an den Jagden im Klosterholz oder auf den Fluren teilzunehmen hatten; für ein Wildschwein wurden drei oder vier Groschen, für ein Reh zwei Groschen und für einen Hasen ein Groschen bezahlt. Trotzdem fühlten sich die Bauern auch durch diese Dienste beschwert. Leistungen, die ursprünglich freiwillig um Gottes Lohn dargeboten worden waren, hatten sich durch die Macht der Gewohnheit und unter dem Drucke des Klosters allmählich in harte Fron umgewandelt.

Manches konnte freilich nicht von den Klostergütern geliefert werden, da es nur in den Städten zu finden war: Kleiderstoffe, allerlei Gerätschaften, eingesalzene und getrocknete Seefische. Bei dem Einkauf dieser Dinge wendete sich das Nimbschner Kloster gewöhnlich nicht nach dem nahen Grimma und auch nicht in die Meßstadt Leipzig, die allerdings herzoglich war, sondern in die kurfürstliche Residenzstadt Torgau. Hier in Torgau lebte zu der Zeit, da Katharina von Bora in Nimbschen war, der Ratsherr und Schösser Leonhard Koppe, ein wackerer Mann, den wir noch näher kennen lernen werden. Er lieferte den Nonnen in Nimbschen Heringe, Stockfische und Neunaugen, Bier — das gute, stark eingebraute Torgische Bier war berühmt —, Eisen und eiserne Gerätschaften, und wenn die Abtissin zu Martini in Torgau war, wurde auch mit Koppe abgerechnet.

Äbtissin und Sammnung (Sammlung, lateinisch conventus) des Klosters Nimbschen — mit diesen Worten beginnen zahlreiche Nimbschner Urkunden. Die Äbtissin war zwar aus der Reihe der Nonnen oder Konventualinnen durch Wahl hervorgegangen, aber sie stand doch wie eine Herrin an der Spitze des Klosters und hatte nur den Kurfürsten von Sachsen als weltlichen Schutzherrn und als geistlichen Vorsteher den Abt von der Pforte über sich. Ihrer besonderen Stellung entsprach es, daß sie eine besondere Wohnung und besondere Dienerschaft hatte. In ihrer Hand lag die Leitung des Klosters, und in allen Angelegenheiten fiel ihr die Entscheidung zu, wenn sie auch verpflichtet war, den Rat ihrer älteren Genossinnen, der sogenannten Seniorinnen, einzuholen. Ihr war das leibliche und geistige Wohl der Schwestern anvertraut. Allen sollte sie gleichmäßig gerecht und wohlgesinnt sein, keine sollte sie in Nahrung oder Kleidung vor den andern bevorzugen. Für die Verpflegung und Abwartung der Kranken hatte sie zu sorgen, über die fromme Lebensweise der Schwestern zu wachen, daher hatte sie, um Zucht und Ordnung zu erhalten, volle Disziplinargewalt; sie durfte ungehorsame oder sträflich nachlässige Nonnen einsperren lassen, ihnen Speise und Trank bis auf Wasser und Brot entziehen, ja sie körperlichen Züchtigungen unterwerfen. Margarete von Haubitz, die zu Käthes Zeit Äbtissin in Nimbschen war, wird als „ein ehrlichs, frommes, verstendiges Weybsbildt" geschildert. Da sie mit Käthe verwandt war, wird sie dem jungen Mädchen um so liebevoller entgegengekommen sein. Strenge und Härte scheinen überhaupt nicht in ihrem Charakter gelegen zu haben. Als Abt Balthasar von Pforte am 29. April 1509 kurze Zeit nach ihrer Wahl zur Äbtissin das Kloster Nimbschen visitierte und wegen verschiedener Mißbräuche und Zuwiderhandlungen gegen die Regel des heiligen Bernhard eine lange Beschwerde und Vorschrift zu Papier brachte, da griff sie so wenig energisch durch, daß der Abt bei einer neuen Visitation am 7. Januar 1512 die alten Klagen fast wörtlich wiederholen mußte. Auch hören wir nicht ein einziges Mal, daß sie, wie es in andern Klöstern geschah, gegen das Eindringen der Lutherischen Lehre schärfere Maßregeln ergriffen hätte. Selbst nach der glücklichen

Flucht Käthes und ihrer acht Genossinnen dachte sie nicht
daran, andere Nonnen mit Gewalt zurückzuhalten; sie be=
gnügte sich, mit dem Abte Peter von Pforte bei Kurfürst
Friedrich dem Weisen Beschwerde zu führen, und schließlich
trat sie mit den Schwestern, die bei ihr geblieben waren, zu
der neuen Lehre über. Sie starb erst 1536 in Nimbschen.

Wie neben dem Herrscher die Minister und Räte, so
standen neben der Abtissin die Priorin (Preilin) und die
Subpriorin (Unterpreilin) und die Seniorinnen, die ein be=
stimmtes Amt im Kloster innehatten. In Nimbschen werden
uns eine Kellerin oder Kellnerin, eine Bursarin oder Bur=
sariussin, das war die Sädelmeisterin, eine Küsterin, eine
Sängerin, eine Siechmeisterin — längere Zeit war es Magda=
lena von Bora, Käthes Tante — und eine Gastmeisterin ge=
nannt; die Pförtnerin hatte die Aufsicht über den Eingang
in die Klausur.

Die Schwestern lebten in der Klausur nach der Regel des
heiligen Bernhard von Clairveaux, des zweiten Vaters und
Stifters des weitverzweigten Zisterzienserordens, der nach
dem Kloster Citeaux (Cistercium) südlich von Dijon in der
Bourgogne seinen Namen trägt. Auch in Deutschland hatten
sich die Zisterzienser durch die Urbarmachung öber Land=
striche große Verdienste erworben, doch war die ursprüngliche
Einfachheit des Ordens allmählich im Reichtum erstickt. Die
Ordenstracht der Zisterzienserinnen oder Bernhardinerinnen
war die weiße Kutte mit schwarzem Gürtel und schwarzem
Schleier. Die Regel, die zu Armut und Keuschheit, Demut
und unbedingtem Gehorsam verpflichtete, war ihrem Wort=
laute nach streng. Durch Gebete und Gesänge und Verlesung
erbaulicher Texte wurde der Tag von der Frühmesse bis zu
der Komplet, der letzten Andacht vor der Nachtruhe, ausge=
füllt; nur nach der Mittagsmahlzeit war den Nonnen wohl
auch in Nimbschen eine Stunde Mittagsruhe gestattet. Scharf
wurde darauf geachtet, daß das klösterliche Stillschweigen
nicht gebrochen würde. In dem Chor, der von der vorderen
Kirche durch Schranken abgetrennt war, durfte niemand
sprechen, und ebenso sollte im Speisesaal und im Schlafhause
tiefes Schweigen herrschen, doch hatten vielleicht auch die
Nimbschner Nonnen eine Art Gebärden= oder Fingersprache,

bei der sie ihr Zünglein im Zaume halten und sich doch miteinander verständigen konnten, oder — sie wurden eben einmal ungehorsam, wenn der Zwang des Schweigens gar zu lästig wurde.

Daß die strengen Regeln nicht genau genug beobachtet würden, war die wiederholte Klage des Pförtner Abtes Balthasar. Er rügt den ungleichen, regelwidrigen Gesang und verlangt, die Schwestern sollten gleichmäßig und ebenmäßig singen und nur solche Gesänge anstimmen, die von den Zisterziensern in ihr Missale aufgenommen worden wären. Er preist das klösterliche Stillschweigen als den Schlüssel der Religion und warnt davor, es zu brechen, denn die Ungehorsamen würden bereinst über jedes müßige Wort Rechenschaft ablegen müssen. Der Abtissin und der Priorin ruft er ihre hohe Verantwortlichkeit ins Gewissen, den älteren Schwestern legt er ihre Pflichten gegen die jüngeren ans Herz, alle ermahnt er, der Welt völlig abzusterben und nur noch ihrem himmlischen Bräutigam zu leben. Laien und Geistlichen sollte das innere Kloster verschlossen bleiben, und im Sprechzimmer sollten die Gitter verengert werden, daß es unmöglich wäre, die Hand oder ein Geschenk hindurchzureichen; selbst die beiden Beichtväter sollten das Kloster nur dann betreten, wenn eine Nonne krank läge, und sie sollten sich wohl hüten, einer andern Schwester Ärgernis zu geben. Unter sich aber dürften die Schwestern mit Erlaubnis der Abtissin in Liebe und Eintracht zuweilen auch ihre Kurzweil haben.

Diese lange lateinische Vorschrift vom Jahre 1509, die noch auf manche Einzelheit näher eingeht — ihre drei Jahre jüngere Wiederholung ist nur in einer gleichzeitigen deutschen Übersetzung erhalten —, sollte nach dem Willen des Abtes alljährlich viermal verlesen und den Nonnen Punkt für Punkt von der Abtissin oder der Priorin erläutert werden. Unter den mehr oder weniger aufmerksamen Zuhörerinnen saß auch Käthe, doch verstand sie gewiß nur das wenigste von dem, was vorgelesen wurde, denn sie war erst kurz vorher in ihrem zehnten Lebensjahre nach Nimbschen gebracht worden. Sie war nicht die einzige, die in so früher Jugend ins Kloster eingetreten war. Zwar hatte Kurfürst Friedrich der Weise den Nimbschner Nonnen am 18. Februar 1495 verboten, ohne sein Vorwissen neue Jungfrauen oder Kinder aufzunehmen, aber auch diese Vorschrift scheint nur auf dem Papier gestanden zu haben, oder der Kurfürst selbst muß sie zurückgenommen haben, als die Mißstände, die sich damals infolge der Überfüllung des Klosters gezeigt hatten, wieder beseitigt worden waren. Unter Käthes Schicksalsgenossinnen waren mehrere, die ebenfalls von Kind auf im Kloster gelebt hatten.

Eine Schulmeisterin oder Novizenmeisterin wird nun zwar in Nimbschen nicht erwähnt, aber das ist wohl nur eine zufällige Lücke in unserer Überlieferung, denn diese jungen Mädchen, die erst nach Jahren eingesegnet werden sollten, konnten doch nicht ohne Unterricht bleiben. Nachdrücklich hebt Abt Balthasar hervor, die älteren und verständigeren Schwestern hätten die Pflicht, die jüngeren und noch ungelehrten zu unterrichten und zu lehren. Außerdem bestand auch in Nimbschen eine kleine Klosterschule, wir würden jetzt sagen, ein Pensionat, worin junge Mädchen Wohnung, Kost und Unterricht erhielten. Sie werden schon 1509 von Abt Balthasar erwähnt; unter den Kindern (pueri), deren Erziehung die Abtissin zu überwachen hatte, und deren Schlafraum nach der Anordnung des Abtes von den Zellen der Nonnen abgesondert liegen sollte, sind nicht etwa, wie man gemeint hat, die beiden dienenden Knaben oder Burschen der Abtissin zu verstehen — daß diese nicht in der Klausur schlafen durften, war selbstverständlich —, es sind vielmehr eben die Schulmädchen. In den Klosterrechnungen werden sie zum erstenmal in dem Rechnungsjahre von 1516 auf 17 mit Namen genannt, neun an der Zahl, sämtlich adeligen Standes. In den älteren Rechnungen von 1509 bis 1515 werden sie noch nicht besonders aufgeführt, aber es wäre irrig, daraus zu schließen, daß in diesen Jahren keine Schulkinder in Nimbschen gewesen wären, denn in den Rechnungen von 1517 auf 18 werden sie ebenfalls nicht erwähnt, dagegen sind sie in den Rechnungen von 1518 auf 19 wieder mit Namen verzeichnet, fünf an der Zahl, darunter vier von denen, die schon vor zwei Jahren auf der Schule gewesen waren, und im nächsten Jahre sind es wiederum dieselben fünf. Sie werden die Kin=

der, die Kinder in der Kost, die Kostkinder genannt, 1534 und 35 einfach die Schulkinder.

Was sie in Nimbschen lernten? Allzuviel wird es nicht gewesen sein. Aber im Lesen und Schreiben und in den Anfangsgründen des Lateinischen wurden sie sicherlich unterrichtet, wenigstens so weit, daß sie die lateinischen Texte, die sie später in der Kirche zu verlesen oder zu singen hatten, notdürftig verstanden. Als Käthes Tante Magdalena von Bora später einmal von Luther gefragt wurde, ob sie wieder ins Kloster wollte, da antwortete sie hastig: Non, non! Es werden nicht die einzigen lateinischen Worte gewesen sein, die sie in Nimbschen gelernt hatte. Nonnen, die lateinisch nicht einmal richtig lesen konnten, die anstatt Magister, dic (HErr, sprich!) vielmehr Magister clic herausbuchstabierten, und die nun dachten, Christus hieße Magister Klick — von solchen Nonnen erzählte man sich zwar gern in Anekdoten, aber in Wirklichkeit wäre ihnen wohl von der Frau Äbtissin eine kleine Karenz verordnet worden.

Auch die Nimbschner Nonnen lernten in ihrem Kloster mehr als nur beten und singen. Von den acht Klosterjungfrauen, mit denen Käthe, selbst die neunte, in der heiligen Osternacht 1523 aus Nimbschen flüchtete, war später die älteste, Magdalena von Staupitz, als Mädchenschullehrerin in Grimma tätig, und eine zweite, Else von Canitz, wurde von Luther brieflich aufgefordert, wieder nach Wittenberg zu kommen, um junge Mägdlein zu lehren. Diese Nonnen hatten also Lesen und Schreiben so gut erlernt, daß sie auch andere darin unterrichten konnten. Und von Käthe selbst wird ausdrücklich bezeugt, daß sie später als Luthers Gattin gelegentlich mit lateinischen Worten — latine — in die lateinisch geführte Unterhaltung der Tischgenossen eingegriffen hat. Mag sie auch bei Luthers Gewohnheit, deutsch und lateinisch durcheinander zu sprechen, manches erst später erlernt haben, den Grund dazu hat sie wahrscheinlich doch in den Klöstern Brehna und Nimbschen gelegt.

Den Hauptgegenstand der klösterlichen Erziehung bildete aber die Einführung und Eingewöhnung in das klösterliche Leben. Schon die jungen Mädchen, die für die Einsegnung im Kloster vorbereitet wurden, sollten strenge Zucht und Sittsamkeit als die köstlichste Perle der Jungfräulichkeit schätzen lernen. Ihre Worte, Gebärden und Sitten sollten rein und keusch sein wie ihr Herz. Züchtig sollten sie ihre Köpfchen neigen. Auch ihrer Kleidung sollte jeder weltliche Schmuck fern bleiben. Geschwätziges Reden, loses Herumschweifen war ihnen ebenso wie den Schulkindern untersagt. Zum Unterschiede von den Schulkindern (pueri) und den Nonnen (virgines religiosae) wurden sie die heranwachsenden Jungfrauen (adolescentes virgines) genannt. Zu ihnen gehörte Käthe in den fünf oder sechs Jahren von ihrem Eintritt ins Kloster bis zum Beginn ihres Noviziats im Jahre 1514. Nach Ablauf des Probejahres wurde sie am 8. Oktober 1515 eingesegnet.

Kurz vor ihrer Einsegnung waren schon zwei ihrer jungen Freundinnen Nonnen geworden, die beiden Schwestern Ave und Margarete von Schönfeld; sie hatten am 7. Mai 1515 dem Kloster zusammen 3 Schock und 20 Groschen gespendet. Ilse von Kitzscher, die einige Zeit nach Käthes Einsegnung Nonne wurde, spendete 40 Groschen. Käthe selbst konnte an dem Tage ihrer Einsegnung nur 30 Groschen darbringen.

Das Probejahr oder Versuchsjahr, das der Einsegnung, dem sogenannten Profeß, vorausging, sollte der jungen Novize die Gelegenheit bieten, sich in die Ordensregel einzuleben und sich völlig klar darüber zu werden, ob sie das bindende Gelübde wirklich ablegen könnte. Deshalb war in manchen Klöstern die Abtissin dazu verpflichtet, jedesmal nach der Verlesung der Ordensregel die Novizen zu fragen, ob sie das halten könnten oder nicht, und vor der Einsegnung sollte sie ihnen nochmals die Regel vorlegen und sie prüfen, ob sie gesonnen wären, beständig zu bleiben. Bei Käthe konnte die Antwort auf diese Fragen kaum zweifelhaft sein. Wenn es auch nicht ihr innerer Trieb, ja nicht einmal ihr freiwilliger Entschluß gewesen war, ins Kloster einzutreten, so wußte sie es doch seit ihrer frühesten Jugend nicht anders, als daß sie für den geistlichen Stand bestimmt war, und bevor Luthers Lehren in ihr Kloster eindrangen, scheint sie die Fesseln, die sie auf sich genommen hatte, durchaus nicht ungern getragen oder als eine Last empfunden zu haben.

In dieser Beziehung hatte sie ein leichteres Geschick als jene Nonne Florentina von Oberweimar, die ebenfalls in ihrem sechsten Lebensjahre dem Kloster Neuenhelfta vor Eisleben übergeben worden war. In diesem jungen Mädchen regte sich frühzeitig der Widerspruch gegen das klösterliche Leben, und als sie sich trotzdem dazu hatte überreden lassen, Profeß zu tun, litt sie unter harter Gewissensqual, und nachdem ihr Versuch, von Luther brieflich Trost, Hilfe und Rat zu erbitten, verraten worden war, verfiel sie der eisernen Zuchtrute der Äbtissin, der fanatischen Katharina von Watzdorf, die das junge Mädchen, obgleich es mit ihr verwandt war, durch demütigende Bußübungen, wochenlange Einkerkerung und körperliche Züchtigungen aufs grausamste mißhandelte und endlich zu lebenslänglicher Haft verurteilte. Erst nach schweren Leiden gelang es dem Mädchen, Anfang 1524 in einer unbewachten Stunde aus dem Kloster zu flüchten. Zu ihrer Rechtfertigung schrieb sie eine ergreifende Schilderung ihrer Schicksale nieder, und Luther veröffentlichte ihr Bekenntnis mit einem offenen Briefe vom 2. März 1524 unter dem Titel: „Eine Geschicht, wie Gott einer ehrbaren Klosterjungfrau ausgeholfen hat. Mit einem Sendbrief an die Grafen von Mansfeld." Aus Nimbschen erfahren wir nichts von Peinigungen, wie sie das arme Fräulein von Oberweimar in Neuenhelfta zu erdulden hatte. Eine Katharina von Watzdorf und eine Margarete von Haubitz waren freilich auch von Grund aus verschiedene Naturen; während die Milde der einen lindernd wirkte, konnte die Härte der andern den Aufenthalt im Kloster zu einer Hölle verwandeln. Von Käthe selbst hören wir aus späterer Zeit nicht ein einziges Mal eine Klage über klösterlichen Zwang, vielmehr rühmte sie noch zwanzig Jahre später, am Pfingsttage 1540, den hitzigen Eifer, mit dem sie und ihre Genossinnen im Kloster gebetet hätten, und es wollte ihr scheinen, als würde jetzt weniger oft und innig gebetet.

Wäre Gottes Gnade durch die Zahl der Gebete, durch die Inbrunst des Singens und durch Fasten zu erzwingen, wahrlich, Mönche und Nonnen wären auf dem rechten Wege zur Seligkeit gewesen. Und doch waren gerade die Ernstesten und Frömmsten von Zweifeln erfüllt und von einer Sehnsucht getrieben, die an den Übungen klösterlicher Frömmigkeit kein Genüge mehr fand, die nach Höherem und Edlerem strebte. Luther war es, der für viele Tausende das, was ihnen selbst noch unbewußt und doch schmerzlich fühlbar in ihrer Seele nach Entfaltung rang, zum ersten Male klar und deutlich aussprach. Er führte von den Legenden der Heiligen, den Lehren der Kirchenväter und den Satzungen des Papsttums zurück zu der Heiligen Schrift als der lautersten Quelle des Heils, und seine Worte brausten wie ein Frühlingssturm über das deutsche Land.

Von Nimbschen nach Wittenberg.

Kurze Zeit, nachdem Käthe von ihrem Vater auf die Klosterschule nach Brehna gebracht worden war, im Jahre 1505, faßte in Rom Papst Julius II. den folgenschweren Entschluß, an Stelle der alten, ehrwürdigen Basilika des heiligen Petrus nach Bramantes Plänen einen prachtvollen Neubau zu errichten; zu derselben Zeit, am 17. Juli 1505, stand in der Universitätsstadt Erfurt ein junger Student der Rechtswissenschaft, Martinus Luther, vor der Pforte des Augustinerklosters und begehrte Einlaß. Der Neubau von Sankt Peter, zu dem schon am 16. April 1506 in Gegenwart des Papstes und zahlreicher Kirchenfürsten der Grundstein gelegt wurde, sollte der ganzen christlichen Welt die Macht und den Glanz des Papsttums vor die Augen stellen; in dem stillen Augustinerkloster aber sollte der junge Mönch, der in Gewissensnot fast verzweifelte, in jahrelangen seelischen Kämpfen zu der Erkenntnis hindurchbringen, daß dies Papsttum in all seiner Macht und Herrlichkeit doch keiner verzagenden Seele helfen konnte. Der Aufenthalt in dem Kloster, in dem er den Frieden zu finden gehofft hatte, wurde für ihn nur die Vorbereitung auf ein ganzes Leben voller Kämpfe, aber auch voll von Siegen und reich an Segen.

Den ersten Lichtblick warf in sein verdüstertes Gemüt Doktor Johann von Staupitz. Dieser vornehme, fromme, fein gebildete Mann, dem Luther Zeit seines Lebens die

innigste Dankbarkeit bewahrte, war seit 1503 der General=
vikar des Augustinerordens. Für Luther wurde er ein zwei=
ter, geistiger Vater. Er riß ihn aus den selbstquälerischen
Grübeleien über Sünden, die keine Sünden sind, tröstete ihn
durch den Hinweis auf Gottes allbarmherzige Güte, die keinen
reuigen Menschen zurückstößt, erfüllte ihn mit dem Glauben
an den Erlöser, durch den wir der göttlichen Gnade teilhaftig
werden. Sein scharfer und weltkundiger Blick erkannte aber
zugleich, daß ein Feuergeist wie dieser nicht in der bedrücken=
den Stille und Enge des Klosters erstickt werden dürfte. Auf
sein Betreiben trat Luther aus der Zelle des Klosters hinaus
auf den Lehrstuhl der Universität. Bald darauf wurde er
als Professor an die junge Universität Wittenberg berufen;
um dieselbe Zeit, da Käthe von Brehna nach Nimbschen kam,
Ende des Jahres 1508, wanderte Luther von Erfurt nach
Wittenberg.

Auch in Wittenberg lebte er als Ordensbruder in dem
Kloster der Augustiner, der schwarzen Mönche, wie sie wegen
ihrer schwarzen Kutten genannt wurden. Eine Rückberufung
nach Erfurt, eine Pilgerreise nach Rom, die Rückkehr nach
Wittenberg, die Erhebung zum Doktor der Theologie und
die stille Tätigkeit eines Lehrers an der Universität und eines
Predigers in der Pfarrkirche und im Kloster füllten seine
nächsten Lebensjahre. Das Vertrauen seiner Brüder und
seiner Vorgesetzten wählte ihn 1512 zum Subprior und stellte
ihn 1515 als Distriktsvikar über die zehn Augustinerklöster
Sachsens. Schon sahen mehrere gleichgesinnte Freunde in ihm
ihren Führer, so Georg Spalatin, der einflußreiche Hof=
kaplan Kurfürst Friedrichs des Weisen, Wenzeslaus Link,
der Prior des Wittenbergischen Augustinerklosters, und
Johann Lang, der ebenfalls von Erfurt nach Wittenberg
überging, 1516 aber als Prior des Augustinerklosters nach
Erfurt zurückkehrte. In weiteren Kreisen wurde Luthers
Name noch selten genannt. Aus dem zweiten Jahrzehnt des
16. Jahrhunderts sind uns mehrere handschriftliche Ver=
zeichnisse von solchen Gelehrten erhalten, die damals in
Deutschland als die bedeutendsten galten; in Wittenberg
werden unter den Juristen Henning Göde und Christoph

Scheurl und unter den Theologen Andreas Karlstadt genannt, aber Luthers Name fehlt.

Auf den Kampfplatz, auf dem seine mächtige Gestalt bald alle, alle hoch überragte, wurde er durch einen äußeren Anlaß gedrängt. Der Neubau von Sankt Peter, dessen Beginn mit seinem Eintritt ins Kloster zeitlich zusammengefallen war, sollte in seinem Fortgange den entscheidendsten Einfluß auf sein Leben ausüben. Gewaltig waren die Summen, die schon die Fundamente verschlangen; unter die Erde, erzählte man, würde der Bau ebenso tief hinabreichen, wie er sich später darüber erheben sollte. Um die Gelder herbeizuschaffen, wurde der Christenheit ein neuer Ablaß verkündet. In Deutschland übernahm dies Geschäft Erzbischof Albrecht, der Hohenzoller, der unerhörterweise die beiden Erzbistümer Magdeburg und Mainz und das Bistum Halberstadt in einer Hand vereinigte. In seinem Auftrage zog Johann Tetzel mit dem Ablaßkasten durch Mitteldeutschland, und die schamlose Weise, wie dieser Dominikanermönch den unschönen Handel betrieb, zwang Luther, aus seiner Zurückgezogenheit hervorzutreten. Am 31. Oktober 1517 schlug er seine 95 Thesen an die Tür der Schloßkirche zu Wittenberg.

Das war die Fanfare, die zur Schlacht rief, und wenn es anfangs auch nur ein kleines Häuflein war, das sich um den kühnen Rufer zum Streite scharte, er scheute die Entscheidung nicht. Es ist eins der großartigsten Schauspiele der Weltgeschichte, wie dieser schlichte Mönch in der kleinen Stadt Wittenberg nur mit der Heiligen Schrift in der Hand gegen den Bischof von Rom, der sich Papst nannte, und seine Kirchenfürsten auf den Platz trat! War es ein Wunder, daß er anfangs noch bereit war, sich besserer Erkenntnis zu fügen? Aber in ihrer Verblendung wollten die Päpstlichen keine Verständigung, sie verlangten unbedingte Unterwerfung, und so folgte denn dem leichteren Geplänkel mit dem Kardinallegaten Cajetan in Augsburg und dem päpstlichen Kammerherrn Karl von Miltitz in Altenburg schon 1519 die große Disputation mit Eck in der Pleißenburg zu Leipzig, und das nächste Jahr 1520 brachte die drei gewaltigen Kampfschriften Luthers: „An den christlichen Adel deutscher Nation von des christlichen Standes Besserung", „Von der babylonischen Gefangenschaft der Kirche", „Von der Freiheit eines Christenmenschen" —, jede Schrift ein neuer Vorstoß, jeder Angriff ein neuer Sieg. Der Bannstrahl, den der Papst schleuderte, prallte wirkungslos ab, aber zündend zuckten Schlag auf Schlag die Geistesblitze des deutschen Mönches auf das römische Papsttum und seine selbstgeschaffene Herrschaft nieder. Kühn erhobenen Hauptes stand er dann an dem entscheidenden Tage des 18. Aprils 1521 vor dem Kaiser in Worms, rastlos begann er auf der Wartburg das größte Werk seines Lebens, die Übertragung der Bibel in die deutsche Sprache. Als er am 6. März 1522 aus den thüringischen Bergen nach dem von Unruhen erschütterten Wittenberg zurückkehrte, war er reif für die Aufgabe, die ihn erwartete, inmitten der allgemeinen Gährung den Grund zu einer neuen Kirche zu legen. Die Heilige Schrift sollte der Grundstein sein, und kein Prunkbau sollte es werden wie der zu Sankt Peter. Schlicht und treu fügte er mit seinen Mitarbeitern Stein auf Stein. Entschieden wies er die Stürmer und Aufrührer hinweg, mit aller Kraft stemmte er sich gegen die Revolution. Sein Lebenswerk sollte die Reformation sein.

Auch äußerlich war er in der frischen Luft der Bergwälder Thüringens ein anderer geworden. Das war nicht mehr der abgemagerte Mönch, an dem man noch in Leipzig gemeint hatte alle Knochen zählen zu können. Sein Körper war voller geworden, seine Haltung selbstbewußt. So schildert ihn der junge Schweizer Johann Keßler, der 1522 und 23 in Wittenberg studierte: „Wie ich Martinum sines alters XLI jar anno MDXXII gesechen hab, war er ainer natürlich zimlichen faiste, aines ufrechten gangs, also das er sich m'er hindersich, dann fürdersich naiget, mit ufgeheptem angsicht gegen dem himel, mit tiefen schwarzen ogen und brawen, blinzend und zwitzerlend, wie ain stern, das die nit wol mögend angesechen werden." Eine Stelle in dieser Schilderung Keßlers könnte leicht mißverstanden werden und ist wirklich mißverstanden worden. Die Worte „ainer natürlich zimlichen faiste" bedeuten nicht etwa, daß Luther schon damals „ziemlich feist" gewesen wäre, sondern gerade das Gegenteil, daß er nämlich eine Stärke hatte, wie sie seiner mittelgroßen Gestalt und seinem Alter von Natur ziemte, das heißt naturgemäß war; erst später wurde er wirklich dick. Seine stattliche, trotz seinen vierzig und etlichen Jahren noch jugendlich kräftige Erscheinung tritt uns auch in den Bildern entgegen, die Cranach bald nach seiner Vermählung mit Käthe von dem jungen Ehepaare gemalt hat, doch hatte er sich zu dieser Zeit den Vollbart, mit dem er von der Wartburg gekommen war, schon wieder abnehmen lassen. „Luther hat geheiratet", spöttelt Desiderius Erasmus im Jahre 1525, „ja er hat auch selbst, von seinen Brüdern dazu ermahnt und getrieben, den Mantel des Asketen und den Philosophenbart abgelegt." In den Räumen seines Klosters war Luther schon 1523 anstatt in der Mönchskutte in weltlicher Tracht einhergegangen, und am 9. Oktober 1524 hatte er zum erstenmal auch auf der Kanzel ohne Kutte gestanden. Er trug seitdem statt der Kapuze das Barett, das ihm als Doktor der Theologie zukam, und anstatt der Kutte, die von einem Strick zusammengehalten wurde, den weiten, langen, bis übers Knie reichenden Doktorrock, die sogenannte Schaube. In dem Talar der protestantischen Geistlichen hat sich dieses alte Kleidungsstück mit geringen Veränderungen bis auf unsere Tage erhalten.

Erasmus war recht gut berichtet, als er schrieb, Luther hätte erst auf das Drängen seiner nächsten Freunde die Kutte abgelegt. Luther selbst erzählte später wiederholt, seine Kutte wäre ganz abgetragen und geflickt gewesen, da hätte ihm Kurfürst Friedrich ein Stück Tuch gesandt und ihm sagen lassen, er sollte sich einen Rock oder eine Kappe machen lassen, und zu Spalatin hätte der Fürst geäußert, wenn er, Luther, sich auch eine spanische Kappe machen ließe — die spanische Tracht war eben erst durch Kaiser Karl V. und sein Gefolge als neueste Mode ins Reich gekommen! —, wer könnte ihn deshalb zur Rechenschaft ziehen? Aber er ließ sich lange von seinen Freunden drängen, ehe er weltliche Tracht anlegte. Auch in dieser verhältnismäßig geringfügigen Angelegenheit zeigte sich sein im Grunde konservativer Charakter, der nur in allen Hauptpunkten der Heiligen Schrift nachzuleben und das, was wider Gottes Willen wäre, abzutun forderte, in untergeordneten Dingen aber gern das Alte schonte und jeden Zwang fernzuhalten wünschte. Für alle andern hatte er in seinen Schriften und besonders in der lateinischen, noch auf der Wartburg geschriebenen Abhandlung von den Klostergelübden allerdings das Recht in Anspruch genommen, das Kloster zu verlassen, die äußerlichen Abzeichen des mönchischen Standes abzulegen, ein Weib heimzuführen, aber gezwungen sollte niemand werden, und er selbst blieb mit seinem Prior Eberhard Brisger auch dann noch in dem Schwarzen Kloster zu Wittenberg wohnen, als sie zwei die letzten Ordensbrüder in dem öden Gebäude waren. Er nahm noch jahrelang mit seinem elenden Strohlager und der kümmerlichsten Nahrung vorlieb. Er konnte sich nur schwer dazu entschließen, zu ehelichen. Während andere eilten, seine Lehren in die Tat umzusetzen, manche nicht ohne eigennützige Hintergedanken, lag ihm jeder Gedanke an sich selbst völlig fern. Er hielt seine Anhänger eher zurück, als daß er sie gedrängt hätte, denn er wußte, daß die ausgestreute Saat Zeit brauchte, zu reifen. Er verlangte, erst müßten die Herzen gewonnen und fest sein, bevor die äußerlichen Satzungen umgestaltet werden dürften. Nur Schritt vor Schritt wollte er vorwärts gehen. Freilich waren es Riesenschritte, und der Boden dröhnte und barst darunter.

Aus dem Untergange des Alten sproßte aber überall neues Leben hervor, und die Herzen öffneten sich willig den Lehren, die von Wittenberg aus verkündet wurden. Mit Blitzesschnelle flogen Luthers Schriften über das Land. Mochten Kaiser und Papst sie ächten und bannen und dem Feuer überantworten, und mochten eifernde Äbte und Äbtissinnen die Fenster ihrer Klöster noch so eng vergittern lassen — über die Schranken, die dem gedruckten Worte gezogen waren, sprang das lebendige Wort hinweg, und auch die Druckschriften fanden Mittel und Wege, trotz der Aufsicht der Oberen insgeheim von Hand zu Hand zu wandern. Selbst in ein so streng gehütetes Kloster wie das zu Neuenhelfta drang Luthers Lehre ein; wie hätte eine Margarete von Haubitz ihr Kloster Nimbschen davor bewahren können?

Eine halbe Stunde von Nimbschen entfernt lag die kurfürstliche Stadt Grimma. Von der Einwohnerschaft war der größte Teil evangelisch gesinnt, und auch in dem Grimmaischen Augustinerkloster jubelten viele Mönche ihrem großen

Ordensbruder in Wittenberg zu. Der Prior des Klosters war der sächsische Edelmann Wolfgang von Zeschau. Er legte 1522 seine Würde freiwillig nieder und trat mit einer Anzahl gleichgesinnter Brüder aus dem Orden aus. Er wurde Spitalmeister des Johanniterhospitals zum Heiligen Kreuz in Grimma, später (seit 1531) war er Pfarrer in dem nahen Hohnstädt. In dem Kloster Nimbschen lebten nun aber zwei Verwandte von ihm, die beiden Schwestern Veronika und Margarete von Zeschau, vielleicht waren es seine Nichten; sie entflohen mit Käthe zusammen aus dem Kloster. Wenn wir auch kein ausdrückliches Zeugnis dafür haben, daß dieser Wolf von Zeschau das Eindringen von Luthers Lehre in Nimbschen vermittelt hat, so liegt doch die Vermutung sehr nahe, daß er es getan habe; durch seine Verwandtschaft mit den beiden Schwestern von Zeschau war ihm der Zugang zum Kloster leichter gemacht als andern. Was aber weiter von einem unterirdischen Gang erzählt wird, der aus dem Zisterzienserinnenkloster in Nimbschen bis nach Grimma ins Augustinerkloster geführt hätte, und was katholische Schriftsteller schaudernd von dem unsittlichen Verkehr zu berichten wissen, in dem die gottlosen Nonnen mit den abtrünnigen Mönchen und den verruchten evangelischen Predigern in Grimma zusammengekommen wären, und was endlich von einem Stellbichein gemunkelt wird, das Käthe dem Doktor Luther an einem Waldquell nahe beim Kloster, dem sogenannten Lutherbrunnen, gewährt haben soll, das sind alles alberne Fabeln.

An Luther, der in Wittenberg wahrhaftig wichtigere Dinge zu tun hatte, wagten sich die Nimbschner Nonnen erst dann zu wenden, als ihnen jede andere Hilfe versagte, als sie sich in ihrer Not, wie Luther selbst berichtet, keinen Ausweg mehr wußten als die Flucht aus dem Kloster. Durch Luthers Lehre war ihnen ja alles genommen worden, was ihrem Leben einen Inhalt gegeben hatte: der Glaube, daß sie durch das Gelübde ihrer Keuschheit ein Gott wohlgefälliges Werk getan hätten, die Hoffnung, sich durch Bußübungen und klösterliche Kasteiung das Anrecht auf einen Platz im Himmel sichern zu können, das Vertrauen auf die Verdienste und die Fürbitte der Heiligen und die Ablaß spendende Kraft ihrer Reliquien; was Luthers Lehre ihnen dafür verhieß: die feste

Klosterruine Nimbschen, Gesamtansicht

Aufnahme 1925 vom Landschaftsphotograph Landgraf, Zwickau i. Sa.

Zuversicht auf Gottes Gnade und den inneren Frieden, das konnten sie sich nur in einem frommen, tätigen, pflichttreuen Leben außerhalb der Klostermauern erringen. Neun Nonnen waren dazu bereit, ihr Gelübde zu brechen und Nimbschen zu verlassen: Magdalena von Staupitz, Else von Canitz, Laneta von Golis, Ave Große, Veronika und ihre Schwester Margarete von Zeschau, Ave und Margarete von Schönfeld, ebenfalls zwei Schwestern, und Katharina von Bora.

Sie schrieben zunächst an ihre Eltern und Verwandten und baten sie flehentlich, ihnen aus dem Kloster zu helfen, da ihnen solch Leben der Seelen Seligkeit halben nicht länger zu erdulden wäre; alles andere wollten sie als gehorsame Kinder gern tun und leiden. Die Antworten ihrer Angehörigen lauteten, wie kaum anders zu erwarten war, abschlägig. Mit solcher Innigkeit war diesen einfachen Landedelleuten das Evangelium doch noch nicht ans Herz gewachsen, daß sie ohne jede Rücksicht auf sich selbst und ohne Menschenfurcht zu einer so bedenklichen und bis dahin eigentlich unerhörten Handlung, wie sie von den neun Mädchen mit ihrem Austritt aus dem Kloster geplant wurde, willig die Hand geboten hätten. Auch war gewiß bei den meisten von ihnen der Beweggrund, warum sie ihre Töchter für den geistlichen Stand bestimmt hatten, derselbe gewesen wie bei Käthes Eltern. Für den ärmeren Landadel waren die Nonnenklöster eine Art Versorgungsanstalt für ihre Töchter, und in der katholischen Zeit hatte niemand daran Anstoß genommen.

Von ihren Angehörigen im Stich gelassen, suchten die neun Nonnen bei Luther um Rat und Hilfe nach, und Luther hielt es für seine christliche Pflicht, ihnen in ihrer Not beizustehen. Da ihre Vorgesetzten sie niemals freiwillig ziehen lassen würden, so mußten sie aus dem Kloster entführt werden, heimlich und mit List, denn Gewalt durfte nicht angewendet werden, schon wegen des Kurfürsten nicht, der bei aller seiner Milde doch einen offenen Landfriedensbruch hart geahndet hätte. Das Unternehmen war ohnehin gefährlich genug, denn die Entführung einer Nonne war mit Todesstrafe bedroht. Aber Luther kannte einen Mann, der Mut und Verschlagenheit genug hatte, das Wagnis zu einem glücklichen Ende zu führen, und der zugleich durch seine angesehene

Stellung und sein ehrwürdiges Alter vor jedem niedrigen Verdacht geschützt wurde: Leonhard Koppe. Einem alten Torgischen Geschlecht entstammt, stand er damals in seinem 59. Lebensjahre und war ein allseits geachteter, gebildeter und in mehreren Ämtern bewährter Mann. Er hatte seit 1495 mehrere Jahre in Leipzig und in Erfurt studiert und war dann von 1504 bis 1509 Ratsherr in seiner Vaterstadt gewesen; seit 1510 hatte er dem Kurfürsten eine Zeitlang als Schösser im Amte Torgau gedient. Von seinen geschäftlichen Verbindungen mit dem Kloster Nimbschen haben wir schon gehört. Mit Luther wird er bei dessen wiederholten Besuchen in Torgau im Jahre 1519 und im April 1522 näher bekannt geworden sein.

Für sich allein fühlte sich aber auch Koppe dem Unternehmen und seinen Gefahren nicht gewachsen. Er gewann zwei rüstige Genossen. Der eine, sein Neffe, war wohl jener jüngere Leonhard Koppe, von dem die Torgischen Chroniken berichten, er habe noch zu Lebzeiten des Kurfürsten Friedrich an dem Klostersturm in Torgau teilgenommen und deshalb vor dem Zorne des Fürsten flüchten müssen. Der andere, Wolf Dommitzsch, war ebenfalls ein Torgischer Bürger und stammte, wie Koppe selbst, aus einem ehrbaren Geschlecht, das schon lange Zeit in Torgau ansässig war; mehrere Mitglieder dieser bürgerlichen Familie Dommitzsch, die nicht mit dem ritterlichen Geschlechte von Dommitzsch zusammengeworfen werden darf, sind in der Matrikel der Universität Leipzig verzeichnet.

Auf welchem Wege sich Koppe mit den neun Nonnen verständigte, erfahren wir nicht. Vielleicht kam er schon Anfang des Jahres 1523 einmal nach Nimbschen und besprach da heimlich mit ihnen die Flucht, vielleicht übernahm der Spitalmeister Wolf von Zeschau in Grimma die Vermittlung. Jedenfalls mußte die größte Vorsicht beobachtet werden, und manches Zettelchen wird hin- und hergeschoben worden sein, bevor Tag und Stunde für die Flucht festgesetzt werden konnten. Der Tag, an dem einst Christus aus Grabesnacht erstanden war, sollte den armen Nonnen die Erlösung aus den Klostermauern bringen. In der Nacht vom Ostersonnabend zum Ostersonntag — er fiel im Jahre 1523 auf den 5. April —

wurde die Flucht gewagt, und sie gelang, wie Luther schreibt, wunderbarlich genug.

Über die näheren Umstände der Flucht wußte man später allerlei zu erzählen, und in den Trümmern des Klosters, dessen kahle Mauern jetzt vom wilden Weine umsponnen sind, wurde noch im vorigen Jahrhundert wohl jedem Besucher ein Fenster mit den Resten alter Sandsteinverzierung gezeigt. Hier sollte Käthe ihre Zelle gehabt haben; auf dem Wege durch dieses Fenster wäre sie in die Freiheit gelangt. Aber schon die Größe des Fensters hätte die geschäftige Sage davor warnen sollen, Käthes Zelle in diesen Teil der Ruine zu verlegen. In dem hohen Hauptgebäude, dessen Trümmer allein noch aufrecht stehen, waren die engen Zellen der Nonnen gewiß nicht.

Eine köstliche Reliquie wird noch in der bescheidenen Klosterwirtschaft aufbewahrt, und wer nach dem Besuche der Ruine eine Weile unter den hohen Linden bei Speise und Trank gerastet hat, sollte es nicht unterlassen, in das niedrige Wirtsstübchen einzutreten. Hier wird in einem gläsernen Kästchen ein seidener Schuh gezeigt, ein Pantoffel; ihn soll Käthe verloren haben, als sie auf der Flucht durchs Fenster stieg. Schade nur, daß der Schuh für eine arme Nonne denn doch zu elegant und für das erste Viertel des 16. Jahrhunderts mindestens um zweihundert Jahre zu jung ist!

Je weniger man später Tatsächliches erzählen konnte, um so mehr fabelte man. Da wußte schon ein Zeitgenosse zu berichten, die Flüchtlinge hätten eine Lehmwand durchbrechen müssen, ehe sie ins Freie gekommen wären, und Käthe wäre wie ein Tanzmaidlein in Laienkleidern gegangen. Ein anderer erzählt, Koppe wäre ihnen bis in den Klostergarten entgegengekommen und hätte ihnen geholfen, über die Mauer zu steigen. Ein dritter läßt sie, wie wir schon gehört haben, vorher noch durchs Fenster klettern. Ein vierter meint, nachdem sie glücklich aus der Klausur entkommen wären, möchten sie wohl durch das nachlässig gehütete Hinterpförtchen entschlüpft sein. Ein fünfter endlich vermutet, die Pförtnerin könnte im geheimen Einverständnis mit ihnen gewesen sein und sie nächtlicherweile durchs Tor gelassen haben. Das ist alles ohne Gewähr. Der Wege zur Flucht gab es viele.

Über das Werkzeug der Flucht aber hatte ein alter Torgischer Chronist, der um 1600 lebte, doch noch eine bestimmte Kunde; er schreibt, Koppe, der Befreier, habe die neun adeligen Jungfrauen „mit sonderlicher List und Behendigkeit aus dem Kloster entführet, als führete er Härings-Tonnen". Dieser Chronist muß also noch darum gewußt haben, daß Koppe öfter mit Heringen nach Nimbschen gefahren war, und wenn er mit einer neuen Fracht gekommen war, hatte er selbstverständlich die unterdessen leer gewordenen Fässer der vorigen Fracht wieder mit nach Torgau zurückgenommen. Ein jüngerer Torgischer Chronist, dem dieser Bericht seines Landsmannes vorgelegen hat, hat ihn auch ganz richtig verstanden; er schreibt etwas ausführlicher, Koppe habe die neun Nonnen „in einem bedeckten Wagen herausgebracht, gleich als führete er ledige Heringstonnen". Neu sind in diesem jüngeren Bericht nur die leeren (ledigen) Heringstonnen und die Angabe, Koppe habe einen bedeckten Wagen, das heißt einen Plan- oder Rüstwagen, zur Flucht mitgebracht. Wir dürfen dies letztere in der Tat als gut bezeugt ansehen, daß nämlich Koppe, um unterwegs oder in der Nähe des Klosters keinen Verdacht zu erregen, mit einem gewöhnlichen Frachtwagen angefahren kam. Daß er die neun Mädchen wirklich in einem einzigen großen Wagen fortbrachte und nicht etwa in mehreren Kutschen, wird auch durch die Aussage eines Zeitgenossen bezeugt.

Dieser schlichte und gewiß wahrheitsgetreue Bericht des Torgischen Chronisten ist aber später in wunderlicher Weise mißverstanden worden. Man erzählte nun weiter, Koppe hätte am Klostertore mitten in der Nacht wirklich leere Heringstonnen aufgeladen und über jede Nonne eine Tonne gestülpt. Die Ärmsten! Später nahm man zwar an dieser Art und Weise der Beförderung Anstoß, aber an den leeren Heringsfässern glaubte man doch festhalten zu müssen und vermutete nun, Koppe hätte wohl die Tonnen wie Schanzkörbe vorn im Wagen aufgestellt, um die dahinter sitzenden Flüchtlinge vor den Augen Neugieriger zu verbergen. Aber von wirklichen Heringstonnen spricht der Torgische Chronist doch gar nicht! Er vergleicht nur die lebendige Ladung, die Koppe diesmal auf seinem Wagen hatte, mit einer Ladung leerer

Fässer, wie er sie sonst als Rückfracht aus Nimbschen mitzubringen pflegte. Die neun Mädchen mögen sich auch unter der Wagenplane eng genug aneinandergedrängt haben. — In unserer Jugend haben wir sie noch auf der Landstraße fahren sehen, diese alten Frachtwagen, die auf runden Reifen mit einer Plane überspannt werden konnten, und wenn die große Plane darübergezogen war und der breitschulterige Fuhrmann in seinem blauen Kittel vorn auf dem Kutscherbock saß, dann gehörten schon gute Augen dazu, um zu erkennen, was dahinter im Wagen war. Waren die Flüchtlinge erst einmal unter der Plane verborgen, dann brauchten sie nur noch die eine Vorsicht zu beobachten, hübsch still zu sitzen, wenn ihnen etwa ein Wanderer begegnete, und ihrer angeborenen weiblichen Redseligkeit, die wohl auch im Kloster nicht erstickt worden war, nicht allzu freien Lauf zu lassen und dem Jubel über ihre Befreiung nicht allzu lauten Ausdruck zu geben.

Wunderbarlich blieb ihre Rettung auch ohne die leeren Heringstonnen. Daß unter so vielen Eingeweihten keine Verräterin war und keine, die das Geheimnis unvorsichtig ausplauderte — daß der Briefwechsel, in dem Koppe mit einer von ihnen alles für die Flucht vorbereiten und besprechen mußte, nicht entdeckt wurde, wie es der armen Florentina von Oberweimar widerfuhr — daß endlich in der heiligen Osternacht neun Nonnen ihre Zellen unbemerkt verlassen und ungehindert aus dem Kloster entkommen konnten, das alles mochte dem Manne, der in Wittenberg mit Spannung auf den glücklichen Ausgang des kühnen und wahrhaftig nicht ungefährlichen Unternehmens harrte, wirklich wie ein Wunder erscheinen. Wie leicht hätte noch im letzten Augenblick eine andere Nonne dazwischentreten oder einer aus dem Gesinde den großen Wagen, den Koppe und seine beiden Begleiter in dem nahen Wald oder auf der nachtdunkeln Straße warten ließen, bemerken können! Als der Wagen endlich mit seiner kostbaren Fracht durch den Wiesengrund nach Grimma rollte, war die größte Gefahr vorbei, denn das Jungfrauenkloster hatte keine reisigen Leute, die den Flüchtlingen hätten zu Roß nacheilen und sie mit Gewalt zurückbringen können, und in den Ortschaften, durch die sie fahren mußten, hatten sie eher Förderung zu erwarten als Hemmnisse zu befürchten. Ihr Weg führte sie ganz durch kurfürstliches Gebiet, erst die Mulde hinab und dann östlich nach Torgau. Hier blieben sie die Nacht und rasteten wohl auch noch den ganzen nächsten Tag, den Ostermontag, denn sie hatten einen weiten Weg hinter sich und waren nicht bequem gefahren, sondern auf schlechten Straßen in ihrem Planwagen hart geschüttelt worden.

Es war eine eigentümliche Fügung, dieser Aufenthalt Käthes in der Stadt Torgau. Hier hatte einst die Wiege des Klosters gestanden, aus dem sie flüchtete, hier hielt sie jetzt bei ihrem Eintritt in die Welt die erste kurze Rast, hier sollte sie dereinst ihr Haupt zur letzten Ruhe betten. Noch hatten die Nimbschner Nonnen das Patronat über die Pfarrkirche der Stadt. Ob Käthe wohl mit ihren acht Genossinnen am Ostermontag dem Gottesdienste beiwohnte, um dem HErrn für ihre wunderbare Rettung zu danken? Vielleicht an derselben Stelle, wo sie damals kniete, steht jetzt in der Pfarrkirche zu Torgau ihr Leichenstein.

Am Dienstag nach Ostern fuhren die Flüchtlinge nach Wittenberg weiter. Einer der Torgischen Geistlichen, Magister Gabriel Zwilling, lateinisch Didymus genannt, soll sie geleitet haben. Der Weg von Torgau nach Wittenberg war nicht so weit wie von Nimbschen nach Torgau. Es war gewiß noch heller Tag, als sie durch die Elbaue und über die Brücke der Stadt Luthers näher kamen. Langhingestreckt lag die Stadt auf dem rechten Ufer des Stromes vor ihnen. Im Westen erhob sich trotzig der stolze Bau des kurfürstlichen Schlosses, dahinter die Schloßkirche, an deren Tür Luthers Hammerschläge vor noch nicht sechs Jahren einen Widerhall geweckt hatten, der durch die Welt schallte und die stillen Klöster wachrief. Vor ihnen ragte im Norden über niederen Dächern die Pfarrkirche empor; hier sollte Käthe, die geflüchtete Nonne, zwei Jahre später an Luthers Seite ihren ersten Kirchgang als eheliches Weib feiern. Weiter nach Osten zu lagen die hohen Giebel der Universität und zwischen andern Bürgerhäusern Melanchthons Wohnhaus und im äußersten Osten kahl und schmucklos der lange Bau des Schwarzen Klosters, wo Luther wohnte, und wo Käthe als

Frau Doktorin das höchste Glück ihres Lebens in der liebevollen Sorge für ihren Gatten und ihre Kinder finden sollte.

Die Ankunft des Planwagens mit den neun Nonnen erregte großes Aufsehen in Wittenberg. Noch vier Wochen später, am 4. Mai 1523, sandte der junge Österreicher Wolfgang Schiefer, der damals bei Luther und Melanchthon studierte, seinem früheren Lehrer Beatus Rhenanus in Basel einen Brief, in dem er am Schluß auch die Einfahrt der Nonnen in Wittenberg als wichtige Neuigkeit mitteilt. Ganz voll von Nonnen wäre der Wagen gewesen, schreibt er, und mit einem scherzhaften Wortspiel fügt er hinzu, sie hätten sich wohl ebenso nach einem Freier wie nach der Freiheit gesehnt.

Der Freiheit waren sie zurückgegeben, aber was sollte nun weiter aus ihnen werden? Luther trug die Verantwortung für ihre Flucht. Ihm fiel auch die Sorge für ihre Zukunft zu. Und er scheute beides nicht.

Mit dem großartigen Freimut, der ihm eigen war, bekannte er sich sofort öffentlich zu der Tat. Er hatte sie angeregt, er hatte dazu geraten, er hatte den Mann erkoren, den er für fähig hielt, sie zu vollbringen. Alle Welt sollte es wissen; er würde es rechtfertigen. Aber auch der Name des kühnen Mannes, der das Unternehmen glücklich durchgeführt hatte, sollte in aller Munde sein, damit die armen Mädchen vor übler Nachrede bewahrt blieben. Darum schrieb Luther in diesen Tagen dem fürsichtigen und weisen Leonhard Koppe zu Torgau, seinem besonderen Freund, einen offenen Brief und gab ihn noch am Freitag in der Osterwoche in Druck: „Ursach und Antwort, daß Jungfrauen Klöster göttlich verlassen mögen." Ein neu Werk nennt er die Tat, davon Land und Leute singen und sagen werden, und wenn andere über Koppe Pfui, Pfui rufen und ihn einen Räuber nennen werden und einen Narren, der sich von dem verdammten ketzerischen Mönch in Wittenberg habe fangen lassen, so will er, Luther, ihn vielmehr einen seligen Räuber nennen. Daß er aber solches ausrufe und nicht heimlich halte, sei aus redlichen Ursachen geschehen: Erstlich, weil er das, was er tue, in Gott tue und sich dessen nicht am Lichte scheue; zum andern, damit die Ehre der Jungfrauen und ihrer Verwandten nicht von giftigen Zungen geschmäht werde, die da vorgeben möchten, sie hätten sich von losen Buben entführen lassen, während sie doch von ehrbaren Männern wie Koppe und den Seinigen mit aller Zucht aus dem Kloster geleitet worden seien, und zum dritten, daß es andern ein Beispiel sei. Er wisse wohl, daß viele Eltern ihre Kinder jetzt gerne wieder aus dem Kloster heraus hätten, wo doch nur Menschenwerk getrieben und ihnen das Wort Gottes nie rein und lauter gepredigt würde. Aber darf man sein Gelübde denn brechen? fragen die einen. Man soll kein Ärgernis geben! sagen die andern. Luther antwortet: „Gott will keine Gelübde, die unchristlich und schädlich sind. Ärgernis hin, Ärgernis her! Not bricht Eisen und hat kein Ärgernis." Darum übernimmt er die Verantwortung für sich, der es geraten und gebeten habe, und für Koppe und die Seinigen, die es ausgerichtet haben, und für die Jungfrauen, die der Erlösung bedurft haben, aber auch für alle, die ihrem Beispiele nachfolgen wollen: „Bin auch gewiß, daß wir damit vor Gott und der Welt unvertadelich bestehen wollen. Wir haben einen Richter über uns, der wird recht richten."

Am Schluß dieses offenen Briefes verzeichnet er — auf daß alles ja frei am Tage sei — die Namen der neun Jungfrauen. Ebenso nennt er ihre Namen in einem Briefe, den er am 10. April seinem Freunde Spalatin schreibt, und auch dem Freunde gegenüber hebt er nachdrücklich hervor, sie seien von ehrbaren Torgischen Bürgern geleitet worden, so daß sich kein hämischer Verdacht an sie heranwagen dürfe.

Am 11. April schreibt auch Nikolaus von Amsdorf, der damals noch Professor der Theologie an der Universität Wittenberg war, an Spalatin. Arm, elend und verlassen von ihren Angehörigen nennt er die Flüchtlinge, aber in ihrer großen Armut und Angst ganz geduldig und fröhlich. „Mich erbarmt der Mädchen", fügt er hinzu, „sie haben weder Schuh noch Kleider." Die neun Nonnen mußten also noch vier Tage nach ihrer Ankunft in Wittenberg in ihrer Ordenstracht einhergehen, und wohl nicht in neuen Kutten. Darum drängt Amsdorf den Freund, bei den Edelleuten am Hof und bei dem Kurfürsten für sie zu bitten, daß sie mit Kost und Kleidung versehen werden könnten.

Die gleiche Bitte hatte Luther selbst an Spalatin gerichtet. Von seinem Gehalt, der damals neun alte Schock, das sind neun Gulden, betrug, konnte er die Flüchtlinge freilich nicht nähren und kleiden, und seine Wittenberger waren zähe Sachsen, denen das Geld fest im Beutel saß. Aber am Hofe waren reiche Herren; sie sollte Spalatin um eine Unterstützung angehen, daß die Mädchen eine oder zwei Wochen versorgt werden könnten. Bis dahin hoffte er Rat zu schaffen. Er wollte zunächst die Verwandten bitten, die Mädchen zu sich zu nehmen. Wenn sie nicht wollten, würde er sie anderswo unterbringen; schon hätten mehrere versprochen, eine oder die andere in ihr Haus aufzunehmen, und von den jüngeren würde manche wohl einen Gatten finden. Und ebenso schreibt Amsdorf im Scherz an Spalatin: „Es seind nicht allein neun, sondern zwölf Nonnen ausgetreten. Neun seind zu uns kommen. Seind schön, fein und alle vom Adel, unter welchen ich keine fünfzigjährige find'. Die älteste unter ihnen, meines gnädigen Herrn und Oheims Doktor Staupitz Schwester, hab' ich Dir, mein lieber Bruder, zugerechnet zu einem ehelichen Gemahl, damit Du Dich mögest eines solchen Schwagers rühmen, wie ich mich eines solchen Oheims rühme. Willst Du aber eine jüngere haben, so sollst Du die Wahl unter den schönsten haben."

An den Kurfürsten hatte sich Luther zunächst noch nicht gewendet. Wollte er erst abwarten, wie der Fürst die Nachricht von der Entführung der neun Nonnen aus einem Kloster, das seiner Oberhoheit unterstellt war, aufnehmen würde? Erst am 22. April bat er in einem zweiten Briefe durch Spalatin auch den Kurfürsten um eine Unterstützung für die armen Mädchen: „O, ich will's fein heimlich halten und niemand sagen!" Er wird nicht vergeblich gebeten haben. Friedrich der Weise behielt auch in dieser Angelegenheit die Haltung bei, die es ihm bisher allein ermöglicht hatte, gegen Kaiser und Reich seine Hand schützend über Luther und sein Werk zu halten. Durfte er auch dem stürmischen Vorwärtsschreiten Luthers nur langsam nachfolgen, und mochte er im innersten Herzen noch daran zweifeln, ob eine Nonne das Gelübde brechen dürfte, ihm als dem Fürsten kam es nicht zu, über geistliche Streitigkeiten zu entscheiden. Nur wo Gewalttätigkeiten vorgefallen waren, war es seine fürstliche Pflicht, zu strafen; in Gewissensfragen wollte er nicht eingreifen. Als einige Wochen später die Abtissin von Nimbschen und am 9. Juni auch der Abt Petrus von Pforte als Vorsteher des Nimbschner Klosters ihre Klagen bei ihm einreichten, daß das Kloster unter der Beihilfe seiner Untertanen zerrüttet würde, antwortete er am 13. Juni ablehnend: „Nachdem wir nit wissen, wie es um diese Sach' gewandt, und wer die Klosterjungfrauen zu solchem ihrem Fürnehmen verursacht, und wir uns bis anher dieser und dergleichen Sachen nie angenommen, so lassen wir's bei ihrer selbst Verantwortung bleiben."

Er hielt sich auch zurück, als das Beispiel der Nimbschner Nonnen die von Luther erhoffte Wirkung ausübte. Das Kloster in Nimbschen verlor binnen zwei Jahren die Hälfte seiner Insassen. Fast gleichzeitig mit den neun Jungfrauen, die in der Osternacht 1523 ihre Freiheit wiedererlangt hatten, waren drei andere entwichen; da sie nach Amsdorfs Bericht nicht nach Wittenberg kamen, hatten sie sich wohl gleich zu ihren Angehörigen gewendet. Zu Pfingsten wurden wiederum drei Mädchen von ihren eigenen Verwandten aus dem Kloster gefordert. Andere folgten. Auch Käthes Tante Magdalena von Bora verließ das Kloster. Ende des Jahres 1525 waren nur noch zwanzig Nonnen in Nimbschen. Aus dem Kloster Beutitz im Amte Weißenfels waren acht Nonnen geflüchtet, aus Wiederstedt im Mansfeldischen sogar sechzehn auf einmal. Rings im Lande hatte das „Auslaufen" begonnen. Es griff auch in das Herzogtum Sachsen hinüber. Was half es Georg dem Bärtigen, daß er den Mittweidaer Bürger Heinrich Kelner, der eine Nonne aus dem Kloster Sornzig entführt hatte, in Dresden enthaupten und die Leiche schimpflich auf den Pfahl und über den Galgen stecken ließ? Nachdem schon am 28. April 1523 sechs adelige Jungfrauen aus Sornzig entflohen waren, entkamen in der Nacht zum 29. September 1525 unter Luthers Beihilfe wiederum dreizehn Nonnen aus dem Gebiete des Herzogs, und auch diesmal scheint Leonhard Koppe, der Klosterräuber und Vater Prior, wie Luther ihn scherzend nennt, die Hand im Spiele gehabt zu haben. Und die Fälle, von denen wir ausführlichere Nachrichten haben, waren gewiß nur ein geringer Teil dessen, was wirklich geschah. Die Ansteckung, vor der das Land bewahrt werden sollte, war mächtiger als alle Abschreckung.

In den Mönchsklöstern hatte das Auslaufen schon früher seinen Anfang genommen. Von den flüchtigen Mönchen und Nonnen fanden viele in ihrer Heimat oder bei ihren Verwandten Unterkunft oder eine kleine Beschäftigung, die sie redlich nährte. Viele aber kamen nach Wittenberg. Luther sollte ihnen helfen, und er half in seiner Armut, unermüdlich, mit Rat und Tat. Dabei blieben ihm die schlimmsten Erfahrungen nicht erspart. Unter den Abtrünnigen war mancher, der das Wort von der Freiheit eines Christenmenschen nicht in sein Herz aufgenommen hatte, sondern nur auf der Zunge führte. Arglosen Gemüts ließ sich Luther auch zu Heuchlern und Betrügern herab, er mußte die ärgerlichsten Enttäuschungen erleben und erlernte den Sinn des Sprichworts, das da behauptet, der Fisch gehöre ins Wasser, der Dieb an den Galgen, der Mönch ins Kloster. Von katholischer Seite wurden solche Fälle, wo sich seine Fürsorge einem Unwürdigen zugewendet hatte, schadenfroh aufgestochen. Aber war es Luthers Schuld, daß in den Klöstern so viele Schelme waren, die ihn jetzt überliefen? Sie hatte er nicht gerufen! Allen aber, die zu ihm kamen, gab er nach seinen Kräften, den Würdigen und — ehe er sie durchschauen konnte — auch den Unwürdigen.

Die späteren Schicksale der neun Nonnen können uns zeigen, wie er für seine Pflegebefohlenen sorgte. Seine briefliche Fürbitte fand wohl überall eine günstige Aufnahme, wo die Verwandten im Kurfürstentum Sachsen lebten und des Schutzes ihres Landesherrn gewiß sein durften, aber auch für den Fall ihrer Weigerung eine wiederholte und schärfere Mahnung Luthers an ihre Pflicht erwarten mußten. Von den neun Mädchen konnten sechs schon nach kurzer Zeit Wittenberg wieder verlassen.

Magdalena von Staupitz war die älteste der neun, doch war auch sie nach Amsdorfs Bericht noch nicht fünfzig Jahre alt. Im Kloster war sie seit 1501. Sie war eine Schwester des berühmten Generalvikars des Augustinerordens Johann von Staupitz, der jetzt als Abt des Benediktinerklosters Sankt

Peter in Salzburg lebte. Ein anderer Bruder, Günther von Staupitz, saß auf Motterwitz bei Leisnig. Bei ihm wird Magdalena eine Zeitlang nach der Flucht gelebt haben. Auf Luthers Fürsprache erhielt sie 1529 „zu Ehren und Dank ihrem Bruder Dr. Johann Staupitz" von den Visitatoren in Grimma ein Häuslein, das südlich von dem alten Augustinerkloster, dem es früher gehört hatte, an der Mulde lag. Sie richtete hier eine Mägbleinschule ein, die erste in Grimma. Als die kurfürstlichen Sequestratoren ihr 1531 das Haus wieder nehmen wollten, trat Luther energisch dazwischen und schützte sie in ihrem Eigentum. Sie war mit dem Grimmaischen Bürger Tiburtius Geuder verheiratet und starb 1548.

Else von Canitz stammte vielleicht aus dem Zweige des Geschlechts, der auf Thallwitz (Dallwitz) bei Wurzen angesessen war, doch war sie 1527 nicht in Thallwitz, sondern in der Eiche, das ist wohl das Vorwerk zu der Eiche zwischen Leipzig und Grimma, in katholischer Zeit ein vielbesuchter Wallfahrtsort, seit 1525 Eigentum des kurfürstlichen Ritters und Rats Hans von Minckwitz. Am 22. August 1527 schreibt Luther der „Ehrbarn und Tugendsamen Jungfrauen Elsen von Kanitz, itz zu der Eiche", sie solle nach Wittenberg kommen, junge Mägblein zu lehren; er bietet ihr sein Haus und seinen Tisch an — er hatte sich unterdessen mit Käthe vermählt — und bittet sie, ihm solches nicht abzuschlagen. Wir wissen nicht, ob sie seinem Rufe gefolgt ist. 1537 hatte auch sie ein Haus in Grimma.

Laneta (Lonatha) von Golis, unbekannter Herkunft, war gegen dreißig Jahre, also wohl seit ihrer frühesten Jugend in Nimbschen gewesen. Sie hatte eine Schwester in Colbitz, fand bei ihr eine Zuflucht und vermählte sich in Colbitz am 24. August 1523 mit einem Pfarrer. Ihr Mann wurde aber schon wenige Wochen darauf von einem Schäfer erschlagen. 1527 war sie in zweiter Ehe mit dem Pfarrer Heinrich Kind in Leisnig verheiratet.

Ave Grosse, ebenfalls von Kind auf im Kloster erzogen, stammte aus einem ritterlichen Geschlecht, das nördlich von Grimma zu Trebsen auf dem linken Ufer der Mulde saß. Ihr Bruder Magnus war gleich ihr dem geistlichen Stande geweiht worden und kurz vor ihrer Flucht aus dem Benediktinerkloster in Chemnitz entflohen. Zwei andere Brüder, Reinhard und Christoph, hatten das väterliche Gut zu Trebsen übernommen, hatten es aber bald an jenen Hans von Mindwitz verkauft. Ave Grosse war später mit Hans Marx (Marcus) in Schweinitz vermählt.

Nur wenig nördlich von Trebsen liegt rechts von der Mulde Obernitzschka, das Gut Heinrichs von Zeschau. Seine Töchter Veronika — Luther nennt sie in seinem Brief an Spalatin versehentlich Katharina, in dem offenen Brief an Leonhard Koppe steht richtig Veronika — und Margarete waren seit 1505 im Kloster. Da Obernitzschka ein kursächsisches Lehen war, so werden die beiden Schwestern auf das väterliche Gut zurückgekehrt sein. Oder fanden sie bei ihrem Oheim, dem Hospitalmeister Wolf von Zeschau in Grimma, Aufnahme? Über ihr ferneres Leben ist nichts bekannt.

Die Eltern und Geschwister der drei noch übrigen Nonnen waren Herzog Georg dem Bärtigen untertan, und bei ihnen konnte Luthers Fürbitte keine Aussicht auf Erfolg haben. Wollten sie nicht den Zorn ihres Landesherrn über sich entfesseln, so mußten sie ihre ungehorsamen Kinder als verlorene Kinder behandeln oder sich wenigstens vor dem Fürsten den Anschein geben, als täten sie es.

Margarete und Ave von Schönfeld waren die Töchter Georgs von Schönfeld auf Löbnitz und Kleinwölkau bei Delitzsch. Da die beiden Mädchen nicht zu ihren Angehörigen zurückkehren konnten, mußte Luther für sie die Bereitwilligkeit derer in Anspruch nehmen, die sich erboten hatten, zu helfen. Die beiden Schönfeld blieben vielleicht bis zu ihrer Verheiratung in Cranachs Haus in Wittenberg. Luther fand an Ave ein gewisses Wohlgefallen. Er sprach es später einmal offen aus, wenn er damals hätte heiraten wollen, hätte er wohl Ave von Schönfeld gewählt, denn seine Käthe hätte er für stolz gehalten; doch der Entschluß, zu ehelichen, stand damals bei ihm noch nicht fest. Ave von Schönfeld vermählte sich bald mit dem jungen Mediziner Basilius Axt, der in Wittenberg studiert hatte und damals der Apotheke Cranachs vorstand; als Doktor der Medizin war er später Leibarzt des Herzogs Albrecht von Preußen, des treuen

Gönners Luthers und seines Hauses. Aves Schwester Margarete war später mit dem braunschweigischen Edelmann von Garssenbüttel verheiratet.

Und Katharina von Bora? Ihr Vater war wohl nicht mehr am Leben. Daß er in diesen Wochen nicht erwähnt wird, ist zwar bei dem trümmerhaften Zustand unserer Überlieferung nicht weiter auffällig; in den gleichzeitigen Nachrichten werden die Eltern und Geschwister der übrigen Nimbschner Nonnen bei ihrer Flucht aus dem Kloster ebensowenig erwähnt. Daß aber Käthes Vater auch zwei Jahre später bei ihrer Vermählung mit Luther nicht genannt wird, und daß auch in dem umfangreichen Briefwechsel Luthers und seiner Mitarbeiter und in der reichhaltigen Sammlung von Luthers Tischreden nicht ein einziges Mal von ihm die Rede ist, läßt allerdings mit großer Wahrscheinlichkeit darauf schließen, daß er kurz vor Käthes Flucht aus dem Kloster gestorben war, in hohem Alter. Als Käthe nach Wittenberg kam, lebten in Zölsdorf wohl nur noch ihre Stiefmutter Margarete und ihre heranwachsenden Brüder in ärmlichen Verhältnissen. Auch wenn Frau Margarete von Bora gewagt hätte, ihrem Landesherrn, dem Herzog Georg, zu trotzen, wäre sie doch schon wegen ihrer Armut nicht in der Lage und wohl auch gar nicht dazu geneigt gewesen, die Stieftochter, die nach ihrer Ansicht im Kloster am besten versorgt gewesen war, jetzt plötzlich wieder zu sich zu nehmen. Käthe blieb in Wittenberg.

In Magister Reichenbachs Haus.

Hinter der altehrwürdigen Wittenberger Stadt- und Pfarrkirche öffnet sich die Bürgermeistergasse. Hier wohnte Magister Philipp Reichenbach. Aus Zwickau gebürtig, hatte er zunächst seit 1506 in Leipzig und dann seit 1510 in Wittenberg die Rechtswissenschaft studiert. Er war auch als Magister an der Wittenberger Universität geblieben, hatte nun Weib und Kind und in der Bürgermeistergasse sein eigenes Haus. 1525 wurde er Stadtschreiber; in das Stadtschreiberamt wählten die Städte, die sich das leisten konnten, gern einen

Juristen. 1529 wurde er Lizentiat der Rechte und 1530 Bürgermeister. Er verwaltete dieses Amt abwechselnd mit Lukas Cranach, Johann Hohndorf, Melanchthons Schwager Hieronymus Krapp und dem Juristen Benedikt Pauli. Wittenberg hat auch später noch manchen tüchtigen Mann an der Spitze seiner Stadtverwaltung gesehen, aber nie wieder eine solche Reihe von Bürgermeistern, wie in jenen Jahrzehnten. Ende Oktober 1543 starb Reichenbach. Das Programm, in dem der Rektor der Universität am 30. Oktober seine Kollegen und die Studenten zu seinem Leichenbegängnis einladet, nennt ihn einen gelehrten und um die Stadt wohlverdienten Mann; es rühmt ihm nach, als Jurist sei er mehr auf eine gerechte Mäßigung als auf die Schärfe des Urteilsspruches bedacht gewesen, und in Rechtsstreitigkeiten habe er die Sache stets mit besonderem Eifer zu einem gütlichen Ausgange zu führen gesucht, um den Leuten die leidige Sucht des Prozessierens abzugewöhnen. Er gehörte also nicht zu den habgierigen und geizigen Juristen, die Luthers Zorn erregten, so daß er einmal ausrief, über die Juristen müßte auch noch ein Luther kommen wie über die Theologen.

Dieser fromme Jurist und seine Frau nahmen Käthe in ihr Haus. Frau Magister Reichenbach und Frau Barbara Cranach, in deren Haus Käthe bald tätig oder heimisch gewesen zu sein scheint, müssen tüchtige Hausfrauen gewesen sein und Käthe eine gelehrige Schülerin. Wie umfangreich war die Wirtschaft, der Käthe später als Frau Doktorin vorstand, und mit welcher Einsicht und Umsicht wußte sie alles zu leiten! Wo anders hätte sie es lernen können, als im Reichenbachschen oder im Cranachschen Hause? Seit ihrem fünften oder sechsten Lebensjahre von Klostermauern umschlossen, war sie wohl in allem unterrichtet worden, was man für Gottes Dienst hielt, aber die Dienste, deren treue Erfüllung den wahren Beruf der Frau bildet, waren ihr fremd geblieben. In dem großen, stillen Kloster war alles seinen regelrechten Lauf gegangen, ohne daß sie die Hand zu rühren oder um das Woher, Wie und Wohin zu denken oder zu sorgen gebraucht hätte. Keine von den Schwestern war auf ihre Liebe oder ihre Pflege angewiesen gewesen. Ihr Leben hatte nur die eine Aufgabe gehabt und das eine Ziel, den

Regeln ihres Ordens nachzukommen, als wären Beten und Singen und klösterliche Kasteiung der einzige Weg zu Gott. Jetzt lag die Welt offen vor ihr, und es mag wie ein Schleier auch von ihren Augen gefallen sein, als sie die klösterliche Gewandung ablegte und in weltlicher Tracht in die Pflichten und Sorgen, aber auch in die Freuden eines tätigeren Lebens eingeführt wurde.

Welch ein Gegensatz zu Nimbschen, dies Wittenberg! Die Stadt war freilich nur klein, aber damals schon die erste Universität Deutschlands. Fast ebenso groß wie die Zahl der Einwohner war die Schar der Studenten. Von überallher kamen sie nach Wittenberg geeilt, Deutsche und Ausländer, Knaben, die erst noch für die Universität vorbereitet werden mußten, Jünglinge, die mit glühendem Eifer das Evangelium in sich aufnahmen und in begeisterten Briefen die reine Lehre in ihrer Heimat zu verbreiten suchten, reife Männer, die schon in Amt und Würden gestanden hatten und nun wieder mit den jüngsten zu Luthers und Melanchthons Füßen saßen. Ihnen allen hatte sich ein neuer Himmel aufgetan. Der Sonne gleich stand Luther in dem Mittelpunkte des regsten geistigen Lebens, alles beseelend und mit seiner Kraft durchdringend, das strahlende Gestirn des Tages und seiner heißen Kämpfe. Milderen Glanzes stand neben ihm Melanchthon wie neben der Sonne der Mond, von ihr sein Licht empfangend, aber auch wieder ausstrahlend und mit seiner klaren Wissenschaftlichkeit das Dunkel der Nacht erhellend. Neben diesen beiden großen Leuchten des Glaubens und der Wissenschaft standen als Sterne erster Größe Männer wie Justus Jonas, der Propst an der Schloßkirche, und der biedere Pommer Johann Bugenhagen, der seit einem Jahre Stadtpfarrer war, der ernste Jurist Hieronymus Schurf, der Luther in den entscheidenden Stunden des Reichstags in Worms zur Seite gestanden hatte, und der Lehrer der hebräischen Sprache Matthäus Aurogallus, ein Deutschböhme, der eigentlich Goldhahn hieß. Da war ferner Schurfs Bruder, der Mediziner Augustin Schurf, der als Professor an der Universität lehrte und als praktischer Arzt auch in Luthers Hause tätig war. Aus Bamberg kam im Oktober 1523 der Jurist Johann Apel, der wegen seiner Ehe mit einer Nonne

Martin Luther
Ölgemälde von Lukas Cranach aus dem Jahre 1526
In der Sammlung des Herrn R. von Kaufmann in Berlin
(Nach dem Lichtdruck der Photographischen Gesellschaft in Berlin)

drei Monate lang vom Bischof von Bamberg im Kerker gehalten worden war; in Wittenberg las er über das Kirchenrecht. Schon war auch Magister Georg Rörer in Wittenberg, Luthers treuer Gehilfe — doch wer könnte sie alle nennen, die Doktoren, Lizentiaten und Magister, die an der Universität lehrten und in ihren Wohnungen den jungen Studenten Unterkunft, sittlichen Halt und Förderung in den Wissenschaften gewährten? Wer von den jungen Leuten die Mittel dazu hatte, suchte bei einem der Universitätslehrer um Aufnahme nach. Auch Magister Reichenbach wird in seinem Hause Studenten gehabt haben, und Käthe hatte wohl nicht nur für sein Weib und seine Kinder, sondern zum erstenmal in ihrem Leben auch für junge Männer zu sorgen und mit ihnen zu verkehren.

In der bunt gemischten Studentenschaft kamen freilich mehr als einmal jugendlicher Übermut und schwer zu bändigende Roheit zum Durchbruch, und Zusammenrottungen und Aufläufe, Zweikämpfe und mörderische Raufereien, Zechgelage, wüste Ausbrüche deutscher Trunksucht und Völlerei und anderer Laster fehlten in Wittenberg ebensowenig wie auf den übrigen deutschen Hochschulen. Welche von ihnen wäre rein und frei davon gewesen? Auch Wittenberg konnte es nicht sein. Aber den Ausschweifungen der Studenten standen hier doch schärfer als anderswo der sittliche und religiöse Ernst und Eifer der Professoren entgegen. Den Kern der Studentenschaft erfüllte ein Geist, der nach dem Edelsten und Höchsten strebte. An ihren Früchten sollt ihr sie erkennen, sagt ein Wort des HErrn. Die große Zahl der gottesfürchtigen Theologen und tüchtigen Gelehrten, die in jenen Jahrzehnten in Wittenberg herangebildet wurden, durfte Luther trotz allen Enttäuschungen, die auch ihm nicht erspart geblieben waren, in seinen letzten Lebensjahren zu dem stolzbescheidenen Ausspruch berechtigen, sein Wittenberg brauche in der Lehre und im Lebenswandel die Vergleichung mit keiner andern Hochschule zu scheuen.

Wittenberg war eine fromme Stadt. Eine frömmelnde Stadt war es allerdings nicht und sollte es auch nicht sein. Wo ein Melanchthon mit der Gattin seines Freundes, des Schloßpropstes Jonas, zum Reigentanz antrat und Luther selbst mit andern ehrbaren Männern und Matronen der tanzenden Jugend zuschauen und sich an ihrer Fröhlichkeit freuen wollte, da war weder für eifernde Aszeten, noch für heuchlerische Frömmler eine Stätte. Auch von der Kanzel herab verkündete Luther, tanzen und Gäste laden, schmücken, essen und trinken und fröhlich sein wären nicht zu verdammen, nur müßte es mit Züchten und ohne Übermaß geschehen. Zucht und Fröhlichkeit sollten und könnten wohl beieinander stehen. Jungfrauen sollten nicht stets daheim bleiben wie Nonnen im Kloster, aber wenn sie auf die Gasse gingen, sollten sie es mit Sitten tun und mit feinen, züchtigen, jungfräulichen Gebärden; sie sollten nicht die Augen hin und her werfen, als wollten sie alle Ziegel auf dem Dache zählen oder alle Spatzen unter dem Dache, und sie sollten auch nicht allenthalben ein Klapperbänklein aufschlagen oder einen Ständerling halten.

So wird auch Käthe mit züchtig niedergeschlagenen Augen durch die schmalen Gassen von Wittenberg gegangen sein, um hier in einem befreundeten Hause zu grüßen, dort zu helfen. Das enge Beisammenwohnen in der kleinen Stadt brachte die Bürger räumlich und geistig einander nahe. Schon durch seine Stellung war Magister Reichenbach mit Cranach befreundet. Meister Lukas Cranach, des Kurfürsten Hofmaler, Ratsherr und Kämmerer, später auch Bürgermeister von Wittenberg, stand damals als Fünfzigjähriger auf der Höhe seiner Kraft und seines Ruhmes. Er war der reichste Bürger der Stadt. In seinem großen Wohnhaus an der Südwestecke des Marktplatzes betrieb er außer seiner Kunst auch eine Apotheke, einen Weinschank und eine Druckerei, und das umfangreiche Gebäude bot für die Familie, die Gehilfen, Gesellen und Genossen des Meisters reichlichen Raum, es konnte sogar noch Gäste aufnehmen. Der höchstgeborene Gast Cranachs war König Christian II., Kaiser Karls V. Schwager. Er hatte drei Kronen auf seinem Haupte getragen, von Dänemark, Schweden und Norwegen. Noch im November 1520 hatte er den aufsässigen schwedischen Adel in dem Blutbade zu Stockholm zu bändigen versucht, aber im Frühjahr 1523 war er aus seinen Reichen verjagt worden. Um seinen Thron wiederzugewinnen, ging er die deutschen Fürsten, die mit ihm verwandt waren, um Hilfe an, und im Herbste des Jahres kam er nach Kursachsen, denn auch Friedrich der Weise war mit ihm verschwägert. Am 10. Oktober ritt er selbdritt in Wittenberg ein. Er weilte hier einige Tage als Cranachs Gast, und hier in Luthers Stadt demütigte er sich so tief, daß er in der Pfarrkirche dem Diakon Sebastian Fröschel freiwillig Ministrantendienste leistete. Was war das doch für eine seltsame Stadt, das kleine Wittenberg, wo schäbige Mönche zu weltbewegenden Reformatoren, unnütze Nonnen zu tüchtigen Hausfrauen, bluttriefende Könige zu andächtigen Küstern wurden!

Wo Käthe dem König Christian vorgestellt wurde, wird uns nicht mitgeteilt. Wahrscheinlich doch in Cranachs Hause. Cranach und seine Frau hatten vielleicht sogar Käthe aus Magister Reichenbachs Haus ganz in ihren eigenen großen Haushalt aufgenommen. Daß die beiden zwei Jahre später als die einzigen Trauzeugen aus der Bürgerschaft bei Luthers und Käthes Vermählung zugegen waren, deutet in der Tat darauf hin, daß Käthe in ein fast kindliches Verhältnis zu ihnen getreten war. In Cranachs Hause tätig, hatte sie wohl auch für Christian II. gesorgt. Der König verehrte ihr in den Tagen zwischen dem 10. und 16. Oktober 1523 einen goldenen Ring. Ringe, Schaumünzen, Becher und Ehrenketten waren damals in den Händen der Fürsten dasselbe, was jetzt Ordenszeichen und Ölbilder, Photographien und Busennadeln sind.

Ein zweites Haus, zu dessen Bewohnern Käthe schon vor ihrer Verehelichung mit Luther in nähere Beziehungen trat, was das Haus Philipp Melanchthons. Vor fünf Jahren war Magister Philippus als Lehrer der griechischen Sprache in Wittenberg eingezogen und hatte gleich durch seine Antrittsrede die allgemeine Überraschung über seine jugendlich zarte, fast krankhaft schwächliche Erscheinung in einhellige Bewunderung seiner geistigen Gaben umgestimmt. Am 16. Februar 1497 in dem kurpfälzischen Städtchen Bretten geboren, war er unter den Wittenberger Professoren an Jahren der letzte, aber durch die Tiefe seiner Gelehrsamkeit und den Reichtum und die Klarheit seiner Gedanken neben Luther der erste. Seit 1520 war er mit Katharina Krapp, einer Tochter des verstorbenen Bürgermeisters Hans Krapp, verheiratet. Auch er nahm junge Studenten bei sich auf, ja er hatte in seinem Haus eine eigene Lateinschule eingerichtet und brachte mit den Knaben und Jünglingen lateinische Dramen zur Aufführung.

Der begabteste unter seinen Schülern, Joachim Camerarius, ein Sprößling des alten Bambergischen Geschlechts der Kammermeister, wurde sein innigster Freund. Auf den Universitäten Leipzig und Erfurt vorgebildet, hatte Camerarius seit dem Herbst 1521 noch ein Jahr lang in Wittenberg studiert und zu gleicher Zeit auch schon doziert, und durch wiederholte Besuche und einen lebhaften Briefwechsel blieb er mit den Wittenbergern in der engsten Verbindung. Wir werden ihm später in Luthers und Käthes Hause mehrmals begegnen. Während seines ersten Aufenthalts in Wittenberg hatte er bei Melanchthon gewohnt, und im täglichen Beisammensein und im regsten Gedankenaustausch hatte sich zwischen den beiden jugendlichen Gelehrten — Melanchthon war 25, Camerarius 22 Jahre alt — ein Freundschaftsbund gebildet, der jedem Wechsel und allen Stürmen der Zeit trotzte und an Innigkeit und langer Dauer kaum irgendwo seinesgleichen hat. Ein unvergängliches Denkmal dieses Bundes ist der Briefwechsel, in dem Melanchthon dem Freund auch seine geheimsten Gedanken offenbart.

Der dritte in diesem Freundschaftsbunde war der junge Nürnberger Patrizier Hieronymus Baumgärtner, geboren am 9. März 1498. Nachdem er von 1518 bis 1521 in Wittenberg studiert hatte, kam er im Frühjahr 1523 zu einem Besuche Melanchthons wiederum nach Wittenberg, kurze Zeit, nachdem Käthe aus dem Kloster entflohen war. In Melanchthons oder in Reichenbachs Hause lernten sich Käthe und Baumgärtner kennen und lieben.

Käthe war nicht nur von dem König Christian geehrt worden, sie stand auch in dem Kreise der jungen Leute, mit denen Baumgärtner bei seinem Besuch in Wittenberg verkehrte, in hoher Achtung. Sie nannten sie Katharina von Siena. Die heilige Katharina, deren Haus noch jetzt in Siena gezeigt wird, hatte sich schon als Kind dem Dienste des HErrn geweiht. War es dies, was die jungen Studenten dazu führte, Käthe als Katharina von Siena zu bezeichnen, oder fanden

sie in ihrem Leben und in dem der Heiligen andere An=
klänge? Jedenfalls ist dieser ihr Beiname ein Zeugnis für
ihre reine Lebensführung in Wittenberg und ihre Frömmig=
keit. Und auch von Baumgärtner bezeugt Luther, daß er
schon in jungen Jahren mit Gelehrsamkeit Gottseligkeit ver=
band.

Als Käthe die Neigung Baumgärtners gewann, war sie
24 Jahre alt. Wir wünschten wohl aus dieser Zeit ein gutes
Bildnis von ihr zu haben. War sie schön? Oder wenn ihr
Antlitz auch keine regelmäßige Schönheit zeigte, war es viel=
leicht anmutig? Hatte es einen gewissen Liebreiz, der den
jungen Nürnberger Patrizier fesselte? Wir können auf diese
Fragen, die sich uns aufdrängen, keine bestimmte Antwort
geben. Wir haben zwar aus einer nur wenig späteren Zeit,
aus den Jahren 1525 und 1526, mehrere Bildnisse Käthes,
aber sie sind sämtlich von der Hand Cranachs und seiner
Schüler.

Meister Lukas war damals der erste Künstler Sachsens.
Er hat viel gemalt, er hat auch viel Treffliches gemalt, auch
manches gute Bildnis. Eins aber hat er fast niemals dar=
stellen können: die geistigen Eigenschaften und das seelische
Leben, wie es sich im Auge widerspiegelt. Unter die meisten
Bildnisse von seiner Hand könnte man die Worte schreiben,
die Albrecht Dürer allzu bescheiden unter sein Bildnis Melanch=
thons gesetzt hat: „Die Gesichtszüge hat der Maler getreu
wiedergegeben, den Geist hat er nicht malen können."

Den Geist und die Seele malen — Cranach hat es selten
einmal getroffen. Am empfindlichsten fühlen wir diesen Mangel
in seiner Kunst an seinen Bildnissen Luthers. Wir haben
mehrere zeitgenössische Äußerungen über das Aussehen des
gewaltigen Mannes, von Freunden und von Feinden, und
besonders über den Blick seiner Augen. Schon 1518 sprach
der päpstliche Kardinallegat Cajetan, der tagelang in Augs=
burg mit Luther verhandelt hatte, von den tiefen Augen
dieser Bestie — das eine Wort bestia in dem Munde eines
Italieners beweist schon, daß diese Äußerung gut überliefert
ist —, und der päpstliche Nuntius Vergerio, der 1535 bei
Luther in Wittenberg war, glaubte in dem blitzenden Blick
seiner Augen ein Feuer von Raserei und Wut, ja den Aus=

druck des Teufels zu sehen, der nach seiner Ansicht in diesem Ungeheuer stecken mußte. Die Feinde freilich sahen das Göttliche und Heldenhafte in Luthers leuchtendem Auge nicht, oder sie wollten es nicht sehen. Ihnen war der Mann, der dem Papste an die dreifache Krone zu greifen wagte und sein deutsches Land von der römischen Bevormundung löste, eine unheimliche Persönlichkeit, ja ein vom Teufel Besessener. Aber dem Eindruck seiner mächtigen Erscheinung konnten sich doch auch ein Weltmann wie Cajetan, ein Diplomat wie Vergerio nicht entziehen. Und die Freunde, die täglich um Luther waren und ihm am nächsten standen, schildern uns das Löwenhafte in seiner Erscheinung. Braun sei sein Auge gewesen, sagt Melanchthon, mit einem gelblichen Ring um das Braune, und in seinem Blick habe die Kampflust des Löwen gelobert, und der junge Keßler, der 1522 bei Luther war, nennt sein Auge sogar schwarz, aber strahlend wie ein Stern, daß man nicht wohl habe hineinblicken können. Und auch aus späterer Zeit noch hören wir, daß Luthers Blick das Auge des andern niederzwang. Das ist dasselbe, was uns von Männern wie Karl dem Großen, dem Alten Fritz und Bismarck berichtet wird.

Wie hätte uns ein Dürer oder gar ein Holbein Luthers Auge wiedergegeben! Und was ist unter Cranachs Hand daraus geworden? Seine besten Bildnisse Luthers zeigen uns wohl ein echt deutsches Gesicht, und um Stirn, Mund und Kinn liegt etwas von dem unbeugsamen Willen und der unwiderstehlichen Tatkraft, mit der dieser furchtlose Geistesheld als einziger gegen eine Welt von Feinden in die Schranken getreten ist. Aber die Augen, die nach Cranachscher Weise geschlitzt und etwas schief gestellt sind, blicken so klar und ruhig, als könnte dieser Mann kein Wässerlein trüben. Den gemütvollen Gatten und Vater, den treuen Seelsorger, auch den oft bis zum Starrsinn harten Mann sehen wir vor uns, aber den gewaltigen Reformator, der dem Glauben und der Wissenschaft eine neue Bahn gebrochen hat, den Luther, der in seinem Geiste noch heute unter uns weilt — ihn suchen wir in Cranachs Bildnissen vergebens.

Und ebenso geben uns Cranachs Bildnisse Käthes die äußeren Formen im ganzen bis auf den Schnitt der Augen gewiß richtig wieder, aber sie geben uns wenig von dem seelischen Leben. Während wir aber bei Luthers Bildnissen die Kunst des Malers an den Berichten der Zeitgenossen prüfen können, fehlt uns bei Käthes Bildnissen dieser Maßstab. Ein Zeitgenosse berichtet uns zwar, Käthe sei unter den aus Nimbschen geflüchteten Nonnen der schönsten eine gewesen. Prüft man aber dieses Urteil an Cranachs Bildnissen Käthes nach, so kann man getrost behaupten: Wenn katholische Schriftsteller unserm Luther vorgeworfen haben, er hätte sich durch Käthes Schönheit bestricken lassen, so wird dieser Vorwurf — wenn es für uns überhaupt ein Vorwurf sein kann, für weibliche Schönheit empfänglich zu sein! — durch Cranachs Bildnisse widerlegt. Schön ist Käthe nicht gewesen, das zeigen alle ihre Bilder. Wir sehen kein regelmäßiges, klassisch geschnittenes Antlitz und auch kein pikantes oder verführerisches Gesichtchen vor uns. Das dunkelblonde Haar ist aus der freien Stirn und von den Schläfen schlicht zurückgestrichen. Etwas eckig ist der Gesichtsumriß. Klar und verständig blicken die Augen. Nur die Lippen sind schön, voll, energisch geschwungen, Lippen, die den raschen Flug der Rede unaufhaltsam entsenden, sich aber wohl auch fest und herb aufeinanderpressen konnten.

Aber gerade solchen deutschen Gesichtern, die zunächst nicht schön sind, ist oft eine Anmut eigen, die im Gespräch das Antlitz wie mit einem sonnigen Scheine verklärt und bei einer näheren Bekanntschaft mehr fesselt als äußere Reize. Und über Käthe haben wir wenigstens von einem ihrer bedeutendsten Zeitgenossen eine Äußerung, die eben darauf hinzudeuten scheint. Erasmus von Rotterdam, der Meister des Humanismus, nennt sie in einem Briefe vom Jahre 1525 — wir müssen hier einmal den lateinischen Ausdruck beibehalten — puellam mire venustam. Nicht pulchram oder formosam oder speciosam nennt er sie, was die körperliche Schönheit bezeichnen würde, sondern venustam. Unsere Mythologen leiten den Namen der römischen Göttin Venus von einem Wortstamm ab, der lieb oder lieblich bedeutet, und das von Venus gebildete Eigenschaftswort venustus ist ebenfalls mit lieblich oder hold zu übersetzen. Ein Mägdlein wunderhold wäre also Käthe nach Erasmus gewesen. Erasmus hat sich nun zwar jedem Klatsch über Käthe zugängig gezeigt, aber er hat doch selbst ein böses Gerücht, das er leichtgläubig über sie weiterverbreitet hatte, ehrlich widerrufen, als er später die Wahrheit erfuhr. Und er konnte durch seine Wittenberger Freunde recht gut unterrichtet sein. Sollte er gerade das Wort puellam mire venustam absichtslos oder gedankenlos hingeschrieben haben?

Jedenfalls war die Neigung, die Käthe für den jungen Nürnberger hegte, nicht einseitig. Sie wurde von ihm erwibert. Und es wurde bekannt, daß sich die beiden liebten. Baumgärtners Freunde wußten darum, Luther war damit einverstanden. Käthe aber sollte mit ihren 24 Jahren erst noch die schmerzliche Erfahrung erleben, die andere Mädchen schon in viel jüngeren Jahren überwunden haben, daß nämlich die erste Liebe gewöhnlich nicht die rechte Liebe ist. Nach kurzem Aufenthalt in Wittenberg kehrte Baumgärtner schon im Juni 1523 über Leipzig und Bamberg, wo Camerarius weilte, nach Nürnberg zurück.

Er hatte versprochen, bald wiederzukommen. Aber Monat auf Monat verstrich, ohne daß er zurückgekehrt wäre. Käthe härmte und grämte sich bitterlich und wurde krank darüber, ehe sie ihren Schmerz verwand. Zu einem wirklichen Verlöbnis war es allerdings noch nicht gekommen; ein Verlöbnis wäre damals nicht so leicht zu lösen gewesen, wie es jetzt wohl geschieht. Aber Käthe hatte doch beim Abschied hoffen dürfen, daß er ihr die Treue halten würde. Daß er sie brach, dazu muß ihn ein unüberschreitbares Hindernis gezwungen haben, denn sein ganzes späteres Leben, in dem er sich als Ratsherr der freien Reichsstadt Nürnberg in seiner Fürsorge für Kirche und Schule und in allen Staatsgeschäften stets treu und echt gezeigt hat, schützt ihn vor dem Verdacht, als könnte es auch bei ihm heißen: „Aus den Augen, aus dem Sinn!"

Das Hindernis, das sich wie eine eherne Mauer zwischen ihm und Käthe auftürmte, war offenbar der Widerstand seiner Familie. Dem stolzen patrizischen Geschlecht mußte in der Tat schon der Gedanke unerträglich erscheinen, daß einer der Ihrigen eine entlaufene Nonne als Gattin heimführen wollte. Mochte sie auch edeln Blutes sein, und mochte der junge Baumgärtner in Wittenberg unter dem Einfluß des protestantischen Geistes, der da lebte und webte, die Schranken übersehen haben, die ihn von Käthe schieden, in Nürnberg mußte er sie anerkennen und vor ihnen weichen. Seine Geburt, die Stellung seines Geschlechts, die Tätigkeit seiner Vorfahren wiesen ihn gebieterisch darauf hin, in dem Dienste der Stadt zu wirken, die damals mit ihrer reichen Bürgerschaft und der unterworfenen Landschaft eine der ersten im Reiche war, und die Heirat mit einer abtrünnigen Nonne wäre die schlechteste Empfehlung gewesen, die er in sein Leben hätte hinausnehmen können. Das geistliche und das weltliche Recht hatten die Ehe mit einer Nonne bei Todesstrafe verboten. Nun war zwar das alte geistliche Recht, mit dem die Päpste ihre Herrschaft gestützt hatten, durch die Reformation für deren Anhänger umgestoßen, und ein protestantischer Geistlicher durfte reinen Gewissens eine Nonne heimführen, aber das kaiserliche Recht bestand, und einem Staatsmann mußte es unmöglich sein, sich über dessen Bestimmungen hinwegzusetzen.

Wir wissen nicht, ob Baumgärtner in dem Kampfe zwischen der Neigung, die ihn fesselte, und den Aufgaben, denen er sein Leben widmen sollte, an Käthe selbst oder an Luther, vielleicht auch an Melanchthon geschrieben hat. Von seinen jungen Freunden in Wittenberg gedenken mehrere seines Verhältnisses zu Käthe, so besonders ausführlich der Heidelberger Blickart Syndringer, der über das Gerücht, Baumgärtner werde vielleicht doch noch Käthe als seine Braut aus Wittenberg heimholen, nicht eben erfreut gewesen zu sein scheint, und noch im Sommer 1524 fügt der Nürnberger Ulrich Pindar seinem Brief an Baumgärtner auch einen Gruß Käthes bei. Luther aber schreibt an Baumgärtner am 12. Oktober 1524: „Wenn Du übrigens Deine Käthe von Bora festhalten willst, so beeile Dich, ehe sie einem andern gegeben wird, der schon zur Hand ist. Sie hat die Liebe zu Dir noch nicht überwunden. Ich würde mich fest über Eure Verbindung freuen. Leb' wohl!" Baumgärtner aber blieb in diesen Jahren Wittenberg fern. Am 23. Januar 1526 vermählte er sich mit Sibylle Dichtel, der fünfzehnjährigen Tochter des bayrischen Oberamtmanns Bernhard Dichtel von Tutzing, nachdem Käthe schon sieben Monate zuvor als Luthers Gattin in das Schwarze Kloster in Wittenberg eingezogen war.

Die treue Freundschaft, die Luther und Käthe selbst Zeit ihres Lebens für Baumgärtner bewahrten und in den Tagen der Not bewährten, zeigt uns, daß Käthe den Schmerz, den ihr die Trennung von dem geliebten Manne gebracht hatte, bald völlig überwand. Sie trug ihm keinen Groll nach. Ihr Gatte durfte sie später im Scherz an ihre erste Liebe erinnern, ohne daß er zu fürchten brauchte, eine Saite bei ihr anzuschlagen, die einen schrillen Klang hätte geben können. Als er am 1. Oktober 1530 von der Feste Koburg an Baumgärtner einen launigen Brief sandte, kurz vor seiner Rückkehr nach Wittenberg, fügte er seinem Brief auch Grüße seiner Herrin, seiner Käthe, bei, für die Baumgärtner einst geglüht habe, und versprach, ihr bei seiner Heimkehr davon zu erzählen, denn mit Baumgärtners Namen pflegte er sie zuweilen zu necken. Mit einer neuen Liebe — so versichert er dem Nürnberger Ratsherrn am 3. Oktober 1541 — wäre Käthe ihm jetzt wegen seiner hervorragenden Tugenden zugetan und von Herzen wohlgesinnt. Auch den Tischgenossen gegenüber rühmte er einmal im Sommer 1543 Baumgärtners Unbescholtenheit, seine Frömmigkeit, seine Tüchtigkeit, und daß er mit großer Sorgfalt und mit großem Erfolge für das Wohl des Staatswesens arbeitete; da warf Käthe, die dem Gespräche nicht von Anfang an gefolgt war, die Frage dazwischen, von wem denn eigentlich die Rede wäre, und ihr Gatte erwiderte ihr mit einem Verse Virgils halb lateinisch, halb deutsch: „Deine Flamme, Amyntas, Dein alter Buhl!" Und als Baumgärtner 1544 in einer Fehde von dem Ritter von Rosenberg gefangen und über ein Jahr lang in harter Haft gehalten wurde, sandte Luther der bekümmerten Frau seines Freundes einen herzlichen Trostbrief und war durch Gebet und Fürbitte für seine Befreiung tätig.

Baumgärtner war aber, wie Luther schon im Oktober 1524 an ihn geschrieben hatte, nicht der einzige Bewerber um Käthes Hand. Bei diesen Worten hatte Luther gewiß noch nicht an sich selbst gedacht; er war damals noch nicht gesonnen, zu ehelichen. Ein Doktor der Theologie aber war es, der um Käthe warb, Doktor Kaspar Glatz, lateinisch

Glacius genannt. Er war im Sommer 1524 Rektor der Universität Wittenberg gewesen und in Luthers Auftrag nach Orlamünde gegangen, wo Karlstadts Predigten das Volk aufgerührt und mit dem Gifte revolutionärer Lehren durchseucht hatten. Am 27. August hatte er auch das Pfarramt in Orlamünde übernommen. Er bewährte freilich die Hoffnungen nicht, die Luther auf ihn gesetzt hatte, und mußte seines Pfarramts enthoben werden. Damals aber stand er noch in Würden und Ehren, und Luther unterstützte seine Werbung bei Käthe. Käthe indessen konnte sich nicht dazu entschließen, ihm die Hand zum Ehebunde zu reichen. Ihrer Weigerung lag nicht etwa Adelsstolz zugrunde; der hohe Rang eines Doktors der Theologie stand dem Adel eines armen Landedelfräuleins zum mindesten gleich. Vielmehr scheint sie zu dem Charakter des Mannes, der von einem seiner Kollegen ein alter Geizhals genannt wird und sich später ja auch als unzuverlässig erwies, nicht das rechte Vertrauen gefaßt haben zu können.

Die Lösung dieses Zwiespalts brachte, wie berichtet wird, Nikolaus von Amsdorf. Kurz bevor er im September 1524 Wittenberg verließ, um das Pfarramt an der Ulrichskirche in Magdeburg zu übernehmen, ging Käthe in ihrer selbstbewußten und entschlossenen Art zu Amsdorf, den sie als einen vertrauten Freund Luthers kannte. Sie bat ihn, bei Luther dahin zu wirken, daß er sie nicht wider ihren Willen an Glatz vermählte. Sie erklärte ihm frei und offen, würde er selbst oder würde Luther sie zur Gattin begehren, so wollte sie sich nicht weigern. Doktor Glatz aber könnte sie nicht haben.

War es dieser Aufschrei in der Not, der Luther rührte? Entsprang auch bei ihm aus dem Mitgefühl mit dem armen, aber ehrlichen Mädchen die Liebe? Wie wir schon von ihm selbst gehört haben, liebte er Käthe zunächst nicht, ja er hielt sie für stolz; eher hätte er ihre jugendliche Gefährtin Ave von Schönfeld gewählt, wenn er damals schon hätte freien wollen. Die Umstimmung in seinen Gefühlen gegen Käthe scheint allerdings mit der Fürsprache Amsdorfs für Käthe zusammenzufallen. Aus Gleichgültigkeit erwuchs Mitleid und aus Mitleid Liebe. Die Worte, die er später in dem Kreise der Tischgenossen im Anschluß an jene Äußerung über Ave von Schönfeld gesprochen hat, deuten wirklich darauf hin, daß seine Neigung zu Käthe aus seinem Mitleid mit ihr hervorwuchs. „Gottes Wille", so sagt er, „war es, daß ich mich der Verlassenen erbarmte. Und ist mir, gottlob! aufs glücklichste geraten, denn ich habe ein fromm getreu Weib." Und er verwies die Tischgenossen auf die schöne Stelle in den Sprüchen Salomonis, wo es im 31. Kapitel heißt: „Wem ein tugendsam Weib bescheret ist, die ist viel ebler denn die köstlichsten Perlen. Ihres Mannes Herz darf sich auf sie verlassen, und Nahrung wird ihm nicht mangeln. Sie tut ihm Liebes und kein Leides sein Leben lang."

Käthes Einzug ins Schwarze Kloster.

Ein leichter Entschluß war es für Luther nicht, zu ehelichen, und es war auch, wie aus seinen Briefen hervorgeht, keine Handlung der Leidenschaft, sondern das Ergebnis reiflicher Überlegung und schwerer seelischer Kämpfe. Nur Schritt vor Schritt vermochte er sich von den alten kirchlichen Satzungen zu lösen, die auch ihn bis in sein Mannesalter beherrscht hatten. Noch auf der Wartburg war es ihm verwunderlich erschienen, daß die Wittenberger seine Lehren in die Tat umsetzten, daß Mönche ihre Klöster verließen, ihr Gelübde brachen, ein Weib heimführten. Mißbilligen konnte er es freilich auf die Dauer nicht. Das Zölibat, unter das Papst Gregor VII. vor mehr als vier Jahrhunderten auch die Weltgeistlichen gezwungen hatte, war eins der schlimmsten Machtmittel, wodurch die Kirche ihre Herrschaft zu stützen versucht hatte. Schon im Sommer 1520 hatte Luther in seiner gewaltigen Schrift: „An den christlichen Adel deutscher Nation", auch das Zölibat angegriffen und dem päpstlichen Verbot das Gebot des Apostels Paulus entgegengehalten: „Es soll ein Bischof unsträflich sein, Eines Weibes Mann, nüchtern, mäßig, willig, gastfrei, lehrhaftig." Er hatte für die Pfarrer das Recht, ein eheliches Weib zu nehmen, zurückgefordert. Und noch während seines Aufenthalts auf der Wartburg hatte er sich auch schon zu der Überzeugung hindurchgerungen, daß die Mönchsgelübde unchriftlich und deshalb nicht verbindlich sind.

In immer helleren Klängen pries er dann in Wittenberg das Glück und den Segen des ehelichen Standes, und daß die Ehe allen Menschen von Gott eingesetzt sei; immer eindringlicher warnte er vor den Gefahren der erzwungenen Ehelosigkeit. Seine Freunde und Mitarbeiter drängte er, sich zu vermählen, so Spalatin und den Präzeptor des Antoniusordens in Lichtenberg Wolfgang Reißenbusch. Als Herzog Albrecht von Preußen, der Hochmeister des Deutschritterordens, seine geistliche Herrschaft in ein weltliches Herzogtum umwandeln wollte, gab er freudig seine Zustimmung und dem Fürsten selbst in einer persönlichen Zusammenkunft in Wittenberg am 29. November 1523 den Rat, ein Weib zu nehmen, und einen andern Hohenzoller, den Erzbischof Albrecht von Mainz, ermahnte er am 2. Juni 1525 brieflich, dem Beispiele seines Vetters, des Hochmeisters, zu folgen, und den Tag darauf, am Pfingstabend, schickte er seinem Freund und Schwager, dem Mansfeldischen Rat Dr. Johann Rühel, eine Abschrift dieses Briefes und ermächtigte ihn, das Schreiben drucken zu lassen und dem Erzbischof in seinem Namen zu sagen: „Wo meine Ehe Seiner kurfürstlichen Gnaden eine Stärkung sein möchte, wollt' ich gern bald bereit sein, Seiner kurfürstlichen Gnaden zum Exempel vorherzutraben, nachdem ich doch sonst im Sinne bin, ehe ich aus diesem Leben scheide, mich in dem Ehestande finden zu lassen, welchen ich von Gott gefodert achte; und sollt's nichts weiter denn eine verlobte Josephsehe sein."

Zehn Tage später führte er seine Käthe heim. Er hatte es also als eine Notwendigkeit betrachtet, ja als seine Pflicht, seine Lehre durch sein Beispiel zu bekräftigen. In dieser Überzeugung hatte er sich weder durch die Ermahnungen eifriger Anhänger drängen, noch durch die Warnungen ängstlicher Freunde schrecken lassen. An Stimmen, die ihm abrieten, fehlte es nicht. Mancher, der sonst der neuen Lehre von Herzen zugetan war, nahm doch Anstoß daran, daß man das Gott getane Gelübde der Keuschheit wieder von sich ablegen dürfte, daß ein Mönch, eine Nonne einen echten, rechten Ehebund eingehen könnten. Die schwersten Bedenken hegte Doktor Schurf, der Jurist, dem freilich gleich hinter dem Evangelium das alte kanonische Recht stand, und er sprach seine Befürchtungen auch offen aus, so daß sie Luther zu Ohren kommen mußten. „Wenn der Mönch da", soll er gesagt haben, „ein Weib heimführt, werden alle Welt und der Teufel selbst lachen, und er selbst wird sein ganzes Werk zuschanden machen." Während Schurf noch in den alten kirchlichen Satzungen befangen war, fragten sich andere Freunde voller Angst, was wohl die Welt dazu sagen würde. Sie fürchteten den Hohn und Spott der Gegner und bangten vor dem Ärgernis, das bei Freund und Feind daraus entstehen könnte. Zu diesen ängstlichen Gemütern gehörte auch Melanchthon.

Viel zahlreicher waren aber die Stimmen, die Luther zu der Ehe rieten, und schon im Herbst 1524 war ein Gerücht, er gedächte zu heiraten, bis in die Oberpfalz zu Frau Argula von Grumbach gedrungen, der treuen, schreibfertigen Bekennerin des Evangeliums, die sich in ihren Sendbriefen mit ihrem Mädchennamen Argula von Stauff oder die Staufferin nennt; sie war mit dem herzoglich bayrischen Pfleger Friedrich von Grumbach in Dietfurt vermählt, ihr Gatte war aber der alten Kirche treu geblieben. Als nun das Gerücht von Luthers Absicht, zu ehelichen, auch zu ihr gekommen war, hatte sie durch Spalatins Vermittlung brieflich bei Luther angefragt, wie es darum stünde? Luther antwortete ihr am 30. November 1524, er sei noch nicht gesonnen, ein Weib zu nehmen; er sei zwar auch nicht von Holz oder Stein, sondern Fleisch und Blut, und Gott könne sein Herz in jedem Augenblick umstimmen, aber jetzt sei er noch der Ehe abgeneigt, denn er müsse bereit sein, zu sterben. Auch aus andern Nachrichten geht hervor, daß er sich damals mit Todesgedanken trug. Schon waren die Flammen papistischer Scheiterhaufen über evangelische Märtyrer zusammengeschlagen; Luther wünschte seine Lehre mit seinem Blute zu besiegeln. Aber noch auf dem Totenbette wollte er sich ein frommes Mägdlein als eheliches Gemahl antrauen lassen und ihr zwei silberne Becher — Ehrenbecher, wie er sie oft von hohen Herren erhielt und ebensooft an Bedürftige weiterschenkte — als Mahlschatz und Morgengabe reichen.

Während er Gott die Entscheidung anheimstellte, waren gute Freunde bereits geschäftig, ihm das rechte Mägblein für die Ehe zu suchen. Er scherzt selbst darüber und über das Mißgeschick, das alle diese gutgemeinten Pläne scheitern ließ. Am 16. April 1525 schreibt er an Spalatin, drei Frauen habe er zugleich gehabt und so wacker geliebt, daß er zwei schon wieder verloren habe, die sich nun mit andern verloben würden; die dritte halte er kaum noch am linken Arm, und sie werde ihm vielleicht auch bald entrissen werden. Ave von Schönfeld haben wir schon kennenlernen. Etwas später hören wir Luther auch von einer jungen Magdeburgerin Ave Alemann sprechen; Amsdorf wird sie ihm empfohlen haben, als er im März 1525 von Magdeburg nach Wittenberg gekommen war, um ihm in seinen Anfechtungen beizustehen. Vielleicht wurden auch noch andere Mädchen in Vorschlag gebracht, ohne daß er ernstlich darauf eingegangen wäre. An Käthe dachte niemand. Daß er eine bettelarme entlaufene Nonne freien sollte, lag nicht in der Absicht seiner Freunde. Sie hätten ihm lieber ein Mädchen aus einem ehrbaren, reichen Geschlecht zugedacht, und als er doch Käthe wählte, schrien alle seine besten Freunde: „Nicht diese, sondern eine andere!"

In diesen Frühjahrswochen, die für seine Annäherung an Käthe entscheidend gewesen zu sein scheinen, wurde er durch politische Unruhen in seine Heimat gerufen. Schon hatten sich in Süddeutschland die Bauern zu blutigem Aufruhr zusammengerottet, und auch in Thüringen hatten Irrlehrer und Schwärmer wie Karlstadt, Thomas Münzer, Heinrich Pfeifer den Boden für die Revolution bereitet. Luther kam zu spät. Was vermochte jetzt noch das Wort, wo schon schwielige Fäuste die Sensen und Dreschflegel als Waffen schwangen? Luther selbst war vor tätlichen Angriffen nicht mehr sicher. In diesen Wochen der bitterlichsten Enttäuschungen und der schwersten Gefahren Leibes und Lebens war er in den Tagen zwischen dem 18. April und dem 4. Mai auch in Mansfeld bei seinen Eltern.

Dem alten Hans Luther war es nicht anders gewesen, als hätte er einen Sohn begraben, damals, als die Nachricht gekommen war, sein Martinus wäre ins Kloster gegangen. „Mein Sohn", hatte er bei dem ersten Wiedersehen zu ihm gesagt, „weißt du nicht, daß du deinen Vater hättest ehren sollen?" Und als der junge Mönch einwand, ein himmlischer Ruf hätte ihn ins Kloster geführt, da hatte der Alte trocken erwidert: „Wenn's nur nicht ein Gespenst mit dir wäre!" Mit welcher Freude mag er dann von dem Hervortreten seines Sohnes aus dem Kloster gehört haben, mit welchem Stolz, aber auch mit welchen Sorgen wird er in dem stillen Mansfeld dem welterschütternden Gange des Doktors Martinus von Wittenberg nach Worms und über die Wartburg zurück nach Wittenberg gefolgt sein! Die Lehren seines Sohnes waren ihm ins Herz gewachsen; als er später auf seinem Totenbette von dem Prediger Michael Cölius gefragt wurde, ob er auch daran glaubte? da waren seine letzten Worte, das müßte ja ein ganz schlechter Mensch sein, der das nicht glauben wollte. Ein harter, zäher Niedersachse, hatte er sich durch ein Leben voller Arbeit vorwärts gebracht und war nun wohl damit zufrieden, für jene Welt einen gnädigen Gott und für diese Welt ein treues, fleißiges Weib und fromme, gehorsame Kinder zu haben. Das gleiche Glück wünschte er seinem Sohne, und wie wir von Luther hören, war dieser Wunsch seines Vaters, ja dessen ausdrückliches Verlangen, daß er heiraten sollte, von entscheidendem Einfluß auf seine Entschließung. Wenige Tage nach dem Besuche bei seinen Eltern, am 4. Mai, nennt er Käthe in einem Brief an Doktor Rühel zum erstenmal seine Käthe und erklärt seine feste Absicht, sie dem Teufel zum Trotz zur Ehe zu nehmen, ehe denn er sterbe.

Die nächsten Wochen waren aber für die Ausführung von Heiratsplänen noch nicht geschaffen. Unter grauenhaften Verwüstungen zogen die Scharen der Bauern durchs Land. Trotz allen drohenden Vorzeichen hatte der Aufruhr die Fürsten und Herren überrascht. Niemand war zur Abwehr bereit. Selbst ein Friedrich der Weise ließ rat- und mutlos das Schwert sinken. Hätte Luther jetzt die ganze Wucht seines Wortes für die Sache der Bauern eingesetzt, wie alle Welt es von ihm erwartete, so wären die Folgen unabsehbar gewesen, denn das lodernde Feuer, das Klöster und Burgen verzehrte, hätte sich auch von einem Luther nicht zu einer kleinen, wärmenden Flamme dämpfen lassen; es mußte entweder alles ergreifen und vernichten, oder es mußte mit Gewalt in sich erstickt werden. Luther schwankte keinen Augenblick, auf wessen Seite er treten mußte. Zwar waren es seine Worte und seine Lehren, die von den Führern der Bauern in ihren Flugschriften hinausgeschrien wurden, aber mißverstanden, aus dem Himmlischen ins Irdische verkehrt und zu politischen Schlagworten umgeprägt. Und wenn auch die Fürsten und Herren durch die harte Knechtung und Mißhandlung des Landvolks die Hauptschuld an dem Aufstande trugen, so war doch gegenüber der brutalen Zerstörungswut dieser Bauernhaufen die Gewalt der Obrigkeit die einzige Bürgschaft für eine ruhige Entwicklung. Darum mahnte Luther vor dem Kampfe zu friedlicher Einigung. Als aber der Sturm losbrach, rief er Gewalt gegen Gewalt auf und steifte den Herren das Rückgrat. In demselben Briefe, in dem er am 4. Mai von seiner Käthe spricht, warnt er den Kanzler Rühel, seinen Herrn, den Grafen Albrecht von Mansfeld, nicht weich zu stimmen.

Und am 5. Mai errang der Mansfelder den ersten Erfolg über die Bauern. An demselben Tage entschlief in dem Schlosse zu Lochau Kurfürst Friedrich der Weise, und sein Bruder Johann der Beständige folgte ihm in der Kur. Am 15. Mai lösten sich die haltlosen Rotten der Thüringischen Bauern in dem Gemetzel bei Frankenhausen schon nach den ersten Schüssen unter dem Anreiten der Herren und ihrer reisigen Knechte in wilder Flucht auf. Münzer und Pfeifer wurden in Mühlhausen enthauptet, Karlstadt und andere Führer erhielten auf Luthers Fürbitte Gnade. Nachdem der Aufstand niedergeschlagen war, bat Luther um eine milde Behandlung der armen irregeführten Leute, bei seinem Kurfürsten nicht ohne Erfolg, aber andere Fürsten setzten das greuliche Hängen und Blenden und Verstümmeln noch wochenlang fort, und der Aufstand wurde in einem Meere von Blut erstickt.

Es war über Deutschland wie ein Reif im Frühling gefallen, und obgleich die Saat, die Luther ausgestreut hatte, schon stark genug in den Halmen stand, dem Unwetter zu trotzen, so fürchtete er doch selbst, ganz von vorn beginnen zu müssen. Er hätte wohl auch in dieser Zeit der Not noch

länger mit seiner Verehelichung gewartet, da bestimmte ihn
eine böse Nachrede zu raschem Handeln. Häßliche Gerüchte
wurden über ihn und Käthe verbreitet. Es waren offen-
kundige Lügen, das bezeugt auch Melanchthon, aber Lügen
können lawinenartig anschwellen. Um allen Verleumbern den
Mund zu stopfen, vermählte sich Luther am 13. Juni mit
Katharina von Bora, selbst seinen vertrautesten Freunden
zur Überraschung, aber unter gewissenhafter Beobachtung der
landesüblichen Gebräuche.

Ein kleiner Kreis von Freunden hatte sich auf seine Ein-
ladung in den Abendstunden des 13. Juni 1525, eines
Dienstags, im Schwarzen Kloster eingefunden: Justus Jonas,
der Schloßpropst, und Johann Bugenhagen, der Stadtpfarrer,
der Jurist Johann Apel, Meister Lukas Cranach und sein
Weib Barbara. Sonst hatte Luther niemand geladen. Und
die Anwesenden hatte er mit gutem Bedachte gewählt. In
Jonas, dem treuen Genossen vom Wormser Reichstag her,
verkörperte sich die liebevolle Sorge der Freunde; mit Tränen
im Auge sah er die Verlobten nach alter deutscher Sitte auf
dem Brautlager, mit Glück- und Segenswünschen betete er
für ihr Heil. In Bugenhagen, dem höchsten Geistlichen der
Stadt, gab die evangelische Kirche dem neuen Ehebund ihren
Segen; obgleich die Ehe nach der Sitte der Zeit auch von
einem Laien rechtskräftig hätte vollzogen werden können,
verstand es sich doch für Luther von selbst, daß die bindenden
Worte von einem Diener Gottes gesprochen würden. In
Doktor Apel, dem Lehrer des kanonischen Rechts, der selbst
mit einer früheren Nonne vermählt war, stellte die Universität ihren Trauzeugen, und der Ratsherr und Kämmerer
Cranach vertrat die Stadt und ihre Bürgerschaft. Cranach
und seine Frau vertraten wohl auch Elternstelle an Käthe
und hatten sie ins Schwarze Kloster geleitet, denn im Schwarzen Kloster wurden die Trauung und das feierliche Beilager
vollzogen.

Eine spätere Nachricht verlegt zwar Luthers Vermählung
mit Käthe in Reichenbachs Haus und erzählt ziemlich ausführlich, Käthe wäre durch Luthers Werbung überrascht worden und hätte anfangs nicht gewußt, ob es Ernst sein sollte.
Aber dieser scheinbar lebenswahre Bericht kann unmöglich

richtig sein. Luther muß bereits seit längerer Zeit der Liebe Räthes und ihrer Einwilligung sicher gewesen sein, wie hätte er sie sonst schon am 4. Mai seine Käthe nennen können? Und ebenso muß die Angabe irrig sein, wonach die Vermählung in Reichenbachs Haus stattgefunden hätte, denn Reichenbachs Name wird weder von Jonas in seinem kurzen Brief an Spalatin am 14. Juni, noch von Melanchthon in seinem wortreichen Brief an Camerarius am 16. Juni genannt, vielmehr schreibt Melanchthon: „Des Abends hat Luther Bugenhagen und Cranach und Apel, sie allein, zum Mahle geladen und die weihevollen Gebräuche, wie sie bei einer Eheschließung üblich sind, vollzogen." Also Luther, nicht Reichenbach hat die Freunde gerufen, und wie Jonas bezeugt, war Reichenbach überhaupt nicht zugegen; wäre aber die Trauung in seinem Haus abgehalten worden, so wäre er als Hausherr doch jedenfalls dabei gewesen.

Am 13. Juni zog also Käthe als Luthers Gattin in das Schwarze Kloster ein. Hier rüstete sie am nächsten Morgen das kleine Frühmahl zu, mit dem ihr Gatte die Freunde, die ihnen am Abend vorher als Trauzeugen gedient hatten, bewirten wollte. Den Wein dazu verehrte dem jungen Paare der Wittenberger Rat, wohl auf Cranachs Anregung, ein Stübchen Malvasier, ein Stübchen Rheinwein und anderthalb Stübchen Frankenwein; ein Stübchen enthielt vier Quart (Liter), und es wurden damals im Wittenberger Ratskeller für das Quart Malvasier 5 Groschen, für das Quart Rheinwein 18 Pfennige und für das Quart Frankenwein 14 Pfennige bezahlt.

Einen größeren Hochzeitsschmaus auszurichten, dazu hätte es an Zeit gefehlt. Auch wollte Luther bei seinem Hochzeitsessen, bei der Wirtschaft, wie man damals sagte, seine Eltern und Geschwister und die liebsten von seinen auswärtigen Freunden um sich haben. Darum schrieb er nun Brief auf Brief mit der Anzeige von seiner Verehelichung und lud alle, die ihm am nächsten standen, auf den 27. Juni zu sich nach Wittenberg. Der 27. Juni fiel ebenfalls auf einen Dienstag, und der Dienstag war nach dem Glauben des Volkes ein glücklicher Tag, gut zum Heiraten.

Aber noch schneller als seine eigenen Einladungsschreiben flogen die Briefe seiner Freunde mit der Nachricht von seiner Verheiratung durchs Land. Ernst und würdig schreibt Jonas an Spalatin, von dem der kurfürstliche Hof in Torgau die erste Kunde von dem großen Ereignis erhielt; Kurfürst Johann sandte 100 Gulden zur Wirtschaft und für die erste Einrichtung. Melanchthon dagegen scheint einige Tage völlig außer Fassung gewesen zu sein und in einer Verstimmung, zu der wohl auch die Enttäuschung darüber beitrug, daß Luther ihm vorher kein Wort gesagt und ihn am 13. Juni auch nicht zu sich geladen hatte. Aber gerade der Brief, den Melanchthon am 16. Juni vorsichtigerweise in griechischer Sprache — griechisch verstanden damals die wenigsten! — an Camerarius geschrieben hat, zeigt deutlich, daß Luther recht daran tat, diesen treuen, aber bänglichen Freund vor einer solchen Aufregung, wie es die Teilnahme an seiner Trauung gewesen wäre, zu bewahren. Dieser Brief ist ein merkwürdiges Zeugnis dafür, wie wenig auch Melanchthon zuweilen in Luthers Herz und Geist einzudringen und sich über die Beweggründe seiner Handlungen klar zu werden vermocht hat. Was er über Käthe und ihre Genossinnen schreibt und über Luthers Charakter, ferner über den heiligen Stand der Ehe, über das Unzeitgemäße dieser Heirat und über die dadurch heraufbeschworenen Gefahren, das ist zwar nicht geradezu falsch, aber es ist doch aus einem seltsamen Verkennen von Luthers wirklichen Absichten entsprungen und offenbar von der Furcht vor dem Gerede der Welt beherrscht. Glaubte doch Melanchthon in seiner eigenen Unruhe sogar an Luther Zeichen der Niedergeschlagenheit und einer inneren Verwirrung zu bemerken!

In Luthers gleichzeitigen Briefen ist hiervon nichts zu entdecken. Freilich höhnten und spotteten die Gegner und warfen noch jahrelang mit Schmutz nach ihm und nach Käthe, doch das hatte er von vornherein nicht anders erwartet. Er scheute auch nicht das überlegene Stirnrunzeln oder das verlegene Achselzucken der weisen Leute, der Klüglinge, die alles besser wissen wollten, noch die Bekümmernis der Kleinmütigen und Verzagten. In seiner tiefsten Demütigung sollte nicht, wie Doktor Schurf gesagt hatte, der Teufel über ihn lachen, sondern er hoffte, daß die Engel lachen und die Teufel alle weinen sollten.

Die ersten Worte, die er nach seiner Verehelichung niedergeschrieben hat, sind Worte des Trotzes. „Nun sind Herrn, Pfaffen, Bauern, alles wider mich", schreibt er am 15. Juni den Mansfeldischen Räten Rühel, Johann Thür und Kaspar Müller; „wohlan, weil sie denn toll und töricht sind, will ich sie noch toller und törichter machen, und das alles zur Letze und Ade." Er bittet die drei Freunde, mit seinem lieben Vater und Mutter zu seinem Hochzeitsessen zu kommen, wenn sie in diesen gefährlichen Zeitläuften die Reise nicht scheuen wollten, und wen sie von guten Freunden mitbringen würden, wäre willkommen. Am 16. Juni ladet er auch Spalatin ein und bestellt bei ihm Wildbret, ebenso am 21. Juni bei dem Marschall Johann von Doltzig. Am 17. Juni schreibt er dem würdigen Vater Prior Leonhard Koppe und fordert ihn auf, mit seiner Frau, seiner Audi, an der Hochzeit teilzunehmen, und am 21. Juni schreibt er nochmals an ihn: „Daß nun mein Vater und Mutter und alle gute Freunde desto fröhlicher sein, läßt Euch mein Herr Catherin" — hier gibt er seiner energischen Käthe zum erstenmal diesen Scherznamen — „und ich gar freundlich bitten, daß Ihr uns zum guten Trunk ein Faß des besten Torgischen Biers, so Ihr bekommen mögt, wollet anher auf meine Kosten fahren lassen"; nur müßte das Bier wohlschmeckend sein, sonst würde er, Koppe, das ganze Faß zur Strafe allein austrinken müssen. Er bittet ihn nochmals, mit seiner Audi nicht außen zu bleiben und auch den Magister Zwilling, wenn es ihm keine Unkosten verursachen würde, mitzubringen. Link in Altenburg und Amsdorf in Magdeburg werden ebenfalls gebeten, zu kommen; einen Becher oder ein anderes Hochzeitsgeschenk brauche Link nicht mitzubringen, fügt Luther auch in Käthes Namen hinzu. Er sorgte sich offenbar, wie auch Melanchthon an Link schreibt, die lieben Freunde, die mit Ausnahme von Amsdorf ebenso arm waren wie er selbst, könnten sich ihm zu Ehren zu sehr anstrengen. Melanchthon hatte sich unterdessen von seiner ersten Überraschung erholt; er bittet den gemeinsamen Freund Link ebenfalls dringend, zu der Hochzeit zu kommen, damit Doktor Schurf noch weiteren Stoff zum Disputieren erhielte.

Die glücklichsten und am höchsten geehrten Hochzeitsgäste waren Luthers Eltern, Hans und Margarete, beide klein von Gestalt und mager, sonnenverbrannt, in einem langen, arbeitsschweren Leben verwittert, aber mit guten, treuen Augen, schlichte, tüchtige, fromme Leutchen, wie sie uns in gleichzeitigen Schilderungen und in den beiden vorzüglichen Bildern Cranachs auf der Wartburg entgegentreten. Martin Luther und seine Geschwister waren höher gewachsen und stärker als die Eltern.

Das Hochzeitsessen wird in Luthers gleichzeitigen Briefen auch Frühmahl (prandium) genannt; es begann nach der Sitte der Zeit gegen 10 Uhr. Vorher wurde das Paar in der Pfarrkirche öffentlich eingesegnet, wie Luthers Biograph Mathesius bezeugt: Luther habe sich mit Käthe von Bora im Namen und aufs Wort Jesu Christi im Beisein guter Leute ehelich trauen lassen — das war am 13. Juni gewesen, nicht am 11., wie Mathesius irrtümlich angibt —, bald darauf aber — das war also am 27. Juni — habe er auch einen öffentlichen Kirchgang und ehrlich Hochzeit mit ihr gehalten.

Zum Schmause sandte der Wittenberger Rat ein Ehrengeschenk von 20 Gulden in bar und ein Faß Einbeckisch Bier. Einbeck und Torgau stritten damals um den Ruhm, das beste Bier zu brauen. Da die Kämmereirechnungen 2 Schock 16 Groschen und 6 Pfennige, das sind mehr als 6 Gulden, dafür verzeichnen, so wird es ein stattliches Faß gewesen sein. Das Amt des Mundschenken übernahm der damals dreißigjährige Nürnberger Johann Pfister, ein früherer Mönch; er hatte zu Ostern 1525 das Augustinerkloster seiner Vaterstadt verlassen und seit Pfingsten in Wittenberg Theologie studiert. Später wurde er Pfarrer zu Fürth, und noch im Jahre 1557, als er seinen kurzen Lebensabriß niederschrieb, erinnerte er sich seiner geschäftigen Tätigkeit als Mundschenk bei Luthers Hochzeit.

Von den Hochzeitsgeschenken hat sich vielleicht das kostbarste in der Universität zu Greifswald erhalten, ein großer silberner Buckelbecher, den die Wittenberger Universität dargebracht haben soll; dies Prunkstück, Augsburger Arbeit, bis zum Knauf des Deckels fast einen halben Meter hoch, aus 84 Lot feinen Silbers getrieben und außen und innen stark vergoldet, trägt auf dem Rande der Fußplatte die Inschrift: "Die löbliche Universitet der Churf. Statt Wittenberg verehret dieses Brautgeschenke H. D. Martino Luthern und seiner Jungfrauw Kethe von Bore. Anno 1525. Die Martis post festum Johannis Babtistae." Trotz dem weichen b, wie wir Sachsen sagen, in Babtistae könnte die Inschrift echt sein; wenn sie nur nicht am Eingange so weitschweifig wäre und das Wort "löbliche" enthielte! Sollte sich die Wittenberger Universität im Jahre 1525 wirklich selbst "Die löbliche Universitet der Churf. Statt Wittenberg" genannt haben? Das klingt vielmehr nach der zweiten Hälfte des 17. Jahrhunderts als nach dem ersten Viertel des 16. Auch die deutsche Fassung der Inschrift ist bei einem Geschenk der Universität auffällig, und das Stück selbst ist auch zu kostbar, als daß wir in ihm das Hochzeitsgeschenk von Luthers Kollegen erblicken dürften. Wie wir wissen, hat der Becher, den die Wittenberger Professoren Luther damals verehrten, 21 Gulden gekostet; an dem Greifswalder Becher aber ist allein das Silber doppelt soviel wert, ganz abgesehen von der Vergoldung und der kostbaren Arbeit. Dieser Becher kann also nicht das Hochzeitsgeschenk der Wittenberger Universität gewesen sein, und die Inschrift ist eine Fälschung. Der Becher, den Luther und Käthe zu ihrer Vermählung erhielten, war jedenfalls ein bescheideneres Stück.

In dem Museum zu Braunschweig, wo auch Luthers goldener Doktorring zu sehen ist, wird ferner Luthers Trauring aufbewahrt, ein goldener Doppelreif mit hohem Kästchen, in dessen obere Fläche ein Diamant, das Sinnbild fester Treue, und ein Rubin, das Sinnbild reiner Liebe, eingelassen sind. Das Kästchen kann ebenso wie der Doppelreif auseinander geschoben werden und zeigt dann innen unter dem Diamanten die Buchstaben MLD (Martin Luther Doktor) und unter dem Rubin die Buchstaben CVB (Catharina von Bora). Auf den beiden Reifen steht inwendig: WAS . GOT . ZU . SAMEN . FIEGET. — SOL . KEIN MENSCH . SCHEIDEN . Da dieser Ring und Luthers Doktorring früher dem sächsischen Fürstenhause gehört haben, liegt kein Grund vor, an ihrer Echtheit zu zweifeln. Echt ist auch Käthes Trauring, der in dem Stadtgeschichtlichen Museum zu Leipzig aufbewahrt wird.* Er zeigt in der Mitte einen Rubin und zu beiden Seiten den gekreuzigten Christus und die Marterwerkzeuge; innen im Reifen steht: „D. Martinus Lutherus, Catharina u. Boren" und darunter: „13. Juni 1525." Wenn aber weiter erzählt wird, der gelehrte Nürnberger Patrizier Willibald Pirckheimer hätte diese beiden Trauringe zugleich mit einer goldenen Schaumünze von Albrecht Dürer arbeiten lassen, um sie Luther zu verehren, so verdient diese Nachricht, wenigstens insoweit als sie Dürer betrifft, keinen Glauben. Dürer hat auf der Höhe seines künstlerischen Schaffens nie mehr als Goldschmied gearbeitet, und von Medaillen hat er selbst einmal gesagt, daß er mit solchen Dingen nicht umzugehen pflegte.

Weitere Reliquien aus Luthers und Käthes Silberschatz und Hausrat werden in Wittenberg, Berlin, Leipzig, Dresden, Nürnberg und andern Städten aufbewahrt. Bei manchem Stück ist freilich die Echtheit sehr zweifelhaft; die Stickereien, die hier und da als Handarbeiten Käthes gezeigt werden, stammen wohl sämtlich nicht von ihr her. In dem Wunsche, ein Andenken an Luther und sein Haus zu haben, scheute man im 17. Jahrhundert auch vor Fälschungen nicht zurück. Zweifellos echt sind zwei weitere Stücke in Leipzig, ein großer silberner Becher im Ratsschatz, mit einer Inschrift des Schwedenkönigs Gustav Wasa vom Jahre 1536, und aus Käthes Nachlaß ein silberner Löffel in den Sammlungen der Deutschen Gesellschaft, mit der Inschrift da gloriam deo (gib Gott die Ehre), den verschlungenen Buchstaben DML und der Jahreszahl 1540.

Luther und Käthe konnten aber nicht so bald daran denken, einen kleinen Silberschatz zu sammeln. In den ersten

---

* Nach einer älteren Abbildung fertigte 1817, bei dem dritten Jubelfest der Reformation, der Hofjuwelier J. D. Jäger in Ronneburg Nachbildungen an, die er in vierzehnkarätigem Gold das Stück zu 6 Talern, in Silber stark vergoldet zu 3 Talern verkaufen ließ. In manchen Familien werden noch solche Ringe aufbewahrt; im Stadtgeschichtlichen Museum in Leipzig liegen neben dem Original drei von diesen Nachbildungen. Vergl. Ernst Kroker im Leipziger Kalender 1907, S. 211 ff. mit Abbildung.

Jahren ihrer Ehe waren sie arm, denn er hatte nichts gehabt, und sie hatte ihm nichts zugebracht. Aber seine Bedürfnislosigkeit und sein Gottvertrauen, ihr tapferer Mut und ihre fleißigen Hände halfen ihnen über alle Not hinweg. Ihr Glück wurde durch kleinliche Sorgen nicht ernstlich getrübt. Von Käthe haben wir zwar keine Äußerungen, aber ihr Gatte hat dankbar das Glück gepriesen, das er schon in der ersten Zeit seiner Ehe mit ihr gefunden hat. „Ich bin nicht leidenschaftlich verliebt", schreibt er am 21. Juni 1525 an Amsdorf, „aber ich halte mein Weib lieb und wert." Und in einem Briefe vom 11. August 1526 schildert er seine Käthe als willig und in allem gehorsam, passender für ihn, als er es je zu hoffen gewagt hätte, und er dankt Gott dafür und fügt hinzu, jetzt möchte er seine Armut nicht gegen die Schätze eines Krösus umtauschen.

Eher als die bedrängten Verhältnisse, in denen sie anfangs leben mußten, hätten die Angriffe der Gegner ihr ruhiges Glück stören können. War doch Käthe nicht einmal in Wittenberg vor bösen Zungen sicher. Noch 1525 mußte der Rat Lorenz Jeßners Hausfrau Klara, eine geborene Eberhard, vorfordern, weil sie auf einer Hochzeit unnütze Worte geführt, Luther und Käthe geschmäht und gescholten und Bugenhagens Gattin übel angefahren hatte; es wurde ihr dafür eine Buße von 2 Schock Groschen auferlegt. Aber gegen die gehässigen Nachreden Fremder konnte weder der Wittenberger Rat noch der Kurfürst Schutz bieten.

Es war eine alte Sage, daß der Antichrist, von dem Paulus in dem zweiten Briefe gegen die Thessalonicher spricht, aus der Verbindung eines Mönches und einer Nonne hervorgehen sollte. Nun hatte Luther seine Käthe heimgeführt, und zum erstenmal hatte die Kirche, und wenn es auch nur die evangelische Kirche war, die Ehe eines früheren Klosterbruders und einer ehemaligen Klosterschwester eingesegnet; würde aus dieser Ehe der Antichrist geboren werden? Erasmus, der unverbesserliche Spötter, meinte, wenn die Fabel wahr wäre, dann müßte die Welt schon lange voller Antichristen sein. Auch Luthers alter Gegner, der Erzbischof Albrecht von Mainz, scheint sich über seine Verheiratung nicht weiter aufgeregt zu haben; er sandte ihm sogar durch Rühel ein Hochzeitsgeschenk von 20 Goldgulden. Luther wies das Gold zurück, und erst als es zu spät war, erfuhr er, daß seine Räthe die freundlich dargebotene Gabe hinter seinem Rücken doch gern angenommen hatte.

Andere aber, denen das Zusammenleben von Priestern mit verworfenen Dirnen fast verzeihlich erschien, richteten gegen Luthers Ehe, als wäre es die verruchteste und zugleich die erniedrigendste Tat seines Lebens, die schärfsten Angriffe und beißenden Spott. König Heinrich VIII. von England, der berüchtigte Frauenmörder, wirft ihm 1526 die schimpfliche Lust vor, mit der er eine Gott geheiligte Nonne geschändet und andere dazu verleitet hätte, das Gleiche zu tun. Herzog Georg der Bärtige hatte ihm schon am 28. Dezember 1525 vorgehalten, Habsucht und Ehrgeiz hätten ihn verführt, der Stachel des Fleisches hätte ihn betrogen, eine schöne Eva hätte ihn verlockt; ja, im nächsten Jahre verdächtigte er ihn sogar, als hätte er die Wittenberger Mönche nur deshalb aus dem Schwarzen Kloster hinausgedrängt, damit er desto mehr Raum hätte, mit seiner Käthchen zu wohnen! Wo zuvor ein ganzes Kloster Unterkunft und Nahrung gefunden hätte, da schwelge er jetzt selbander in fleischlicher Wollust.

Wenn schon die Fürsten, die nur gelegentlich zu der Feder griffen, in dieser Tonart schrieben, was war erst von den eigentlichen Federfechtern zu erwarten! Als einer der ersten stand auch hier Hieronymus Emser da, Georgs des Bärtigen Sekretär. Er hatte seit der Leipziger Disputation schon manche Lanze gegen Luther zersplittert, bis dieser ihn plötzlich stehen ließ und sich gegen andere Kämpfer wandte, als wäre Bock Emser gar nicht mehr da. Dafür dichtete dieser ihm jetzt auf seine Hochzeit mit Räthe einen lateinischen Hymnus. Ein recht feines Gedicht nennt es Johannes Cochläus, Luthers Biograph auf katholischer Seite, aber auch wenn wir die Roheit jener Zeit und die Erbitterung, mit der auf beiden Seiten gestritten wurde, erwägen, müssen wir doch sagen, daß es ein recht gemeines Gedicht ist. Indessen es scheint auch dem Doktor Eck wohlgefallen zu haben. Als er im Frühling 1527 Luthers demütigen Brief an Heinrich VIII. von England und dessen harte, höhnische Antwort veröffentlichte, hängte er Emsers Gedicht und mehrere ähnliche Schandlieder für seine Leser als eine willkommene Zugabe an seine Schrift an.

Bald darauf rückten die "Leipziger Esel" ins Feld, zwei junge Magister, Joachim von der Heyden, der sich lateinisch Myricianus nannte, und Johannes Hasenberg. Deutsch und lateinisch, in Prosa und in Versen fielen sie 1528 über Luther und Käthe her; durch ernstliche Vorstellungen suchten sie Käthe an der Rechtmäßigkeit ihrer Ehe irre zu machen. Aber Luther und seine Wittenberger vergalten ihnen in der "Neuen Zeitung aus Leipzig" und in der "Neuen Fabel Äsopi vom Löwen und Esel" mit so derbem Spott, daß Myricianus jäh verstummte und Hasenberg erst 1530 mit einer neuen Schrift herauskam, einem lateinischen Drama, in dem er Luther am Schluß des vierten Aktes nach endlosen Schmähreden wenigstens auf dem geduldigen Papiere dem Scheiterhaufen überantwortet. Der Titel lautet: Ludus Ludentem Luderum Ludens. Die kräftigsten Stellen daraus sind noch 1889 von einem katholischen Erzpriester in Schlesien in einem Neudruck veröffentlicht worden, nicht etwa wegen des zweifellos vorhandenen pathologischen, kulturhistorischen und literarischen Interesses, sondern in der ausgesprochenen Absicht, den protestantischen Lutherfestspielen ein wirksames Gegenstück in diesem ältesten katholischen Lutherspiel entgegenzustellen.

Die Rechtmäßigkeit von Luthers und Käthes Ehe ist in diesen nun bald vierhundert Jahren, die seit dem 13. Juni 1525 vergangen sind, von den Katholiken immer wieder angefochten und von den Protestanten verteidigt worden, und es wird wahrscheinlich auch nicht so bald anders werden. Wo die einen sagen: Es ist weiß, und die andern: Nein, es ist schwarz, da kann eine Einigung nicht eher erfolgen, als bis die einen wieder von dunkler Nacht umhüllt sind oder den andern die lichte Sonne aufgeht. Wir können es den Katholiken nicht wehren, nur den Schatten zu sehen, wo wir uns des Lichtes freuen. Aber verlangen dürfen wir, daß man Gestalten, die uns teuer sind, nicht mit Schmutz bewerfe. Es kommt nichts dabei heraus als neue Erbitterung auf beiden Seiten, und man kann seiner Überzeugung recht wohl Ausdruck geben, ohne daß man sich zu Verunglimpfungen zu erniedrigen braucht. Für uns Protestanten ist und bleibt

Luthers und Käthes Ehe eine echte und rechte Ehe, ja durch ihre Reinheit und Gemütsinnigkeit ist sie für uns eine vorbildliche Ehe geworden.

Wir verzichten deshalb darauf, in den Schriften der Gegner eine kleine Blütenlese zu halten, und begnügen uns damit, zwei Namen herauszugreifen, um sie auch hier, wie sie es verdienen, an den Pranger zu stellen, weil ihre Träger an Schamlosigkeit und Verlogenheit das Äußerste geleistet haben, was zu Luthers Lebzeiten und in späterer Zeit über ihn und über Käthe geschrieben worden ist. Es sind der Poet Simon Lemnius und der sich hinter der Maske eines Eusebius Engelhard versteckende Augustiner Michael Khuen.

Simon Lemchen oder Lemnius, wie er seinen Namen nach der Sitte der Zeit latinisierte, hatte in Wittenberg studiert. Im Frühjahr 1538 veröffentlichte er zwei Bücher lateinischer Epigramme, und diese verursachten bald große Aufregung in Wittenberg, weil sie sich gegen bestimmte Persönlichkeiten zu richten schienen und den Erzbischof Albrecht von Mainz überschwenglich feierten. Der Verfasser sollte deshalb der Universität Rede und Antwort stehen, brach aber sein Wort, Wittenberg vorher nicht zu verlassen, und entfloh. Er wurde lebenslänglich relegiert. Um sich an Luther und seinen Mitarbeitern zu rächen, verfaßte er noch 1538 unter dem Pseudonym Lutius Pisäus Juvenalis ein lateinisches Drama, dessen Titel Monachopornomachia den schmutzigen Inhalt bereits andeutet. Der Verfasser wetteifert an Gemeinheit mit Cochläus, der im selben Jahre 1538 unter dem Decknamen Johann Vogelgesang ein ähnliches Schandbüchlein hatte hinausgehen lassen: „Ein heimlich Gespräch von der Tragedia Johannis Hussen." Was in diesen beiden Stücken über Luther und über Käthe gesagt wird, ist eigentlich unsagbar gemein, und es ist auch so offenbar erlogen, daß sich die Verfasser selbst geschämt haben, sich mit ihrem Namen zu ihrem unsauberen Machwerk zu bekennen. Ob sie übrigens wirklich geglaubt haben, Luther mit solchem Schmutze treffen zu können? Er stand viel zu hoch für sie. Als er einmal eine dieser Schriften in der Hand hatte, lachte er und sagte, da die Gegner im ehrlichen Kampfe nichts mehr vermöchten, versuchten sie es nun mit Lästern, aber damit würde es ihnen nicht gelingen, den Papst zu verteidigen. Er lehnte es ab, auf solche Angriffe zu antworten: „Wir wollen uns nicht in den Dreck mit ihnen legen. Es ist genug, daß sie solches lügen."

Engelhards Schrift erschien 1747 in Landsberg oder vielmehr in Augsburg unter dem Titel: „Lucifer Wittenbergensis, oder der Morgenstern von Wittenberg, das ist, Vollständiger Lebenslauf Catharinae von Bore, des vermeinten Eheweibs D. Martini Lutheri, meistentheils aus denen Büchern Lutheri, und seinen saftigen Tischbrocken, geistreichen (scilicet) Sendschreiben und andern raren Urkunden verfasset, in welchem alle ihre Scheintugenden, erdichtete Großthaten, falsche Erscheinungen und elende Wunderwerke, nebst dem ganzen Canonisations-Process, wie solcher von ihrem Herrn Gemahl noch bei ihren Lebzeiten vorgenommen worden, weitläufig erzählet wird, ans Tageslicht gestellet von R. D. Eusebio Engelhard." Wes Geistes Kind das Buch ist, zeigt schon der lange Titel, sowie die Tatsache, daß auch dieser Schriftsteller sich geschämt hat, seinen ehrlichen Namen auf das Titelblatt zu setzen. Hinter dem Pseudonym Eusebius Engelhard verbirgt sich der gelehrte Ordensgeistliche Michael Khuen oder Kuen, gestorben am 10. Januar 1765 als Abt des Ulmer Augustinerklosters.

Der Morgenstern von Wittenberg.

Anfang der dreißiger Jahre sprach Luther einmal in dem Kreise seiner Tischgenossen von Allegorien und Metaphern und führte als ein Beispiel bildlicher Redeweise an: „Käthe von Bora ist der Morgenstern von Wittenberg."

Für uns steht ihr Bild in der Tat wie ein freundlicher Stern über dem evangelischen Pfarrhaus, das unserm Volk eine Fülle gesunder Kraft und frommer Zucht gespendet hat. In diesem Sinne kann aber Luther seinen bildlichen Ausdruck nicht verstanden haben; er meint vielmehr: Wie der Morgenstern dem Anbruche des Tages vorhergeht, so ist Käthe frühmorgens die erste.

Die ersten Strahlen der Morgensonne trafen das Schwarze Kloster, das an der Südostecke der Stadt über dem grünen Elbanger steht. Es hatte damals noch nicht den Umfang, den es jetzt hat. Das große Gebäude an der Kollegienstraße, das sogenannte Augusteum, ist erst unter Kurfürst August in der zweiten Hälfte des 16. Jahrhunderts errichtet worden; vorher reichte der Klosterhof, dessen östliche Hälfte den Mönchen als Friedhof gedient hatte, bis an die Straße. Auf der Westseite des Hofes, wo an das Kloster das Spital anstieß, standen zu Luthers Zeit Ställe und Schuppen für Käthes Landwirtschaft und Viehzucht und das Brauhaus; zwischen diesem und dem Kloster führte unter einem turmartigen Verbindungsbau ein Durchgang in das Gärtchen hinter dem Kloster. Gegenüber auf der Ostseite des Hofes hatte man 1502 eine neue Klosterkirche zu bauen angefangen, doch war der Bau, wahrscheinlich aus Mangel an Mitteln, schon in den Grundmauern stecken geblieben, und inmitten der Fundamente der neuen Kirche stand noch das alte Kirchlein, aus Fachwerk, 30 Fuß etwa lang und 20 breit, ganz baufällig, so daß es auf allen Seiten hatte gestützt werden müssen. Innen war eine enge, schadhafte Empore, die kaum zwanzig Menschen faßte, und die Kanzel oder vielmehr das Predigtstühlchen an der Südwand war kaum anderthalb Ellen hoch aus ungehobelten Brettern zusammengeschlagen. In diesem Kirchlein, das einem Stall ähnlicher war als einem Gotteshaus, hat auch Luther gepredigt.

Von dem Kloster, mit dessen Erbauung man ebenfalls 1502, in dem Gründungsjahre der Wittenberger Universität, begonnen hatte, war überhaupt nur das große Schlafhaus, das zugleich als Speisehaus diente, aufgeführt und unter Dach gebracht worden. Dies ist das eigentliche Lutherhaus. Es enthält ein Erdgeschoß, zwei Obergeschosse und ein Dachgeschoß; die Fenster, die im ersten Stockwerk größer, im zweiten nur klein sind, öffnen sich nach Süden auf den Stadtgraben und den Elbanger und nach Norden auf den Klosterhof. Völlig ausgebaut war das große Haus zwar nicht, doch hatte es zur Not einigen vierzig Mönchen Unterkunft geboten. Nach Luthers Auftreten war aber einer nach dem andern aus dem Kloster geschieden, und 1523 waren er und sein Prior Eberhard Brisger die letzten Ordensbrüder. Sie hatten indessen eine Anzahl flüchtiger Mönche und vertriebener Prediger bei sich, für deren Unterhalt sie aufzukommen hatten, und deren Verpflegung ihnen um so beschwerlicher wurde, als die Vermögensverhältnisse des Klosters in die größte Verwirrung geraten waren. Reich war das Schwarze Kloster wohl nie gewesen. Nun hatte jeder scheidende Ordensbruder eine Mitgift von 100 Gulden erhalten, und die kurfürstlichen Visitatoren hatten die Einkünfte mit Beschlag belegt. Der Bettelsack hatte, wie Luther 1523 schreibt, ein großes Loch. Auch sein eigener Gehalt von 9 alten Schocken wurde von den Visitatoren gestrichen, aber eine Entschädigung dafür wurde zunächst nicht gewährt.

In Luthers Briefen aus dieser Zeit wiederholen sich die Klagen über diese drückende Lage. Georg der Bärtige glaubte freilich, Luther führte ein schwelgerisches Leben! In Wirklichkeit war gerade das Gegenteil der Fall: Luther fürchtete, vor Armut noch aus Wittenberg weichen zu müssen. Ende des Jahres 1524 bat er deshalb den Kurfürsten auch in Brisgers Namen, das ganze Kloster als Landesherr an sich zu nehmen, ihm aber und seinem letzten Genossen einen Raum vor dem Kloster neben dem Spital zu überlassen; hier erbaute Brisger an der Straße ein Häuschen, westlich von dem Eingang in den Klosterhof. Friedrich der Weise ließ es dabei bewenden, daß Luther und Brisger in dem Kloster selbst wohnten, doch war es vielleicht in dieser Zeit, daß Luther einen festen Gehalt von 100 Gulden jährlich angewiesen erhielt.

Nachdem Käthe als Luthers Gattin eingezogen war, siedelte Brisger, der wenige Wochen später ebenfalls heiratete, in das eben erwähnte Häuschen über, und nun waren Luther und Käthe die Eigentümer des Schwarzen Klosters, wenn auch noch nicht in aller Form Rechtens, so doch in der Tat, denn Kurfürst Johann überließ ihnen ebenfalls das große Gebäude zu freier Benützung. Und kurz vor seinem Tode bezeigte er Luther seinen fürstlichen Dank durch eine rechtsgültige Verschreibung. Die Urkunde ist am 4. Februar 1532 in Torgau ausgestellt. Für sich und seine Nachkommen begabt und begnadet darin der Kurfürst den ehrwürdigen und hochgelahrten, unsern lieben andächtigen Herrn Doktor Martin Luther und sein eheliches Weib Katharina und ihrer beiden Leibeserben, Söhne und Töchter, mit dem Schwarzen Kloster in seinem ganzen Umfange, samt dem Garten und Hofe, nichts davon ausgeschlossen, zu einem rechten und freien Erbe, frei von allem Schoß und jeder Dienstleistung, mit dem Rechte, zu brauen, zu mälzen, zu schenken, Vieh zu halten und jede andere bürgerliche Hantierung zu treiben, unter der einzigen Beschränkung, daß bei einem Verkauf ihm, dem Fürsten, und seinen Nachfolgern das Vorkaufsrecht gewahrt bleiben sollte.

Der Garten, der in dieser Urkunde erwähnt wird, ist das Gärtchen, das hinter dem Kloster nach dem Stadtgraben zu lag. Der Hof vor dem Kloster war ebenfalls nicht ganz ohne Bäume; in dem Schatten eines Birnbaums hatte Luther hier schon als Mönch mit seinem Staupitz gesessen. Auf der Hofseite war auch ein Kreuzgang, der später abgebrochen wurde, und vor dem Eingang in das Haus war wohl eine Vorhalle, ein Atrium. Der Eingang wurde 1540 durch ein schönes Portal von Elbsandstein geziert. Einer der treuesten Tischgenossen, Antonius Lauterbach, seit 1539 Superintendent von Pirna, hatte es auf Luthers und Käthes Bitte vom 26. November 1539 in seiner neuen Heimat in Arbeit gegeben; es trägt die Jahreszahl 1540 und das Meisterzeichen des Pirnaischen Steinmetzen. In spätgotischen Formen entworfen, schließt es sich über der Tür in einem zierlichen Spitzgiebel. Zu beiden Seiten ist ein Steinsitz. Wie manches Mal mögen Luther und Käthe hier nach heißen Arbeitstagen die Kühle des Abends genossen haben! Die steinernen Baldachine darüber zeigen an ihrer unteren Fläche rechts Luthers Wappen, links sein Bildnis. Sein Wappen, wie wir es auch aus Siegelabbrücken und aus seiner eigenen Beschreibung kennen, enthält in einem blauen Felde, das von einem goldenen Ring umschlossen wird, eine weiße Rose, deren Blütenblätter ein rotes Herz unter einem schwarzen Kreuz in sich fassen. Auf dem Portal sind um das Wappen die Buchstaben V. I. V. I. T. eingemeißelt. Läßt man die Punkte weg, so ergibt sich das lateinische Wort vivit, d. h. er lebt, nämlich Christus. Durch die Punkte getrennt, bilden die fünf Buchstaben den geheimnisvollen Sinnspruch Luthers. Nach seiner eigenen Angabe sind es die Anfangsbuchstaben von fünf deutschen

Das Lutherhaus in Wittenberg

Worten, die unsern Glauben an Gott in sich fassen, deren Sinn aber erst am Jüngsten Tag offenbart werden solle; Luther hat die fünf Worte seinen Freunden nie genannt. — Auf der andern Seite des Portals stehen um Luthers Bildnis die Angabe seines Alters Etatis sue 57 und in lateinischer Sprache der Spruch des Propheten Jesaias 30, 15: „Im Stillsein und Hoffen wird meine Stärke sein," ein Lieblingsspruch Luthers.

Steigen wir die Wendeltreppe in dem linker Hand angebauten Türmchen empor, so stehen wir im ersten Stock vor Luthers und Käthes Wohnung. Von dem Treppenflur aus gelangen wir zunächst auf der Nordseite des Hauses in vier Räume, deren Fenster auf den Klosterhof gehen: ein Vorzimmer, die geräumige Wohnstube, eine engere Kammer, die jetzt als Schlafstube bezeichnet wird, und ein größeres Eckzimmer, in dem früher unter einer Falltür eine schmale Wendeltreppe in das Erdgeschoß führte, wo neben andern Wirtschaftsräumen auch die Küche war. Auf der Südseite schließen sich an diese vier Zimmer noch eine Stube, ein kleinerer Saal und die Aula an, Räume, die zu Vorlesungen und Hausandachten dienten, wo aber auch größere Festlichkeiten abgehalten werden konnten. Luthers Studierstube, das arm Stublin, wie er es nennt, daraus er doch den Papst gestürmt hatte, ist nicht mehr erhalten; es lag wohl (eine Treppe höher?) in dem viereckigen, turmartigen Verbindungsbau, der auf alten Ansichten von Wittenberg zwischen dem Kloster und dem Brauhaus zu sehen ist.

Aber sind wenigstens die andern Räume noch die alten? Und ist ihr Mittelpunkt, die eigentliche Lutherstube, einigermaßen in ihrem ursprünglichen Zustand auf uns gekommen? Wir dürfen uns dessen freuen. Das Lutherhaus ist in den wiederholten Belagerungen und Beschießungen Wittenbergs erhalten und auch von einem gründlichen Umbau verschont geblieben, wenn auch eine allerdings notwendige, aber etwas zu vornehm ausgefallene Erneuerung im vorigen Jahrhundert den Edelrost davon abgestreift hat. Wir stehen hier wirklich in Luthers und Käthes Wohnstube. Es waren ja auch neben den älteren so viele junge Leute bei ihnen ein- und ausgegangen, hatten bei ihnen gewohnt und neben ihnen am

Tische gesessen, daß es fast verwunderlich wäre, hätte sich die Überlieferung, wo ihre Stube gewesen war, nach ihrem Tode nicht lebendig erhalten. Im Jahre 1671 soll sogar noch Luthers Studierstube (musaeum) als Sehenswürdigkeit gezeigt worden sein, doch die Studierstube war damals wohl schon verschwunden. Was den Fremden gezeigt wurde, war die Wohnstube; sie wird auch später noch zuweilen irrtümlich als Studierstube bezeichnet. Die Wohnstube war es auch, wo sich am 31. Oktober 1717 bei der zweiten Jubelfeier der Reformation die Wittenberger Professoren früh um 6 Uhr zu einer kurzen Andacht versammelten und das Lied anstimmten: „Es woll' uns Gott genädig sein!"

Die Zahl der Besucher war schon im 18. Jahrhundert groß. Nach einer Schilderung von 1795 waren die getäfelten Wände, ja sogar die Decke mit den Namen derer, die sich hier mit Kreide hatten verewigen wollen, über und über beschrieben und gleichsam weiß überzogen. Von ihnen allen hat nur Zar Peter, der am 14. Oktober 1712 in Wittenberg war, seine Absicht erreicht; sein Namenszug ist noch über der einen Tür unter Glas gefaßt sichtbar. Der große, aber brutale Slave soll damals das schöne Venezianische Glas, dessen Scherben in dem Schrank im Vorzimmer liegen, zornig zu Boden geworfen und zertrümmert haben, weil ihm der Wunsch abgeschlagen wurde, es als Andenken mitzunehmen. Sein abenteuerlicher Gegner, König Karl XII. von Schweden, war fünf Jahre vorher, am 21. Februar 1707, als ruhmgekrönter Sieger über Rußland und über Polen, dessen König der Kurfürst von Sachsen war, im Lutherhause gewesen. Fünf Jahre später war der Russe der Sieger, und der Schwede weilte fern von dem kalten Norden als Flüchtling auf türkischem Boden.

Um die Wände vor weiterer Beschmierung zu schützen, legte man endlich im 18. Jahrhundert ein Fremdenbuch auf. Über den Zustand, in dem die Lutherstube damals war, sagt die bereits erwähnte Schilderung von 1795: „Ein ganz von Würmern zerfressener Tisch, dessen Platte man abheben muß, wenn man in den Tischkasten will, ein paar hölzerne Stühle, auf welchen er gewöhnlich mit seiner Gattin gesessen haben soll, Bänke, die an denen mit Brettern ausgeschlagenen Wänden herumlaufen, dieß sind die wenigen Geräthschaften, die man da erblickt." Pietätloser als die Zeit waren auch hier die Menschen gewesen. Aus dem Jahre 1748 hören wir, daß die Lutherstube gar schlecht aussah; der Verwalter, der in diesen Räumen wohnte, pflegte seine Mehlsäcke hineinzustellen. Sogar noch 1802 wurde die Lutherstube, wie sich ein Zeitgenosse schonend ausdrückt, „zu ökonomischen Dingen" gebraucht. Dem widerspricht zwar ein anderer gleichzeitiger Bericht: Das sei nicht der Fall, wenigstens nicht mit der Lutherstube, aber auch dieser Bericht muß doch zugeben, daß es mit der Verwendung des anstoßenden Saales „zu ökonomischen Dingen" seine Richtigkeit habe. Während der Belagerung von 1813 diente das Lutherhaus gar als Lazarett. Den drohenden Verfall aufzuhalten, wurde das Haus endlich unter König Friedrich Wilhelm IV. von Preußen nach den Plänen des Berliner Architekten August Stüler 1844 bis 1873 erneuert.

Dabei hat man notgedrungen auch in der Lutherstube manches neu herrichten müssen, doch sind die Diele, die getäfelten Wände mit den Bordbrettern und den Holzpflöcken zum Aufhängen von Kleidungsstücken, die beiden Fenster mit den Butzenscheiben und den eingebauten Holzsitzen und die schöne Felderdecke gewiß in allem Wesentlichen noch die alten oder den alten Überresten getreu nachgebildet. Auch den Malereien an der Decke und an den Wänden liegen wohl die Reste alter Bemalung zugrunde, denn schon 1756, also lange vor den Erneuerungsarbeiten, wird berichtet, Luthers Stube sei gemalt gewesen. Ob aber der große, schöne Kachelofen, der sich in fünf Absätzen aufbaut, und der tannene Tisch beide schon zu Luthers Zeit dagestanden haben, ist recht zweifelhaft. Der Ofen sieht etwas jünger aus, und es ist ziemlich unwahrscheinlich, daß Luthers Erben, als sie das Kloster wieder verkauften, ein so leicht bewegliches Stück, wie es ein Tisch ist, hätten stehen lassen sollen; sie werden vielmehr den Hausrat mit sich genommen haben. Immerhin hat auch die spätere Zeit dem Raume die weihevolle Stimmung nicht zerstört. Nur müssen wir uns dieses Zimmer, in dem Käthe mit ihrer Hausarbeit vor ihrem einfachen Nähtisch auf dem Fensterplatz gesessen und ihr Gatte mit seinen Kinbern gescherzt, mit den Seinigen und mit den Freunden, Schülern und Gästen getrunken und gesungen und sich mit ihnen an ernsten Gesprächen erbaut und an heiteren Reden erfreut hat, wenigstens in den späteren Jahren ihrer Ehe etwas reicher an Hausrat vorstellen. An den Wänden hingen Bilder. Erwähnt werden die Jungfrau Maria mit dem Christuskind im Schoß, ein Bildnis Käthes von Cranachs Hand und über dem Tisch ein Bild des gekreuzigten Christus. Auch eine Sanduhr stand hier, und eine der beiden mechanischen Uhren, die als Geschenke Nürnberger Freunde 1527 und 1529 eintrafen, wird ihren Platz ebenfalls im Wohnzimmer gehabt haben; Luther bewunderte sie sehr und nannte einmal die Uhr und das Feuerzeug und die Entdeckung der magnetischen Kraft als drei der wichtigsten Erfindungen.

Zunächst aber hatte Käthe alle Hände voll zu tun, die Räume wohnlicher zu gestalten. Bei ihrem Einzuge fand sie das Kloster arg verwahrlost. Von dem Inventar war vieles weggeschleppt worden. Was an zinnernen Gefäßen und Küchengerät und anderm Hausrat noch da war, schätzte Luther später kaum auf 20 Gulden; hätte er's anschaffen müssen, fügt er hinzu, so wollte er's besser gekauft haben. In den Stuben war wohl seit Jahren nichts ausgebessert worden, und in der letzten Zeit hatte er mit Brisger eine wahre Junggesellenwirtschaft geführt. Er hatte zwar einen Famulus, Wolfgang Sieberger, der schon 1517 im Kloster war, ein frommer, treuer Geselle, aber der fleißigste war er schon damals nicht. Überall hatte es an dem Notwendigsten gefehlt, an Ordnung und Sauberkeit. Luthers Strohlager war, wie er selbst erzählt, ein ganzes Jahr lang nicht richtig aufgeschüttelt worden, aber: „Ich war müd"', sagt er, „und arbeitete mich den Tag ab und fiel also ins Bett, wußte nichts darum."

Hier brachten Käthes Fleiß und Ordnungsliebe rasch Abhilfe. Schon in dem ersten Jahre ihrer Ehe stehen in den Wittenbergischen Kämmereirechnungen 6 Groschen für zwei Tonnen Kalk und nochmals 10 Groschen für dritthalb Wagen Kalk verzeichnet, die der Rat dem Doktor Martinus geliefert hat; damit wurden wohl die Wände, wo sie schadhaft waren, beworfen und frisch getüncht. Luther selbst ließ sich durch den

Eifer seiner jungen Frau zu Hausarbeiten führen. Noch im Dezember 1525 bat er seinen Link, ihm in Nürnberg Sämereien für den Garten und Drechslerwerkzeuge für ihn und seinen Famulus Wolfgang zu besorgen; am liebsten wären ihm solche Werkzeuge gewesen, die sich von selbst weitergedreht hätten, wenn Wolf darüber einschlief. Die schwerere Hausarbeit wurde von einer Magd besorgt; 1527 waren schon mehrere Mägde da, und das Gesinde wurde immer zahlreicher, denn zu den Eltern kamen die Kinderchen hinzu, der Grundbesitz wurde durch Ankäufe erweitert, in den Ställen waren Pferde, Kühe und Schweine, auf dem Hof allerlei Geflügel, und im Hause füllten bald Kostgänger, fremde Gäste und arme Verwandte alle freien Räume.

Luther fürchtete mehr als einmal, von seiner übergroßen Wirtschaft erdrückt zu werden. Käthe allein hielt den Haushalt aufrecht. Die Zeit der Schulden wurde glücklich überwunden. Die Einnahmen hielten den Ausgaben stand. Schließlich sammelte sich ein kleines Vermögen.

Die Einnahmen wurden allmählich recht bedeutend. Einen Gehalt von 100 Gulden, wie Luther ihn schon vor seiner Verheiratung bezog, hatten damals wenige deutsche Professoren. Nach seiner Verheiratung wurde sein Gehalt von Johann dem Beständigen verdoppelt, und dessen Sohn und Nachfolger, Johann Friedrich der Großmütige, fügte das dritte Hundert Gulden hinzu. Seit 1536 kamen hierzu noch vom Kurfürsten regelmäßige Lieferungen von Korn und Malz, Holz und Heu, deren Wert ebenfalls jährlich gegen 100 Gulden betragen mochte. Im Jahre 1540 berechnete Luther deshalb seinen Gehalt bald auf 300, bald auf 400 Gulden. Übrigens erhielt auch Melanchthon seit 1541 einen Gehalt von 400 Gulden.

Sonst hatte Luther keine regelmäßigen Einkünfte. Bei seiner Verheiratung hatte er sich zwar mit dem Gedanken getragen, von den Hunderten von Zuhörern, die sich in seine Vorlesungen drängten, Kollegiengeld zu erheben, aber da ihm sein Kurfürst ohne sein Zutun jene erste Zulage von 100 Gulden gewährte, unterließ er es und las auch weiterhin ebenso, wie Melanchthon es tat, ohne jedes Honorar, bis er endlich unter den Beschwerden des Alters seine Vorlesungen sehr einschränken und zuletzt ganz einstellen mußte. Eine Summe von jährlich 400 Gulden, die ihm von den Buchdruckern für den Verlag seiner Schriften angeboten wurde, wies er ebenfalls zurück. Die guten Leute hätten ihm getrost noch mehr bieten können, denn sie wurden durch den Vertrieb seiner Schriften reich und übermütig, wie jener Wittenberger Drucker Nickel Schirlentz, der klein angefangen hatte und bald den Dreck, die Pfennige, nimmer zählen mochte, er wog sie nur; daß Schirlentz trotz seinen glänzenden Geschäften schließlich in Vermögensverfall geriet, darin erkannte Luther eine gerechte Strafe für seinen Übermut, und er freute sich über einen andern Wittenberger Drucker, Hans Grunenberg, der sich wegen des allzu reichen Verdienstes in seinem Gewissen bedrückt fühlte. Er selbst aber wollte auch an seinen Schriften nichts verdienen.

Überaus reich an Zahl und an Umfang, ja in ihrer Bedeutung für Käthes Haushalt kaum hoch genug einzuschätzen sind nun aber die Gaben, die ihrem Gatten gelegentlich als Dank und Verehrung von Fürsten und Edelleuten, Gelehrten und Kaufleuten, Freunden und Fremden dargebracht wurden. Der sächsische Adel hatte zwar nicht gerade eine offene Hand und war mehr aufs Erraffen als aufs Hingeben bedacht. Ein wackerer Kriegsmann wie der Feldoberst Assa vom Kram, der bis an seinen Tod 1528 jährlich bis zu 30 Gulden von seinem Überfluß in Luthers Wirtschaft spendete, war unter diesen Scharrhansen, Centauren und Harpyien, wie Luther die sächsischen Edelleute wegen ihrer Hoffart und Habsucht nennt, wie ein weißer Rabe. Von auswärts aber kamen um so häufiger Spenden, auch in Geld. Einer der ersten, die Luther in dieser Weise bedachten, war der Naumburgische Kanzler Doktor Heinrich Schmidburg, ein geborener Leipziger; er verschrieb ihm 1520 in seinem Testament 100 Gulden, manchem Katholischen zu großem Ärgernis. In eine regelmäßige Spende von jährlich 50 Talern verwandelte 1544 König Christian III. von Dänemark eine Naturallieferung, die in Butter und Heringen bestanden hatte, aber in keinem guten Zustand in Wittenberg eingetroffen war; den gleichen Ehrensold von je 50 Talern gewährte der König auch Bugenhagen, dem Reformator des Nordens,

Melanchthon und Jonas. Und schon 1541 hatte Kurfürst Johann Friedrich ein Kapital von 1000 Gulden gestiftet, das zwar erst den Erben ausgezahlt werden sollte, dessen jährliche Zinsen in Höhe von 50 Gulden aber bereits an Luther abgeführt wurden. Dagegen dankte Luther, als der Kurfürst ihm auch einen Kux der reichen Schneeberger Silbergruben mit einer jährlichen Ausbeute von 300 Gulden schenken wollte; er mochte nicht an Bergwerksspekulationen teilhaben, es erschien ihm wie Spielgeld.

Der Kurfürst stand unter den Gebern allezeit voran, wie recht und billig, ohne Dank zu erwarten. Einer besonderen Danksagung hätte es nicht bedurft, antwortete Johann Friedrich am 25. Januar 1536; er hatte, wohl auf Luthers Bitte, ein Wildschwein und ein Faß Wein senden lassen, und Luther hatte in seinem Dankbriefe die Besorgnis geäußert, dem Fürsten beschwerlich zu werden, da dieser ohnehin genug zu geben, zu schaffen und zu tragen hätte. Ebenso freimütig hatte er schon 1529, zu einer Zeit, da er und Käthe eben erst aus den gröbsten Schulden heraus waren, dem alten Kurfürsten Johann für ein Stück lederfarbenen Tuches und einen schwarzen Rock, der fast zu köstlich war, als daß er ihn tragen mochte, zwar gedankt, aber ihn zugleich auch gebeten, doch denen nicht zu glauben, die da vorgäben, er hätte Mangel an etwas: „Ich hab' leider mehr, sonderlich von Euer kurfürstlichen Gnaden, denn ich im Gewissen vertragen kann. Mir gebührt auch, als einem Prediger, nicht Überfluß zu haben, begehr' es auch nicht." Er wußte, wie viele sich an den Landesherrn herandrängten, und daß dessen Kassen auch nicht unerschöpflich waren: „Zuviel zerreißt den Sack!" Er bittet den Fürsten, mit seinen Gaben zu harren, bis er klagen und bitten würde; sonst könnte es dahin kommen, daß er durch das Zuvorkommen seines Herrn scheu würde, für andere zu bitten, die solcher Gaben würdiger wären als er. Käthe dagegen waren diese Gaben sicherlich sehr willkommen: Wein von den fürstlichen Weinbergen bei Süptitz oder in Thüringer Most, allerlei Arzneien, Lebensmittel, besonders solche, die in dem kleinen Wittenberg sonst nicht zu haben waren, wie Wildbret und Fische. Luther wurde es fast des Schenkens zuviel. Er bat auch kaum jemals den Fürsten um etwas für sich selbst. Wenn wir in seinen Briefen gelegentlich einer Bitte begegnen, so handelt es sich fast immer um die Ausrichtung einer Hochzeit oder eines andern Festes und um die Besorgung von Wildbret, das eben nur von den jagdberechtigten Herren geliefert werden konnte. Um so häufiger sind in seinen Briefen an den Kurfürsten Fürbitten zugunsten anderer.

Auch den Rat der Stadt Wittenberg bat er unbedenklich für andere, während er für sich nie eine Bitte aussprach. Der Rat aber wußte, was er ihm zu danken hatte. Die Blüte der Stadt und der Universität war ja sein Werk; fast ein Menschenalter versah er unentgeltlich das Amt eines Seelsorgers und Predigers, und während der langen Abwesenheit Bugenhagens, der die Reformation in Dänemark durchführte, übernahm er auch noch das Amt des Stadtpfarrers ohne jede Entschädigung. Freiwillig verzichtete er auf die Vergünstigung, daß sein Haus von jeder Leistung frei sein sollte, und verlangte, gleich jedem andern eingeschätzt zu werden. Dafür verging aber auch kaum ein Jahr, ohne daß der Rat ihm oder Käthe eine wertvolle Gabe ins Haus gesandt hätte. Schon zum neuen Jahre 1526 erhielt Käthe ein Schwäbisch — so nannte man damals eine Art besonders feiner weißer Leinwand —, ihr Gatte aber einen Rock mit schwarzen Schmaschen, das ist mit Lammfellen gefüttert. Im nächsten Jahre bekam er wieder einen Rock, diesmal aus Purpurianischem Tuch und mit schwarzer Leinwand gefüttert. Der Ratskeller stand ihm für seinen ziemlich geringen Bedarf an Wein ebenso offen wie der kurfürstliche Weinkeller im Schloß. In den Jahren 1535 bis 1540 sind sehr bedeutende Lieferungen von Kalk, Backsteinen und Dachziegeln für die Umbauten und Neubauten im Schwarzen Kloster verzeichnet, und während er 1529 auf dem Religionsgespräch in Marburg war, trug der Wittenbergische Stadtkämmerer ein: „3 Schock 50 Groschen des Ehrwürdigen und Hochgelahrten Martini Luthers Hausfrauen in seiner Abwesenheit verehret, dieweil man ihm dies Jahr sonst gar keine Verehrung getan; sein 10 Thaler gewesen, je einen zu 23 Groschen gerechnet."

Auch die Bürgermeister anderer Städte bezeigten ihren Dank und ihre Verehrung durch Übersendung von Geschenken, öfter und reicher, als es Luther lieb war. Als er in den erſten Januartagen 1530 hörte, der Zwickauer Rat hätte ihm ein Ehrengeſchenk zugedacht, ſchrieb er an ſeinen Freund Nikolaus Hausmann, der damals Pfarrer in Zwickau war, und bat ihn, das zu verhindern: Geſchenke von hohem Geldwerte wären ihm läſtig; er geriete dadurch in den Verdacht, reich zu ſein, während er doch den Reichtum verachtete, ja er würde ihn nicht ertragen können, wenn er ihn hätte, und er wollte nicht einmal den Namen davon haben. „Mir hat niemand etwas zu geben als Nahrung und Kleidung; ich aber habe allen alles zu geben."

Bis auf Bismarcks Zeiten herab ſind wohl keinem Deutſchen ſolche Mengen freiwilligen Tributes zugefloſſen wie dem Doktor Martinus. Zu den Gaben der Fürſten und Städte kamen die zahlloſen Geſchenke der Freunde und Verehrer: Eßbares und Trinkbares, aber auch Hausrat und Schmuck. Doktor Wolfgang Capito, der im Mai 1536 Käthes Gaſtfreundſchaft genoſſen hatte, war gewiß nicht der einzige, der durch eine Gabe dafür dankte; die Worte, die er ſeinem Geſchenke beifügte, und in denen er Käthe als Hausfrau wegen ihrer Sanftmut, ihres Fleißes und ihrer treuen Sorge für ihren Gatten preiſt, mögen ihr noch mehr Freude bereitet haben als das Geſchenk ſelbſt, ein goldener Ring. Auch Luther hatte außer ſeinem Trauring und dem Siegelring, den ihm 1530 der Kurprinz Johann Friedrich verehrt hatte, mehrere Goldringe mit Edelſteinen, Geſchenke vornehmer Herren. Eine goldene Ehrenkette hängte er über die Bruſt, als er 1535 den Nuntius Vergerio beſuchte. Die Zahl der ſilbernen Becher mehrte ſich trotz ſeiner verſchwenderiſchen Freigebigkeit. Schon 1532 ſchätzte er ſeine Becher auf 200 Gulden. Und die nächſten Jahre brachten manches neue Stück. So kam 1540 aus dem Nachlaß des reichen Augsburgers Hans Honold, deſſen Sohn als Student bei Luther gewohnt und geſpeiſt hatte, ein koſtbarer, faſt zu koſtbarer Becher. In ſeinem Teſtament vom Jahre 1542 hat Luther die Becher und Kleinodien, als Ringe, Ketten, Schenkgroſchen, gülden und ſilbern, mit 1000 Gulden angeſetzt. Wir müſſen dieſe Summe mindeſtens verfünffachen, um ſie dem Geldwert unſerer Zeit anzunähern.

Bei solchen Einkünften hätte es Käthe leicht gehabt, zu wirtschaften, wäre nur nicht die schrankenlose Freigebigkeit ihres Gatten gewesen. Für ihn hatte der Spruch volle Geltung, daß beim Wohltun die linke Hand nicht wissen soll, was die rechte tut. Er war mildtätig bis zur Selbstaufopferung. Wie oft hören wir nur gelegentlich und zufällig von den reichen, ja für seine Verhältnisse überreichen Gaben, die er den Bedürftigen zuwandte! Sein Lieblingswort war: „Gebet, so wird euch gegeben", und seine Käthe, die zuweilen recht bedenklich dreinschauen mochte, tröstete er mit den Worten: „Gott gibt genug, und der segnet's, und ich will auch geben. Liebe Käthe, haben wir nimmer Geld, so müssen die Becher hernach. Man muß geben, will man anders etwas haben." In der Zeit der Not griff er sogar das Patengeld seiner Kinder an, um einen Armen nicht ohne Almosen von der Schwelle zu weisen: „Gott ist reich, der wird's wieder bescheren." Als aber Justus Jonas einmal aus seinem vollen Beutel, den er nicht gern öffnete, ein Almosen spendete und dabei sagte: „Wer weiß, wo mir's Gott wieder bescheret?" da lachte Luther und hielt seinem Freunde vor, Gott hätte ihm doch wahrhaftig schon genug gegeben. Mit dem Wittenberger Rate handelte er förmlich um 30 Gulden, die er für einen armen Gesellen, einen frommen gelehrten Mann, brauchte: „Wo nicht so viel da ist, so gebt zwanzig, so will ich zehn geben; wo nicht, so gebt die Hälfte, fünfzehn, so will ich die andere Hälfte geben. Gott wird's wohl wiedergeben." Als er den Rat 1539 bei einer Teuerung in dem Verdacht hatte, Getreide zurückzuhalten, zürnte er heftig, so daß Cranach als Bürgermeister zu ihm ging und ihn über die Ursachen der Teuerung aufklärte. Und als er selbst, während die Pest in Wittenberg wütete, kein Geld hatte, Getreide zu kaufen, borgte er sich bei dem kurfürstlichen Schösser einige Scheffel Korn und schenkte es den Armen.

Seine Barmherzigkeit wurde oft von Unwürdigen und Undankbaren gemißbraucht, auch durch die Bitte, daß er für sie Bürgschaft leisten sollte. Er kannte zwar das Sprichwort: „Bürgen soll man würgen", aber er hatte sich doch anfangs immer wieder dazu verleiten lassen und war durch seine Gutmütigkeit und durch den großen Haushalt, in dem er und

Käthe in ihrer Armut so vielen noch Ärmeren eine Zuflucht boten, in schwere Schulden geraten. Wie er seinem Brisger, der unterdessen nach Altenburg gegangen war, am 1. Februar 1527 schrieb, konnte er ihm nicht einmal 8 Gulden verschaffen: Er hätte selbst über 100 Gulden Schulden, vier Becher wären schon verpfändet, und bei seinen reichen Freunden Cranach und dem Goldschmied Christian Döring hätte er keinen Kredit mehr, weil sie fürchteten, er würde sich für andere zugrunde richten. Auch jetzt tröstete er sich: „Der HErr, der meine Unvorsichtigkeit so straft, wird mich auch wieder befreien." Nächst Gott war „Herr Käthe" der Helfer in der Not. Sie hielt zusammen, was ihr Gatte erwarb. Sie sparte, wo er mit verschwenderischer Hand ausstreute. Sie rechnete, wo er sich auf Gottes gnädige Hilfe verließ.

Zuweilen rechnete auch er. Als er einmal bei Tische saß und seine Semmel verzehrte, fiel es ihm schwer aufs Herz: Jede Mahlzeit eine Semmel, das waren in einem Jahre für ihn allein schon 30 Groschen und 4 Pfennige, und täglich 4 Pfennige für sein Hausbier, das machte jährlich — die Summe erschien ihm zu hoch, und er sagte: „Ich mag nimmer rechnen; es macht einen gar verdrossen, es will zu hoch steigen. Ich hätte nicht gemeint, daß auf einen Menschen so viel gehen sollte!" Im Jahre 1532 hatte er trübe Gedanken darüber, daß er in seinem Haushalt allein für die Küche 500 Gulden brauchte, während er doch nur 200 Gulden Gehalt hätte, und er bekannte offen: „Ich kann mich in diese Haushaltung nicht richten. Aber unser HErrgott muß der Narren Vormund sein." Und als er 1542 sein Testament niederschrieb, saß er wohl stundenlang am Schreibtisch und berechnete, wieviel er mit Käthe im Schwarzen Kloster verbaut hatte, und was die Grundstücke kosteten, die sie hinzugekauft hatten, und was sie sonst noch zum Leben nötig hätten. Auf einzelne Zettel hat er so eine Vermögensübersicht niedergeworfen, und die köstlichen Schriftstücke haben sich erhalten. Mitten darin steht: „Nota. Wunderliche Rechnung gehalten zwischen Doctor Martin und Käthen Anno 1535/1536. Das waren zwei halbe Jahr." Die ersten elf Posten ergeben schon 389 Gulden, und dann folgen erst noch alle die Ausgaben für das tägliche Leben, einhundertunddreißig und einige, von den allerkleinsten, wie Petersilie und Kümmel, bis zu den gröbsten Stücken, den Ochsen und den Schweinen. Es ist, als sähen wir Luther an seinem Tische sitzen und Käthe hinzutreten mit dem ewig alten und immer neuen Verlangen der Hausfrau: „Gib Geld!" „Gib Geld" verzeichnet er für Korn, Gerste, Hopfen, Weizen, Mehl, Wein, Bier usw.; „gib Geld" für den Fleischer, Schuster, Schneider, Kürschner, Böttcher, Grobschmied, Kleinschmied, Apotheker, Arzt, Buchhändler, Buchbinder usw.; „gib Geld" für Leinwand, Betten, Federn, zinnerne Kannen, Schüsseln usw. Zuletzt folgen noch die Braugeräte, Wagen, Geschirr und unter den groben Stücken die Hochzeitsgeschenke. Dazwischen stehen kleine Reime beigeschrieben, wie die folgenden:

> Ich armer Mann, so halt' ich Haus!
> Wo ich mein Geld soll geben aus,
> Da dürft' ich's wohl an sieben Ort,
> Und fehlt mir allweg hie und dort.

Einen guten Haushalter schildert er wohl in Erinnerung an die Sparsamkeit seines eigenen Vaters mit den Worten:

> Tu, wie dein Vater hat getan:
> Wo der wollt' einen Pfennig han,
> Da fand er drei im Beutel bar;
> Damit bezahlt' er alles gar.
> Kein Heller wollt' er schuldig sein:
> So hielt er Haus und lebte fein!

Aber er kennt auch Hausväter, die vor Schulden kaum noch ein oder aus wissen, und auf sie reimt er:

> Tu, wie dein Vater hat getan:
> Wo der sollt' einen Pfennig han,
> Da mußt' er borgen drei dazu.
> Blieb immer schuldig Rock und Schuh:
> Das heißt denn hausgehalten auch,
> Daß im Hause bleibt kein Feuer noch Rauch!

Und während er in seiner Rechnung Posten auf Posten zusammenzählt, fragt er sich selbst: „Rate, wo kommt dies Geld her? Sollte das nicht stinken und Schulden machen?"

Bar Geld war oft rar. Noch 1540 mußte er wochenlang seinen gewohnten Schlaftrunk entbehren, weil das Bier, das

Käthe gebraut hatte, ausgetrunken war und kein Geld da war, welches zu kaufen. Und an Schulden fehlte es eigentlich nie. Aber wenn er 1542 in seinem Testament seine Schulden auf 450 Gulden angab, so war das doch etwas anderes, als wenn er in dem zweiten Jahre seiner Ehe 100 Gulden geschuldet hatte, denn damals hatte er eben nichts weiter gehabt als Schulden, jetzt aber stand den 450 Gulden mehr als das Doppelte an Kleinodien und wohl das Zehnfache an Grundbesitz gegenüber. Trotzdem fühlte sich Käthe durch diese Schulden bedrückt. Ihr Gatte suchte sie einmal mit einem Scherzwort zu beruhigen: „Die Hessen beten also: Vater unser, der du bist im Himmel, wir sind auf Erden; gibst du nichts, so haben wir nichts, so versetzen wir ein Pfand." Aber wohin sollte eine solche Wirtschaft führen?

Und was mochte Käthe dazu sagen, wenn ihr Gatte Anforderungen an sie stellte, wie in einem Briefe vom 27. Februar 1532? Während er damals beim Kurfürsten in Torgau war, wollte sein Famulus Johann Rischmann sein Haus verlassen, und er hatte ihm ein anständiges Abschiedsgeschenk zugedacht, weil er treu und fleißig gedient hatte. „Darum denke Du", schreibt er an Käthe, „wie oftmal wir bösen Buben und undankbaren Schülern gegeben, da es alles verloren gewest ist. So greif' Dich nun hier an! Ich weiß wohl, daß wenig da ist, aber ich gäbe ihm gerne 10 Gulden, wenn ich sie hätte. Aber unter 5 Gulden sollst Du ihm nicht geben, weil er nicht gekleidet ist. Laß Du ja nicht fehlen, so lange noch ein Becher da ist; denke, wo Du es kriegest! Gott wird wohl anders geben, das weiß ich." Und als hätte er nicht eben erst verlangt, das Letzte wegzugeben, fügt er gleich noch die Bitte hinzu, Käthe sollte doch den Kindern in Wittenberg etwas kaufen, weil er selbst in Torgau, wiewohl jetzt Jahrmarkt wäre, kein passendes Mitbringsel finden könnte.

War er allzu freigebig und gegenüber den Bedürfnissen des täglichen Lebens zu sorglos, so mußte sie um so sparsamer und genauer sein, ja mehrere Zeitgenossen nennen sie karg, knauserig, geizig. Und das ist der erste Vorwurf, der gegen sie erhoben worden ist, Geiz und Habsucht. Die andern Vorwürfe sind ihr großer und vertunlicher, das heißt verschwenderischer Haushalt — ein Vorwurf, der bei ihrem angeblichen Geiz seltsam genug klingt —, ihr Stolz und ihre Herrschsucht.

War sie geizig oder habsüchtig? Die schwerste Verdächtigung hat bald nach dem Tode ihres Gatten der kursächsische Kanzler Doktor Gregor Brück gegen sie gerichtet. Er deutet an, sie hätte das Geld, das der Kurfürst auf Luthers Fürbitte dem alten Wolf Sieberger als jährliches Einkommen zugewendet hatte, in ihre eigene Wirtschaft eingebrockt. Aber wenn das wirklich geschehen war, dann war es sicherlich mit Wolfs Einwilligung geschehen, denn der treue Greis, der zuletzt im Schwarzen Kloster mehr das Gnadenbrot erhielt, als daß er gedient hätte, blieb auch nach Luthers Tode bei Käthe und den Kindern, während er doch durch die Gnade des Fürsten sein eigener Herr hätte sein können; er hatte offenbar keine Veranlassung, sich über Käthe zu beschweren. Und wenn wir bedenken, wie viele Kostgänger jahrelang in ihrem Hause geweilt haben, wollen wir da den zweien oder dreien glauben, die über sie klagen, oder den Hunderten, die sich an ihren Tisch drängten, die sie als die beste Frau preisen, die es Zeit ihres Lebens als höchste Ehre und köstlichste Erinnerung geschätzt haben, Luthers Tischgenossen gewesen zu sein? Freilich mag es mehr als einmal vorgekommen sein, daß die von allen Seiten in Anspruch genommene Frau in dem Drange der Geschäfte es vergaß oder in der Zeit der Not nicht gleich imstande war, Besorgungen, die sie in Auftrag gegeben hatte, zu bezahlen, und daß der davon Betroffene sich scheute, sie darum zu mahnen, aber wir dürfen doch ein vereinzeltes Vorkommnis nicht zu ihren Ungunsten verallgemeinern. Und wenn derselbe junge Mann, der hierüber klagt — es ist Hieronymus Besold —, weiter noch berichtet, sie hätte alles zurate gehalten und bei den Tischgenossen auf die nötige Bezahlung gedrungen, so ist das wirklich eher ein Lob für sie als ein Tadel. Nur dadurch, daß sie mit beiden Händen festhielt, konnte sie gegen ihren Gatten, der mit beiden Händen ausstreute, das notwendige Gegengewicht in die Wagschale ihres Haushalts werfen.

Daß sie zuweilen den Wunsch äußerte, ihr Gatte möchte etwas mehr Erwerbssinn haben, wer wollte ihr das verdenken? Als einmal von einem habgierigen Gelehrten die Rede war, meinte sie, wenn ihr Mann ebenso gesinnt wäre, würde er sehr reich sein, aber sie nahm ruhig Melanchthons Zurechtweisung hin: Wer dem allgemeinen Nutzen diente, dürfte nicht auf den eigenen Nutzen bedacht sein. Im Sommer 1540 brachte ihr zwar die Geldklemme den halb scherzhaften, halb ernst gemeinten Wunsch über die Lippen: „Herr Doktor, lehrt doch die jungen Gesellen nicht umsonst!" Aber das ist auch die einzige Klage darüber, daß ihr Gatte das Wort Gottes nicht wie ein Schenkwirt das Bier verzapfen wollte. Und wenn sie in demselben Jahre das Gespräch darauf brachte, daß der König von England ihrem Gatten nur 50 Gulden, Melanchthon aber 500 verehrt hätte, so sprach gewiß weniger der Neid aus ihr als gekränkter Stolz, denn stolzes Selbstbewußtsein ist einer der Grundzüge ihres Charakters. Auch hören wir nicht ein einziges Mal, daß sie der verschwenderischen Mildtätigkeit ihres Gatten ernstlich entgegengetreten wäre. Nur als er gleich in dem ersten Jahre ihrer Ehe ein in Zinn gefaßtes Glas, das er eben erst von seinem Freunde Nikolaus Hausmann geschenkt erhalten hatte, an einen andern Freund, den auch sie hochschätzte, den Magister Johann Agrikola weiterverschenken wollte, tat ihr das schöne Stück doch Leid, und sie stellte ihm heimlich nach, und als er es einpacken wollte, war es verschwunden, und dabei waren die würdigen Herren Doktoren Jonas und Bugenhagen ihre Mitverschworenen gewesen. Sie verstand es also recht gut, festzuhalten, was sie nicht fahren lassen wollte, aber wie selten tat sie es! Mit eigener Aufopferung führte sie den großen Haushalt, ohne zu klagen. Willig nahm sie die Last auf sich, die ihr Gatte ihr mit der Versorgung seiner armen Verwandten aufbürdete; wie gern hätte sie auch seine greisen Eltern in ihrem Hause gepflegt.

Das beste Zeugnis für ihre häuslichen Tugenden ist die rückhaltlose Anerkennung ihres Gatten. Niemals hat er von ihrem angeblichen Geize gesprochen, aber ihre Sparsamkeit hat er gepriesen. Er wußte, was ihm am meisten not tat, und es war aus seiner Erfahrung geschöpft, wenn er vom Ehestande sagte: „Der Mann soll erwerben, das Weib aber soll ersparen. Darum kann das Weib den Mann wohl reich machen, aber nicht der Mann das Weib, denn der ersparte

Pfennig ist besser denn der erworbene." Im Jahre 1542 gibt er seiner Käthe das Zeugnis: „Was sie itzt hat, das hat sie selbst gezeuget neben mir." Über die Stellung der Hausfrau dachte er wie Bugenhagen, der seiner jungen Frau sämtliche Schlüssel übergab, das Schwert aber, das ist die höchste Gewalt, sich vorbehielt; in demselben Sinne sagt Luther zu Käthe: „Im Hause gestehe ich dir die Herrschaft zu, unbeschadet meines Rechts."

In Haus und Hof war sie der Herr. Er konnte und wollte es nicht sein. Auch abgesehen davon, daß er nach seinem eigenen Geständnis kein geschickter Haushalter war, hätte er gar nicht die Zeit gehabt, der großen Wirtschaft vorzustehen. Käthe mußte ohnehin seine rastlose Schreibfeder oft genug für ihre kleinen und großen Sorgen von wichtigeren Angelegenheiten ablenken. Mancher scharfe, aber auch mancher launige Brief ihres Gatten wäre ungeschrieben geblieben, hätte sie nicht bittend und mahnend hinter seinem Stuhl gestanden. Sie scheute sich nicht, für ihren Haushalt, der von allen Seiten in Anspruch genommen wurde, auch ihrerseits die Dienste guter Freunde mit allerlei Aufträgen in Anspruch zu nehmen. Sie wendete sich auch an die kurfürstlichen Beamten, wenn die Scheune leer und kein Saatkorn da war. Bei den Freunden bestellte sie durch ihren Gatten Sämereien für den Garten, Obst, das in Wittenberg nicht zu kaufen war, wie Pomeranzen oder Borsdorfer Äpfel, aber auch andere Lebensmittel für Küche und Keller, Hausgerät und Kleidungsstücke, und wenn eine Sendung länger als gewöhnlich ausblieb, so mahnte sie wohl auch einmal und ließ anfragen, ob denn das Meer ausgetrocknet wäre, daß gar keine Fische mehr kämen?

In den ersten Jahren ging Luther seiner herzlieben Hausfrau oft noch an die Hand, besonders in dem Gärtchen hinter dem Kloster. Er liebte die Blumen. Zu der Disputation in der Pleißenburg in Leipzig war er mit einem Nelkenstrauß gekommen, und während Doktor Eck ein Zitat nach dem andern aus den wuchtigen Folianten der Kirchenväter pflückte, erquickte er sich an den Farben und dem Dufte der Blüten in seiner Hand. Er war überhaupt empfänglich für die Schönheit und den unerschöpflichen Reichtum der

Natur, in der sich seinem frommen Gemüte Gottes Allmacht und Weisheit auch in dem kleinsten Tier und in der unscheinbarsten Pflanze sichtbar und faßlich offenbarten. Die Umgebung von Wittenberg ist zwar nicht durch besondere Schönheit oder Fruchtbarkeit ausgezeichnet; jenseits der Elbe erstreckt sich stundenweit die Dübische Heide, und diesseits des Stromes ist der Boden mager und so sandig, daß nach dem Sprichwort bei einem starken Winde sämtliche Landgüter in die Luft zu fliegen drohen. Doch gab es auch schon damals vor der Stadt manchen hübschen Weg zwischen den Gärten, in denen im Frühling die Nachtigallen schlugen, und in den kleinen Gehölzen, von denen die Specke im Nordosten der Stadt am häufigsten besucht wurde. Luther soll schon vor seiner Verheiratung gern nach einem kühlen Waldquell hinausgewandert sein, der eine kleine Stunde östlich von Wittenberg an dem Rand eines Wäldchens hervorquillt; er heißt noch jetzt der Lutherbrunnen. Nach neueren Angaben hätte er diesen Quell sogar fassen und ein Lusthaus darüber oder daneben erbauen lassen. Aber diese Angaben beruhen auf Mißverständnissen. Allerdings berichtet ein Zeitgenosse von einem hübschen Gemach, das über dem Wasser stand, wo Luther mit andern Gelehrten und vornehmen Herren getrunken hätte und fröhlich gewesen wäre, aber das ist gewiß nicht ein Lusthaus weit draußen vor der Stadt gewesen; es ist vielmehr das Studierstübchen im Schwarzen Kloster mit dem Blick auf den Elbstrom hinaus. Und wenn wir aus einem Briefe Luthers erfahren, daß er im Frühling 1526 wirklich einen Brunnen gebaut hat, so ist das der Brunnen im Klostergärtchen gewesen, der auch später noch erwähnt wird, aber nicht jener Waldquell, denn das Wäldchen und der Quell gehörten der Stadt, und Luther mag sich zwar hier zuweilen mit seinen Freunden im kühlen Schatten gelagert haben, aber zu bauen hatte er hier nichts.

Bei der Nähe des Stromes durfte man erwarten, im Klostergarten bald auf Wasser zu stoßen. Trotzdem schätzte Luther 1542 seine sämtlichen Ausgaben für den Garten und die Anlage des Brunnens auf 400 Gulden. In dieser hohen Summe — sie beträgt das Doppelte von dem, was er seit 1525 als Gehalt erhielt — sind wahrscheinlich größere Aufwendungen späterer Jahre inbegriffen. Zunächst handelte es sich nur darum, den verwahrlosten Garten wieder instand zu setzen und durch die Ausschachtung des Brunnens besser zu bewässern. Daß das geschah, war gewiß Käthes Werk, wenigstens erfahren wir aus früherer Zeit nicht, daß sich Luther im geringsten um das Klostergärtchen gekümmert hätte. Jetzt dagegen schreibt er schon am 17. Juni 1526 seinem Spalatin voller Stolz, der Brunnen wäre fertig, und das Gärtchen stände in der schönsten Blüte; mit Rosen und Lilien sollte der Freund bekränzt werden, wenn er kommen wollte.

An Nutzpflanzen wird es nicht gefehlt haben. Für Käthes Küche waren Erbsen und Bohnen, Rüben, Kraut, Kohl, Salat und anderes Grünzeug wichtiger als Lilien und Rosen. Ihr Gatte sorgte auch hierfür, und der Eifer, mit dem er es tat, ist das beste Zeugnis für das Vergnügen, das er am Gartenbau gefunden hatte. Gleich im ersten Monat des nächsten Jahres 1527 bestellte er bei seinem Freunde Link in Nürnberg allerlei Sämereien und bald darauf bei seinem früheren Ordensbruder Lang in Erfurt Erfurter Rettiche, die durch ihre Größe berühmt waren, und Samen davon für die eigene Zucht. Im Mai konnte er Link melden, daß der Same gut aufgegangen war, nur die Melonen, Kürbisse und Gurken waren gegen andere Gärten zurückgeblieben, doch dann holten sie das Versäumte nach und machten sich im Gärtchen gewaltig breit. Die gute Ernte entsprach also der guten Aussaat. Schon am 29. Dezember bestellte Luther bei Link noch mehr und noch mannigfaltigeren Samen und scherzte dabei, wenn er am Leben bliebe, würde er noch ein Gärtner werden. Sein Lehrer im Gartenbau war wohl jener „Er Heinrich" gewesen, ein früherer Klosterbruder, für den er im Frühjahr 1527 eine Stelle sucht, und den er einen guten Gärtner nennt; er hieß Baumgart und war 1537 Gärtner des Kurfürsten in Lichtenburg.

Auch aus späteren Jahren hören wir zuweilen von ähnlichen Aufträgen für den Garten. So sollte Link 1533 Samen von Boretsch (Borago) senden, das ist ein Kraut, das Feinschmecker am Salat liebten, „soll sehr wohl schmecken", läßt Luther der Bestellung hinzufügen. Doch wurde er durch die Arbeitslast, die er zu tragen hatte, mehr und mehr verhindert, selbst Hand anzulegen. Er mußte auch die ihm liebgewordene Arbeit im Garten seiner Gärtnerin, seiner Käthe, und dem Gesinde überlassen. Aber die Freude am Garten bewahrte er sich. Hier war er manchmal schon vor Sonnenaufgang. Hier lauschte er am Abend dem Gesange der Nachtigall, und als in ihren süßen Schlag das Quaken der Frösche auf dem nahen Elbanger mißtönig hineinschallte, sagte er, so würde auch in der Welt die Stimme Christi von dem Geschrei des Doktor Eck und Cochläus übertönt. Hier bewunderte er den Fleiß und die Ordnung der Bienen und fing die unnützen Drohnen vor dem Bienenstock hinweg. Auch den wühlenden Mäusen und den Spatzen mit ihrem Geschierpe, den Korn- und Obsträubern, war er wenig freundlich gesinnt; sie müßten gleich den Krähen, Elstern und Raben für vogelfrei erklärt werden, sagte er, und als seine Kinder einmal einen Sperling gefangen hatten, redete er den ängstlich piepsenden Gesellen mit den scharfen Worten an: „Du Franziskaner mit deiner dicken Kutte, du bist ein ganz schädlicher Vogel!" Die Schwalben aber, auf die er ebenfalls nicht gut zu sprechen war, verglich er mit den geschwätzigen Predigermönchen, die unten einen weißen Rock und darüber eine schwarze Kutte trügen. Die Raupen vollends erschienen ihm so schädlich und mißgestaltet, daß er glaubte, der Teufel hätte sie ihm in den Garten geführt. Für seinen frommen Glauben wurzelte alles Schlechte in dem Haß des Teufels, alles Gute in der Gnade Gottes. Als er später auf Käthes Betreiben zu dem Klostergarten noch ein Stück Feld und mehrere Gärten, darunter einen großen Baumgarten, hinzugekauft hatte, bewunderte er mit seinen Freunden Gottes Allmacht, die auf diesem dürren Boden die köstlichsten Früchte reifen ließ. Und zuweilen übte er auch noch in späteren Jahren die Kunst des Gärtners aus und pfropfte eigenhändig die Obstbäume.

Es hatte Käthe manche Träne gekostet, ehe sie den Herrn Gemahl dazu brachte, den ersten Garten zu kaufen. Da aber das Klostergärtchen für ihre Wirtschaft offenbar nicht ausreichte, bestand sie auf ihrem Wunsche, den Grundbesitz zu erweitern, und sie war ja auch die Frau dazu, durchzusetzen, was sie ernstlich wollte. Schon in der Zeit der größten Schulden, 1527, war sie der Erfüllung ihres Wunsches nahe gewesen, doch hatte damals der Kauf eines kleinen Gartens wieder rückgängig gemacht werden müssen. Anfang der dreißiger Jahre aber bewirtschaftete sie bereits ein anderes Gärtchen, das ihr Gatte nicht freiwillig, wie er selbst eingesteht, sondern sehr gegen seinen Willen gekauft hatte, aber schließlich hatte er doch den schmeichelnden Bitten Käthes und ihren bitterlichen Tränen nicht widerstehen können; gegen solche Waffen war auch er machtlos. Mit dem Garten war ein Stück Feld, eine Breite oder Hufe, verbunden. Das Grundstück lag im Eichenpfuhl oder Egelpfuhl vor dem Elstertor und hatte Andreas Mebes gehört. Da es nur 90 Gulden kostete, war es wohl nicht sehr umfangreich. Im Jahre 1547 gehörte es noch Luthers Erben, später wird es nicht mehr erwähnt.

Viel größer muß der Garten gewesen sein, den Luther und Käthe am 19. April 1532 um 900 Gulden von Klaus Bildenhauer kauften; er ist sogar von einem gleichzeitigen Dichter in lateinischen Versen verherrlicht worden. Meister Klaus Bildenhauer oder Bildenhain, wie ihn das Töchterchen des Doktor Jonas nannte, war, wie sein Name besagt, ein Bildhauer, derselbe, der schon 1491 für Friedrich den Weisen arbeitete und mit seinem bürgerlichen Namen Klaus Heffner hieß, in den Rechnungen aber Klaus Bildenschnitzer genannt wird. Meister Klaus, der im August 1539 starb, erzählte selbst einmal an Luthers Tische, daß er sich noch der Zeit entsinnen könnte, da Kurfürst Ernst und Herzog Albrecht vor der Teilung von 1485 gemeinsam in Torgau Hof gehalten hätten, und als er dann über die Beschwerden des Alters klagte, tröstete ihn Luther mit seinen eigenen Leiden und meinte, sie hätten eben beide schon zu oft die Ostereier gegessen. Früher war er in guten Verhältnissen gewesen, hatte auch viele Jahre lang im Rate der Stadt gesessen, er hatte aber seinen Kindern zuliebe alles hinweggegeben und litt nun selbst im Alter Not, so daß Luther ihn an den alten Spruch erinnerte:

> Welcher Vater das Seine gibt aus der Gewalt,
> Den soll man totschlagen mit der Keule bald.

So hatte er auch seinen Garten verkauft. Es ist wohl dasselbe Grundstück, das 1542 als der Garten an der Zahnischen Straße und 1553 als der Garten am Saumarkte bezeichnet wird. Er lag vor der Stadt, nicht weit vom Schwarzen Kloster, etwas nördlich von der Stelle, wo jetzt die Post steht. Ein Bach, der sogenannte Faule Bach, floß hindurch und bildete einen kleinen Weiher, und als im Herbst 1533 gefischt wurde, ging auch Luther mit hinaus und freute sich dann zu Hause herzlich an der großen Freude, mit der Käthe ihre Hechte, Schmerlen, Forellen, Kaulbärsche und Karpfen auftischte, als hätte sie Wunder was für einen Fischzug getan. Nicht geringer wird ihre Freude gewesen sein, wenn im Sommer und Herbst die schwerbehangenen Bäume ihre Last in Küche und Keller lieferten und sie ihrem Gatten und den Kindern und den zahlreichen Tischgenossen Kirschen, Birnen und Äpfel, Pfirsiche, Nüsse und Weintrauben als Nachtisch vorsetzen konnte. Sie legte auch einen eigenen kleinen Weinberg an. 1544 sollte Lauterbach auf einmal 600 Pfähle dazu in Pirna besorgen. Aus den Trauben, die unmöglich alle verzehrt werden konnten, wird mancher Krug Essig angesetzt und süßer Mostrich zubereitet worden sein. Auch seltenere Pflanzen gediehen gut. Im Jahre 1538 konnte Luther der Herzogin Elisabeth von Braunschweig Setzlinge von Maulbeerbäumen und Feigen als Gegengabe für eine Sendung Käse schicken, und von einer Frucht, die in seinem Garten gereift war, sagte er, es wäre die Mandragora oder die in der Bibel Dudaim genannte Frucht. — Ein Haus, das an diesem Garten stand, scheint bald wieder verkauft worden zu sein, denn 1542 schätzte Luther das Grundstück, das 900 Gulden gekostet hatte, nur noch auf 500 Gulden.

Ein dritter und vierter Garten, der Hopfengarten an der Specke und ein Garten im Elsholze, wurden erst 1544 für 375 Gulden erworben. Hopfen wurde damals noch häufig in der Umgegend von Wittenberg gebaut.

Nicht für sich, sondern für seinen Famulus Wolf Sieberger hatte Luther außerdem ein kleines Gärtchen für 20 Gulden gekauft, und unter Wolfs Namen übernahm er um 430 Gulden auch noch das Häuschen oder die Bude, wo einst Brisger gewohnt hatte. Brisger hatte bei seinem Weggange das kleine Grundstück seinem Freunde Bruno Brauer zur Verwaltung übergeben, und dieser hatte es dann selbst gekauft und verkaufte es 1541, als er Pfarrer in Dobien bei Wittenberg wurde, an Luther weiter. Luther hatte aber wenig Freude daran, denn er hatte es zu teuer übernommen und konnte nur einen kleinen Teil der Kaufsumme bezahlen; auch mußte er es noch um 70 Gulden flicken, und die Notwendigkeit, einen Mieter hineinzunehmen, wenn es nicht leer stehen sollte, brachte Unruhe und Ärger. Trotzdem hatte er das Häuschen erworben, weil er fürchtete, Käthe würde nach seinem Tode das große Haus, an dem das Ausbauen und Ausbessern gar kein Ende nahm, nicht halten können, oder die vom Kurfürsten angeordneten Befestigungsbauten, die gerade an der Südostecke der Stadt zu einem gewaltigen Bollwerk anwuchsen, würden das Haus noch zu Falle bringen; dann sollte seine Witwe mit ihren Kindern in Brunos Häuschen eine Zuflucht finden.

So hatte sich allmählich um den Kern des Schwarzen Klosters ein ganz stattlicher Grundbesitz angeschlossen. Als Luther 1542 sein sämtliches Eigentum in Wittenberg für die Türkensteuer einschätzte, kam er auf 9000 Gulden; freilich war es ihm zweifelhaft, ob Käthe nach seinem Tode auch nur 100 Gulden jährlich würde daraus ziehen können. Aber ohne diesen Grundbesitz hätte Käthe ihren großen Haushalt kaum durchzuführen vermocht, denn ein guter Teil dessen, was sie für Küche und Keller brauchte, wuchs ihr in den Gärten, auf den Feldern und in dem Viehhofe vor dem Kloster zu.

Gleich mit mehreren Schweinen hatte sie die Zucht begonnen. Da war es ein harter Schlag für sie, als im Spätherbst 1527, während gleichzeitig die Pest in der Stadt wütete und das Schwarze Kloster zu einem Hospital wurde, ein großes Sterben in die Schweine fiel, so daß fünf Stück eingingen. Doch wurden die Lücken im Stalle bald wieder gefüllt. Luther aß gern Schweinefleisch, lieber als Wildbret, das er melancholisch nannte, und obgleich ihm die grunzenden und im Schlamme wühlenden Tiere mit ihrer nimmersatten Freßlust als ein Abbild Epikureischen Lebens erschienen, verschmähte er es doch nicht, sich gelegentlich auch mit ihnen zu beschäftigen und sich mit seinem Sauhirten Johannes zu unterhalten. Im Jahre 1542 hatte Käthe 8 Schweine, das Stück je einen Gulden gerechnet, 2 Mutterschweine, zusammen 5 Gulden wert, und 3 Ferkel, jedes auf 7 Groschen geschätzt; außerdem waren im Viehhof 5 Kühe, die auf 15 Gulden geschätzt wurden, 9 große Kälber, das Stück 2 Gulden wert, und eine Ziege, die mit ihren beiden Zicklein auf 2 Gulden geschätzt wurde. Pferde waren 1542 nicht da. Sie standen wohl gerade auf dem Gutshofe Zölsdorf in Arbeit. Wenn sie aber in Wittenberg waren, wurden sie oft auch zu Spazierfahrten und zu den Dienstreisen eingespannt, auf denen der Herr Doktor mit seinen Amtsgenossen über Land fuhr, um die Pfarrer der Umgegend zu visitieren. In höherem Alter pflegte er oft auch in Wittenberg selbst in die Kirche zu fahren, denn weitere Wege waren ihm beschwerlich. In der Vermögensübersicht von 1542 ist denn auch neben dem Kuhstall und dem Saustall der Pferdestall verzeichnet, und alle drei Ställe sind auf 20 Gulden bewertet.

Auch zahlreiches Geflügel bevölkerte den Hof. Mehr als einmal brachte Käthe in ihrer Freude die frischausgeschlüpften Küchlein zu ihrem Gatten, und dieser pries immer von neuem die Wunder der Schöpfung. Neben den Hühnern hielt Käthe gewiß auch Tauben und Gänse, vielleicht auch einen Pfau, dessen Anblick ihren Gatten mehrmals an das alte Wort erinnerte: „Der Pfau hat Engels Gewand und Diebes Gang und Teufels Gesang." Der Klosterhof lag also damals nicht so still da wie jetzt. Hier gingen die Schüler und Gäste ein und aus, sprangen die Kinder hin und her, wurde das Vieh aus- und eingetrieben. Ein Kettenhund war nicht da, nur ein Hündchen. Schon als Junggeselle hatte Luther einen kleinen Hund gehabt, ein flinkes Tier, das gelegentlich auch auf den Tisch sprang und fremde Briefe anknabberte. Das Hündchen, mit dem später die Kinder gern spielten, hieß Tölpel und war seinem Namen zum Trotz ein gescheites Tier; ein Altenburgischer Bauer konnte nicht sehnlicher auf den Ausgang der Predigt spannen, daß es endlich zu Tisch ginge, als Tölpel es tat.

Auf das Brauhaus, das in der Südwestecke des Hofes stand, und die Braugeräte wurden allmählich 130 Gulden verwendet. Die Braugerechtigkeit, die das Kloster für 12 Gebräube jährlich gehabt hatte, war auf Luther und Käthe übergegangen, und Käthe verstand sich auf das Geschäft trotz einem Brauer. Ihr Gatte liebte einen frischen Trunk, und wenn er auch zuweilen klagte, durch das Bierbrauen würde die edle Gerste verwüstet, und die wenigsten verstünden etwas davon; gegen eine Stadt, die gutes Bier brauen könnte, kämen hundert, in denen nur Speibier fertig würde, und der Wein wäre Gottes Gabe, das Bier aber Menschenwerk: Käthes Bier mundete ihm doch stets, und wenn er es nicht hatte, sehnte er sich danach. Sogar am kurfürstlichen Hof in Torgau dachte er, wie er am 29. Juli 1534 an Käthe schreibt: „Wie gut Wein und Bier hab' ich daheime, dazu eine schöne Frau oder — sollt' ich sagen — Herren." Und er hätte gern eine Flasche von ihrem Hausbier gehabt, ja er glaubte, in dem Steinleiden, das ihn mit den Jahren immer härter quälte, eine Linderung davon zu spüren.

Neben dem Wohlgeschmack hatte Käthes Bier den Vorzug der Wohlfeilheit. Das Wittenbergische Stadtbier war nicht billig; es stieg im Preise bis auf 3 Pfennige für das Kännlein, und da Luther seinen täglichen Aufwand für Bier auf 4 Pfennige schätzte, so wäre er bei seinem gewohnten Schlaftrunk oft zu kurz gekommen, hätte er nicht sein Hausbier gehabt. Er tat des Abends gern einen reichlicheren Trunk und machte daraus auch gar kein Hehl. In seinem Alter und bei der Arbeit, die auf ihm lag, glaubte er sich mit gutem Gewissen nach des Tages Last und Hitze seinen Schlaftrunk gestatten zu dürfen, und wie er sein Herz und sein Haus vor keinem Unglücklichen verschloß, war er auch wieder fröhlich mit den Fröhlichen. Trunksucht aber haßte er, und den Edelleuten am Hofe wusch er deshalb gehörig die weinroten Köpfe, und als das größte Laster seiner lieben Deutschen beklagte er, daß sie sich arm, krank, tot und in die Hölle söffen.

Trotzdem beschuldigten ihn seine Gegner, ohne der Worte des Evangelisten Matthäus im 11. Kapitel, Vers 19 zu gedenken, schon bei seinen Lebzeiten der Unmäßigkeit im Trinken und im Essen, und sie zeigen auch jetzt noch hämisch auf den Brief, den er am 16. Juli 1540 aus Eisenach an seine Käthe geschrieben hat. „Meiner gnädigen Jungfer Katherin Lutherin von Bora und Zulsdorf gen Wittenberg, meinem

Liebchen", lautet die Aufschrift, und dann heißt es weiter: „Gnad' und Friede! Meine liebe Jungfer und Frau Käthe, Euer Gnade sollen wissen, daß wir hie, Gott Lob, frisch und gesund sind; fressen wie die Böhmen (doch nicht sehr), saufen wie die Deutschen (doch nicht viel), sind aber fröhlich." Müßten nicht schon die in Klammern gesetzten Worte jeden Unbefangenen davor bewahren, diesen Brief anders als im Scherze zu verstehen? Und wenn katholische Schriftsteller hier Scherz in Ernst verkehren, warum wollen sie nicht ein Zeugnis ernst nehmen, das wirklich ernst gemeint ist und schwerer wiegt als hundert Verleumbungen? Philipp Melanchthon, der fast täglich um Luther war und seine Lebensweise am genauesten kannte, schreibt: „Er war von Natur sehr mäßig in Speise und Trank, worüber ich mich oft gewundert habe, denn er war nicht klein, noch schwach an Körper. Ich habe gesehen, daß er vier Tage lang, obgleich er gesund war, weder einen Bissen aß, noch etwas trank. So habe ich auch oft gesehen, daß er sich viele Tage lang täglich mit ein wenig Brot und einem Hering begnügte."

Von einem Hering als einer Lieblingsspeise Luthers erzählt auch der kurfürstliche Leibarzt Doktor Matthäus Ratzeberger. Als Luther unter dem ersten Anfall seines Steinleidens daniederlag, konnte er vor Schmerzen weder essen noch trinken und schob die köstlichsten Speisen unberührt von sich, bis Käthe ihn endlich in ihrer Angst fragte, ob er denn zu gar nichts Appetit hätte? „Wohlan", sprach er da, „so richte mir einen Brathering und ein Essen kalter Erbsen mit Senf zu, aber bald, ehe die Lust mir wieder vergeht." Und Käthe beeilte sich, mit großen Sorgen im Herzen, denn ein seltsames Krankensüpplein war es, was ihr Gatte sich selbst verordnet hatte, aber sie brachte es rasch, und er aß. Da kamen die Ärzte und entsetzten sich, und der eine rief: „Ach, was tut Ihr doch, Herr Doktor! Wollet Ihr Euch noch kränker machen?" Der Herr Doktor aber schwieg und aß, und die Ärzte gingen hinweg und fürchteten, am nächsten Tage zu einem Todkranken gerufen zu werden, aber als sie ihn am nächsten Morgen besuchten, siehe, da saß er schon wieder im Schreibstübchen über seinen Büchern.

Eine kräftige Hausmannskost, oder wie er selbst sagt, eine gute, gemeine, reine Hausspeise war ihm das Liebste. Und eine regelmäßige Lebensführung war ihm ein Bedürfnis. Früh auf und früh ins Bett, dabei fühlte er sich am wohlsten; er pflegte schon um 9 Uhr schlafen zu gehen. Bezeichnend ist es auch, daß er zwar das Fasten als kirchliche Einrichtung aufhob, aber gern hätte er einen Fasttag, ja zwei Fasttage in jeder Woche als bürgerliche Einrichtung beibehalten.

Bei seiner Lebensweise und seiner Geschmacksrichtung wird Käthe für gewöhnlich keine besonderen Leckerbissen aufgetischt haben, wohl aber kräftige, wohlschmeckende Speisen. Und bei festlichen Gelegenheiten, wie es Geburtstage und Gedenktage waren, oder Hochzeiten und Doktorschmäuse, die er auszurichten hatte, und zu denen eine Menge Gäste kamen, da war sie, wie er sagte, sein Erzloch, und auch er freute sich, wenn Küche und Keller das Beste hergaben, daß es den Gästen schmeckte. In seiner Hausrechnung vom Jahre 1542 steht auch verzeichnet, was ihm die Keller gekostet haben: 10 Gulden der Weinkeller, 50 Gulden der neue Keller, den Brechelohn eingerechnet, und 130 Gulden der große Keller, „sampt dem schaden". Mit dem Schaden hatte es seine besondere Bewandtnis. Es war am 12. Juli 1532, an einem Freitag, kurz vor 5 Uhr abends, daß Luther und Käthe aus ihrem Garten zurückkamen und den Keller, der damals gebaut wurde, besichtigen wollten, da stürzte das Gewölbe zusammen, und beide wurden nur wie durch ein Wunder vor dem Tode bewahrt.

Auch die andern Um- und Neubauten im Schwarzen Kloster kosteten viel Geld. In der Hausrechnung von 1542 sind verzeichnet: 100 Gulden für die obere Stube und Kammer, 40 Gulden für die untere Stube, 20 Gulden, zweimal die Treppe auszubessern, 5 Gulden für das Stüblein der Muhme Lene mit Schornstein und Kammer, je 5 Gulden für die Stüblein, in denen Crato und Plato, zwei jüngere Tischgenossen, wohnten, ebenfalls 5 Gulden für das Stüblein des ältesten Sohnes Hans und ebensoviel für eine Torbude am Eingang in den Klosterhof, ferner 100 Gulden für Bretter, 130 Gulden für das Dach und 400 Gulden für das neue Haus, das hinter dem Kloster neben dem Gärtchen erbaut wurde. Wie aus den Wittenbergischen Kämmereirechnungen hervorgeht, war die Bautätigkeit zwischen 1535 und 1540 am lebhaftesten; einen gewissen Abschluß fand sie in der Errichtung des schönen Sandsteinportals im Jahre 1540 und in der Anlage einer neuen Badestube, zu der Luther am 25. September 1541 seinem Lauterbach die genauen Maße mitteilte: acht Ellen im Geviert und fünfthalb Ellen in der Höhe. Auch zu der Badestube kamen also die Steine aus dem Elbsandsteingebirge den Strom herab.

Während diese Um- und Neubauten viele Kosten verursachten, über 1000 Gulden, brachten gleichzeitig die kurfürstlichen Befestigungsbauten den Eigentümern des Schwarzen Klosters großen Verdruß und manche Sorge wegen der Zukunft. Die Wettiner waren baulustige Herren, und bei Johann Friedrich vereinigten sich mit seinen persönlichen Neigungen politische Absichten. Zwei schwere Wetterwolken zogen von Süden herauf und drohten sich über Deutschland zu entladen. Die Belagerung Wiens durch die Türken im Jahre 1529 hatte das Volk gewaltig erregt, und Kaiser Karl V., mehr ein Spanier als ein Deutscher, hatte zwar die Protestanten noch nicht mit Waffengewalt anzugreifen gewagt, aber seine Haltung ließ doch das Schlimmste befürchten. Wittenberg sollte nach dem Willen seines Landesherrn dem Türken und dem Kaiser trotzen können. Die Wälle der Stadt wurden verstärkt und erhöht, und da die vorspringenden Ecken einem feindlichen Sturmangriff am meisten ausgesetzt waren, sollte die Südostecke, wo das Schwarze Kloster an die Stadtmauer stieß, durch eine mächtige Bastion gedeckt werden, die in einem Halbkreise das hintere neue Haus und den Klostergarten umschloß. Zu Luthers größtem Kummer mußte 1542 auch das alte Kirchlein im Klosterhofe fallen, ja sogar sein Studierstübchen war bedroht gewesen, und er hatte seine Einwilligung dazu geben müssen, daß das Erdgeschoß des großen Hauses auf der Südseite zugeschüttet wurde. Der Kurfürst hatte zwar befohlen, ihm nicht zu nahe oder zum Schaden zu bauen, aber der kurfürstliche Zeugmeister Friedrich von der Grune hielt es doch für notwendig, den Schutt bis ans erste Obergeschoß zu erhöhen — da fuhr Luther mit einem Briefe dazwischen, so heftig, wie er in seinen eigenen Angelegenheiten gegen wenige vorgegangen ist. Gott und den Fürsten droht er gegen den Zeugmeister aufzurufen, wenn dieser den Schutt nicht wieder wegfahren ließe: „Des sollt Ihr gewiß sein, daß ich zu Eurem verfluchten Bau, damit Ihr meinem gnädigen Herrn seinen Beutel räumt, nicht ein Haar breit mehr räumen will!" Den Schaden am Brautor will er ausgebessert haben, die Gartenmauer und das neue Haus verlangt er vor jeder Beschädigung geschützt zu sehen; auch über die Deichknechte beschwert er sich, die ihm die Fenster einwerfen und Mutwillens genug üben. Seinen und Gottes heimlichen Feind nennt er den kurfürstlichen Beamten, und er schließt mit den Worten: „Hiemit Gott befohlen, der Euch bekehre und anders mache!" An der maßlosen Heftigkeit dieses Briefes war wohl Käthe nicht ganz schuldlos, denn die Übergriffe des Zeugmeisters bedeuteten allerdings einen Einbruch in ihr Reich, und sie war noch weniger gesonnen als ihr Gatte, von ihrem guten Recht auch nur das kleinste Tüttelchen preiszugeben.

Manchen Verdruß bereitete auch das Gütchen Zölsdorf, das Luther und Käthe 1540 gekauft hatten. Schon seit der Mitte der dreißiger Jahre hatte Käthe den Wunsch gehegt, ein kleines Landgut zu bewirtschaften, wo sie ihre Viehzucht in weiterem Umfange und mit reicherem Ertrage betreiben könnte, als es in der Stadt möglich war. Nicht kaufen, nur pachten wollte sie ein Gut, und sie richtete ihr Augenmerk auf das Vorwerk Boos, auch die Böse genannt, ein kleines Gut von $3^1/_2$ Hufen mit gutem Wieswachs; es lag etwa eine Meile südöstlich von Wittenberg jenseits der Elbe. Ihr Gatte hatte auch schon wegen der Pachtung mit dem Kanzler Brück gesprochen, doch kam es zunächst nicht dazu. Käthe aber verlor die Boos nicht aus den Augen, und als sie 1539 erfuhr, das Gütchen wäre wieder pachtfrei geworden, schrieb sie selbst am 28. April nicht an den Kanzler, der ihr wenig günstig gesinnt war, sondern an ihren Gevatter, den Landrentmeister Hans von Taubenheim, einen langen Brief, den ersten, den wir von ihrer Hand haben, und den wir hier als eine Probe ihrer Schreibweise ungekürzt wiedergeben:

Gnad vnd Fride yn Christo, zuuor, gestrenger, ernuester,
	lieber herr geuatter!

Euch ist wol wissentlich, wie Euer gnaden vngeferlich fur dreyen jaren gebeten, daß myr das gut Booß myt seynen zugehorungen vmb eynen gewonlichen zynß zu meyner teglichen haußhaltung wie eynem andern mochte gelassen werden, als denn auch meyn lieber herr bey doctor Brug dieselbige zeyt deshalben hat angeregt; ist aber dasselbig mal vorblieben, daß ichs mecht bekommen, vylleicht das doselbst nicht loß ist gewesen von seynem herrn, der es vmb den zynß hat ynnen gehabt.

Ich byn aber vnterricht, wie der kruger von Brato, welcher es byße zeyt ynnengehabt, soll iczund solch gut loßgeschrieben haben; wo solchs also were, ist meine freuntliche bytte an Euch als meynen lieben geuattern, wollt myr zw solchem gut fobberlich seyn. Vmb denselbigen zynß, ßo eyn ander gybt, wyll ich's von herczen gerne annehmen vnd die zynße beglich an zwen orth oberychen. Bitte gancz freuntlich, Euer gnaden wolde myr Ewer gemueth wyderschreyben vnd das beste rathen yn dyßem fall vnd anczeygen, wo ich etwas hyrin vnbyllichs begert, vnd woldet denen nicht stab geben myt yrem argtwone, alß ßolde ich solchs gut fur mich obber meyne kinder erblich begeren, welche gedanken yn meyn hercz nie kommen synd. Hoffe zu gott, er werde meynen kindern, ßo sie leben vnd sich fromlich vnd ehrlich halten wurden, wol erbe beschern; bytte alleyne, daß das myrs ein jar obber zwey vmb eynen zimlichen geburlichen zynß mochte gelassen werden, damit ich meine haußhaltung vnd vyhe deste bekemer erhalten mochte, weyl man alles alhier vfs tewerst kewfen muß vnd myr solcher ort, der nahe gelegen, ßehr nuczlich seyn mochte.

Ich habe meynen lieben herrn iczt yn dyßer sachen nicht wollen beschweren, an Euch zuschreyben, der sunst vyl zu schaffen; ist auch on noth, daß Euer gnaden solchs meyn antragen ferrer an ymandes obber an meinen gnädigsten herrn wolde gelangen lassen, ßunder ßo Jr solche myne bytte fur byllich erkennet, daß Jrs myt dem schoßter zw Seyda bestellen wolt, daß myr solch gut vmb eynen geburlichen zynß wie eynem andern mochte eingethan werden.

Domyt seyet gott bepholen.

Gegeben zu Wyttembergk, Montag nach Jubilate ym 1539 jhare.

	Catherina Lutherynn.

Und der Landrentmeister setzte jetzt seiner Frau Gevatterin zuliebe leicht durch, was einige Jahre zuvor der

Kanzler Brück nicht ernstlich, wie es scheint, betrieben oder wohl gar hintertrieben hatte. Käthe erhielt die Pachtung der Boos, und zwar um einen nicht hohen Zins, so daß Brück noch 1546 meinte, sie hätte die Böse etzliche Jahr her um einen „liederlichen" Zins innegehabt.

Fast zu der gleichen Zeit, da sie Boos pachtete, wurde sie die Herrin eines eigenen Gutes. Ihr Bruder Hans von Bora konnte mit Weib und Kind auf dem kleinen Zölsdorf nicht bestehen und suchte einen Käufer dafür. Es war der letzte Rest des väterlichen Vermögens, das Gütlein und arme Erbbächlein oder Häuslein Zölsdorf, von dessen Feldern man die Giebel des nahen Gutshofes in Lippendorf sehen konnte. So gesellten sich bei Käthe zu der Sehnsucht nach eigenem Grund und Boden die Erinnerung an ihre Kindheit und der Wunsch, ihrem Bruder zu helfen. In der Woche vor Pfingsten 1540 war Hans von Bora bei ihr in Wittenberg. In diesen Tagen wird der Kauf von Zölsdorf vollzogen worden sein. Käthe war eben erst von einer schweren Krankheit genesen, die sie an den Rand des Grabes gebracht hatte, und im Anschluß hieran sprach ihr Gatte damals die Worte: „Gott gibt allemal mehr, als wir bitten. Wenn wir recht um ein Stück Brot bitten, so gibt er einen ganzen Acker. Ich bat, Gott sollt' mir meine Käthe leben lassen, so gibt er ihr ein gut Jahr dazu."

Das Kaufgeld betrug 610 Gulden. Eine solche Summe war in Luthers Schatzkasten, der für seinen Schatz wohl tausendmal zu weit war, ein seltsam Ding, und da Hans von Bora das bare Geld dringend nötig haben mochte, so gab der Kurfürst 600 Gulden. Er unterstützte Käthe auch weiter durch die Lieferung von Bauholz. Das Gütchen war offenbar bös heruntergewirtschaftet, doch war Käthe durch ihren Bruder nicht im unklaren darüber gelassen worden. Noch bevor sie selbst nach Zölsdorf reisen konnte, hatte sie bereits von dem Kurfürsten eine Anweisung erbeten und erhalten, wonach der Schösser von Altenburg ihr das nötige Bauholz liefern sollte. Östlich von Altenburg zieht sich ein weiter Wald nach der Mulde hinüber, die Leine, da sollten die Stämme geschlagen werden. Spalatin, der seit Friedrichs des Weisen Tode Pfarrer und Superintendent in Altenburg war, erhielt in dieser Angelegenheit manchen Brief aus Wittenberg.

In Gedanken war Käthe in ihrem lieben Zölsdorf Wochen zuvor, ehe sie selbst ihre Heimat wiedersehen sollte. Darum schrieb ihr Luther am 26. Juli 1540 aus Eisenach einen Brief mit der scherzhaften Aufschrift: „Der reichen Frauen zu Zulsdorf, Frauen Doktorin Katherin Lutherin, zu Wittenberg leiblich wohnhaftig, und zu Zulsdorf geistlich wandlend, meinem Liebchen zu Handen." Ein Nachsatz ermächtigt den Doktor Bugenhagen, in Käthes Abwesenheit diesen Brief zu brechen und zu lesen; Luther wußte also nicht, ob Käthe nicht doch schon in Zölsdorf wäre. Aber es wurde November, ehe sie in ihr neues Königreich, wie ihr Gatte das kleine Gut nennt, einziehen konnte. Obgleich sie nur wenige Tage dort blieb, befürchtete er große Ausgaben: „Nun verschwendet sie, was wir erworben haben." Die Jahreszahl 1540 auf ihrem Porträtmedaillon beweist, daß die gnädige Frau von Zölsdorf damals allerdings nicht nur die unumgänglich nötigen Ausbesserungen anordnete, daß sie vielmehr auch auf einen bescheidenen Schmuck des kleinen Herrenhauses bedacht war.

Das Gütchen bestand wohl nur aus dem Herrenhause, dem Stall, einer Scheune und einigen wenigen Drescherhäuschen. Das Herrenhaus war, wie wir aus dem Jahre 1753 erfahren, schon vor der Mitte des 18. Jahrhunderts „Alters wegen überm Haufen gefallen, und man siehet weiter nichts davon als einige alte Mauern". Die beiden Bildnisse Luthers und Käthes waren zunächst in dem Herrenhause des nahen Gutes Kieritzsch in dem sogenannten Luthersaal untergebracht worden; später kamen sie in die Kirche von Kieritzsch. Ein Reisender, der 1793 an Ort und Stelle war, berichtet über Zölsdorf oder Zeilsdorf, wie er es nennt: „Das eigentliche alte Herrenhaus, Luthers Wohnhaus, erinnern sich alte Leute in dortiger Gegend noch gesehen zu haben. Jetzt steht hier bloß ein einziges Haus, in welchem Viehwirtschaft getrieben wird. Das Vorwerk gehört zu dem nahgelegenen Dorfe Kiwitzsch (!), wo man im herrschaftlichen Betsaale der dasigen Kirche die von Zeilsdorf hierhergebrachten Brustbilder Luthers und seiner Gattin sehen kann. Sie sind ohngefähr 1¼ Elle hoch. Luthers Bildniß ist von Sandstein, seiner

Gattin hingegen von Gyps." Bald darauf wurde Zölsdorf wieder eine wüste Mark, indem 1800 oder 1802 auch noch das letzte Haus abgebrochen wurde.

Auch Käthe betrieb in Zölsdorf Viehwirtschaft und Ackerbau. Am 20. Mai 1541 schrieb ihr Gatte an Herrn Ehrenfried von Ende, der auf dem Schlosse zu Wolkenburg an der Mulde saß, und bat ihn, der neuen Haushälterin zu Zölsdorf aus nachbarlicher Freundschaft 12 Scheffel Korn und 24 Scheffel Hafer zu leihen; nach der Dresche würde sie es ihm wiedergeben. Aus Luthers Briefen erfahren wir gelegentlich auch von späteren Besuchen Käthes in Zölsdorf, so im Sommer und Herbst 1541, wo sie wohl wochenlang auf dem Gütchen weilte, bis ihr Gemahl sie heimrief. Am 30. August 1542 reiste sie wiederum nach Zölsdorf, mußte aber bald heimkehren, da ihr Töchterchen Magdalena erkrankte. Im August 1544 scheint Luther selbst einmal in Zölsdorf gewesen zu sein.

Noch häufiger ist in dem Briefwechsel mit Spalatin von den Bauten die Rede, durch die Käthe ihr Gütchen zu bessern suchte, und die jahrelang währten. Nachdem der Altenburgische Schösser noch 1540 die kurfürstliche Weisung erhalten hatte, wurden die Stämme, auserlesene Stämme, im nächsten Jahre gefällt, aber wohl infolge eines Versehens der Forstbeamten kamen sie durch Kauf in fremde Hände. Der Brief, den Luther deshalb am 12. Januar 1542 an Spalatin schreiben mußte, enthielt scharfe Drohungen gegen den Schösser, so daß dieser geeilt haben wird, das Versäumnis wieder gut zu machen. Am 30. August konnte Käthe mit ihrem Wagen aus Wittenberg abfahren, um die Stämme holen zu lassen. Im Januar 1543 waren die Pferde abermals in Zölsdorf, im November 1543 zum drittenmal, weil immer noch 11 Stämme in der Leine lagen und 24 noch zu fällen waren, da aber ein Schneewetter die Wege verwehte, mußte der Wagen unverrichteter Sache wieder umkehren. Die Gäule werden noch manches Mal den weiten Weg zwischen Wittenberg und Zölsdorf zurückgelegt haben, obgleich der Herr von Einsiedel auf dem Schlosse Gnandstein sein Geschirr anbot; er erklärte sich auch dazu bereit, die Stämme auf seiner Sägemühle zu Brettern zerschneiden zu lassen. Auch Nikolaus

Käthe Luther
Medaillon aus dem Jahre 1540 in der Kirche zu Kieritzsch

von Amsdorf, seit 1542 protestantischer Bischof zu Naumburg, hielt gute Nachbarschaft.

Nicht so gut gestaltete sich das Verhältnis zu den Nachbarn in dem Dorf und auf dem Rittergute Kieritzsch. Mit ihnen kam es schon im Jahre 1541 zu einem Zerwürfnis. Die Bauern erregten Streitigkeiten wegen des Weiderechts, und die Gutsherrschaft erhob Ansprüche auf Frondienste und andere Leistungen, die wohl noch von der Zeit her, da Zölsdorf ein Vorwerk von Kieritzsch gewesen war, auf dem Gütchen lasteten. Luther wäre um des Friedens und guter Nachbarschaft willen zu einem gütlichen Vergleich bereit gewesen, doch ließ damals der Kurfürst ein Urteil ergehen, das für Käthe günstig war. Aber nach Luthers Tode begann das Prozessieren mit der Kieritzscher Gutsherrschaft aufs neue.

Daß Käthe trotz diesen Verdrießlichkeiten an ihrem Gütchen große Freude hatte, zeigen die Briefe, in denen ihr Gatte sie im Scherz als die Zulsdorferin und die reiche Frau oder gnädige Frau zu Zulsdorf anredet. Er wird auch bald zu der Überzeugung gekommen sein, daß sie das Erworbene in Zölsdorf nicht verschwendete. Müßten wir freilich dem Kanzler Brück glauben, so hätte sie auf ihrem Gütchen höchst unglücklich gewirtschaftet: 1600 Gulden und noch höher wäre es ihr zu stehen gekommen, versichert Brück, und kaum 600 Gulden würde sie dafür wiederbekommen. Aber die zweite Angabe ist nachweislich und die erste wahrscheinlich falsch. Die angeblichen 1600 Gulden hat Brück wohl auf folgende Weise herausgerechnet: 610 Gulden, die Hans von Bora für das Gütchen erhielt, 600 Gulden, die der Kurfürst gab, wie Brück schreibt, „zu Erbauung des Guts", ferner 100 Gulden an Bauholz, das der Kurfürst lieferte, und ein paar Hundert Gulden für Arbeitslohn und Anschaffungen — macht zusammen 1600 Gulden. Aber die 600 Gulden, die der Kurfürst gab, waren wohl gar nicht für die Erbauung des Gutes bestimmt; für die Bauten auf dem kleinen Gutshofe lieferte ja der Kurfürst bereits das Bauholz in dem hohen Werte von 100 Gulden unentgeltlich; wozu hätte er da noch bares Geld schenken sollen, und noch dazu eine solche Summe, die gerade ebenso hoch war wie der Kaufpreis des ganzen Gütchens? Das Geschenk des Kurfürsten von 600 Gulden wird vielmehr eben das Kaufgeld gewesen sein, und wir müssen also die zweiten 600 Gulden in Brücks Berechnung streichen. Nicht auf 1600, sondern auf 1000 Gulden kam das Gut Räthe schließlich zu stehen. Dem entspricht es, daß Zölsdorf nach ihrem Tode 1554 von dem Wittenbergischen Bürgermeister Christoph Keller um 956 Gulden angenommen wurde. Das Gütchen war also in ihrer Hand fast um viertehalb Hundert Gulden mehr wert geworden, trotz dem Kriege, der 1546 und 1547 auch diese Gegend heimgesucht hatte. Gegenüber den gehässigen Behauptungen des Kanzlers Brück ist diese Tatsache ein starker Beweis für Räthes Wirtschaftlichkeit. Es wäre ja auch wunderlich, wenn dieselbe Frau, die in Wittenberg in ihrem umfangreichen Haushalt mit der größten Umsicht schaltete und waltete, in dem kleinen Zölsdorf ganz einsichtslos gewirtschaftet hätte!

Luther selbst preist eine fromme, tüchtige Hausfrau mit den Sprüchen Salomonis: „Frühe stehet sie auf, speiset ihr Gesinde und gibt den Mägden ihr bescheiden Teil, was ihnen gebührt. Denkt nach einem Acker und kauft ihn und lebt von der Frucht ihrer Hände, pflanzt Weinberge und richtet sie fein an. Wartet und versorgt mit Freuden, was ihr zusteht; was sie nicht angeht, läßt sie unterwegen und bekümmert sich damit nicht. Ihr Schmuck ist, daß sie reinlich und fleißig ist. Sie tut ihren Mund auf mit Weisheit, und auf ihrer Zunge ist holdselige Lehre; zeucht ihre Kinder fein zu Gottes Wort." Er hat zwar Räthes Namen bei diesen Worten nicht ausdrücklich genannt, aber er konnte jeden Satz im Hinblick auf sie sprechen. Und wenige Wochen vor seinem Tode, am 1. Februar 1546, schreibt er aus Eisleben: „Meiner herzlieben Hausfrauen Katharin Lutherin, Doctorin, Zulsdorferin, Säumärkterin und was sie mehr seyn kann." Also wollte Räthe noch mehr sein als die Eigentümerin des großen Gartens am Saumarkt, die Pächterin der Boos, die Gutsherrin von Zölsdorf? Das war in der Tat der Fall. Sie wollte ein neues, großes Gut kaufen, und ihr Gatte unterstützte sie dabei so entschieden, daß seine nächsten Freunde glaubten, ihm besonders läge daran. Auch das ist ein Beweis dafür, daß Räthe auf ihren gekauften und gepachteten Gütern mit gutem Erfolge wirtschaftete und durchaus nicht, wie Brück behauptet, gefährlich viel Geld hineinbaute, ohne dem entsprechende Einnahmen daraus zu ziehen.

Nördlich neben der Boos lag noch näher nach der Elbe zu das Rittergut Wachsdorf. Es hatte dem Wittenbergischen Universitätsprofessor Doktor Sebald Münster gehört. Luther schätzte diesen Freund hoch. Er pries ihn noch am 20. November 1538 als einen rechtschaffenen Juristen. Seine Menschenfreundlichkeit zeigte Münster, als im Herbste des nächsten Jahres 1539 wieder einmal die Pest in Wittenberg wütete; er pflegte mehrere Studenten, die von der Seuche befallen waren, in seinem Hause, aber am 26. Oktober starb seine Frau an der Pest, und bald darauf erlag er selbst der Seuche. Ohne auf das Geschrei ängstlicher Leute zu achten, nahmen Luther und Käthe die vier verwaisten Kinder ihres Freundes in ihr Haus. Käthe hätte gern das Gut Wachsdorf, das wegen der Erbteilung verkauft werden mußte, für sich erworben. Aber sie hatte auch in dieser Angelegenheit einen starken Widersacher in dem Kanzler Brück. Erst nachdem ihr Gatte die Augen geschlossen hatte, verdankte sie es dem Eingreifen des Kurfürsten, daß sie Wachsdorf trotz Brücks Abraten kaufen durfte.

Übrigens stand sie mit ihrem Trachten nach eigenem Grund und Boden unter den Wittenbergischen Professorenfrauen nicht allein. Ein kleines Vermögen oder einen Sparpfennig sicher und zinstragend anzulegen, gab es damals kein besseres Mittel als die Erwerbung eines Grundstücks; es bot zugleich einem Geistlichen die einzige Sicherheit, Weib und Kind nach seinem Tode versorgt zu wissen, denn für die Witwen der Pfarrer hatte der Kurfürst erst in Schmalkalden notdürftig sorgen können. Ein Stück Feld oder ein Garten war aber auch deshalb willkommen, weil es in dem kleinen Wittenberg wenig zu kaufen gab und nur um teures Geld. „Es ist unser Markt ein Dreck", schreibt Luther unwillig, und Friedrich Mekum (Myconius), seit 1524 Pfarrer in Gotha, schildert uns das Städtchen Wittenberg, wie es vor der Reformation aussah, mit den Worten: „Es war Wittenberg bis doher ein arm, unansehlich Stadt; kleine, alte, häßliche, niedrige hölzerne Häuslein: einem alten Dorff ähnlicher, denn einer Stadt. Aber um diese Zeit kamen aus aller Welt

Leut' hin, die do hören, sehen und etlich studieren wollten." Durch das Zusammenströmen der Studenten wurde die Stadt zwar ansehnlicher, und an Stelle der alten Fachwerkhäuser erhob sich manches neue, steinerne Haus, aber gleichzeitig wurden die Preise für die Lebensmittel gewaltig in die Höhe getrieben, so daß Luther klagte, gegen früher müßte man jetzt alles um das Doppelte und Dreifache bezahlen; die Bauern überboten sich im Preis, und die Landpfarrer, die ihr Mehl in die Stadt brachten, überboten zu Käthes Verbruß zuweilen noch die Bauern.

Da nun die meisten größeren Grundstücke in der Stadt mit Hof oder Garten und Wirtschaftsgebäuden versehen waren, so betrieb jeder, der es vermochte, neben seinem eigentlichen Beruf etwas Viehzucht und Ackerbau. Wie Käthe fleißig braute und butterte, so butterte auch Bugenhagens Frau mit ihren Mägden, nicht immer mit Erfolg, und Melanchthons Frau erhielt seit 1553 Malz für ihre Gebräude unentgeltlich aus der kurfürstlichen Mühle in Wittenberg. Jonas hatte einen Garten, der Kanzler Brück sogar vier Gärten und zwei Hufen. Und als 1542 die Zucht von Ziegen in Wittenberg verboten wurde, weil die Tiere im Gehölz großen Schaden angerichtet hätten, wandte sich Melanchthons Frau an den Kurfürsten selbst und erwirkte von diesem am 7. November die Erlaubnis, ihre drei Ziegen behalten zu dürfen; die Ziege und die beiden Zicklein, die Luther in demselben Jahre zur Türkensteuer einschätzte, erhielten wohl ebenfalls ein Privileg.

Käthes Haushalt unterschied sich also von dem ihrer Freundinnen nur durch die Ausdehnung des Betriebs. Etwas Landwirtschaft hatten auch Katharina Melanchthon, Walpurga Bugenhagen und Katharina Jonas, aber Käthe Luther hatte die größere Tatkraft. Die Freude am Landbau und an der Viehzucht war dem Landedelfräulein wohl angeboren, und bei der Selbständigkeit, die ihr Gatte ihr im Haushalt ließ, war es ihr eine Lust, anzuordnen, zu befehlen, zu herrschen. Wenn Brück nach Luthers Tode dem Kurfürsten schrieb, die Witwe würde ihren Grundbesitz nicht verkaufen, sondern behalten wollen, „damit sie zu tun, zu schaffen und zu gebieten hab' und ihr demnach an der vorigen Reputation nichts abgehe", so traf er mit diesen Worten, die Räthes Arbeitsfreudigkeit anerkennen, aber auch auf ihren Stolz zielen, teilweise das Richtige. Eigenen Grund und Boden zu haben, war allerdings für diese rastlos tätige und selbstbewußte Frau ein Bedürfnis. Aber zweifellos noch mächtiger war in ihr das Bestreben, die Zukunft ihrer heranwachsenden Kinder sicher zu stellen.

Das hat auch ihr Gatte dankbar anerkannt. In seinem Testament vom Jahre 1542 bittet er die Freunde, seiner lieben Räthe Zeugen zu sein, wenn einer nach seinem Tode sie verunglimpfen wollte, als hätte sie zuungunsten der Kinder etwas für sich beiseite gebracht. Als einen sonderlichen, wunderlichen Segen hebt er ausdrücklich hervor, daß er es bei seinem Einkommen habe erschwingen können, soviel zu bauen und zu kaufen und eine so große und schwere Haushaltung zu führen. Seiner lieben und treuen Hausfrau verschreibt er deshalb einen großen Teil seines Vermögens, in der festen Zuversicht, sie werde es nicht zu der Kinder Schaden oder Nachteil, sondern zu Nutz und Besserung gebrauchen, und es widerstrebt ihm, ihr einen Vormund zu setzen, denn sie werde den Kindern selbst der beste Vormund sein. Er dankt ihr, daß sie ihn als ein fromm, treu, ehelich Gemahl allzeit lieb, wert und schön gehalten und die Kinder erzogen habe.

Kinder und Pflegekinder.

Luthers und Räthes Ehe wurde mit sechs Kindern gesegnet, drei Knaben und drei Mädchen: Johannes, geboren am 7. Juni 1526; Elisabeth, geboren am 10. Dezember 1527; Magdalena, geboren am 4. Mai 1529; Martin, geboren am 9. November 1531; Paul, geboren am 28. Januar 1533, und Margarete, geboren am 17. Dezember 1534.

Während Luther die Herrschaft über seinen Haushalt in Räthes Hände legte, stand er ihr bei der Erziehung der Kinder treu zur Seite und hielt darauf, daß es in seinem Hause bei aller Sorge um die leibliche Wohlfahrt nicht an der geistigen Nahrung und der sittlichen Zucht gebräche. Er wußte, daß von allen Seiten mit Luchsaugen nach ihm und den Seinigen gespäht wurde; mit groteskem Spotte sprach er einmal 1540 von der scharfen Witterung seiner Feinde, deren Nasen von Rom bis nach Wittenberg reichten. Aber auch vor den Freunden sollte sich ein evangelischer Prediger nicht die geringste Blöße geben, denn wenn man gegen zehn Tugenden auch nur einen Fehler hätte, würde das Volk doch von dem einen Fehler mehr Aufhebens machen als von den zehn Tugenden. Wie er seinen Freunden das Wort des Apostels Paulus vorhielt: „Ein Bischof soll ein Mann sein, der seinem Hause wohl vorstehe und wohlgezogene Kinder habe", und wie er von jedem seiner Pfarrer verlangte, daß sein Leben frei und offen daläge, untadelig für die Feinde, ohne Anstoß für die Freunde, ja auch ohne den Schein eines Verdachts, so sollte vor allem sein Haus rein und fleckenlos bleiben. Auf der Heiligen Schrift hatte er die evangelische Kirche gegründet; die Bibel und der Katechismus sollten auch der Grundstein und der Eckstein jedes evangelischen Hauses sein.

Als Käthe ihr ältestes Söhnchen Hans die Händchen zum Gebete falten lehrte und ihm auf seine ersten kindlichen Fragen nach Gott und dem lieben HErrn Jesus Antwort gab, lag bereits der kleine Katechismus ihres Gatten vor ihr, die Kattegissema, wie sie das Büchlein nannte, denn griechische Worte klangen ihr allzu fremdartig ins Ohr und wollten darum auch nicht recht über ihre sonst beredten Lippen kommen; aber sie konnte Lateinisch und deutete sich die griechische Endung — ismus in dem Worte Katechismus als eine lateinische Superlativbildung — auf issimus. Besser als den Titel hatte sie den Inhalt des Büchleins in sich aufgenommen. Noch in einem der letzten Briefe schreibt ihr Gatte am 7. Februar 1546 aus Eisleben: „Lies, Du liebe Käthe, den Johannem und den kleinen Katechismum, davon Du zu dem Mal sagetest: Es ist doch alles in dem Buch von mir gesagt."

Von Käthes Frömmigkeit und ihrer Glaubensstärke haben wir manches Zeugnis, von jenem Tag an, da sie in frischer Zuversicht mit dem Schleier auch das sorgenfreie Leben einer Nonne von sich warf und getrost einer ungewissen Zukunft entgegenging, bis zu den letzten schweren Wochen, da sie in Torgau auf dem Siechenbette den ihr zu langsamen Schritt des Todes gern in inbrünstigen Gebeten beflügelt hätte. Stark im Glauben nannte sie ihr Gatte, als sie im Herbst 1527 während der Pest zwischen Kranken und Sterbenden an seiner Seite ausharrte, während die Professoren und die Studenten in Scharen aus der verseuchten Stadt flüchteten. Und als er im Sommer desselben Jahres selbst dem Tode nahe gewesen war, da hätte er sie nicht durch den Hinweis auf Gott als den Vater der Waisen und Richter der Witwen zu trösten brauchen, sie tröstete ihn vielmehr selbst, gottergeben. Dabei war sie keineswegs sorglos oder eine Natur, die alles leicht genommen hätte; im Gegenteil, wie ihr Gatte schreibt, sorgte sie sich eher zu viel und bangte vor dem, was vielleicht kommen könnte. Wenn aber die Not wirklich da war, dann hielt sie tapfer stand. Als fromme Christin steht sie auch im Bild auf ihrem Grabstein vor uns, ein offenes Gebetbuch in den Händen haltend.

Im Nimbschner Kloster war ihr das Buch der Bücher wohl ein verschlossenes Buch geblieben, im Schwarzen Kloster war es das Hausbuch. Mit einem sehr großen, weiten Walde verglich ihr Gatte die Bibel, darinnen viel und allerlei Art Bäume stünden, von denen man mancherlei Obst und Früchte brechen könnte, und er fügte hinzu, es wäre kein Baum in diesem Walde, daran er nicht geklopft und ein paar Äpfel oder Birnen davon gebrochen und abgeschüttelt hätte. Er sorgte dafür, daß auch seine Käthe bibelfest würde. Am 28. Oktober 1535 schreibt er an Jonas: „Es grüßt Dich meine Herr Käthe. Sie fuhrwerkt, bestellt das Feld, weidet und kauft Vieh, braut usw. Dazwischen ist sie auch daran gegangen, die Bibel zu lesen, und ich habe ihr 50 Gulden versprochen, wenn sie vor Ostern zu Ende käme. Ist großer Ernst da! Schon ist sie beim 5. Buche Mosis." Und vierzehn Tage später kann er melden, daß sie im Lesen eifrig fortfährt.

Auch sonst hören wir, daß er sie auf die Bibel oder einzelne Abschnitte der Heiligen Schrift hinwies, besonders oft auf den Psalter, so daß sie ihm einmal am 14. April 1538 entgegnete: Gelesen und gehört und verstanden hätte sie Gottes Wort nun wohl genug; wollte Gott, sie handelte danach! Zeugnisse ihrer Belesenheit in der Bibel sind auch die Tischreden, in denen sie gelegentlich einen Bibelspruch in die gelehrte Unterhaltung ihres Gatten und seiner Tischgenossen einwirft. Und es war zwar gewiß ein Scherz von ihm, wenn er sie seine „tiefgelehrte" Frau Katherin nannte, aber Ernst war es ihm damit, als er einmal von ihr sagte: „Meine Käthe versteht die Psalmen jetzt besser als einst alle Papisten."

Wie hätte sie auch bei ihrem frommen Gemüt seine Lehren nicht willig und freudig in sich aufnehmen sollen, gleichwie sich die Erde nach winterlicher Starre den wärmenden Strahlen der Frühlingssonne erschließt! Ihr Gatte wurde ihr Lehrmeister. Aber er war zugleich der Lehrmeister der ganzen protestantischen Welt, der Doktor Martinus, dessen Stimme weithin gehört wurde gleich der des Kaisers oder des Papstes. Wenn er auch ihr lieber Herr Doktor war und ihr lieber Herr, so vergaß sie doch nie, daß er ihr Herr war. In Gegenwart anderer pflegte sie ihn nicht vertraulich zu duzen, sie ihrzte ihn. Und als sie ihn schon 1527 durch den Tod zu verlieren fürchtete und 1546 als Witwe um ihn trauerte, war es ihr in ihrem Schmerz ein Trost, daß der liebe und teure Mann der ganzen Welt gedient hätte, und daß viele fromme christliche Leute mit ihr über seinen Tod klagten.

Eine andere Frau hätte sich vielleicht an der Seite eines solchen Gatten bedrückt gefühlt, oder sie wäre stolz und hochmütig geworden. Das letztere wird unserer Käthe wirklich nachgesagt, und wir werden diese Vorwürfe noch genauer kennenlernen. Jedenfalls war sie selbstbewußt genug, die ihr gebührende Stelle als Luthers Gattin einzunehmen.

Es ist ein lebensvolles Bild, das ihr Gatte aus dem ersten Jahr ihrer Ehe mit wenigen Worten vor uns aufrollt: Käthe mit ihrem Spinnroden in Luthers Studierstube. Hier sah es manchmal wild aus, denn hier durfte ihre ordnende Hand wohl nicht zu oft eingreifen. Da lagen zwischen den Büchern Briefe, Anfragen, Gutachten, Streitsachen, Bittschriften, auf dem Tisch, in den Fenstern, auf den Bänken und Schemeln, den Pulten, Truhen, Bordbrettern, überall, wo nur etwas liegen konnte. Während er hier an seinem Schreibtische saß und schrieb, saß sie mit ihrem Spinnroden bei ihm und spann, und er war oft so in seine Arbeit vertieft, daß er ihre Gegenwart völlig vergaß; wenn er dann aufsah, erschien es ihm seltsam, daß er nicht mehr allein war wie vordem, sondern selbander. Zuweilen riß ihn auch eine Frage seiner jungen Frau aus der Arbeit, denn lange ruhig zu sein, fiel ihr schwer; während er das klösterliche Stillschweigen auch später noch oft innehielt, selbst während der Mahlzeit, hatte sie es mit andern überflüssigen Vorschriften in Nimbschen gelassen und freute sich nun, frei aussprechen zu dürfen, was ihr auf dem Herzen lag, und das war nicht wenig. Eine ihrer Fragen blieb ihm fest im Gedächtnis haften: „Er Doktor", hatte sie angehoben zu sprechen, „ist der Hochmeister des Markgrafen Bruder?" Seltsame Frage! Der Markgraf Albrecht von Brandenburg war ja eben der Hochmeister in Preußen. Da Luther es kaum für möglich hielt, daß einer das nicht wissen sollte, hatte er seine Käthe in dem Verdachte, sie hätte wohl nur gefragt, um etwas zu reden zu haben. Aber damit tat er ihr wohl unrecht. Woher hätte sie solche Dinge wissen sollen? Im Kloster Nimbschen und in Magister Reichenbachs Hause wird selten von Politik und Genealogie gesprochen worden sein, und während ihr Gatte mit den Fürsten wie mit seinesgleichen verhandelte, mochte ihr unter den neuen Eindrücken manchmal der Kopf schwindeln, ehe sie sich auf der vielköpfigen Fürstenbank des Heiligen Römischen Reiches Deutscher Nation einigermaßen zurechtfand.

Mit ihrer Beredsamkeit neckte er sie gern. Wenn die Worte unaufhaltsam von ihren Lippen flossen, hörte er ihr wohl eine Weile lächelnd zu, aber dann unterbrach er den Strom ihrer Rede mit der neckischen Frage: „Liebe Käthe, hast du denn auch vor der Predigt ein Vaterunser gebetet?" Einem gelehrten Engländer, der im November 1538 bei ihm speiste, und der kein Deutsch verstand, empfahl er, bei seiner Käthe Unterricht zu nehmen, denn sie sei sehr beredt: „Sie kann's so fertig, daß sie mich weit damit überwindet." Nach seiner Überzeugung waren die Weiber von Natur beredt, während die Männer es erst mühsam erlernen müßten. Eine Frau, die von ihrem Haushalte spräche, überträfe einen Cicero an Beredsamkeit. Wenn nur nicht immer der langen Rede kurzer und trauriger Inhalt wäre: „Gib Geld!" Zudem hätten die Weiber noch eine schärfere Waffe als die Zunge, nämlich die Tränen. Was sie mit Reden nicht erreichen könnten, erlangten sie mit Weinen. Wenn sie aber von etwas anderm sprächen als vom Haushalte, wäre es wenig wert. Worte wären zwar genug da, aber es fehlte ihnen an den Sachen. Von diesen verstünden sie nichts, und darum redeten sie davon läppisch, unordentlich und wüst durcheinander über die Maßen.

Trotzdem hörte und befolgte er manches Wort seiner Räthe, auch wenn sie nicht von ihrem Haushalte sprach. Es war noch kein Vierteljahr seit ihrer Hochzeit vergangen, als ihr gemeinsamer Freund Joachim Camerarius im August 1525 zu Besuch nach Wittenberg kam. Camerarius war schon damals trotz seiner Jugend einer der bedeutendsten Gelehrten Deutschlands. Von den Vertretern des Humanismus ebenso hoch geschätzt wie von den Anhängern der Reformation, versuchte er zwischen den beiden geistigen Strömungen, die sich immer feindlicher gegenübertraten, zu vermitteln. Vor einem Jahre hatte Erasmus den schon lange erwarteten Angriff auf Luther mit seiner Schrift „Vom freien Willen" eröffnet, und Freunde und Feinde bangten zwischen Furcht und Hoffnung vor Luthers Entgegnung. Luther schwieg. Die Schrift seines größten Widersachers erschien ihm nicht einmal einer Antwort wert. Aber sein verächtliches Stillschweigen konnte von den Gegnern leicht ganz anders gedeutet werden, und wie sollte eine Einigung herbeigeführt werden, wenn Luther in seinem Schweigen verharrte? Camerarius sprach darüber mit Käthe, und Käthe wandte sich bittend an ihren Gatten, wie dieser noch fünfzehn Jahre später berichtet: „Erasmus glaubte, niemand könnte auf seine Schrift antworten, und ich wollte schweigen, aber Joachim überredete meine Käthe, daß sie darauf bestünde; auf ihr flehentliches Bitten habe ich geschrieben." Es war also ihr Werk, daß er schließlich doch noch antwortete. Seine Erwiderung erschien noch im Dezember desselben Jahres. Den Erwartungen der Freunde, die gern den Zwiespalt zwischen Reformation und Humanismus ausgeglichen hätten, entsprach sie freilich nicht. Es ist eine der schärfsten und entschiedensten von Luthers Schriften, die Schrift: „Daß der freie Wille nichts sei."

So war es wohl ein wechselseitiges Geben und Nehmen, wobei Käthe zwar ungleich viel mehr empfing, Luther aber doch nicht ohne Gegengabe blieb. Mit seiner Käthe war etwas Neues bereichernd und verschönernd, ja veredelnd in sein Leben eingetreten. Bald 42 Jahre hatte er gezählt, als er sie heimführte. In seinem 14. Lebensjahre hatte er sein Elternhaus, in dem er eine freudlose Jugend gehabt hatte, verlassen; seitdem hatte er in Magdeburg, Eisenach, Erfurt und Wittenberg immer unter fremden Menschen gelebt, zwanzig Jahre lang in Klostermauern. Der Ablaßstreit hatte ihn gegen das Papsttum in einen Kampf gestürzt, in dem er jedes Jahr darauf gefaßt sein mußte, für seine Lehre mit seinem Leben einzustehen. Von allen Seiten angegriffen und geschmäht, hatte er zwar die gewaltigen Waffen seines Geistes immer härter gestählt und schärfer geschliffen, aber andere Gaben, die in ihm schlummerten, drohten zu verkümmern. Sein sonniger Humor und die ganze Tiefe und Innigkeit seines Gemüts entfalteten sich erst in seinem Familienleben. Welch ein Gegensatz liegt doch schon in den beiden Bildern, die er selbst und die Nachschreiber seiner Tischreden von dem Leben im Schwarzen Kloster vor und nach Käthes Eintritt entwerfen: Früher der einsame Mönch in seiner geflickten Kutte, in den verwahrlosten Räumen des Klosters den Tag über rastlos arbeitend, bis er des Abends todmüde auf sein schmutziges Strohlager sank — jetzt der Gatte und Vater, immer noch unermüdlich tätig für andere, aber zugleich Haus und Hof ausbauend und nach getaner Arbeit in den Abendstunden an der Seite seiner Käthe sitzend, bald mit den Kindern scherzend, bis sie ins Bett gebracht wurden, bald mit Freunden und treuen Schülern in ernsten Gesprächen und heiteren Reden sich unterhaltend.

Das sind die berühmten und berüchtigten Tischreden Luthers. Von eifrigen Tischgenossen gleich beim Sprechen nachgeschrieben und dann sorgsam gesammelt, sind sie schon 1566 von Aurifaber, einem der jüngsten Tischgenossen, in einem starken Folianten veröffentlicht worden, obgleich sie nur für einen engen, vertrauten Kreis und durchaus nicht für die Öffentlichkeit bestimmt gewesen sind. Sie enthalten manches Überflüssige, das für uns kaum noch Wert hat, manches harte und freie Wort, an dem empfindliche Gemüter Anstoß nehmen können, manches Urteil und manchen Ausspruch, die einer augenblicklichen Verstimmung oder einer vorübergehenden Erregung entsprungen sind; Luther selbst hätte sich gegen die Veröffentlichung dieser Reden entschieden verwahrt. Aber wieviel reines Gold liegt doch unter den Schlacken! Man nehme nur einmal in Gedanken diesen Folianten aus unserer Überlieferung über Luthers Leben und seine Lebensweise hinweg! Um wieviel ärmer und farbloser würde das Bild! Nicht, daß seine Gestalt dadurch kleiner würde; seine Größe liegt in dem, was er geschaffen hat, und in seinen Schriften. Aber in seinen Tischreden tritt er uns als Mensch näher. Und diese Reden verdanken wir den abendlichen Mußestunden, die er sich erst in der Ehe regelmäßig vergönnte, und der behaglichen Häuslichkeit, die ihm seine Käthe zu schaffen verstand.

Mancher hoffte, er würde durch die Ehe überhaupt milder gestimmt und auch in seinen Schriften weniger scharf und grob werden, ja Erasmus glaubte das schon am Weihnachtstage 1525 feststellen zu dürfen: „Luther fängt jetzt an, milder zu werden, und wütet nicht mehr so mit der Schreibfeder; nichts ist so wild, daß es nicht beim Weibchen zahm würde." Der alte Spötter meinte das wohl wirklich ernst, und ebenso hoffte Melanchthon, Luther würde in dieser Ehe seine „Bomolochie" ablegen. Was er freilich darunter verstanden hat, steht nicht ganz fest. Das griechische Wort Bomolochia bedeutet possenhaftes Wesen, aber auch bettelhaftes Wesen. Wahrscheinlich hat Melanchthon die Bedeutung „bettelhaft" im Sinne gehabt, denn man mag das Wort „possenhaft" drehen und wenden und daran herumdeuteln, wie man will, auf einen Luther paßt es schlecht. Auch spricht Melanchthon an der betreffenden Stelle nicht von dem Charakter, sondern von der Lebensweise (Diät) seines großen Freundes. Diese war wirklich bettelhaft und, wie wir sie weiter oben genannt haben, eine arge Junggesellenwirtschaft gewesen. Sie wurde allerdings durch seine Verheiratung von Grund aus umgestaltet, zu seinem Besten.

Dagegen sah sich Erasmus in seiner Erwartung schon sehr bald bitterlich enttäuscht. Luthers Charakter wurde in der

Ehe um nichts weichlicher. Sein Kampfeszorn und die maßlose Heftigkeit seiner Sprache blieben die gleichen. Hierüber ist auch von protestantischer Seite geklagt worden. Man zuckt empfindlich zurück, wenn man an eins der schrecklichen Wörter stößt, die er unbedenklich in den Mund genommen hat, während sie doch streng verpönt sein sollten, oder wenn er offen von Dingen spricht, die wir lieber verschweigen. Man wünscht, er wäre in seiner Polemik mit den Gegnern etwas säuberlicher gefahren. Hat man nicht auch auf den alten Bismarck das häßliche Wort von der Raketenkiste zu prägen gewagt? Aber darüber zu klagen, daß sich Luther nicht anders gab, als er nun einmal war, ist recht wenig angebracht; es ist nicht viel besser, als wenn man das Gewitter, das die Luft rein fegt und den ersehnten Regen bringt, deshalb anklagen wollte, weil es hier im Sturm einen Zaun niedergeworfen oder dort den Blitzstrahl in ein Strohdach geschleudert hat. Ohne Sturm und Blitz kein Gewitter!

Zu einer Umwandlung des Charakters kam es bei Luther nicht, auch nicht durch Käthe, wohl aber zu einer Ergänzung seines Wesens. Einst hatte er in Eisenach von der edeln Frau Cotta das Wort vernommen:

> Nichts Liebers ist auf Erden,
> Denn Frauenliebe, wem's kann werden.

Jetzt schrieb er diese Worte, deren Wahrheit ihm in Käthe aufgegangen war, in seiner Bibelübersetzung als Randbemerkung neben die schöne Stelle in den Sprüchen Salomonis Kap. 31, Vers 10, eine Stelle, die zugleich zeigt, in welcher Weise er die Worte der Frau Cotta selbst auffaßte und von andern aufgefaßt haben wollte, und zu den Tischgenossen sagte er: „Kinder sind das lieblichste Pfand in der Ehe, die binden und erhalten das Band der Liebe."

In freudiger und zugleich banger Erwartung hatte er seinem Erstgeborenen, dem Mönch- und Nonnenkind, entgegengesehen. Die Freunde bat er um ihre Fürbitte für Käthe. Der Frau des gelehrten Straßburger Professors Nikolaus Gerbel trug er schon am 25. April 1526 die Patenschaft an für den Fall, daß es ein Mädchen sein würde; Gerbel selbst aber sollte Pate werden, wenn es ein Junge wäre.

Es war ein Junge. Am 7. Juni, an dem Tage, der in dem Kalender (dem sogenannten Cisiojanus) mit dem Wörtchen dat, das heißt: „Er gibt" bezeichnet war, und zwar in den Mittagsstunden, schenkte ihm Gott ein gesundes Knäblein, das wurde nach der Sitte der Zeit noch an demselben Tage getauft, um 4 Uhr, in der Pfarrkirche, von dem Diakonus Georg Rörer. Pfister, der den Eltern des Kindes beim Hochzeitsmahl aufgewartet hatte, war auch bei der heiligen Taufhandlung zugegen. Die guten Wittenberger glaubten, der Vater würde seinem Erstgeborenen einen recht seltenen, vielleicht ganz neuen Vornamen geben, aber Luther war der Ansicht, die gebräuchlichen Namen wären die besten. Auf den Namen Johannes wurde der Kleine getauft, weil der Pfarrer Bugenhagen, der ihn aus der Taufe hob, diesen Vornamen trug; außerdem hieß ja auch der Großvater Hans Luther. Die andern Paten waren Jonas, Cranach und die Frau des Bürgermeisters Hohndorf in Wittenberg, ferner der kursächsische Vizekanzler Christian Baier, der Mansfeldische Kanzler Müller und Nikolaus Gerbel, die letzteren in Abwesenheit.

Dieser kleine Luther war ein Wunderkind. Welcher Erstgeborene wäre es nicht? Noch nicht acht Tage alt, trat er schon mit den Freunden seines Vaters in Briefwechsel, ließ grüßen und empfing Grüße und Geschenke. Obgleich er anfangs die Milch nicht gut vertrug und Käthe ihm nur wenig Nahrung reichen konnte, gedieh er und entwickelte sich in Jahresfrist zu einem drolligen und kräftigen Hänschen, so daß der Vater stolz von dem homo vorax ac bibax schreiben konnte, von dem kleinen Mann, der tüchtig schlang und schluckte. Zur rechten Zeit, im sechsten Monat, war wohl auch das erste Zähnchen gekommen, und das Lallen wurde verständlicher, daß es bald wie ein Schelten, aber gar lieblich klang.

Der Stolz des Vaters muß uns zugleich ein Maßstab sein für die Freude der Mutter. Denn von ihr erfahren wir nur, daß es ihr gut ging. Das ist nun einmal der Lauf der Welt, daß solch ein kleiner Schreihals Vater und Mutter in den Hintergrund drängt. Gutes und Schlimmes war über Hänschen zu berichten. Noch am 19. Oktober 1527 hatte er eine große Tat vollbracht, wie Luther an Jonas schreibt: Untrügliche

Spuren bewiesen, daß der Kleine in einer unbewachten Stunde ohne jede Nachhilfe in allen vier Ecken des Zimmers gekauert hatte; dann hatte Käthe ihn gebadet und ins Bettchen gebracht, deshalb konnte er jetzt dem Vater keine Grüße an den Herrn Paten auftragen. Aber Ende des Monats wurde er vom Zahnen bettlägerig und konnte zwölf Tage lang nur ein wenig flüssige Nahrung genießen, während gleichzeitig die Pest dreimal ins Schwarze Kloster einfiel und ein neuer Familienzuwachs erwartet wurde; da verzweifelte Luther fast, und es schnitt ihm ins Herz, als er sah, wie sich das Kind gegen die Schmerzen stemmte, um den Eltern ein fröhliches Gesichtchen zu zeigen, und es vor Schwäche doch nicht konnte. Aber auch diese Not ging glücklich vorbei, und das neue Jahr 1528 brachte Hänschen einen silbernen Hans (eine Münze mit dem Bilde des Kurfürsten) von dem Doktor Jonas, der sich freute, daß sein Patenkind nun wieder munter umhersprang, und im Sommer kam von Nikolaus Hausmann eine Klapper, die der Kleine hochhielt.

Das Mädchen, das 1527 in der ersten pestfreien Woche als Luthers und Käthes zweites Kind geboren wurde, erhielt nach der Mutter des Täufers Johannes den Namen Elisabeth. Luthers Briefe berichten von ihr nicht viel mehr als den Tag ihrer Geburt, den 10. Dezember 1527, und ihren Tod am 3. August 1528. Auf dem alten Friedhof vor dem Elstertore ist noch ihr kleiner Grabstein links vom Eingang in die Umfassungsmauer eingelassen zu sehen. Die schlichte lateinische Inschrift lautet deutsch:

Hier schläft Elisabeth, Martin Luthers Töchterlein. Im Jahre 1528, den 3. August.

Im tiefsten Schmerze bekannte Luther, er hätte es vorher nicht für möglich gehalten, daß ein Vater um sein Kind so weich gestimmt werden könnte.

Als einen Ersatz für das Elslein, das Gott ihm wieder genommen hatte, betrachtete er selbst das Töchterchen, das ihm am 4. Mai 1529 geboren wurde. Es erhielt in der Taufe den Namen Magdalena. Von den Gevatterbriefen ist nur der an Amsdorf gerichtete mit der Nachricht von der raschen und überaus glücklichen Geburt des Mädchens erhalten. Ein zweiter Gevatterbrief, der an Frau Magister Göritz gerichtet, aber nicht datiert ist, wird schon in einer alten Abschrift irrtümlich ins Jahr 1529 gesetzt und steht auch noch in der neuesten Ausgabe von Luthers Briefwechsel an falscher Stelle; er gehört nicht in den Mai 1529, sondern in den Dezember 1534 und bezieht sich auf die Taufe des jüngsten Töchterchens Margarete.

Lenchen Luther war noch kein halbes Jahr alt, als der Vater im September 1529 nach Marburg reiste, um mit den Schweizern und den Straßburgern über die Abendmahlsfrage zu verhandeln. „Küßt mir Lenchen und Hänschen", schreibt er am 4. Oktober an Käthe. Schon um die Mitte des Monats war er wieder bei den Seinigen.

Viel länger dauerte seine Abwesenheit im nächsten Jahre, wo er von Mitte April bis Anfang Oktober auf der Feste Koburg weilte, nur begleitet von einem seiner Tischgenossen, Veit Dietrich, der schon im Jahre vorher mit ihm in Marburg gewesen war, und seinem Neffen Cyriakus Kaufmann. Die Verhandlungen auf dem Reichstage zu Augsburg, an dem der Kurfürst selbst mit Melanchthon und seinen Räten teilnahm, zogen sich lange hin, da der Kaiser spät kam und eine Einigung schwer war. Auf dem festen Schlosse hoch über der Stadt Koburg in dem Reiche der Vögel war unterdessen Luther in seiner Einsamkeit doch der geistige Mittelpunkt der verhandelnden Parteien des Reichstags, aber oft packte ihn auch die Ungeduld, wenn er längere Zeit ohne Nachrichten aus Augsburg blieb.

Den in Wittenberg zurückgebliebenen Tischgenossen schrieb er damals nach der ersten Woche seines Aufenthalts in Gruboc, wie er den Namen von Koburg verkehrte, jenen launigen Brief, in dem er ihnen den Reichstag der Dohlen und Krähen schildert, die unter dem Schloß in einem Wäldchen, dem sogenannten Haine, nisteten und sich jeden Tag zeitig in der Frühe unter betäubendem Reck, Reck zu einem gewaltigen Zuge wider Weizen, Gerste, Hafer und allerlei Korn und Getreide rüsteten. Wie fest in sich gefügt war doch dieser Mann, der in den Wochen, da sein Lebenswerk vor Kaiser und Reich bestehen sollte, so harmlos scherzen konnte!

Und wie rein und tief war das Gemüt, aus dem ein so köstlicher Brief kam, wie der erste Brief an Hänschen.

Gewiß nicht ohne Sorge hatte Luther seine Käthe mit den beiden Kinderchen allein gelassen. Um so größere Freude brachte ihm die Nachricht, daß sich einer der ältesten Tischgenossen, der fromme Theologe Hieronymus Weller, der Seinigen treu angenommen und zu seiner Unterstützung auch noch seinen Bruder, den Juristen Peter Weller, ins Schwarze Kloster gezogen hatte. Hieronymus wurde Hänschens erster Lehrmeister. Er konnte nur Gutes über das Kind nach Koburg schreiben, dafür dankte ihm Luther am 19. Juni von Herzen, und seinem Hänschen schrieb er wohl noch an demselben Tage zur Belohnung und weiteren Aufmunterung:

Meinem herzlieben Sohn Hänschen Luther zu Wittemberg.

Gnad' und Friede in Christo, herzlieber Sohn! Ich höre sehr gerne, daß Du wohl lernest und fleißig betest. Tu ihm also, mein Söhnchen, und fahre fort. Wenn ich heim komme, so will ich Dir ein schön Jahrmarkt mitbringen.

Ich weiß einen hübschen, schönen Garten, da gehen viel Kinder innen, haben gülbene Röcklein an und lesen schöne Äpfel unter den Bäumen und Birnen, Kirschen, Spilling und Pflaumen, singen, springen und sind fröhlich, haben auch schöne Pferdlein mit güldenen Zäumen und silbernen Sätteln. Da fragt' ich den Mann, des der Garten ist: wes die Kinder wären? Da sprach er: Es sind die Kinder, die gern beten, lesen und fromm sind. Da sprach ich: Lieber Mann, ich hab' auch einen Sohn, heißt Hänschen Luther; möcht' er nicht auch in den Garten kommen, daß er auch so schöne Äpfel und Birnen essen möchte und so schöne Pferdchen reiten und mit diesen Kindern spielen? Da sprach der Mann: Wenn er gern betet, lernet und fromm ist, so soll er auch gerne in den Garten kommen, Lippus und Jost auch, und wenn sie alle zusammen kommen, so werden sie auch Pfeifen, Pauken, Lauten und allerlei Saitenspiel haben, auch tanzen, auch mit kleinen Armbrüsten schießen.

Und er zeigt' mir dort eine schöne Wiese im Garten, zum Tanzen zugerichtet, da hingen eitel güldene Pfeifen, Pauken und feine silberne Armbrüste; aber es war noch frühe, daß die Kinder noch nicht gessen hatten; darum konnte ich des Tanzes nicht erharren und sprach zu dem Mann: Ach lieber Herr, ich will flugs hingehen und das alles meinem lieben Söhnlein Hänschen schreiben, daß er ja wohl lerne, bete und fromm sei, auf daß er auch in diesen Garten komme; aber er hat eine Muhme Lene, die muß er mitbringen. Da sprach der Mann: Es soll ja sein, gehe hin und schreibe ihm also.

Darum, liebes Söhnlein Hänschen, lerne und bete ja getrost und sage es Lippus und Josten auch, daß sie auch lernen und beten, so werdet Ihr miteinander in den Garten kommen. Hiemit bis dem allmächtigen lieben Gott befohlen und grüße Muhme Lenen und gib ihr einen Puß von meinetwegen. Anno 1530.

Dein lieber Vater
Martinus Luther.

Lippus und Jost, Hänschens Gespielen, sind Philipp Melanchthon der jüngere, geboren am 21. Februar 1525, gestorben als Universitätsnotar zu Wittenberg, und Justus Jonas der jüngere, geboren am 3. Dezember 1525, wegen seiner Teilnahme an den Grumbachschen Händeln am 20. Juni 1567 in Kopenhagen enthauptet.

Die Muhme Lene aber, der Luther durch Hänschen einen Puß (Kuß) sandte, war jene Magdalena von Bora, Käthes Tante, einst Nonne in Nimbschen, jetzt im Schwarzen Kloster der gute Hausgeist, wie sie treffend genannt worden ist, zugleich die Kindermuhme und Käthes Stütze in der Wirtschaft. Die Kleinen hingen offenbar mit großer Liebe an ihr, so daß der Vater fast eifersüchtig auf sie wurde. Aber auch er liebte sie und schätzte sie hoch. Nach ihrem Vornamen nannte er wohl sein zweites Töchterchen Magdalena. Wiederholt fügte er seinen Briefen einen Gruß an sie bei. Auch Doktor Jonas ließ sie brieflich grüßen. Und wie Luther von Koburg aus seine Käthe mit der Nachricht neckte und schreckte, die Papisten in Augsburg wollten schlechterdings alle Mönche und Nonnen wieder in die Klöster sperren, daraus sie entwichen wären, so fragte er in Wittenberg gelegentlich auch die Muhme Lene, ob sie wieder ins Kloster wollte, und versetzte sie dadurch in solche Aufregung, daß sie lateinisch antwortete. Anfang des Jahres 1537 lebte sie noch. Als Luther die schwere Erkrankung, in die er in Schmalkalden gefallen war, überwunden hatte, bat er seine Käthe brieflich, Gott zu danken und die lieben Kindlein mit Muhme Lene dem himmlischen Vater dafür danken zu lassen, daß er ihnen den irdischen Vater erhalten hätte. In demselben Jahre starb die treue Alte. Luther stand noch in den letzten Stunden an ihrem Lager und tröstete sie, aber als er ihre Ruhe und Ergebenheit sah, trat er abseits ans Fenster und betete still und schied dann von ihr mit den Worten: „Wohl ihr, denn das ist nicht der Tod, sondern ein Schlaf."

Ein sanfter Tod hatte schon während seines Aufenthalts auf der Koburg seinen Vater nach längerem Krankenlager hinweggenommen. Anfang des Jahres 1530 hatte der greise Hans Luther sein Ende nahen fühlen, wie Luthers jüngerer Bruder Jakob aus Tal Mansfeld nach Wittenberg schrieb, aber der feste, harte Leib des Alten widerstand noch monatelang. Luther konnte zu seinem Schmerze nicht nach Mansfeld reisen, um seinem Vater die letzte Kindespflicht zu erfüllen, aber er sandte am 15. Februar seinen Neffen Cyriakus Kaufmann mit einem langen, innigen Trostbrief und mit dem Auftrag, nachzusehen, ob Vater und Mutter vielleicht nach Wittenberg gebracht werden könnten. „Große Freude sollt' mir's sein", schreibt er, „wo es möglich wär', daß Ihr Euch ließet samt der Mutter hieherführen zu uns, welch's mein Käth' mit Tränen auch begehrt, und wir alle; ich hoffet, wir sollten Euer aufs Best warten." Doch ahnte er wohl, daß es bereits zu spät wäre, und daß er selbst und seine Käthe, Hänschen und Lenchen, Muhme Lene und das ganze Haus nichts weiter tun könnten, als für den Kranken zu beten und ihm die letzten Grüße zu senden.

Auf der Koburg erhielt er dann am 5. Juni durch einen Brief seines Schulfreundes Hans Reinicke die Nachricht, daß sein Vater Sonntag, den 29. Mai, in dem Glauben auf Christus sanft entschlafen war. Da sorgte sich Käthe in Wittenberg schmerzlich, wie ihr lieber Herr die Nachricht aufnehmen würde. Veit Dietrich beruhigte sie deshalb am 19. Juni: „Liebe Frau Doktorin, ich bitte, Ihr wollet Euch um den Herrn Doktor nicht härmen. Er ist, gottlob! frisch und gesund, hat des Vaters in den ersten zweien Tagen vergessen, wiewohl es ihm sehr sauer ward. Alsbald er Hans Reinidens Brief ansieht, sagt er zu mir: Wohlan, mein Vater ist auch tot! Danach flugs drauf nimmt er seinen Psalter, geht in die Kammer und weint ihm genug, daß ihm der

Kopf des andern Tages ungeschickt war. Sint hat er sich nichts lassen merken."

Feinfühlig hatte Käthe ihrem Gatten eine Überraschung zugedacht, die ihm in seinem Kummer eine kleine Freude bringen sollte. Sie schickte ihm ein Bild Lenchens. Von Cranachs Meisterhand war es wohl nicht, denn es war sehr schwarz ausgefallen, aber Käthe erreichte damit ihre Absicht, wie Veit Dietrich in demselben Briefe vom 19. Juni an sie schreibt: „Freundliche, günstige, liebe Frau Doktorin. Wisset, daß der Herr und wir mit ihm noch frisch und gesund von Gottes Gnaden sind. Gott gebe Euch auch alles Gute mit Euren Kindern! Ihr habt ein sehr gut Werk getan, daß Ihr dem Herrn Doctori die contra factur geschickt habt, denn er über die Maßen viel Gedanken mit dem Bilde vergisset. Er hat's gegen den Tisch über an die Wand geklebet, da wir essen, in des Fürsten Gemach. Da er's am ersten ansahe, kunnt er sie lange nicht kennen: Ei, sprach er, die Lene ist ja so schwarz! Aber jetzund gefällt sie ihm wohl und dünkt ihm je länger je mehr, es sei Lenchen. Sie sieht dem Hänschen über die Maßen gleich mit dem Mund, Augen und Nase, in Summa mit dem ganzen Angesicht, und wird ihm noch gleich werden."

Auch aus andern Nachrichten erfahren wir von Käthes Sorge um den fernen Gatten, aber leider sind es immer nur die Briefe Luthers und seiner Freunde, die von ihr berichten; von den Briefen, die sie selbst an ihren Gatten geschrieben hat, ist kein einziger erhalten, obgleich sie zahlreich genug gewesen sein mögen. Sie hatte ja nicht nur die Anfragen ihres Gatten zu beantworten und seine Aufträge zu erledigen: Bestellungen an die Freunde, die mit ihr in Wittenberg geblieben waren, und die ihr auch die wichtigsten, lateinisch geschriebenen Briefe vorlesen und übersetzen sollten, Mahnungen an die Buchdrucker Nickel Schirlentz, Georg Rau und Hans Weiß, die seine Schriften, als wären sie ein Lagerobst, liegen ließen, anstatt sie rasch unter die Presse zu bringen, Vorwürfe an den Goldschmied Christian Döring, der ihm eine Brille schickte, wie er sein Lebtage keine schändlichere gesehen hatte; noch viel mehr wird sie selbst zu erzählen gewußt haben, von den Kindern, den Tischgenossen, dem Gesinde. „Grüße, küsse, herze und sei freundlich allen, jeden nach seinem Stande," schließt ein Brief, den er am Pfingsttag an sie geschrieben hat. Und allerlei Aufträge hatte auch sie für ihn. Er vergaß zwar ein- oder zweimal, die gewünschten Pomeranzen in Nürnberg zu bestellen, aber als ihn Brief auf Brief mahnte, tat er's schließlich doch. Als sich seine Rückkehr dann von Monat zu Monat verzögerte, kam im Hochsommer einmal auch die Botschaft nach Wittenberg, er wäre krank, eine falsche Botschaft, aber wie mag sich Käthe geängstigt haben! Wir wissen ja, daß sie bei aller Herzhaftigkeit eine sorgliche Frau war. Mitte Oktober kehrte er endlich heim. Seinem Hänschen brachte er ein großes, schönes Buch aus Zucker mit; Cyriakus Kaufmann, den er im August nach Augsburg geschickt hatte, damit er doch etwas von dem Prunk eines Reichstages zu sehen bekäme, hatte es auf dem Rückweg in Nürnberg gekauft.

Auch Luthers Mutter Margarete hatte die Bahn ihres Lebens durchmessen. Nur ein Jahr, einen Monat und einen Tag überlebte sie ihren Mann. Wiederum bereitete ein Brief Jakob Luthers auf den Verlust vor und versetzte Eltern und Kinder — die eigenen Kinder und die Pflegekinder, die im Schwarzen Kloster erzogen wurden — in tiefe Trauer. Luther sandte auch diesmal einen langen, herzlichen Trostbrief und befahl seine Mutter in Gottes Barmherzigkeit. „Mein herzliebe Mutter", lautet die Anrede, und der Schluß: „Es bitten für Euch alle Eure Kinder und meine Käthe. Etliche weinen, etliche essen und sagen: Die Großmutter ist sehr krank! Gottes Gnade sei mit uns allen, Amen." Am 30. Juni 1531 starb die Greisin, in deren Gesichtszügen und Körperhaltung Spalatin in jüngeren Jahren eine erstaunliche Ähnlichkeit mit ihrem großen Sohne wahrgenommen hatte.

Durch den Tod seines Vaters war Luther, wie er am 5. Juni 1530 an Melanchthon schrieb, in seiner Familie der Älteste geworden. Doch überließ er die Ordnung der Erbschaft seinem jüngeren Bruder Jakob. Erst am 10. Juli 1534 kam es zu dem abschließenden Teilungsvertrag. Das Erbe betrug 1250 Gulden und ging in fünf Teile auseinander, so daß auf jeden 250 Gulden fielen. Außer den beiden Brüdern Martin und Jakob waren noch drei Schwestern dagewesen, die mit den Mansfelder Bürgern Madenrod, Kaufmann und Polner verheiratet waren; die heranwachsenden Kinder der beiden letzteren, die bereits verstorben waren, hatte Luther zu sich nach Wittenberg genommen, um sie mit seinen eigenen Kindern zu erziehen. Trotzdem mußte er jetzt die traurige Erfahrung machen, daß seine Blutsverwandten ihn bei der Teilung der Erbschaft zu übervorteilen suchten. Über ihre Habsucht und ihren Undank sprach er sich 1531 in dem Kreise der Tischgenossen sehr heftig aus: Wenn sie schon bei seinen Lebzeiten so unbillig handelten, was würden sie erst seinen Kindern antun, wenn er tot wäre? Hätten sie doch das Geld in aller Teufel Namen für sich behalten! Gott gäbe ihm, als seinem Diener, jedes Jahr soviel; ihm wollte er auch seine Kinder empfehlen. In Gott würde sein Sohn reich sein, wenn die Verwandten bettelarm wären.

Diese Worte sind, wie aus ihrem Inhalt hervorgeht, zu einer Zeit gesprochen, da Hänschen und Lenchen noch die einzigen Kinder waren. Erst am 9. November 1531, einen Tag vor dem Geburtstage des Vaters, wurde ein zweiter Knabe geboren, der erhielt in der Taufe den Vornamen des Vaters, Martin. Von den Paten kennen wir nur den jungen Burggrafen Borziwog von Dohna, der damals in Wittenberg studierte und in Luthers Haus wohnte, und den kurfürstlichen Kämmerer Johann von Rietesel, der dem alten Kurfürsten Hans besonders nahegestanden, aber als Günstling des Fürsten auch manchen heimlichen Feind gehabt hatte; als nun Johann Friedrich an die Regierung gelangt war, sah sich Rietesel von Mißgunst bedroht, und auch Luther fürchtete, Junker Neidhardt möchte dem lieben Herrn Gevatter gefährlich werden; darum tröstete er ihn am 6. Dezember 1532. Zu den Grüßen seiner Käthe fügt er noch hinzu: „Euer Pate will ein tätiger Mann werden, er greift zu und will sein Sinnchen haben."

In seinem Martin erfuhr Luther von neuem die Wahrheit des Spruches: „Mein jüngst Kind mein größter Schatz", und daß sich die Liebe der Eltern um so stärker und kräftiger zeigt, je mehr das Kind auf ihre Pflege angewiesen ist:

„Hänschen, Lenchen können nun reden, bedürfen solcher Strenge nicht so groß." Die liebevolle, aufopfernde Geduld, mit der Käthe den Kleinen wartete und ihm Koseworte gab, auch wenn er sie nicht gerade verdient haben mochte, weckte in dem Vater den Gedanken an Gottes Langmütigkeit und Barmherzigkeit. Aber er hatte auch seine Freude daran, wenn Käthe oder Muhme Lene den Kleinen wickeln wollte und er sich mit Händchen und Beinchen dagegen sträubte. „Schrei flugs und wehre dich!" sagte er da; „der Papst hatte mich auch gebunden, aber jetzt bin ich frei."

Bald spielte Martin mit Tölpel, der sich alles Zupfen und Zerren geduldig gefallen ließ, und noch älter geworden, hatte er eine Puppe, die war seine erklärte Liebste, die er herrlich putzte und gegen den eigenen Vater verteidigte. Doch regte sich in dem Kleinen frühzeitig ein „Sinnchen", das den Vater ernstlich beunruhigt zu haben scheint. Schon als er ihn einmal als ganz kleines Kind in den Armen hielt, sagte er halb im Scherz, halb im Ernst: „Wenn du solltest ein Jurist werden, so wollt' ich dich an einen Galgen hängen." Wiederholt sprach er den Wunsch aus, daß keiner von seinen Söhnen ein Jurist werden möchte, aber auch die Befürchtung, Martin könnte einer werden. Er hielt die Jurisprudenz, die sich von dem alten kanonischen Recht nicht lösen wollte, und an deren Vertretern ihm auch sonst manches mißfiel, für eine eitle Wissenschaft. „Mein letzter Wille ist", sagte er am 8. Januar 1538, „daß keiner von meinen Söhnen in diese Fakultät eintrete. Hans wird ein Theolog werden; Martin ist ein kleiner Schalk, um den hab' ich Sorge; Paul soll wider den Türken." Neigung zu der Medizin scheint er bei keinem seiner drei Söhne bemerkt zu haben.

Aber gerade ein Mediziner sollte sein jüngster und tüchtigster Sohn Paul werden. Geboren in der Nacht vom 28. zum 29. Januar 1533, wurde er noch am 29. gegen Abend auf dem kurfürstlichen Schlosse getauft, dieser junge Papst, wie Luther, den protestantische Papst, das Kind im Scherze nannte. Bei dem Taufessen wartete Magister Anton Lauterbach den Gästen auf. Die Paten waren Herzog Johann Ernst von Sachsen, der jüngere Bruder des Kurfürsten Johann Friedrich, der kurfürstliche Erbmarschall Hans Löser, Jonas,

Melanchthon und die Frau des kurfürstlichen Leibarztes Doktor Kaspar Lindemann; der Gevatterbrief, den der Vater noch in der Nacht um 1 Uhr an den Herrn Löser geschrieben hat, ist erhalten. Bei dem Taufessen hörte Lauterbach die freundschaftlichsten Gespräche, denn auch Jonas war beredt, und Melanchthon gab gern kleine Geschichten zum besten. Unter anderm sagte Luther, er hätte sein jüngstes Söhnchen auf den Namen des heiligen Apostels Paulus taufen lassen, weil er diesem so viel zu danken hätte, daß er billig zwei Söhne nach ihm hätte nennen sollen. Und weiter sprach er von der Zukunft seiner Söhne, und daß er sie nicht bei sich behalten wollte, sondern sie sollten zu den besten Lehrmeistern kommen: Wer ein Krieger werden wollte, den sollte der Herr Erbmarschall zu sich nehmen; wer studieren wollte, sollte es bei Jonas oder Melanchthon tun, und wer das Feld bauen wollte, der sollte es bei einem Bauern erlernen.

Martin und Paul wurden von Hänschen und seinen kleinen Freunden Lippus und Jost wohl nicht ganz für voll angesehen, aber sie fanden einer am andern den besten Spielgenossen. Sie waren die lieblichsten Närrlein, die feinsten Spielvögel, wie Luther die kleinen Kinder nennt. Martin war ein wilder Junge und sprang und hüpfte durch das große Haus, dessen Räume zuweilen dem Vater, aber nie den Kindern zu geräumig waren. In seinem achten Jahre zog er mit dem fünfjährigen Paul mit hölzernen Schwertern bewaffnet aus, und während Hänschen schon über dem Lateinischen sitzen mußte, stiegen Martin und Paul auf die Steckenpferdchen, schossen mit den kleinen Armbrüsten, schlugen die Trommeln und bliesen die Pfeifen, die zwar nicht von Gold oder Silber waren, wie der Vater sie in seinem Koburger Märchenbriefe schilderte, aber deshalb doch nicht weniger schön. Dabei ging es manchmal nicht ohne Zank und Streit ab, aber ebenso rasch waren die beiden einander wieder gut. „Lieber Gott", sprach Luther am 17. August 1538, „wie wohl gefällt dir solcher Kinder Leben und Spielen! Ja, alle ihre Sünden sind nichts denn Vergebung der Sünden."

Am 17. Dezember 1534 wurde Luthers und Käthes jüngstes Kind geboren, ein Mädchen, das wurde am nächsten

Tage auf den Namen Margarete getauft, wohl nach der verstorbenen Großmutter. Es waren harte Wintertage. Luther selbst durfte nicht ausgehen und zweifelte auch, ob der vornehmste der auswärtigen Paten, Fürst Joachim von Anhalt, bei dieser Luft von Dessau nach Wittenberg kommen könnte. Fürst Joachim nahm die Patenschaft an, wenn er auch in dem scharfen, rauhen Wetter nicht selbst kam; er ließ sich durch seinen Hofprediger Nikolaus Hausmann vertreten. Ebenfalls in Abwesenheit war Doktor Jakob Propst Pate, einst Luthers Klosterbruder in Wittenberg, jetzt Pfarrer und Superintendent in Bremen; ihm, dem treuen Freunde, legte Luther seine Margarete, seine Maruschel, wie er sie liebkosend nannte, brieflich wiederholt ans Herz, denn er ahnte, daß er es nicht erleben würde, seine Kinder versorgt zu sehen, darum sollte Propst nach seinem Tode dem Mädchen einen braven Gatten wählen. Auch an die in Wittenberg anwesenden Paten mußte er Gevatterbriefe schreiben, da er sie selbst nicht laden durfte. Erhalten ist nur der an Frau Magister Göritz gerichtete Brief.

Luther sorgte sich oft, wie es nach seinem Tode seiner Witwe und den unmündigen Kindern ergehen würde, aber sein festes Gottvertrauen hob ihn immer wieder über solche Gedanken hinweg. Reichtümer konnte er den Seinigen zwar nicht hinterlassen, aber einen reichen Gott wollte er ihnen lassen. Beten war das erste, was die Kleinen in seinem Hause lernten, und er pries die fromme, kindliche Einfalt, in der sie ohne Zweifel und Irrung von dem lieben Gott als ihrem himmlischen Vater lallten und sich das ewige Leben in ihrer Art köstlich ausmalten, als flössen da die Bäche voll eitel Milch und wüchsen die Semmeln auf den Bäumen, daß die Englein den ganzen Tag essen und tanzen könnten. Durch seine Kinder sah er manchen Spruch der Heiligen Schrift seinem Verständnis näher gebracht. Im zweiten Psalm lesen wir die Worte: „Freuet euch mit Zittern!" Schließt hier nicht eins das andere aus? Wie kann einer, der sich fürchtet, noch fröhlich sein? Wenn Luther zuweilen sein Hänschen in seinem Studierstübchen bei sich spielen ließ, verstand er das Wort des Psalmisten; da vergaß der Kleine manchmal, wo er war, und fing mit hellem Stimmchen an zu singen, bis der Vater ihn ein wenig anfuhr, dann verstummte er zwar nicht, sondern sang sein Liedchen fröhlich weiter, aber er sang leiser und blickte aus großen Augen auf den lieben Vater, ob er ihn nicht störte: So sollen wir stets Gott vor Augen haben. In der Kirschenzeit hatten die Kinder gewiß noch größere Freude an den reichbehangenen Bäumen als der Vater, und wenn gar Pfirsiche gebracht wurden, wie glänzten da die Augen der Kinder in freudiger Erwartung! „Ach, daß wir den Jüngsten Tag so fröhlich in Hoffnung könnten ansehen!" wünschte Luther bei diesem Anblick sich und den Seinigen. Und als er sein Hänschen einmal scherzend fragte: „Was denkst du wohl, was du mich jährlich kostest?" und der Kleine ernsthaft antwortete: „Ei, Vater, Essen und Trinken lauft Ihr nicht, aber Äpfel und Birnen gestehen viel Geld", da verglich er den kindlichen Unverstand mit der Torheit, in der wir Erwachsenen gering schätzen, was Gott uns täglich beschert, und was wir gar nicht entbehren könnten, aber eitlen Tand achten wir hoch.

Der religiösen Unterweisung seiner Kinder und Pflegekinder legte er selbst seinen kleinen Katechismus zugrunde; obschon ein alter Doktor, nahm er ihn doch täglich mit ihnen vor. „Wenn ich zu Morgens aufstehe", sagte er 1530 in einer Predigt, „so bete ich mit den Kindern die zehn Gebote, den Glauben, das Vaterunser und irgendeinen Psalm dazu." Seit dem Frühjahr 1532 hielt er dann des Sonntags mit Weib und Kind, Schülern und Gesinde jene Hausandachten ab, die Veit Dietrich nachschrieb und 1544 als Luthers Hauspostille veröffentlichte. Als die Kinder älter wurden und lesen konnten, mußten sie nach dem Tischgebet einen Abschnitt aus der Heiligen Schrift vor dem Essen vorlesen. Daß auch Muhme Lene mit den Kindern betete und Käthe mit ihnen den Katechismus las, dürften wir als selbstverständlich annehmen, auch ohne daß es uns ausdrücklich bezeugt wäre.

Nächst Gottes Wort schätzte Luther die Musik am höchsten. Er verstand selbst zu komponieren, schlug die Laute und sang die zweite Stimme. Mit seinen Tischgenossen erfreute er sich oft des Abends am Gesang, ja er konnte des Singens schier nicht müde und satt werden, wie der kurfürstliche Kapellmeister Johann Walther aus Torgau bezeugt, der manches fromme Lied Luthers in Noten setzte und manche liebe Stunde

mit ihm verfang. Tüchtige Mufiker, Sänger und Lauten=
fchläger waren in Luthers Haufe stets willkommene Gäste.
Von feinen Kindern waren Martin und Paul mufikalifch, doch
wurden alle fchon früh in der Mufik unterrichtet, denn diefe
Kunst hielt der Vater für unentbehrlich; die kleine Mar=
garete fang fchon in ihrem fünften Lebensjahre geistliche
Lieder. Für feine Kinder dichtete er auch das liebliche Weih=
nachtslied, in dem der Engel den Kindern die Geburt des
Heilandes verkündet:

> Vom Himmel hoch, da komm' ich her
> Und bring' euch gute neue Mär.
> Der guten Mär bring' ich fo viel,
> Davon ich fingen und fagen will.

Und die Kinder begrüßen frohlockend das liebe Christ=
kind:

> Bis willekomm, du edler Gast!
> Den Sünder nicht verfchmähet haft,
> Und kommft ins Elend her zu mir.
> Wie foll ich immer danken dir?

Luther mit feinen Kindern mufizierend — dies Bild ist
in neuerer Zeit oft von Künstlern dargestellt worden. Ein
fchönes Ölgemälde von Gustav Adolf Spangenberg im Leip=
ziger Museum führt uns etwa ins Jahr 1538 und zeigt uns
Luther an dem großen Tifch im Wohnzimmer fitzend, die
Laute in der Hand, hinter ihm Melanchthon, vor ihm Käthe,
die ihr kleines, fanft fchlummerndes Margaretchen im Schoß
hält, vor dem Tifch aber stehen Hans und Lenchen, Martin
und Paul, die drei ältesten mit Notenblättern in der Hand
und daraus fingend, während Paul, der jüngste, der noch
nicht lefen kann, frei mitfingt. In eine etwas frühere Zeit
verfetzen uns Heinrich Stelzner — in deffen Bilde Hans fehlt,
er wurde 1537 eine Zeitlang auswärts erzogen — und Otto
Schwerdgeburth, Gustav König und Bernhard Plockhorst,
deren Bilder die Weihnachtsfeier in Luthers Haufe darstellen
und unter den Anwesenden auch die alte Muhme Lene zeigen.
Auf allen diefen Bildern fchlägt Luther die Laute. Der
Christbaum, den die Künstler auf den Tifch stellen, ist freilich
eine künstlerifche Freiheit, denn zu Luthers Zeiten brannten

noch keine Weihnachtsbäume. Und die Christbescherung war in Wirklichkeit auch nicht so reich, wie auf den Bildern, denn der Tag, an dem Luther und Käthe den Kindern bescherten, war nicht der heilige Abend, sondern der Tag des heiligen Nikolaus, der 6. Dezember; in Luthers Hausrechnung kommt unter den Ausgaben der Posten „Heiliger Christ" nicht vor, aber „Jahrmarkt" und „St. Niclas" stehen dicht beisammen. Indessen kleine Geschenke gab es in Luthers Haus auch am heiligen Abend. „Lenchen, was wird dir der Heilige Christ bescheren?" fragte er sein Töchterchen einmal. Die Christgaben waren zugleich Neujahrsgaben, denn nach alter kirchlicher Sitte begann Luther das neue Jahr nicht am 1. Januar, sondern am 25. Dezember, an dem Tage der Geburt Christi. Deshalb heißt es in dem letzten Verse seines Weihnachtsliedes:

> Lob, Ehr' sei Gott im höchsten Thron,
> Der uns schenkt seinen eingen Sohn!
> Des freuen sich der Engel Schar
> Und singen uns solchs neues Jahr.

Ein anderes Fest, an dem die Kinder mit Beten und Singen und Hersagen teilnahmen, war das sogenannte Königreich, das in weltlich gesinnten Häusern mit Scherzen und Tänzen und Spielen gefeiert wurde, während Luther und Melanchthon ihm einen tieferen Inhalt zu geben suchten. Zu dem Festmahle wurden die Freunde geladen, vorher aber wurde eine Art Prüfung oder Musterung veranstaltet, und dabei hatten der König und die Königin, die jedes Jahr neu gewählt wurden, den übrigen Hausgenossen sehr ernste Aufgaben zu stellen: Abschnitte aus den Evangelien herzusagen, einen Psalm vorzutragen, den Katechismus zu beten, eine kleine Rede zu halten. Da seufzte mancher, wenn die Aufgabe schwer war, und stand wie ein armer Sünder da, und Luther dachte: Um wieviel größer werden unsere Verantwortung und unsere Zaghaftigkeit am Jüngsten Tage sein!

Seiner eigenen Jugend gedachte er oft, als die Kinder heranwuchsen und die Erziehung schwieriger wurde. Seine Eltern hatten ihn in der besten Absicht, aber im Übermaß hart erzogen. Wegen einer einzigen Nuß hatte ihn seine

Mutter bis aufs Blut geschlagen, und sein Vater hatte ihn einmal so sehr gestäupt, daß er fast alles Vertrauen und die Liebe zu ihm verloren hätte, so daß der Vater selbst über die Wirkung seiner Strenge erschrocken war; obgleich sie es herzlich gut mit ihm gemeint hatten, hatten sie ihn immer nur eingeschüchtert, ohne ihn je aufzurichten. Darum warnte er jetzt Eltern und Erzieher vor allzu großer Strenge, die ein Kind nur blöde machte, und es wäre ihm selbst das größte Leid gewesen, wenn sein Hans ihm feind geworden wäre, wie er einst seinem Vater. Ohne Rute ginge es zwar nicht ab, aber man müßte also strafen, daß der Apfel bei der Rute wäre. Auf die Kindererziehung übertrug er ein Wort, das der Nürnberger Ratsherr Anton Tucher über das Staatsleben gesagt hatte: „Gute Wort' und Straf' gehören in ein Regiment."

Auch sollten die Knaben strenger erzogen und derber angefaßt werden als die Mädchen. Durch Nachsicht würden die Knaben nur verdorben, sagte er 1539. Darum scherzte er wohl noch mit Lenchen, aber nicht mehr mit Hans; bei diesem war er nicht gesonnen, fünf oder dreizehn einmal gerade sein zu lassen. Aber er unterschied auch hier zwischen leichteren und schwereren Vergehen. Wenn ein Kind über die Äpfel oder Birnen geriete, sollte man wohl tadeln, aber nicht gleich mit der Rute zufahren; würde aber Geld genommen oder in die Taschen und Kästen gegriffen, dann wäre es Zeit zu strafen. Wo Vater und Mutter nichts ausgerichtet hätten, müßte der Henker nachrichten.

Vor allen Dingen verlangte er von den Kindern Sittsamkeit, Gehorsam und Ehrlichkeit. Seinen jungen Neffen Endres (Andreas) Kaufmann strich er mit der Rute, weil er über Tisch ein böses Wort gesagt hatte. Ein anderer Neffe, Martin Luther, ein Sohn seines Bruders Jakob, bereitete ihm durch seinen Ungehorsam so viel Kummer, daß er einmal vor Zorn wie tot war und von allen Leibeskräften kam. Seinem ältesten Sohne Hans zürnte er wegen eines Vergehens so heftig, daß er ihn drei Tage lang nicht sehen mochte, obgleich der Knabe ihn schriftlich um Verzeihung bat. „Ich will lieber einen toten Sohn haben, denn einen ungezogenen", sagte er, als Käthe, Melanchthon, Jonas, Kreuziger ihre

An der Grenze der Grafschaft wurden sie am 28. Januar von mehr als hundert Berittenen empfangen und ehrenvoll nach Eisleben geleitet. Unterwegs aber zog sich Luther eine Erkältung zu, und schon vor der Ankunft in Eisleben war er unter Schwindelanfällen und Beklemmungen so schwach geworden, daß man für sein Leben fürchtete. Doch erholte er sich noch einmal. Er nahm an den Verhandlungen teil und hielt auch dabei aus, obgleich ihn der verdrießliche Handel so marterte, daß am 7. Februar nicht viel fehlte, und er wäre auf und davon gefahren. Nur die Rücksicht auf sein Land und seine Landesherren hielt ihn zurück. Er erlebte noch die Genugtuung und die Freude, daß seine Vermittelung zur Einigung führte.

Todesahnungen, denen er schon in Wittenberg Ausdruck gegeben hatte, erfüllten ihn auch in Eisleben. Aber in seinen Briefen an Käthe spricht er davon nicht. Sie sind heiter und getrost, liebevoll, schalkhaft. Seiner herzlieben Hausfrau versichert er immer wieder, wie gut Essen und Trinken er hier habe, und wie schön man ihn halte, so daß er ihrer wohl gar vergessen werde. Er erzählt ihr, daß ihre Söhne bei dem Oheim Jakob Luther in Mansfeld zu Besuch sind. Er berichtet über den Fortgang der Verhandlungen, und daß die jungen Herren und Fräulein von Mansfeld wieder einträchtig und fröhlich mit den Narrenglöcklein auf Schlitten fahren. Er schickt ihr noch vier Tage vor seinem Tode Forellen, die er von der Gräfin geschenkt erhalten hatte. Nur die Bitten und Ermahnungen, Käthe möge sich doch nicht um ihn sorgen, zeigen uns, wie Käthe um ihn bangte.

Sicherlich hatte sie ihn nur mit schwerem Herzen ziehen lassen, und ihre Unruhe war übermächtig geworden, als die Nachrichten von seiner ersten Erkrankung eintrafen und Pillen, Aquavit und andere Stärkungsmittel für ihn bestellt wurden. Da gab es für sie schlaflose Nächte. Sie legte der Sendung auch ihre Hausmittel bei und schrieb manchen frommen und sorgenvollen Brief, die tiefgelehrte Frau, die heilige, sorgfältige Frau, wie ihr Gatte sie in diesen Tagen scherzend nennt. Bald ernst mahnend, bald liebevoll spottend weist er ihre Sorge zurück und ruft ihr zu: „Bete Du und laß

Gott sorgen! Es heißt: Wirf dein Anliegen auf den HErrn, der sorget für dich."

Doch schließlich wurde er selbst bedenklich. Die künstlich offen gehaltene Wunde an seinem Beine hatte sich fast ganz geschlossen. Am 14. Februar bat er deshalb brieflich Melanchthon, ihm, auch wenn er schon auf dem Heimwege wäre, durch einen Boten das Ätzmittel entgegenzuschicken, das er in Wittenberg zu gebrauchen pflegte; Käthe wüßte, wo es in seinem Zimmer stünde. An Käthe aber schrieb er am gleichen Tage: „Liebe Käthe, wir hoffen diese Woche wieder heimzukehren, ob Gott will. Gott hat große Gnade hie erzeigt." Die Grafen hatten sich in seiner Gegenwart versöhnt.

Seine beiden jüngeren Söhne Martin und Paul waren aus Mansfeld nach Eisleben zurückgekehrt. Mit ihnen waren Jonas und der Mansfeldische Hofprediger Michael Cölius, Aurifaber und Rudtfeld bei ihm, als er in den Abendstunden des 17. Februars wiederum von heftigen Beklemmungen befallen wurde. Man rieb ihn mit warmen Tüchern, und Graf Albrecht, der von Aurifaber herbeigerufen worden war, bereitete ihm selbst die allerköstlichste Arzenei, indem er ihm von einem Einhorn (Narwalzahn) etwas in Wein schabte. Der Anfall schien vorüberzugehen. Einige Stunden schlummerte er ruhig. Aber eine Stunde nach Mitternacht erwachte er von neuem. Die Beklemmungen drückten ihn immer härter ums Herz. Die Schwäche nahm zu. Man rieb ihn wieder mit warmen Tüchern, und die Gräfin und die beiden Ärzte, die rasch geholt worden waren, strichen ihm den Puls mit den stärkenden Wässern, die Käthe geschickt hatte, aber das fliehende Leben war nicht mehr zu halten. Zwischen 2 und 3 Uhr in der Frühe des 18. Februars, eines Donnerstags, entschlief er. Seine letzten zusammenhängenden Worte waren: „Vater, in deine Hände befehle ich meinen Geist. Du hast mich erlöset, du treuer Gott." Und auf die Frage, ob er auf Christum und die Lehre, die er gepredigt hätte, beständig sterben wollte, hatte er noch mit einem deutlich vernehmbaren Ja geantwortet.

Noch in der vierten Morgenstunde schrieb Jonas dem Kurfürsten einen ausführlichen Bericht über die letzten

Lebenstage und den Tod seines großen Freundes; der Brief ist in den nächsten Tagen oft abgeschrieben und dann auch durch den Druck verbreitet worden. Ein Eilbote brachte das Schreiben nach Torgau, wo der Kurfürst damals war. Einen zweiten Eilboten sandte Jonas nach Wittenberg. Der Kurfürst schrieb sogleich zweimal an seinen Kanzler Brück, und dieser erhielt die erste Botschaft in Wittenberg am 19. Februar früh um 6 Uhr. Er ließ alsbald Melanchthon, Bugenhagen und Kreuziger zu sich rufen. Sie wußten bereits, was geschehen war; vor einer Viertelstunde war der zweite Eilbote aus Eisleben bei ihnen eingetroffen. Auf Brücks Bitte verfügten sie sich ins Schwarze Kloster, um Käthe schonend auf die Trauernachricht vorzubereiten. Aber sie ahnte wohl schon, was die drei Freunde ihr brachten, als sie zu so früher Morgenstunde bekümmert bei ihr eintraten. Melanchthon berichtete dem Kanzler: „So ist das arme Weib, wie leichtlich zu achten, hart erschrocken und in großer Betrübnis, sonderlich auch der dreier Söhne halben, die der Doktor seliger zu Eisleben gehabt, daß sie nicht weiß, wie sich dieselben über des Vaters Tod halten mögen."

Das sind die einzigen Worte, die wir von einem Zeitgenossen über ihren Schmerz hören.

Sie war so tief gebeugt, daß sie — die rastlos tätige Frau — ihre Tischgenossenschaft auflöste. Aber sie überwand bald ihre Niedergeschlagenheit, denn in ihrer Trauer und in ihren Sorgen hatte sie neben dem Troste, den sie in ihrem frommen, gottergebenen Glauben gefunden haben wird, noch etwas, was sie aufrecht hielt, das war das stolze Bewußtsein, die Frau eines solchen Mannes gewesen zu sein. Aus dem Briefe, in dem sie am 2. April ihrer verwitweten Schwägerin Christina von Bora, Florians Mutter, für ihr Beileid gedankt hat, spricht dieser Stolz auch noch zu uns:

„Freundliche liebe Schwester! Daß Ihr ein herzlich Mitleiden mit mir und meinen armen Kindern tragt, gläub' ich leichtlich. Denn wer wollt' nicht billig betrübt und bekümmert sein um einen solchen teuren Mann, als mein lieber Herr gewesen ist? Der nicht allein einer Stadt oder einem einigen Land, sondern der ganzen Welt viel gedienet hat.

Derhalben ich wahrlich so sehr betrübt bin, daß ich mein großes Herzeleid keinem Menschen sagen kann. Und weiß nicht, wie mir zu Sinn und zumut ist. Ich kann weder essen noch trinken, auch dazu nicht schlafen. Und wenn ich hätt' ein Fürstentum und Kaisertum gehabt, sollt' mir so leid nimmermehr geschehen sein, so ich's verloren hätt', als nun unser lieber HErrgott mir und nicht alleine mir, sondern der ganzen Welt diesen lieben und teuren Mann genommen hat. Wenn ich daran gedenk', so kann ich vor Leid und Weinen (das Gott wohl weiß) weder reden noch schreiben lassen." *

Und wie Melanchthon und Eber später berichten, klagte sie besonders darüber, daß ihr Gatte fern von ihr gestorben war und daß sie ihn nicht hatte pflegen und ihm ihre Liebe erweisen können. Nur auf dem letzten und schwersten Gange, dem Wege zur Gruft, durfte sie ihm folgen.

Die Grafen von Mansfeld hätten seine Leiche gern in der Heimat behalten. Aber der Kurfürst bestimmte, daß sie in Wittenberg in der Schloßkirche beigesetzt werden sollte. Nachdem sie in den Morgenstunden des 18. Februars in dem Sterbehause gegenüber dem Chor der Andreaskirche von vielen beklagt und beweint worden war, wurde sie in einen zinnenen Sarg gelegt, den man eilends hatte gießen lassen. Und diesen Tag blieb sie im Sterbehause. Am 19. Februar wurde sie um die zweite Stunde nach Mittag unter christlichen Gesängen in die Andreaskirche gebracht und im Chor aufgebahrt. Jonas sprach die Leichenpredigt. In der Nacht hielten zehn Eislebener Bürger die Totenwacht. Am 20. Februar predigte in der Frühe Cölius, und in der ersten Stunde nach Mittag setzte sich der Trauerzug nach Halle in Bewegung, geleitet von den Grafen und Gräfinnen von Mansfeld und einer großen Menge Volks, die weinend und unter frommen Gesängen bis vors äußerste Stadttor folgten, während die nächsten Verwandten mit den drei Söhnen des Verstorbenen und ihren Begleitern weiter zogen. Die Grafen Hans und Hans Hoyer geleiteten mit

---

* Käthe hat diesen Brief nicht eigenhändig geschrieben, sondern einem andern in die Feder gesagt.

einigen vierzig Reitern den langen Zug, der unterwegs in den Dörfern mit Glockengeläut und in Halle von der Geistlichkeit und dem Rat, der ganzen Schule, vielen Bürgern, Frauen und Kindern empfangen wurde, unter lautem Weinen und Wehklagen, daß Jonas und Cölius, die als die letzten im Zuge fuhren, es in ihrem Wäglein hörten. Und das Gedränge in den Gassen und auf dem Markte war so groß, daß der Zug oft stockte und in der Kirche zu Unser lieben Frauen zu spät ankam, als daß noch hätte eine Predigt gehalten werden können. In der Sakristei wachten Hallische Bürger bei dem Toten. Am 21. Februar früh um 6 Uhr brach der Zug unter dem Geläute der Glocken von Halle wieder auf. An der Grenze von Kursachsen und in Bitterfeld warteten schon die Abgeordneten des Kurfürsten, der Stadthauptmann von Wittenberg Erasmus Spiegel und die Hauptleute von Düben und von Brehna mit ihrem Gefolge. Aber an diesem Tage kamen sie nur noch bis Kemberg.

In Wittenberg hatte man ihre Ankunft schon am 21. Februar erwartet. Erst nach Mittag erhielt Melanchthon die Nachricht von der Verzögerung. In einem kurzen lateinischen Anschlage teilte er der Universität mit, daß die Leiche am nächsten Morgen gegen 9 Uhr eintreffen würde. So brach der 22. Februar an, ein Montag, ein Tag, wie ihn Wittenberg noch nicht gesehen hatte. Schon in den frühen Morgenstunden strömten die Professoren und Studenten, der Rat und die Bürgerschaft in Scharen an dem Schwarzen Kloster vorbei, in dessen Hofe ein Wäglein für die Witwe und ihre nächsten Freundinnen bereit stand, hinaus vor das Elstertor; in den Gassen aber drängte sich das niedere Volk und das Landvolk, das in die Stadt gelaufen war. Um die neunte Stunde verkündete die kleinere Glocke, daß der Zug mit den sterblichen Überresten des unsterblichen Mannes nahte. Die Geistlichen und die Lehrer stellten sich mit den Schülern an die Spitze. Ihnen folgten zu Roß die kurfürstlichen Abgeordneten und die beiden Grafen von Mansfeld mit ihrem Gefolge, einige sechzig Reiter. Ein vierspänniger Wagen trug den Sarg. Ihm zunächst fuhr Käthe in ihrem Wäglein mit ihrem Töchterchen Margarete und einigen Matronen. Die drei Söhne Johannes, Martin und Paul schritten dahinter, neben ihnen ihr Oheim Jakob Luther und ihre Vettern Georg und Cyriakus Kaufmann aus Mansfeld und andere Blutsverwandte. Augustin Schurf folgte als Rektor der Universität, geleitet von den jungen Fürsten, Grafen und Freiherren, die in Wittenberg studierten. Dann kamen die ältesten und vertrautesten Freunde des Verstorbenen: Brück, Melanchthon, Jonas, Bugenhagen, Kreuziger, Hieronymus Schurf, und hinter ihnen gingen die übrigen Professoren und Magister, die Bürgermeister und Ratsherren, gefolgt von dem endlos langen Zuge der Studenten und der Bürger, Männer, Frauen und Kinder, alles mit lautem Weinen und Wehklagen, unter dem Läuten der Glocken und dem Absingen christlicher Lieder. Durch das Elstertor zogen sie in die Stadt ein und an dem Schwarzen Kloster vorbei, die Kollegienstraße entlang, über den Markt und die Schloßgasse hinab zur Schloßkirche. Hier hielt Bugenhagen die Leichenpredigt, Melanchthon die lateinische Gedächtnisrede. Dann hoben jüngere Universitätslehrer den Sarg auf und senkten ihn vor der Kanzel ins Grab. —

Am Tage vor der Beisetzung hatte Käthe von dem Kurfürsten selbst ein Schreiben erhalten, worin er ihr sein Beileid ausspricht und sie und ihre verwaisten Kinder seiner gnädigen Geneigtheit versichert. Sie bedurften ihrer.

In seiner ersten schweren Erkrankung im Juli 1527 hatte Luther noch nicht an ein Testament denken können. Da hatte er seine Käthe gebeten, sich in Gottes gnädigen Willen zu ergeben, und dann ließ er in Todesnot sein allerliebstes Hänslein an sein Lager bringen, und als der Kleine ihm entgegenlachte, sprach er: „O du gutes Kindlein! Nun, ich befehle meine allerliebste Käthe und dich meinem allerliebsten frommen Gott. Ihr habt nichts. Der Gott aber, der ein Vater der Waisen und Richter der Witwen ist, wird euch wohl bewahren und ernähren." Und mit Käthe sprach er von den silbernen Bechern, die als die Gaben reicher Herren das einzige wirklich Wertvolle in seinem Haushalte waren, und fügte hinzu: „Du weißt, daß wir sonst nichts haben." Käthe aber rang ihr Leid und ihre Sorge tapfer nieder, und in dem stolzen Bewußtsein, daß der

Mann, der sich vor ihr in Schmerzen wand, nicht nur ihr, sondern der Welt angehörte und ihr noch nötig war, tröstete sie ihn voll festen Vertrauens auf Gottes Gnade: „Mein liebster Herr Doktor, ist's Gottes Wille, so will ich Euch bei unserm HErrn Gott lieber benn bei mir wissen. Es ist nicht allein um mich und um mein Kind, sondern um viele fromme christliche Leute zu tun, die Euer noch bedürfen. Wollet Euch meinethalben nicht bekümmern! Ich befehle Euch seinem göttlichen Willen. Es wird Euch Gott wohl erhalten."

Zehn Jahre später, im Februar 1537, hatte Luther in Schmalkalden abermals todkrank daniedergelegen. Da trat der Kurfürst Johann Friedrich an sein Schmerzenslager und versprach ihm, für sein Weib und seine Kinder zu sorgen, als wären es seine eigenen. Und der Fürst war treu und sein Wort echt wie Gold; er war auch noch nicht alt. Aber wenn sich seine Augen vorzeitig schlossen, würden die Diener halten, was der Herr verheißen hatte? Würde der Nachfolger dessen eingedenk bleiben, was Luther den Vorfahren gewesen war? Die Leute sind grob, die Welt ist undankbar. Luther wußte es nur zu gut. Er fürchtete, auch nach seinem Tode könnte einmal ein Pharao kommen, der von Joseph nichts wissen wollte. Und mehr als einmal mochte ihm das drastische Wort im Ohre wiederklingen, das einst Hieronymus Schurf zu Räthe gesagt hatte, als von dem Schwarzen Kloster die Rede war, und daß Kurfürst Hans das wertvolle Grundstück ihrem Gatten als ein Geschenk angeboten hätte. „Gehört Euch das Haus schon?" hatte Schurf da gefragt, und als Räthe verneinte, hatte er treulich geraten: „Nehmt's an! Und weil man Euchs Ferkel beut, so haltet den Sack auf! Hat man Christus vergessen, so vergißt man des Luthers auch wohl."

Aber nicht nur die Undankbarkeit der Welt würde sich offenbaren, auch Mißgunst und Anfeindung würden gegen seine Witwe und die unmündigen Kinder ihr Haupt erheben und die Krallen vorstrecken. Freilich solange als er noch die Seinigen mit seiner mächtigen Gestalt deckte, wagte sich niemand offen an sie heran. Aber war nicht jetzt schon in der Stadt und am Hofe bald hier, bald da ein Flüstern und ein Raunen von Käthes Stolz und ihrer Herrschsucht, von ihrer großen und vertunlichen Haushaltung, von dem Einfluß, den sie auf ihren Gatten ausüben und nicht immer im friedlichen Sinne geltend machen sollte? Der schutzlosen Witwe konnte mancher seinen Groll fühlen lassen. Luther ahnte, daß sie nach seinem Tod ein betrübtes und elendes Weib sein würde, und schon in den Tagen, da sie noch jung und frisch und fröhlich war, ließ er sie den 31. Psalm auswendig lernen, die Worte, in denen der Psalmist den HErrn anfleht, die falschen Mäuler verstummen zu lassen, die da wider den Gerechten steif, stolz und höhnisch reden.

Seit den schweren Tagen in Schmalkalden scheint er sich ernstlich mit dem Gedanken an ein Testament getragen zu haben. Wollte er seine Käthe für alle Fälle sicherstellen, so mußte er seinem letzten Willen die Form einer Leibgedingverschreibung geben. Noch galt damals in Kursachsen das alte harte sächsische Recht, das der Witwe nur die Morgengabe und die Gerade zusprach. Ausführlich zählt der Sachsenspiegel all die Gegenstände im Hausrat auf, die unter die Gerade zu rechnen seien. Kürzer hält sich die Willkür, die der Rat zu Wittenberg 1504 seinen Bürgern gegeben hat. Ja ein Gesetz, von dem Luther gehört hatte, faßte alles in zwei Worte zusammen und bestimmte: „Man soll einer Ehefrau nach dem Tod ihres Mannes einen Stuhl und einen Rocken geben."

Dieser Satz scheint Luther gequält zu haben, auch nachdem er wieder genesen war. Wenige Monate nach seiner Rückkehr aus Schmalkalden sprach er sich in dem Kreise der Tischgenossen scharf darüber aus: Menschenrecht dürfe nicht nach dem Buchstaben, müsse vielmehr nach dem Sinne gedeutet werden. Da habe nun manches Weib dreißig und vierzig Jahre im Hause gearbeitet; wenn sie aber als Witwe nur einen Stuhl und einen Rocken erhalten solle, sei das wohl einen Groschen wert? Da man doch jeden Dienstboten besser besolden müsse, ja einem unbekannten Bettler wohl so viel auf einmal vor die Tür gebe! Darum müsse man das Gesetz nach dem Sinne auslegen: Stuhl, das sei Haus und Hof, und Rocken sei der Lebensunterhalt; dies wolle das Gesetz besagen, und doch handle man in Wittenberg und an andern Orten nach dem Buchstaben, stoße die armen Weiber aus wie die Hunde.

Luthers Deutung geht zu weit. Der Sachsenspiegel läßt keinen Zweifel darüber, was der Witwe zukommen sollte und was nicht. Haus und Hof gebührten nicht der Witwe, sondern den Erben, mochten es nun die Kinder oder, wenn Kinder nicht da waren, die nächsten Blutsverwandten des Mannes sein. Wohl aber gab auch der Sachsenspiegel dem Manne die Möglichkeit, seiner Frau für den Fall seines früheren Todes ein bestimmtes Einkommen zu sichern. Er konnte ihr unter gewissen Formalitäten, zu denen besonders die Einwilligung des Lehnsherrn und die Einsetzung von Vormunden gehörten, von einem Teile seines Grundbesitzes die Nutznießung auf die Zeit ihres Lebens verschreiben, und eine solche Leibgedingverschreibung durfte von den Erben nicht angefochten werden.

Es mußte Luther also naheliegen, seiner Käthe einen Teil seines Grundbesitzes zu einem Leibgedinge zu verschreiben. Aber er verschob es von Jahr zu Jahr. Er mochte mit den Juristen nichts zu schaffen haben, und er wollte seiner Käthe keinen Vormund geben; sie würde selbst der beste Vormund ihrer Kinder sein. Als einige Jahre später Melanchthon sein Testament in aller Form Rechtens abfaßte, da billigte er zwar den Entschluß seines Freundes, aber er fügte hinzu: „Ich weiß kein Testament zu stellen. Meine Bücher sind vorhanden, die hinterlasse ich meinen Kindern; mögen sie sehen, daß sie nicht klüger seien, als die Väter es waren. Dich, Käthe, setze ich zur Erbin von allem ein. Du hast die Kinder getragen, hast ihnen die Brust gereicht; nicht zu ihrem Nachteile wirst du ihre Sache führen. Den Vormunden bin ich feind, sie machen's selten gut." Und als er endlich doch am 6. Januar 1542 unter der drohenden Mahnung wiederholter Krankheitsanfälle sein eigenes Testament niederschrieb, da suchte er weder die Bestätigung des Fürsten nach, noch setzte er seiner Käthe einen Vormund, sondern er vertraute darauf, daß seine Handschrift und sein Siegel wohl mehr Glauben verdienen sollten als ein Notarius.

Das Testament, dessen Bestimmungen jetzt für Käthe und ihre Kinder Geltung gewinnen sollten, setzte als Leibgeding fest: Erstens das Gütlein Zölsdorf, zum andern Brisgers (Bruno Brauers) Häuschen als Wohnung, drittens die Becher und Kleinodien, deren Wert Luther auf ungefähr 1000 Gulden schätzt. Dagegen soll sie die Schulden, die er auf etwa 450 Gulden berechnet, auf sich nehmen, wenn es ihm nicht noch gelingen werde, sie bei Lebzeiten zu bezahlen. Das Vermächtnis soll sein Dank dafür sein, daß sie ihn als ein fromm, treu ehelich Weib allzeit lieb, wert und schön gehalten habe. Sein Wunsch ist, daß seine Witwe nicht den Kindern, sondern die Kinder der Mutter in die Hände sehen, sie in Ehren halten und ihr unterworfen sein sollen. Und wenn sich Käthe nach seinem Tode wieder verheiraten würde, so vertraut er doch darauf, sie werde sich mütterlich gegen die Kinder halten und alles treulich mit ihnen teilen. Den Kurfürsten bittet er, das Testament gnädig zu schützen, und die Freunde, seiner lieben Käthe gegen böse Nachrede Zeugen zu sein.

Unter dem Testament haben Melanchthon, Kreuziger und Bugenhagen jeder für sich eigenhändig bezeugt, daß alles, was voransteht, Luthers Handschrift und sein letzter Wille ist.

In diesem Testament hatte Luther seiner Käthe zunächst nur einen Teil seines Eigentums als Leibgeding verschrieben. Zwei Jahre später aber, am 1. Februar 1544, hatte er nochmals ausführliche Bestimmungen über sein Vermögen getroffen und sie durch den Buchdrucker Hans Lufft, der damals Stadtrichter war, in das Gerichtsbuch der Stadt eintragen lassen: Im Falle seines früheren Todes sollte Käthe alles, was er in dem Weichbild der Stadt sein eigen nannte, als ihr eigen Gut erhalten und zu ihrem Nutz, Frommen und Wohlgefallen ohn' alle Einrede und Verhinderung ihrer Kinder zu gebrauchen Macht haben, nämlich erstens Bruno Brauers Häuschen, zweitens Klaus Bildenhauers Garten, drittens den Garten an der Specke und viertens und fünftens die Hufe und den Garten am Egelpfuhl. In Käthes Vollmacht hatte der treue Wolfgang

Sieberger die von Luther aufgelassenen Grundstücke vor Gericht übernommen.

Luther hatte also seine Absicht ausgeführt und seine Räthe wirklich zur Erbin von allem eingesetzt. Nur über das wertvollste Stück seines Besitzes, das Schwarze Kloster, hatte er nichts bestimmt, wohl deshalb nicht, weil er dieses Grundstück als Geschenk des Landesherrn innehatte und ohne Vorwissen des Landesherrn auch nicht darüber verfügen mochte. Alles übrige hatte er seiner Räthe durch sein Testament und durch den Eintrag im Gerichtsbuch der Stadt als Erbe zugewendet. Und die Bestimmungen im Gerichtsbuch waren nicht anfechtbar. Das Testament dagegen war in dieser Form juristisch nicht rechtskräftig. Aber der Kurfürst konnte ihm als Landesherr Gültigkeit verleihen. Er stand von vornherein auf Käthes Seite. Als sein Kanzler ihm am 19. Februar 1546 aus Wittenberg mitteilte, daß kein bares Geld in Luthers Hause wäre, daß Käthe schon von vierzehn Tagen zwanzig Taler von Melanchthon hätte leihen müssen, und daß die groben Fleischer und Fischer die Witwe zu überlaufen drohten, da hatte er sogleich anstatt der von Brück erbetenen vierzehn Taler hundert Gulden an Melanchthon gesandt und ihn ermächtigt, seine Auslagen davon abzuziehen und den Überschuß an die Witwe auszuzahlen. Er dachte auch nicht daran, dem letzten Willen Luthers seine fürstliche Bestätigung zu versagen. Indessen beugen durfte er das Gesetz nicht. Was Luther eigensinnig unterlassen hatte, mußte nun doch nachgeholt werden; ohne Vormunde durften die Witwe und die Kinder nicht bleiben. Der Bestätigung des Testaments am 11. April 1546 gingen deshalb langwierige Verhandlungen voraus, Verhandlungen, in denen Käthe ihren Willen und ihr mütterliches Recht fest vertrat, während der Kanzler Brück ihr entgegenstand und selbst Melanchthon und Kreuziger sie anfangs am liebsten in Stich gelassen hätten.

Der Kanzler ließ sich durch seine amtliche Stellung, aber auch durch seine Abneigung gegen Käthe leiten. Als treuer Diener seines Herrn riet er in seinem ersten Gutachten vom 13. März 1546, die Hinterlassenen so zu versorgen, daß es dem Kurfürsten bei frommen Leuten für rühmlich müßte gedeutet werden, daß vor allen die Domina — das ist Käthe — nicht Ursache hätte, des Fürsten zu Unglimpf zu gedenken. Zu gleicher Zeit war er aber in seiner Abneigung gegen Käthe darauf bedacht, ihr jeden Einfluß auf die Verwaltung des Vermögens und die Erziehung ihrer Kinder zu nehmen.

Seine Abneigung stammte, wie wir wissen, aus früherer Zeit. Sie war im letzten Winter noch gesteigert worden. Im Auftrage des Kurfürsten hatte Luther eine Schrift gegen den Herzog Heinz von Wolfenbüttel verfaßt. Eine Stelle darin wünschte Brück aus politischen Rücksichten gemildert oder weggelassen zu sehen. Er sandte deshalb einen seiner Beamten ins Schwarze Kloster. Unglücklicherweise war aber Käthe bei dieser Unterredung zugegen und rief ihrem Gatten zu: „Eia, lieber Herr, sie lesen zu Hof nichts! Das macht's! Wissen sie doch Euer Weis' wohl!" Und Luther wurde zornig und wunderlich und erklärte, er wollt's kurzum nicht tun. Brück berichtete hierüber am 18. Dezember 1545 an den Kurfürsten und fügte besorgt hinzu, Luther ließe sich auch in andern Dingen wider den Hof bewegen; es möchte wohl wieder das Gütlein Wachsdorf dahinter stecken, und die Rippe, das ist Frau Käthe, wäre es, die den guten frommen Herrn aufstachelte. Auch schon bei Luthers Entschluß, Wittenberg für immer zu verlassen, hatten Melanchthon und Brück ihre besonderen Gedanken, und als Luther dann den Entwurf zu einer Ordnung, durch die man die schlimmsten Mißbräuche bei Hochzeiten und Kindtaufen abstellen wollte, gar nicht in die Hand nahm, sondern unwillig erklärte, bei Hofe würde doch nur darüber gespottet, und wenn es nicht besser würde, so wollte er doch noch hinwegziehen, da glaubte Brück ebenfalls, der Herr Doktor würde aufgewiegelt. Er hat Käthe dabei zwar nicht mit Namen genannt, aber aus dem Zusammenhange geht deutlich hervor, daß er sie im Auge hat.

In seiner Abneigung gegen Käthe und in dem Wunsche, ihren Einfluß zu brechen, wurde er jetzt allerdings ungerecht gegen sie. Er verdächtigte sie beim Kurfürsten. Er glaubte allzu bereitwillig dem Klatsch, der in Wittenberg umlief. Er erhob Vorwürfe, die sie nicht verdiente. Wie wir erfahren haben, war er über die Bewirtschaftung und den wirklichen Wert von Zölsdorf schlecht unterrichtet. Die große und vertunliche Haushaltung hätte er nicht Käthe, sondern Luther selbst vorhalten sollen. Seine Sorge um den armen lahmen Wolf war wenig angebracht. Sollen wir ihm da bei seinen andern Angaben blindlings folgen? Wagte er doch auch über die Erziehung der Kinder Behauptungen aufzustellen, die sich sogleich als unwahr erwiesen! Weniger dürfte ihm daraus ein Vorwurf zu machen sein, daß er an zwei Stellen auf das Gerücht eingeht, Käthe würde sich vielleicht wieder verheiraten. Diese Frage hatte ja Luther selbst in seinem Testament aufgeworfen. Man war damals in diesen Dingen nicht so zartfühlend, wie wir uns jetzt wenigstens nach außen hin den Anschein geben es zu sein. Eine besondere Gehässigkeit Brücks liegt hierin nicht. Aber zahlreiche andere Äußerungen von ihm sind in der Tat gehässig, und aus den Vorschlägen, die er dem Kurfürsten unterbreitet, spricht viel mehr Fürsorge für die Kinder als für die Witwe Luthers.

Verhältnismäßig am leichtesten war die Vormundschaft zu ordnen. Käthes eigener Wunsch war es, diese Angelegenheit bald erledigt zu sehen, denn kurze Zeit nach dem Tode ihres Gatten war ihr das Gut Wachsdorf bei Wittenberg von den Münsterischen Erben nochmals zum Kauf angeboten worden. Sie richtete deshalb in der zweiten Märzwoche ein Gesuch an den Kurfürsten und bat ihn, ihr zu der Erwerbung des Guts zu verhelfen und sie mit Vormunden zu bedenken; sie erklärte ihm zugleich offen — oder „stumpf und kurz", wie der Kanzler ihr Gesuch nennt —, daß kein Vorrat an Geld oder Getreide da sei, daß sie und die Kinder also auf die Fürsorge und Unterstützung des Fürsten angewiesen seien.

Diese Bittschrift vertraute Käthe Melanchthon an, mit der Bitte, sie dem Kanzler zur Begutachtung vorzulegen. Am 9. März gegen Abend waren Melanchthon, Bugenhagen und Kreuziger in einer andern Angelegenheit bei dem Kanzler, und Melanchthon benützte diese Gelegenheit, Käthes Auftrag zu erfüllen. Der Kanzler selbst las die Bittschrift vor. Ihr Inhalt scheint besonders Bugenhagen überrascht zu haben.

„Da hört man wohl", rief er, „wer allweg nach dem Gute Wachsdorf trachtet! Vorhin hat man's auf den Doktor gelegt, der wollt' es schlechterdings haben; aber itzt merkt man es wohl, wes Getriebe es gewest." Und es fielen allerlei Reden zwischen ihnen, und die drei Freunde waren, wie Brück schreibt, ganz einmütig der Ansicht, wenn die Witwe das Gut bekäme, würde sie zu ihrem und der Kinder großen Schaden ein solches Bauen darauf anfangen wie zu Zölsdorf, das ihr auf mehr als 1600 Gulden zu stehen käme und doch keine 600 Gulden wert wäre. Würde sie aber draußen in Wachsdorf bauen und wohnen, so würde sie auch ihre Söhne zu sich hinausziehen und vom Studieren ablenken, so daß sie nur junkern und Vögel fangen lernten. Dazu wäre das Gütlein wenig wert und in einem schlechten Zustand; Wassers halben könnte man keinen Keller bauen, und wenn die Elbe auch nur ein wenig über die Ufer träte, wären schon die meisten Felder überschwemmt. Endlich tat Melanchthon dem Hin- und Herreden Einhalt. Er bat, die Bittschrift an den Kurfürsten abgehen zu lassen und nicht weiter darüber zu verhandeln; Käthe ließe sich ja doch nicht raten oder hineinreden, sie würde wie immer nach ihrem Gutdünken handeln.

Wie der Kanzler am 13. März an den Kurfürsten berichtete, war im Anschluß hieran auch schon von der Vormundschaft die Rede. Brück selbst nannte Melanchthon und Kreuziger als die besten Vormunde, weil sie die vertrautesten Freunde des Verstorbenen gewesen wären und seine Söhne förderlicher als andere in ihrem Studium vorwärts bringen könnten. Aber beide schlugen es alsbald glatt ab, wie Brück schreibt, weil sie fürchteten, Käthe würde ihnen doch nicht folgen, und sie würden von ihr oft harte Worte hinnehmen müssen.

Käthe selbst wünschte als Vormunde für sich den Stadthauptmann Erasmus Spiegel und ihren Bruder Hans von Bora, für ihre Kinder deren Oheim Jakob Luther in Mansfeld, den Wittenbergischen Bürgermeister Ambrosius Reuter und Melanchthon. Dieser hätte sich gern durch den Doktor Major ersetzen lassen, aber den wollte Käthe nicht zum Vormund haben. So begnügte sich Melanchthon damit, außerdem noch auf den kurfürstlichen Leibarzt Doktor Ratzeberger als einen alten Freund von Luthers Hause hinzuweisen.

Der Kanzler schrieb deshalb ein neues Gutachten an den Kurfürsten. Er riet davon ab, Melanchthon mit der Vormundschaft zu belasten, denn er wäre wenig dazu geeignet, wenn es not täte, der Frau Käthe auch einmal Widerstand zu leisten. Da er aber doch nicht gut übergangen werden könnte, so hielte er es für das beste, ihn und Kreuziger zu Nebenvormunden zu bestellen, so daß die beiden mit den Vormundschaftsgeschäften zwar unbeschwert bleiben, aber doch dazu verpflichtet sein sollten, die drei Söhne zur Gottesfurcht und zur Lehre, Zucht und Tugend anzuhalten. Der Kanzler beschwichtigte auch die Bedenken, die der Kurfürst wegen seines Leibarztes hatte; wenn nur erst der Nachlaß geordnet, die Kinder versorgt und die Frage, ob Wachsdorf gekauft werden sollte oder nicht, entschieden wären, würden die auswärts lebenden Vormunde nicht mehr oft nach Wittenberg zu reisen brauchen. Am 24. März bestätigte der Kurfürst in zwei Schreiben Erasmus Spiegel und Hans von Bora als Käthes Vormunde, den Doktor Ratzeberger, Jakob Luther und Ambrosius Reuter als Vormunde und Melanchthon und Kreuziger als Nebenvormunde der Kinder.

Die nächste Aufgabe, die ihrer harrte, die Ordnung des Nachlasses, wurde dadurch erleichtert, daß der Kurfürst Luthers Testament bestätigte. Der Nachlaß umfaßte folgende Stücke:

1. Das Schwarze Kloster. Luther und Käthe hatten es auf 6000 Gulden geschätzt, viel zu hoch. Es fand sich auch lange kein Käufer. Erst 1564 übernahm die Universität das Grundstück von den Erben um 3700 Gulden.

2. Die Gärten. Brück spricht nur von einem Garten samt zwei Hufen und schätzt sie auf nicht unter 400 Gulden. Es waren aber, wie wir wissen, drei oder gar vier Gärten, und sie waren mehr als 1000 Gulden wert gewesen. Der Garten im Eichenpfuhl und die beiden Hufen wurden, wie es scheint, bald nach Luthers Tode verkauft; die beiden andern Gärten am Saumarkt und an der Spede wurden von den Erben in dem Erbteilungsvertrage vom 5. April 1554 mit 500 Gulden angesetzt.

3. Bücher und Hausrat. Solange als Käthe lebte, blieb beides ungeteilt. Nach ihrem Tode übernahmen die vier Kinder diesen Nachlaß in der Weise, daß vorweg alles Linnen und die Federbetten der Tochter Margarete und die Bücher den drei Brüdern zufielen, das übrige — Zinn, Messing, Kupfer, Möbel — wurde zu gleichen Teilen geteilt.

Der wirkliche Wert dieser drei Posten mochte sehr reichlich 5000 Gulden betragen. Hierzu kam das Leibgedinge Käthes:

1. Das Gut Zölsdorf. Der Kanzler und die drei Freunde schätzten es auf keine 600 Gulden; verkauft wurde es 1553 um 956 Gulden.

2. Brisgers (Bruno Brauers) Häuschen. Es wurde 1557 um 300 Taler verkauft, das sind nicht ganz 350 Gulden.

3. Das verarbeitete Gold und Silber. Setzen wir es Luthers Schätzung zufolge mit 1000 Gulden an, so hatte das Leibgeding einen Wert von 2300 Gulden. Der ganze Nachlaß war also gegen 8000 Gulden wert.

Außerdem hatten die Kinder jetzt die Auszahlung der 1000 Gulden zu erwarten, die der Kurfürst 1541 ihrem Vater für den Fall seines Todes ausgesetzt und seitdem jährlich mit fünf vom Hundert verzinst hatte. Die Verschreibung lautete, wie der Kanzler ausdrücklich hervorhebt, nur auf die Kinder. Käthe hatte also keinen Anteil daran.

Endlich stand den Erben noch ein Kapital von 2000 Gulden in Aussicht. Die Grafen von Mansfeld hatten unter dem erschütternden Eindruck von Luthers Tode versprochen, diese Summe der Witwe und den Kindern zu bewilligen. Aber die Verschreibung, die am 8. Mai 1546 ausgestellt wurde, schob die Auszahlung der 2000 Gulden, die jährlich mit fünf vom Hundert verzinst werden sollten, bis in den Leipziger Neujahrsmarkt Anfang des Jahres 1548 hinaus, und bei der Verschuldung der Mansfelder war es recht fraglich, ob dieser Zeitpunkt würde innegehalten werden. In der Tat war bei Käthes Tod erst die eine Hälfte wirklich ausgezahlt, die andern 1000 Gulden standen noch fest.

Hätte sich Käthe dazu entschließen können, das Schwarze Kloster zu verkaufen, und hätte sich ein Käufer dafür gefunden, so wäre die Erwerbung von Wachsdorf leicht gewesen. Luthers Meinung war es nicht, daß seine Witwe das große Haus behalten sollte. Der Kanzler hatte ebenfalls damit gerechnet, sie würde es verkaufen. Aber sie erklärte Melanchthon gleich bei der ersten Unterredung, sie würde es behalten. Ebensowenig wollte sie Zölsdorf verkaufen. Sie wollte ferner die Boos in Pacht behalten, auch wenn Wachsdorf hinzukäme.

Der Kanzler war schon früher gegen die Erwerbung von Wachsdorf gewesen. Er war es jetzt erst recht. Er ließ in seinem Gutachten wenig Gutes an dem Gute. Da er aber voraussah, daß sein Herr, der Kurfürst, schwerlich dahin zu bringen sein würde, der Witwe ihre erste größere Bitte abzuschlagen, so bemühte er sich als kluger Staatsmann, die Angelegenheit in einen Weg zu leiten, auf dem Käthe, wie er hoffte, bald freiwillig umkehren würde. Er riet dem Kurfürsten, zu den 1000 Gulden, die den Kindern verschrieben waren, nochmals 1000 Gulden für die Kinder allein zu bewilligen. Dann würden auf jedes Kind 500 Gulden fallen. Den Anteil der Tochter sollte der Kurfürst zurückhalten, aber die 1500 Gulden der drei Söhne könnten auf Wachsdorf festgelegt werden, wenn die Vormunde den Ankauf des Gutes beschließen würden. Das Gut sollte also nach Brücks Vorschlag nicht für Käthe, sondern für die Söhne gekauft werden. Die Münsterischen Erben verlangten aber 2000 Gulden für Wachsdorf. Wer sollte die letzten 500 Gulden zahlen? Brück wies auf die Mansfelder hin! Offenbar wollte er Käthe abschrecken. Er hatte sie ja ohnehin in dem Verdacht, sie betriebe das alles nur, um genug zu tun, zu schaffen und zu gebieten zu haben; es wäre ihr Wille, die vornehme Frau zu bleiben. Würde Wachsdorf nicht für sie, sondern für die Kinder gekauft, so würde sie des Gutes bald vergessen. Sie würde sich mit der Arbeit, die dieser „Baukasten" ihr bereiten müßte, gar nicht beladen wollen, wenn es ihr selbst keinen Nutzen brächte.

Wie falsch beurteilte doch der Kanzler Käthes Absichten und ihre mütterliche Fürsorge! Sie erklärte sich sogleich damit einverstanden, daß Wachsdorf für ihre Söhne gekauft würde.

Der Kanzler brachte nun ein neues Bedenken vor, das er schon in seinem ersten Gutachten berührt hatte: Wachsdorf wäre die 2000 Gulden, die es kosten sollte, nicht wert, denn bei einem solchen Kaufpreise würde es jährlich kaum fünf vom Hundert bringen, man müßte denn die großen Eichen in zwei, drei, vier Jahren hinweghauen; auch wäre es als ein Mannlehen mit der Leistung eines halben Pferdes beschwert. Melanchthon und Bugenhagen unterstützten ihn und suchten Räthe ebenfalls davon zu überzeugen, daß das Gut ihren Kindern nichts nutz wäre. Aber sie bestand darauf. Sie wollte es haben. Sie hoffte, es um ein Großes zu genießen, und erklärte auch, keine sonderlichen Gebäud' allda vornehmen zu wollen. Und sie setzte ihren Willen durch, obgleich die Münsterischen schließlich sogar 2200 Gulden für das Gut verlangten. Am 16. Mai schrieben die Vormunde an den Kurfürsten, sie könnten der Witwe nicht länger widerstehen, da es sonst schiene, als wollten sie ihre Wohlfahrt verhindern und des Herrn Doktors Wohltaten vergessen. Da von den Mansfeldern jetzt nichts zu erwarten wäre, bäten sie den Kurfürsten, auch noch den Anteil der Tochter, also sämtliche 2000 Gulden, auf Wachsdorf zu legen. Um des Herrn Doktors willen wäre der Witfrau doch auch etwas zu willfahren; sie selbst stäken wahrlich zwischen Tür und Angel!

Die Sachverständigen, die der Kurfürst nach Wachsdorf schickte, fanden zwar den Kaufpreis etwas zu hoch, aber der Kurfürst ließ sich schließlich von den Rücksichten leiten, die auch die Vormunde bestimmt hatten, für Käthe zu bitten. Er gab die 2000 Gulden. Von den noch übrigen 200 Gulden brachten die Vormunde die eine Hälfte zusammen, wegen der letzten 100 Gulden schrieb Melanchthon am 31. Mai an Nikolaus von Amsdorf und bat ihn, den reichen Mann, diese Summe den Kindern Luthers zu schenken oder ihm, Melanchthon, zu leihen. Am Pfingstmontag (14. Juni) ging das Gut Wachsdorf an Luthers Erben über.

Wohl am schwersten war für Käthe der Kampf um die Kinder. Der Kurfürst hatte sich dazu bereit erklärt, Hans, den ältesten, an den Hof und in die Kanzlei zu nehmen. Brücks Plan aber war, auch die beiden jüngeren Söhne Martin und Paul von der Mutter zu trennen und ihr nur die

Tochter zu lassen, und er hatte schon in seinem Gutachten vom 13. März dem Kurfürsten ausführliche Vorschläge vorgelegt.

Er hatte dabei die Absicht, Käthes stattliche Haushaltung zu brechen. Wäre ihr die Sorge für die Söhne abgenommen, so würde sie es nicht mehr nötig haben, für deren Erziehung junge Leute im Hause zu halten; jetzt hätte jeder der drei Jünglinge seinen eigenen Präzeptor und Famulus! Auch das übrige Gesinde wäre dann überflüssig, denn für die junge Tochter würde ein kleines Mägdlein genügen. Die Tochter Margarete hätte dann jährlich 30 Gulden, oder wenn der Kurfürst in Gnaden noch 10 Gulden zulegen wollte, jährlich 40 Gulden für ihren Unterhalt und die Kleidung, die Mutter aber hätte zunächst das große Haus; wollte sie es behalten und Kostgänger bei sich halten, so könnte sie die Stuben vermieten, das würde ihr etwas tragen. Ferner hätte sie die Braugerechtigkeit, sie hätte die Gärten und Hufen und das Gut Zölsdorf. Von dem Mansfeldischen Vermächtnis hätten sie und die Tochter ihre Zinsen. Vielleicht würde ihnen der Kurfürst auf einige Jahre jährlich zwei Wispel Korn geben, vielleicht auch etliche Klafter Holz zufahren lassen. So würde die Haushaltung der Witwe um so leichter werden.

Um seine Absicht zu erreichen, stellte er es dem Kurfürsten so vor, als wäre die Erziehung der Söhne bei der Mutter in schlechten Händen. Der Älteste wäre schon geneigt gewesen, in die kurfürstliche Kanzlei einzutreten, aber sie hätte ihn abwendig gemacht; man erzählte sich, sie hätte vorgegeben, Hans wäre ein alberner (einfacher, nicht gewandter) Gesell, man würd' ihn in der Kanzlei nur äffen und zum Narren haben. Auch nach Melanchthons Urteil wäre Hans zum Studium nicht geeignet, denn er wäre zu groß, und es fehlten ihm die Anfangsgründe. Die beiden jüngeren Söhne würden bei der Mutter zu Junkern und Laffen werden. Es wäre am besten, die drei von der Mutter und auch voneinander zu trennen und den Ältesten in die Kanzlei zu nehmen, die beiden jüngeren aber jeden für sich bei einem gelehrten Mann in die Kost zu geben, vor dem sie Furcht und Scheu haben müßten.

Der Kanzler ahnte, daß es schwer halten würde, Käthe zu der Annahme dieser Vorschläge zu bewegen. Er schreibt:

„Da wird sich dann das Gebeiß zwischen der Frau und den Vormunden beiderseits ergeben!" Aber Käthe war auch eine Diplomatin. Sie erklärte zunächst, sie könnte sich's gefallen lassen, und während noch über die Vormundschaft und die Erwerbung von Wachsdorf hin und wieder geschrieben wurde, sparte sie ihre Kraft auf die Entscheidung. Sie nahte in zwei Briefen des Kurfürsten vom 14. April. Darin erhielten Melanchthon und Kreuziger den Auftrag, die Erziehung der Kinder nach den Vorschlägen des Kanzlers zu ordnen, und Spiegel und Reuter wurden angewiesen, die Haushaltung im Schwarzen Kloster einzuschränken und das unnötige Gesinde zu entlassen.

Fing jetzt das „Gebeiß" an? Wir hören nichts davon. Unsere Überlieferung setzt erst vier Wochen später am 16. Mai wieder ein. An diesem Tage richten Kreuziger, Melanchthon und Reuter eine lange Eingabe an den Kurfürsten. Hinter ihnen steht aber nicht mehr der Kanzler, sondern Käthe selbst.

Wie die Vormunde berichten, haben sie zunächst mit Hans Luther gesprochen und ihm vorgestellt, er wäre doch nun alt genug, um sich zu entscheiden, ob er bei dem Studieren bleiben wollte oder nicht; sie hätten ihm geraten, in die kurfürstliche Kanzlei einzutreten, denn hierzu wäre er nach ihrer Meinung tüchtig. Nach vielem Reden hätte er ihnen seine Antwort schriftlich gegeben. Diese Erklärung liegt dem Schreiben der Vormunde bei. Hans bittet darin den Kurfürsten, ihn noch ein Jahr auf der Universität studieren zu lassen, wie es auch der Wille seines Vaters gewesen wäre.

Über die beiden jüngeren Söhne Martin und Paul berichten die Vormunde, sie hätten den Präzeptor Ambrosius Rudtfeld — der Kanzler hatte von mehreren Präzeptoren geschrieben! — vorgefordert. Bei der Prüfung hätte sich gezeigt, daß Martin wohl studiert hätte, Paul aber wäre etliche Wochen schwach gewesen, er wäre zur Musik wohl geschickt, aber der Grammatik nicht so fähig.

Die Mutter selbst aber hätte geantwortet, sie zweifelte nicht, daß der Kurfürst es gnädig mit ihr meinte, und sie dankte ihm in Untertänigkeit, aber sie bäte, der Kurfürst wollte in Gnaden bedenken, daß ihr jüngster Knabe oft schwach wäre und nirgends besser sein könnte als bei ihr, der

Fürsprache für den Knaben bei ihm einlegten. Und als Käthes Neffe Florian von Bora, der 1542 mit Hans auf die Schule nach Torgau kam, vor seinem Weggange dem kleinen Paul ein Messer weggenommen und nach seiner Ankunft in Torgau auch noch gelogen hatte, verordnete er dem Buben als Dieb und Lügner drei Tage lang eine scharfe körperliche Züchtigung. Er beklagte sich auch darüber, daß ihm vieles verschwiegen würde: „Was in unserm Hause bös ist, erfahren wir zuallerletzt; wenn's alle Leute durch alle Gassen getragen haben, so erfahren wir's erst."

Die Absicht, seine Söhne zu ihrer weiteren Ausbildung unter fremde Obhut zu geben, wurde naturgemäß zuerst bei seinem Ältesten zur Tat. Mit Hans Luthers wissenschaftlichem Unterricht war frühzeitig begonnen worden. Im Sommer 1530 hatte der Vierjährige in Hieronymus Weller seinen ersten Lehrmeister erhalten. Er wurde von ihm gewiß auch schon in die Anfangsgründe des Lateinischen eingeführt, nach unserer Erziehungsweise ganz ungewöhnlich früh, aber die Knaben mußten damals überhaupt in zarter Jugend ans Lernen heran, und das Lateinische war noch keine tote Sprache, sondern hatte für die Gelehrten und die Gebildeten aller Völker eine ähnliche Bedeutung wie jetzt das Französische oder Englische. Luther durfte jedenfalls erwarten, daß Hans ihn verstehen würde, als er ihm 1533 in lateinischer Sprache eine Warnung vor Erasmus niederschrieb, dem Feind aller Religion, dem sonderlichen Widersacher Christi, dem wahrhaftigen Abbild Epikurs und Lucians. In demselben Jahre 1533 wurde Hans am 8. Juni, also einen Tag nach seinem achten Geburtstage, an der Wittenberger Universität inskribiert, eine Ehre, die damals auf allen deutschen Universitäten den Söhnen der Professoren und angesehener Bürger oft schon im Knabenalter erwiesen wurde.

Luther konnte nur gelegentlich selbst in den Unterricht seiner Kinder eingreifen; er mußte ihn den Tischgenossen und den dazu bestellten Lehrmeistern und Präzeptoren überlassen, von denen wir einige später kennenlernen werden. Trotz guter Unterweisung scheint Hans schlechte Fortschritte gemacht zu haben. Das Haus war wohl zu geräuschvoll und die Abhaltung durch die jüngeren Geschwister allzu groß.

Darum traten die Eltern jetzt dem Gedanken näher, ihren Ältesten auf eine fremde Schule zu bringen. Von dieser Absicht erfuhren die Straßburger Freunde Wolfgang Capito, Gerbel, Martin Butzer, und Capito schrieb am 20. Juli 1536 an Luther und bat ihn, den Knaben ihm und seinen Freunden anzuvertrauen; sie würden ihr Bestes an ihm zu tun suchen. Doch Straßburg war den Eltern wohl zu weit entlegen, und Tübingen, wo Camerarius damals lehrte, kam aus demselben Grunde nicht ernstlich in Frage. Anfang 1537 war Hans zwar auswärts, aber nicht in Straßburg oder in Tübingen, sondern in einer Stadt nahe bei Wittenberg, so daß Luther dem Knaben, der jetzt bessere Fortschritte aufzuweisen hatte, am 27. Januar erlaubte, mit seinem Lehrmeister und dessen Frau zur Fastnacht nach Wittenberg zu kommen; über seinen Besuch würde sich Muhme Lene besonders freuen. Sie sandte ihm auch durch den Vater einen Gruß, wohl den letzten.

Da Luther in diesem Briefe schon von dem bevorstehenden Abschluß der Studien seines Sohnes spricht, wird dieser bald wieder nach Wittenberg zurückgekehrt sein. Er studierte nun wirklich an der Universität. Im Oktober 1539 erhielt er gleichzeitig mit seinen jungen Freunden Lippus und Jost die erste akademische Würde, das Bakkalaureat, und nun erschien er auch dem Vater nicht mehr als ein Kind. Bei einer Doktorpromotion im Jahre 1539 hielt er bereits öffentlich eine lateinische Rede. Wohl ebenfalls für eine lateinische Rede war die Fabel bestimmt, die Luther 1540 seinem Sohne deutsch niederschrieb, im Anschluß an Äsop, die Fabel von dem Krebse, der mit der Schlange über Land zog und sich erst dann mit ihr zu befreunden vermochte, als er ihr den Kopf zerquetscht hatte. In dem gleichen Jahre 1540 verfaßte Luther für Hans eine kurze und bündige Einführung in die Dialektik. Aus dem nächsten Jahre haben wir dann einen sehr herzlichen und schmeichelhaften lateinischen Brief, den der zwölfjährige Kurprinz Johann Friedrich aus Torgau an den fünfzehnjährigen Hans Luther geschrieben hat. Die Lobsprüche, die der junge Prinz mit verschwenderischer Hand ausstreut, waren allerdings nicht ganz verdient. Hans ließ es immer noch in der Grammatik und Musik an sich fehlen, auch mangelte es ihm an Zucht und Selbständigkeit. Darum entschlossen sich die Eltern dazu, ihn nochmals unter fremde Leute zu senden, und zwar auf eine Schule, die als eine der besten im Lande galt, die Lateinschule des Rektors Markus Krobel in Torgau, den Luther selbst hochschätzte. Am 26. August 1542 schrieb er ihm den Begleitbrief, mit dem er ihm seinen Sohn Hans und seinen Neffen Florian von Bora zusandte; bei dem letzteren hielt er eine schärfere Zucht für angebracht, seinen Sohn empfahl er auch an den Kapellmeister Walther, denn gute Theologen könnte er, Luther, selbst heranbilden, aber er möchte gern auch gute Grammatiker und Musiker haben.

Noch keine vier Wochen war Hans in Torgau, als am Abend des 16. oder in den Morgenstunden des 17. Septembers der Kutscher seiner Eltern mit dampfenden Pferden vor Krobels Haus hielt und dem Rektor einen Brief brachte, dessen Inhalt er vor Hans heimlich halten sollte: Magdalena, die Freude der Eltern, Hansens Lieblingsschwester, lag auf den Tod krank und verlangte noch einmal den Bruder zu sehen; die beiden hatten sich innig lieb. Luther hegte eine schwache Hoffnung, die schwindenden Kräfte seiner Tochter möchten durch das Wiedersehen mit Hans gehoben werden; aber auch um sich später keine Vorwürfe machen zu müssen, hatte er den Wagen geschickt und bat Krobel, den Knaben eiligst nach Wittenberg zu senden, doch sollte er ihm verschweigen, aus welch trauriger Veranlassung er heimgerufen würde.

Hans kam noch früh genug im Elternhaus an. Vier Tage lang rang Magdalena mit dem Tode, Tage der schwersten Sorgen, bang aufflackernder und wieder erlöschender Hoffnung und des herbsten Leides für die Eltern, denn das Mädchen war lieblich herangewachsen, sanft und gut, aller Liebling; nicht ein einziges Mal hatte sie ihren Vater in ihrem jungen Leben erzürnt. Und nun stand er an ihrem Sterbelager und sprach: „Lieb hab' ich sie sehr! Aber so es dein Wille ist, du lieber Gott, daß du sie nehmen willst, ich will sie gerne bei dir wissen." Und weiter: „Ich wollt' gerne meine liebe Tochter behalten, denn ich sie sehr liebe. Wenn sie mir unser HErr Gott lassen wollt'! Doch geschehe dein Wille! Ihr

Luthers Tochter Magdalene
Nach einem Gemälde in der Lutherhalle in Wittenberg

kann zwar nicht besser — nicht besser geschehen." Und er fragte die Kranke: „Magdalenchen, mein Töchterlein, du bliebest gerne hie bei mir, bei deinem Vater? Und du gehest auch gerne zu jenem Vater?" Da antwortete sie: „Ja, herzer Vater, wie Gott will!" „Du liebes Töchterlein!" sagte er da und wandte sich ab, seine Rührung zu verbergen, und seine Käthe, die laut weinte, tröstete er mit den Worten: „Liebe Käthe, bedenke doch, wo sie hinkommt! Sie kommt ja zu Wohl."

Schmerzen hatte sie nicht, auch keine Todesangst. Sie schlief endlich sanft ein. In der Nacht vom 19. zum 20. September träumte Käthe, zwei schöne Jünglinge kämen und führten ihre Tochter zu einer Hochzeit. Frühmorgens erkundigte sich Melanchthon nach Lenchens Befinden, und Käthe erzählte ihm ihren Traum, aber der treue Freund, der von Vorzeichen und Träumen viel hielt, erschrak heftig, denn er ahnte und sagte es auch zu andern, die beiden Jünglinge wären die lieben Engel, die würden kommen und diese Jungfrau in das Himmelreich in die rechte Hochzeit führen.

Kurz nach der neunten Stunde des 20. Septembers verschied sie in den Armen ihres Vaters. Während sie in den letzten Zügen lag, sank der große, starke Mann an ihrem Bett in die Knie und weinte bitterlich und betete, nicht daß Gott sie ihm lassen sollte, sondern daß er sie erlösen wollte. Käthe aber stand hinter ihm, wortlos vor Schmerz. Und auch ihn übermannte der Schmerz, als sie die Tote aus dem Bett in den Sarg hoben und den Sarg etwas zu kurz fanden. „Das Bettlein ist ihr zu klein!" sagte er, und dann brach er in heftiges Weinen aus und ging rasch hinweg. Bei dem Begräbnis aber zeigte er sich vor den Hausgenossen und den Freunden und Bekannten, die seine Magdalena zu der letzten Ruhestätte brachten, getrost und gottergeben, und vom Friedhof heimkehrend, sagte er: „Meine Tochter ist nun beschickt, beide an Leib und Seel'. Wir Christen haben nun nichts zu klagen. Wir wissen, daß es also sein soll und muß, denn wir sind je des ewigen Lebens aufs allergewissest."

Von den beiden lateinischen Distichen, die er seiner Tochter als Grabinschrift niederschrieb, wurde nur das erste auf ihrem Grabstein eingemeißelt. Eine alte deutsche Übertragung lautet:

Hier schlaf ich, Lenichn, Doktor Luthers Töchterlein,
Ruh' mit alln Heilign in meim Bettlein.
Die ich in Sünden war geborn,
Hätt' ewig müssen seyn verlorn,
Aber ich leb' nu und habs gut,
HErr Christe, erlöst mit Deinem Blut.

Der Verlust war zu groß, als daß die Eltern ihn je hätten überwinden können. Mit der kleinen Elisabeth, die 1528 starb, war auch schon Fleisch und Blut von ihrem Fleisch und Blut hinweggegangen, aber durch Magdalenas Tod fühlten sie sich selbst wie ertötet. Das Bild ihrer Tochter wollte nicht aus ihrem Herzen weichen. Immer sahen sie ihr Antlitz, hörten ihre Stimme, fühlten ihre Hände, wie im Leben, so im Sterben. Käthe schluchzte wochenlang in bitterem Weh, wenn sie ihres lieben Kindes gedachte. Und Luther selbst schreibt noch drei Jahre später: „Wunderbar ist es, wie sehr mich der Tod meiner Magdalena quält. Ich kann sie nicht vergessen." Den Freunden stand ihr Tod als Beispiel eines seligen Sterbens in Christo vor Augen. Als ein halbes Jahr später einmal von Luthers Vater gesprochen wurde und von der getrosten Antwort, die er in seiner letzten Krankheit dem Prediger gegeben hatte, sagte Melanchthon zu Luther: „Selig sind, die also in dem Bekenntnis auf Christo sterben, wie nun eure Magdalena gestorben ist."

Unter dem frischen Schmerz erwachte in Käthes sorglichem Herzen neue Unruhe, als sie ihren Ältesten wieder nach Torgau ziehen lassen mußte. „Komm heim, wenn du dich etwa schlecht fühlst!" sagte sie zu ihm beim Abschied. Hans konnte die Trauer um seine Schwester lange nicht verwinden, und während es ihm früher in Torgau gefallen hatte, wo Krobel und seine Frau ihn gut, ja besser hielten, als er es zu Hause gewohnt gewesen war, verzehrte er sich jetzt in Heimweh, und als die Weihnachtstage kamen, schrieb er an seine Mutter und bat sie, heimkehren zu dürfen. Aber mochte sich Käthe auch innig nach ihrem Sohne sehnen, so stimmte sie doch ihrem Gatten darin bei, daß Hans in Torgau bei seiner Pflicht auszuharren hätte, und sie überließ es auch ihrem Gatten, Hans zu antworten. Die beiden Briefe Luthers vom 26. Dezember 1542 an Krobel und vom nächsten Tage an Hans sind erhalten. Dem Rektor erklärt er, daß Hans bei ihm bleiben sollte; nur wenn eine Krankheit hinzukäme, sollte er es ihn wissen lassen. Den Sohn ermahnt er, seinen Schmerz männlicher zu ertragen und der Mutter keine neue Sorge zu bereiten; sie hätte ihre Abschiedsworte nicht so verstanden wissen wollen, wie er sie aufgefaßt hätte, auch ihr Wille wäre, daß er die Trauer ablegen und freudig und ruhig weiter studieren solle.

Luther hatte daran gedacht, später auch noch seine beiden jüngeren Söhne Martin und Paul zu Markus Krobel nach Torgau zu senden, doch kam es nicht mehr dazu. Hans kehrte wohl im Herbst 1543 nach Wittenberg zurück. Melanchthon, der bereits den jüngeren Justus Jonas in seinem Hause hatte, scheint sich auch Hans Luthers und seiner jüngeren Brüder angenommen zu haben. —

Gleichzeitig mit Luthers und Käthes eigenen Kindern wuchsen im Schwarzen Kloster eine ganze Anzahl Pflegekinder heran, Neffen und Nichten, die alle gespeist, gekleidet und erzogen sein wollten. Im Jahre 1542 wurde einmal an Luthers Tische von dem Könige Salomo gesprochen, von dem die Heilige Schrift berichtet, er hätte Frauenzimmer ohne Zahl in seinem Palaste gehabt, und Luther sagte, darunter wären wohl viele arme Mädchen aus dem Geschlechte Davids gewesen, die hätten sich alle zum König Salomo gefunden, und die hätte er müssen ernähren. Er stellte sich den Palast des jüdischen Königs wie ein hundertfach vergrößertes Schwarzes Kloster vor, denn auch bei ihm hatten sich alle armen Verwandten aus dem Geschlechte seines Vaters eingefunden: Andreas, Cyriakus, Fabian und Georg Kaufmann, Else und Lene Kaufmann, Hans Polner, der zum mindesten noch zwei Geschwister hatte, Martin Luther aus Mansfeld und Anna Strauß. Von diesen elf Pflegekindern hören wir Luther auch nur gelegentlich sprechen, vielleicht waren noch mehr da.

Georg Kaufmann und seine Frau, Luthers Schwester, scheinen beide frühzeitig gestorben zu sein. Jener Georg Kaufmann, der in dem Erbteilungsvertrage der Lutherischen vom 10. Juli 1534 erwähnt wird, war nicht der Vater, Luthers Schwager, sondern der gleichnamige Sohn, denn Luther nennt ihn seinen Vetter. Da er bei der Erbteilung seine Geschwister vertrat, war er wohl der älteste der sechs „Kaufleute". Er war noch im Herbst 1536 in dem Hause seines Oheims, und dieser fuhr ihn einmal heftig an, als er mit seinen Zechgenossen nach Hause kam. „Sauft, daß euch das Unglück ankomme!" rief er unwillig, und ruhiger fügte er hinzu: „Diese wollen nicht alte Leute werden. Die meisten Menschen richten sich durch ihre Trunksucht zugrunde."

Cyriakus Kaufmann war ebenfalls schon erwachsen, als er am 22. November 1529 an der Universität immatrikuliert wurde, denn im Jahre darauf konnte er in dem Auftrage seines Oheims zu den Großeltern nach Mansfeld reisen, und 1530 folgte er ihm als Begleiter auf die Koburg. Er war später in seiner Heimat Mansfeld Schultheiß.

Andreas und Fabian Kaufmann wurden zugleich mit Hans Luther am 8. Juni 1533 inskribiert. Andreas war wohl der Neffe, den Luther an Camerarius empfahl; der Brief, der davon handelt, ist nicht datiert, gehört aber wahrscheinlich in die Zeit, da Camerarius an der Universität Tübingen lehrte, denn hier in Tübingen wurde Andreas Kaufmann am 22. Juni 1541 immatrikuliert. Bei seiner Inskription in Wittenberg wird Andreas oder Enders, wie Luther ihn nennt, noch ein Knabe gewesen sein, da Luther ihn einmal mit der Rute streichen mußte. Drolligerweise halten ältere und neuere katholische Schriftsteller diesen Andreas nicht für den Neffen, sondern für einen vorehelichen Sohn Luthers! — Fabian lag im Sommer gern in der Specke und hielt da sein Mittagsschläfchen, trotz der Schlangen, von denen er einmal ein ganzes Nest voll fand. Als er sich später heimlich verlobte, zürnte Luther ihm heftig. Im Jahre 1548 wurde er von Jonas dem Fürsten Georg von Anhalt zu einer Anstellung empfohlen.

Die beiden Schwestern Else und Lene Kaufmann waren 1538 in heiratsfähigem Alter, ebenso Anna Strauß, die mit Käthe verwandt war. Die drei Mädchen gingen sicherlich Käthe in den häuslichen Arbeiten und in der Pflege der

Kinder tüchtig an die Hand. Sie füllten einigermaßen die Lücke, die der Tod der alten Muhme Lene hinterlassen hatte.

Aber die Pflegeeltern mußten doch auch beide Augen offen halten. Jungfer Lene wäre gar zu gern schon als ganz junges Mädchen unter die Haube gekommen. Ihr Hausgenosse, Magister Veit Dietrich, hatte sie liebgewonnen, und sie erwiderte seine Neigung, und der junge fromme und tüchtige Theologe wäre auch Luther und Käthe als Freier willkommen gewesen, wenn nur Lene etwas gesetzter gewesen wäre. Luther hielt zwar junge Mädchen nicht für ein Lagerobst, aber ordentlich reif sollten sie doch erst werden. Er zeigte sich auch gegen unzeitige und unkluge Wünsche der Seinigen nicht so schwach wie Melanchthon, der seine älteste Tochter Anna schon mit 14 Jahren heiraten ließ, ihr zum Unglück, ihm selbst zu immer neuem Schmerz und unaufhörlicher Reue. „Das weiß ich wohl", sagte Luther damals zu Dietrich, „daß meine Muhme mit Euch wohl versorget wäre; weiß aber nicht, ob Ihr mit ihr versorget würdet. Sie muß noch besser gezogen werden. Will sie nicht gehorchen, so will ich sie einem schwarzen Hüttenknecht geben und keinen frommen gelehrten Mann mit ihr betrügen." Und als Lene die Heiratsgedanken nicht fahren lassen wollte, meinte er, man sollte sie mit einem guten Knüttel züchtigen, daß ihr das Mannehmen verginge; denn es wäre nicht ratsam, daß junge Leute so bald in der ersten Hitze und plötzlich freiten, sonst käme das Hündlein Reuel, das viele Leute bisse.

Veit Dietrich fand bald ein anderes Mädchen, das besser zu ihm paßte als Lene Kaufmann, und einige Jahre später konnte Luther seiner Pflegetochter, die nun alt genug war, ohne Bedenken die Hochzeit ausrichten. Der Freier war Magister Ambrosius Berndt, Professor an der Universität Wittenberg, ein Witwer. Er war schon zweimal verheiratet gewesen. Seine erste Frau war Anfang 1532 gestorben. Auch seine zweite Ehe war nach kurzer Dauer durch den Tod seiner Frau im November 1537 gelöst worden, und am 10. November 1538 hielt Berndt öffentlich bei Luther um Lenes Hand an, in Gegenwart der Gäste, die den Geburtstag des Hausherrn feierten: Jonas, Melanchthon und Kreuziger; auch Martin Butzer und Camerarius, die damals zu Besuch in Wittenberg waren, und der Vizekanzler Doktor Franz Burkhardt waren als Gäste zugegen. Berndts Brautwerber war der Wittenbergische Schösser. Ihm übergab Luther das Mädchen mit den Worten: „Lieber Herr Schösser und lieber Gevatter, allhie habe ich die Jungfrau, wie mir sie Gott bescheret und gegeben hat, die ich ihm allhie überantworte. Gott gebe ihnen seinen Segen und Benedeiung, daß sie wohl und christlich miteinander leben. Amen."

Als dann Braut und Bräutigam sorgliche Gedanken wegen ihrer Hochzeit hatten und miteinander berieten, wen sie zu Gaste laden sollten, sagte Luther zu ihnen: „Seid gutes Muts! Das gehet euch nichts an." Wozu waren denn er und Käthe da? Fast allzu reich stattete Käthe ihre Pflegetochter aus. Lenes Brautkleid war am Hals mit goldburchzogenen Borten besetzt, wie sie nach Luthers Ansicht nicht einmal der König Salomo und Julius Cäsar getragen hätten: „Es muß jetzt alles Gold sein! Was man früher zu Kirchenschmuck gegeben hätte, hänget man jetzt an den Hals!" Aber er war selbst eifrig mit den Vorbereitungen auf eine stattliche Hochzeit beschäftigt. Schon auf den 27. November hatte er das Beilager angesetzt. Er warnte oft und auch in diesen Tagen davor, zwischen Verlobung und Vermählung viel Zeit verstreichen zu lassen, weil sich falsche Freunde und der Teufel, der einer glücklichen Ehe feind wäre, gern dazwischen legten. Die größte Arbeit hatte freilich Käthe, die backen und braten mußte. Aber die Weinprobe hielt ihr Gatte am 20. November selbst ab, um den Gästen einen guten Trunk zu geben, daß sie fröhlich würden. Und dabei scherzte er mit dem Engländer, der damals sein Gast war, und dem er schon seine Käthe als Sprachmeisterin empfohlen hatte, und fragte ihn: „Wie bringt man Wein in den Keller, ohne ihn einzuschroten?" Antwort: „Schrote Most hinein, so wird Wein daraus." Und weiter: „Was ist das breiteste Gewässer?" Antwort: „Schnee, Regen und Tau, die gehen über das ganze Land." Zwei Tage später bat er den Fürsten Johann von Anhalt, ihm einen Frischling oder einen Schweinskopf zu senden, da er sein Waislein, seiner Schwester Tochter, zu versorgen hätte. Auch mit dem Brautpaar scherzte er, und als er die zwei in einer dunkeln Ecke munkeln sah, neckte er sie: „Es wundert mich, was ein Bräutigam mit der Braut also viel sollt' zu reden haben! Ob sie es auch müde könnten werden? Aber man darf sie nicht vexieren, sie haben ein besonders Recht, das gehet über alles Recht und Gewohnheit." Er fragte auch, warum man eigentlich im Deutschen immer Braut und Bräutigam sagte und nie Bräutigam und Braut? Das wäre ähnlich wie bei Käse und Brot, da stünde auch stets Käse voran, und die Hauptsache, Brot, käme hinterher. Dann ließ er den Schulmeister Johann Kalkofen mit seinen Musikanten bestellen. Die Gäste kamen aus Mansfeld und aus Eisleben, Luthers Bruder Jakob und seine Vatersbrüder Veit und Heinz Luther und andere Blutsverwandte und Freunde, so der Mansfeldische Schloßprediger Michael Cölius, auch die ganze Wittenberger Freundschaft, und der Rat der Stadt Wittenberg sandte ein Stübchen Frankenwein und vier Quart Jüterbogischen Wein; Jüterbog hatte damals noch einen sehr bedeutenden Weinbau.

Lene wurde frühzeitig Witwe. Schon im Januar 1542 starb Magister Berndt. Luther und Käthe nahmen ihre Nichte wieder zu sich ins Schwarze Kloster. Die junge Witwe bereitete ihnen aber großen Verdruß, als sie sich 1545 mit einem zwanzigjährigen Studenten der Medizin einließ. Luther kannte den jungen Menschen kaum. Er hieß Ernst Reuchel oder Reuchlin und stammte aus dem sächsischen Bergstädtchen Geising; sein Vater Georg Reuchel war, wie sich bald herausstellte, Pfarrer in Maxen in der Ephorie Pirna. Luther argwöhnte, Reuchel hätte es nur auf das kleine Vermögen Lenes abgesehen, aber er mißbilligte auch aus andern Gründen aufs schärfste solche heimlichen Verlobungen ohne Zustimmung der Eltern oder der Vormunde. Da sich Lene jedem Rat verschloß, bat er seinen Lauterbach, den Angehörigen Reuchels nachzufragen; sie sollten nicht glauben, daß er, Luther, seine Einwilligung geben würde, vielmehr wäre es ihm am liebsten, Reuchel würde von seinen Eltern von der Universität Wittenberg entfernt, bevor er selbst genötigt würde, strenger gegen den jungen Mann vorzugehen. Georg Reuchel, der Pfarrer in Maxen, den Lauterbach sofort aufsuchte, hatte schon einen Brief von seinem Sohne Ernst erhalten, darin schrieb dieser, auch Melanchthon hätte ihn ernstlich verwarnt, und er selbst wäre froh, wenn er von der Witwe los käme, aber sie ließe ihn nicht; der Pfarrer versprach, gleich am nächsten Morgen seinen Sohn aus Wittenberg heimzurufen. Dies berichtete Lauterbach an Luther. Aber Lene war wie in einem Zauberbann und erklärte, was Lauterbach über Reuchels Vater schriebe, wäre falsch. Sie konnte von dem jungen Reuchel nicht lassen, und dieser ließ nicht von ihr. Bei Luthers Lebzeiten wagten sie zwar nicht zu ehelichen, aber nach seinem Tode schlossen sie den Ehebund. Sie hatten mit der größten Not zu kämpfen, bis Ernst Reuchel endlich 1549 als praktischer Arzt in Stendal eine Anstellung fand und allmählich zu Verdienst und auch zu Ansehen gelangte. Er lebte noch in den siebziger Jahren als bestellter Medikus der Stadt Lübeck.

Ob Lenes Schwester, Else Kaufmann, heiratete, erfahren wir nicht; 1542 war sie noch unvermählt im Schwarzen Kloster.

Um Anna Strauß hatte schon 1540 ein ansehnlicher, aber in Wittenberg anrüchiger Freier geworben, Doktor Jakob Schenk, der kurfürstliche Hofprediger zu Weimar, ein hochbegabter, aber unruhiger, stolzer und eitler Mann. Er hatte schon früher mit Melanchthon einen Streit über die Abendmahlsfrage gehabt, und Melanchthon hatte ihm damals wegen seiner Undankbarkeit den Spitznamen Kuckuck angehängt; jetzt ging er mit einem kühnen, verhängnisvollen Schritt über Luthers Lehre hinaus und predigte, es wäre genug, das reine Evangelium zu verkünden, ganz überflüssig wäre es, den Leuten auch noch das Gesetz auszulegen und ihnen ihre Sünden vorzuhalten. Luther sah voraus, daß es mit dem kleinen Jakob Schenk, diesem Jäckel, wie er ihn nannte, zu einem offenen Bruch kommen müßte, und als Schenk im Frühjahr 1540 um Anna Strauß warb, wiesen er und Käthe ihn ab. „Ich möchte dem Doktor Kuckuck meine Tochter nicht geben", sagte Käthe, „denn er predigt das Evangelium nicht lauter." Bei Bugenhagen und dem Bürgermeister Krapp, Melanchthons Schwager, holte sich Schenk ebenfalls Körbe.

Anna Strauß scheint fügsamer gewesen zu sein als Lene Kaufmann, wenigstens hören wir nicht, daß Luther ernstliche

Not mit ihr gehabt hätte. Da sie übrigens in ihrer Heimat noch nähere Blutsverwandte hatte, wäre es zunächst deren Pflicht und nicht seine Aufgabe gewesen, ihren Trotz zu brechen. „Wenn meine Strauß heiraten wollte", sagte er bald nach Schenks Werbung, „und ich sähe, daß die Ehe nicht zu ihrem Besten wäre, würde ich sie zu ihren Verwandten schicken." Das junge Mädchen blieb aber im Schwarzen Kloster, bis im nächsten Jahre ein Magister Heinrich Schillingstadt aus Kölleba in Thüringen um sie warb. Am 18. Dezember war die Verlobung. Zu der Hochzeit, die am 30. Januar 1542 gefeiert wurde, bat Luther die Fürsten Joachim, Georg und Johann von Anhalt um Wildbret. Die Anhaltischen Fürsten, die am nächsten bei Wittenberg wohnten, sorgten gern für ihre frommen und gelehrten Nachbarn. Aber diesmal hatte Luther Gewissensbisse, daß er sich schon wieder an sie wenden müßte, denn erst am 13. September hatte Fürst Georg Wildbret nach Wittenberg geschickt, fast zuviel auf einmal, und Luther gebeten, es mit Melanchthon und Bugenhagen und andern guten Freunden gesund zu verzehren, und einige Wochen später war wieder ein Wildschwein aus Dessau eingetroffen, das wäre ein köstlicher Hochzeitsbraten gewesen, wenn es im Dezember gekommen wäre, aber nun war es schon verspeist. Luthers Bitte wird rasch erfüllt worden sein, so daß er für seine Gäste Hühner und Fleisch genug hatte und nicht, wie er besorgte, mit Würsten und Kaldaunen nachzufüllen brauchte.

Martin Luther aus Mansfeld, Jakob Luthers Sohn, wurde im April 1539 in Wittenberg inskribiert und studierte noch 1547. Er tat, wie wir schon erfahren haben, nicht gut, wenigstens anfangs nicht. Später scheint er in städtischen Diensten in Wittenberg tätig gewesen zu sein. Er starb im Juni 1558.

Auch Hans Polner, der gleichzeitig mit Cyriakus Kaufmann nach Wittenberg gekommen und immatrikuliert worden war, bereitete seinem Oheim Sorgen und Verdruß. Schon während Luther auf der Koburg weilte, scheint Käthe mit dem jungen Menschen Schwierigkeiten gehabt zu haben, so daß ihr Gatte ihn brieflich unter Peter Wellers Aufsicht und Bugenhagens Oberaufsicht stellte. Polner studierte Theologie, hatte aber von seinem Vater die Trunksucht geerbt, und da er auch zum Jähzorn neigte, erklärte ihm Luther einmal in heftigen Worten, Menschen von seiner Natur müßten den Wein fliehen wie Gift; ob er denn gar nicht daran dächte, welche Schande er über ihn und sein Haus, über diese Stadt und die Kirche bringen könnte, wenn er sich in der Trunkenheit zu einer bösen Tat hinreißen ließe? Polner scheint sich gebessert zu haben. Er war noch 1542 als Famulus in Luthers Haus und stieg nun auch schon auf die Kanzel, ja Käthe sagte einmal nach dem Kirchgange, sie hätte Polner besser verstanden als den Pfarrer Bugenhagen, weil dieser manchmal zu weit abschweifte; da wird ihr Gatte ein wenig gelächelt haben, als er ihr antwortete: „Polner predigt, wie ihr Weiber pfleget zu reden, denn was ihnen mit einfällt, das sagen sie auch." Und er knüpfte an ein Wort an, das Jonas oft im Munde führte: „Man soll die Kriegsknechte nicht alle ansprechen, die einem begegnen." Es wäre ja wahr, Bugenhagen nähme bisweilen etliche mit. Seine Predigten wären etwas zu lang. Deshalb entschuldigte sich eine Frau, die einen harten Sonntagsbraten auftischen mußte, mit den Worten: „O, ich meinte, es würde Pommer heute predigen!" Aber die Prediger, die alles sagen wollten, was ihnen einfiele, die wären wie die Mägde, die auf den Markt geschickt würden, und wenn ihnen eine andere Magd begegnete, hielten sie einen Ständerling, und käme die zweite, hielten sie mit ihr auch ein Sprach, ebenso mit der dritten und vierten, und kämen so langsam zu Markt. — Polner war später Schulmeister in Zahna bei Wittenberg und wurde am 16. März 1547 zum Priesteramt nach Jessen ordiniert. Seine Geschwister werden nur in dem Erbteilungsvertrage vom Jahre 1534 erwähnt. Eins der Mädchen, Magdalena Polner, war die Nichte, die Käthe 1537 ihrem in Schmalkalden schwer erkrankten Gatten zur Pflege sandte. Vielleicht war auch jene Mariechen (Mariische), von der Luther 1540 als von einem erwachsenen Mädchen spricht, eine Schwester Hans Polners.

Aber auch von Käthes Seite fanden neben Anna Strauß arme Verwandte in dem Haus ihres Gatten Aufnahme. Schon 1527 weilte ein Fräulein Hanna von der Sale im

Schwarzen Kloster. Sie verlobte sich am 28. Dezember mit dem evangelischen Geistlichen Peter Eisenberg, der aus einem alten, ehrbaren Hallischen Geschlechte stammte und mit dem gleichnamigen Dresdner Pfarrer, einem standhaften Gegner der Reformation, nahe verwandt war. Schon am 1. Januar 1528 war die Hochzeit.

Auch Käthes Brüder wandten sich wiederholt an die Fürsprache Luthers. Dagegen war die Muhme Lene eher eine Stütze als eine Last für Käthe. Aber für ihren Neffen Florian von Bora mußte sie noch als Witwe sorgen.

Die Sorgen, der Verdruß, die Enttäuschungen, die Luther und Käthe an ihren Kindern und Pflegekindern erlebten, erscheinen auf dem Papiere zusammengedrängt größer und schlimmer, als sie in Wirklichkeit waren. Es liegt in der Beschaffenheit unserer Überlieferung begründet, daß wir von den Ausnahmefällen mehr erfahren als von dem regelmäßigen Verlaufe des Familienlebens im Schwarzen Kloster. Wenn die Kinder artig und gut waren, hatten die Tischgenossen keine Veranlassung, ihre Schreibfedern in Bewegung zu setzen; mußte Luther aber schelten oder strafen, dann schrieben sie eifrig nach und brachten das Vergehen der kleinen Sünder auf die Nachwelt. Ähnlich verhält es sich mit Luthers Briefen, die den Freunden für gewöhnlich, wenn alles gut geht, nur kurze Grüße Käthes und der Kinder bringen; berichten sie ausführlicher über Vorkommnisse in der Familie, so liegt die Veranlassung fast immer in Krankheiten, Wünschen, Sorgen, Klagen. Aber in welchem kinderreichen Haushalt hätte es je daran gefehlt? Und wenn wir alles derart zusammentragen, was wir aus Luthers Haus hören, wie geringfügig ist es! Viel lauter und eindringlicher, als seine Sorgen zu uns sprechen, klingen die freudigen Worte, in denen er den Ehestand als einen seligen Stand preist und Gott für das Glück dankt, das er ihm beschert hat.

Beide Eltern erlebten nicht mehr die Freude, ihre Söhne in Amt und Würden zu sehen. Zu höheren Ehren brachte es später zwar nur Paul, der jüngste, aber auch die beiden älteren Brüder bereiteten dem Andenken ihrer Eltern keine Schande, nur war Martin von schwacher Gesundheit, und Hans hätte sich wohl zu jedem andern Stande besser geschickt als zum

Studium. Wäre Luther länger am Leben geblieben, so hätte er vielleicht selbst noch seinen ältesten Sohn einem andern Berufe zugeführt, denn wenn es auch sein Lieblingswunsch war, seine Söhne möchten studieren, so war er doch keiner von den verblendeten Vätern, die ein Kind zu etwas zwingen, wozu es nicht taugt. Noch 1543 sagte er, wenn man sähe, daß ein Kind nichts lernen könnte, so sollte man es darum nicht zu Tode schlagen, sondern zu etwas anders gewöhnen. Nicht das Wissen, sondern die christliche Zucht war ihm der Gegenstand der Erziehung. Schon als Mönch hatte er seiner Gemeinde gepredigt, an den Kindern könnten sich die Eltern den Himmel, aber auch die Hölle verdienen. Daß freilich die Kinder wirklich wohl gerieten, läge nicht in der Macht der Eltern, sondern in Gottes Hand. Das Gebet, das er als Hausvater für sein Weib, seine Kinder und sein Gesinde sprach, lautet: „Lieber himmlischer Vater, dieweil du mich in deines Namens und Amts Ehre gesetzt hast und mich auch willst Vater genannt und geehrt haben, verleihe mir Gnade und segne mich, daß ich mein liebes Weib, Kind und Gesind' göttlich und christlich regiere und ernähre. Gib mir Weisheit und Kraft, sie wohl zu regieren und zu erziehen, gib auch ihnen ein gut Herz und Willen, deiner Lehre zu folgen und gehorsam zu sein. Amen."

Hausgenossen.

Als Fürst Georg von Anhalt im Frühjahre 1542 Luther besuchen und einige Zeit in seinem Hause verweilen wollte, um sich in frommen Gesprächen mit ihm zu erbauen, riet ihm sein vertrauter Ratgeber, Luthers treuer Verehrer Magister Georg Helt, davon ab, im Schwarzen Kloster zu wohnen: Luthers Haus wäre die Herberge einer buntgemischten Schar von jungen Leuten, Studenten, Mädchen, Witwen, alten Frauen, ganz jungen Knaben; wegen der großen Unruhe, die da herrschte, hätten viele mit dem ehrwürdigen Vater Doktor Luther Mitleid, denn nicht in allen Hausgenossen wäre sein Geist lebendig. Und schon früher hatte Luther selbst geklagt: „Ich bin billig in dem Register der Armen, denn ich habe zu groß Gesinde."

Sein großes Gesinde war nur eine Folge seines großen Haushalts, dieser aber hing mit seiner Stellung zusammen. Von den Universitätslehrern wurde erwartet, daß sie eine Bursa oder Porse, wie Luther schreibt, in ihrem Hause leiteten, eine Art Institut, in dem die Mitglieder der Bursa, die Burschen, gegen Kostgeld Wohnung und Verpflegung, oft auch wissenschaftliche Nachhilfe erhielten. Die Professoren gewannen daraus einen ansehnlichen Zuschuß zu ihren geringen Besoldungen; bei manchen stieg das jährliche Kostgeld bis auf 40 Gulden, so daß der Kurfürst 1538 als höchsten Betrag 30 Gulden festsetzte. Freilich war es auch eine schwere Last, aber bei der damaligen Verfassung und dem starken Besuche der Universität Wittenberg war es eben eine Verpflichtung, der sich auch Luther nur schwer hätte entziehen können, selbst wenn er es ernstlich gewollt hätte. Mancher auswärtige Freund begehrte die Aufnahme eines jungen Verwandten oder Bekannten als einen Freundschaftsdienst.

Käthe hatte schon bei ihrem Eintritt im Schwarzen Kloster eine Art Bursa vorgefunden, allerdings eine Bursa von ganz besonderer Art. Sie beruhte nicht auf Gegenseitigkeit, vielmehr hatte Luther sein Haus und einen Platz an seinem Tische jedem Bedürftigen um Gottes Lohn offen gehalten. Durch seine Verheiratung war zunächst nur insofern eine Änderung eingetreten, als er und Käthe nun außer landflüchtigen Geistlichen auch noch arme Verwandte und ehemalige Nonnen an ihren Tisch und unter ihr Dach zu nehmen hatten. Wenn gleichzeitig auch leistungsfähigere Tischgenossen hinzukamen, so war das nicht Luthers, sondern Käthes Werk.

Die Einrichtung und die wirtschaftliche Leitung der Tafelrunde lagen in Käthes fester Hand. Das geht schon aus dem weiter oben angeführten Vorwurf hervor, Käthe hätte auf richtiger Bezahlung des Kostgeldes bestanden. Diese kleinen Verdrießlichkeiten nahm sie, soviel an ihr lag, ihrem Gatten ab. Sie hatte auch die Zahl der Tischgenossen zu bestimmen und über die Annahme oder Abweisung neuer Anmeldungen zu entscheiden. Als der Kanzler Müller, Hänschens Pate, Anfang 1536 für einen jungen Mansfelder namens Matthäus

Regel um Aufnahme nachsuchte, da hätte Luther seinen jungen Landsmann gern als Kostgänger angenommen, aber der Tisch war voll, und er konnte doch keinen von den älteren Tischgenossen mitten im Semester verstoßen, doch hoffte er, nach Ostern würde ein Platz frei werden, dann wollte er dem Freunde gern willfährig sein — wenn anders Herr Käthe alsdann ihm selber gnädig sein würde.

Die Zahl der Tischgenossen war wohl immer groß. In Luthers oder Melanchthons Haus aufgenommen zu werden, war vieler Sehnsucht. Mathesius, der 1540 eine Zeitlang an Käthes Tisch speiste, schildert uns auch, wie es damals bei Melanchthon zuging. Da betete vor Tisch Lippus ein lateinisches Gebet, und sein Schwesterchen Magdalena las aus Luthers deutschem Katechismus vor, und dann kamen die Knaben, der eine mit einer Legende, der andere mit der Heiligen Schrift, ein dritter mit einem Abschnitt aus den Evangelien, ein vierter mit dem Livius, der fünfte mit einem alten Griechen, es war wohl Thucydides, der sechste mit dem Psalter, und alle, alle standen um den Herrn Magister Philippus herum, als wäre er ein Orakel, das sie befragen müßten. Deshalb sagte einmal ein anderer Tischgenosse Luthers unwillig, die jungen Leute sollten doch den großen Mann etwas mehr schonen, aber Luther erwiderte: „Philippus ist nun einmal aller Welt Diener und ein Knecht aller Knechte."

An Luther getrauten sich die kleinen Burschen gewiß nicht so leicht heran wie an Melanchthon. Die Ehrerbietung, womit die vertrautesten Freunde mit dem Doktor Martinus, ihrem ehrwürdigen Vater, verkehrten, gab den Fernerstehenden den Maßstab, nach dem sie sich selbst zu richten hätten. Hielt der Herr Doktor bei der Mahlzeit sein klösterliches Stillschweigen inne, dann wagte niemand zu reden, aber alle harrten sehnlich darauf, daß er anfinge zu sprechen, denn seine Tischgespräche waren die köstlichste Würze ihrer Mahlzeiten. Mit der Frage: „Was höret man Neues?" pflegte er den Tischgenossen das Wort freizugeben, doch warteten sie, bis er sie nochmals ansprach: „Ihr Prälaten, was Neues im Lande?" Und nun erst begannen die Älteren am Tische zu reden und führten das Gespräch durch Fragen und Einwürfe weiter. Die jüngeren Tischgenossen aber lauschten aufmerksam, mitzusprechen wagten sie nicht, und nur wenn sich Luther in einem Scherze zu ihnen herabließ oder sie in einem Mahnworte zu sich heranzog, erfahren wir, daß auch sie zu der Tafelrunde gehörten.

Auch sonst beschäftigte er sich gern einmal mit diesen seinen jüngsten Tischgenossen, die zugleich die Spielgefährten seiner heranwachsenden Knaben waren. So kündigte er 1531 dem Lochauer Pfarrer Michael Stiefel einen Überfall an: Mit vielen kirschenliebenden Knaben werde er kommen, seine Kirschen zu besehen. Auf der Kegelbahn, die er dem jungen Volk hatte anlegen lassen, zeigte er selbst zuweilen seine Kunst und schob, wie Doktor Ratzeberger berichtet, die Kegel einmal umbwärts, das andere Mal seitwärts oder über Eck. Wollten die Knaben um die Wette laufen, so setzte er ihnen kleine Preise aus. Und wie er auf der Koburg in Veit Dietrichs Gesellschaft mit der Armbrust nach der Scheibe geschossen und in seiner Einsamkeit die Musik gepflegt hatte, so sah er es auch in Wittenberg gern, wenn seine Schüler eine freie Stunde mit Musizieren oder unschuldigen Spielen ausfüllten, damit sie nicht durch den Müßiggang zum Trinken, zum Würfelspiel und Kartenspielen verführt würden. Das edle Schachspiel aber liebte er, und er war selbst ein guter Spieler.

Den Kern der Tischgenossenschaft bildeten die Wittenberger Freunde, die wir im nächsten Abschnitt noch näher kennenlernen werden: Melanchthon, Bugenhagen, Jonas, Kreuziger, Rörer, Aurogallus und andere; sie waren zwar nicht regelmäßig, aber doch sehr oft Käthes Tischgäste, oder sie kamen nach dem Abendessen, das damals zu einer früheren Stunde eingenommen wurde als jetzt, zu einem kühlen Trunk. Oft waren auch fremde Gäste zugegen, auswärtige Freunde und Amtsgenossen, aber auch hochgestellte Beamte und fürstliche Persönlichkeiten. Unter den eigentlichen Tischgenossen waren reife Männer, junge Magister und halbwüchsige Knaben. Die Jüngeren standen, wie wir gelegentlich hören, unter der Zucht der Älteren, und einer von diesen hatte als Luthers Stellvertreter (Vikar) die Oberleitung der ganzen Bursa. Anfang der dreißiger Jahre hatte Veit Dietrich diese

Stellung inne. Ihm folgte der pommersche Edelmann Martin Weyher, der im August 1541 Wittenberg verließ und 1556 als evangelischer Bischof zu Cammin starb. Unter der Oberaufsicht des Vikars hatten dann wieder einzelne Magister junge Schüler bei sich. So war Mathesius 1540 mit mehreren „Diszipeln" an Käthes Tisch, und Dietrich hatte schon 1530 zwei und, als er 1534 aus der Tafelrunde schied, sogar sechs junge Knaben unter seiner Aufsicht. Bei solchem Andrang und bei dem häufigen Wechsel der Pflegebefohlenen hatte Käthe wahrhaftig alle Veranlassung dazu, auch bezüglich des Kostgeldes auf Ordnung zu halten.

Wenn wir aber von Luthers Tischgenossen sprechen, so verstehen wir darunter gewöhnlich nicht die ganze große Schar derer, die in seinem Haus ein- und ausgegangen sind, sondern nur den engeren Kreis der Nachschreiber und Sammler seiner Tischreden. Die umfangreiche Sammlung der Lutherschen Tischreden — es sind viele Tausende — steht in ihrer Art einzig da. Eifrige Schüler haben zwar auch an Melanchthons Tisch und in seinem Kolleg allerlei Anekdoten, kleine Erzählungen, Erinnerungen aus seinem Leben nachgeschrieben, aber diese Colloquia, mit denen der praeceptor Germaniae seine Gäste unterhielt oder seinen Vortrag würzte, sind doch recht arm an Inhalt und oberflächlich und lassen sich mit Luthers Colloquia kaum vergleichen; und aus der neuesten Zeit haben wir zwar über Bismarck Aufzeichnungen, die in ihrer Reichhaltigkeit und Mannigfaltigkeit und in ihrer rücksichtslosen Schärfe und Offenheit den Tischreden Luthers ähneln, aber an Treue und Unmittelbarkeit der Überlieferung stehen sie doch hinter ihnen. Was Luthers Tischreden vor allen ähnlichen Nachschriften auszeichnet, ist neben der unerschöpflichen Fülle und Tiefe ihres Inhalts der Umstand, daß sie von frommen, verständigen Männern gleich während des Sprechens nachgeschrieben worden sind.

Der erste, der das zu tun wagte, Cordatus, hatte anfangs freilich ein schlechtes Gewissen, während er mit der Schreibtafel und dem Griffel in der Hand an dem gemeinsamen Tische saß, und Melanchthon, der sich seine Aufzeichnungen einmal geben ließ, mißbilligte sein Unterfangen und schrieb ihm ein lateinisches Distichon an den Rand:

Nicht alles frommt's, Cordatus, nachzuschreiben.
Laß manches ruhig nur vergessen bleiben!

Da aber Luther selbst keine Einsprache dagegen erhob, fuhr Cordatus fort, alles, was ihm wichtig erschien, aufs Papier zu bringen, und andere Tischgenossen folgten bald seinem Beispiele nach. Sie alle schrieben, so merkwürdig uns das auch erscheinen mag, gleich an Luthers Tische nach, als säßen sie im Kolleg.

Der Zeit nach lassen sich diese Aufzeichnungen in drei große Gruppen scheiden. Die ältere Gruppe der Tischgenossen umfaßt die fünf Jahre von 1529 bis 1533; zu ihr gehören Cordatus, Dietrich, Schlaginhaufen, Lauterbach und Weller. Die mittlere Gruppe umfaßt die sechs Jahre von 1534 bis 1539; aus dieser Zeit haben nur Rabe, Weller und Lauterbach ausführlichere Nachschriften hinterlassen. Die jüngere Gruppe umfaßt die sieben Jahre von 1540 bis 1546; zu ihr gehören Mathesius, Plato, Heydenreich, Besold, Stolz und Aurifaber.

Doktor Konrad Cordatus, 1476 zu Weißenkirchen in Österreich von hussitischen Eltern geboren, war älter als Luther. Nachdem er in Wien, Ferrara und Rom studiert hatte, erhielt er in Ungarn zu Buda eine sehr einträgliche Anstellung, wurde aber wegen seines evangelischen Bekenntnisses eingekerkert und mußte endlich das Land verlassen. Er war schon 1524 und 1525, dann wieder 1526 und 1528 in Wittenberg, und Luther nahm sich seiner wie so vieler andern Vertriebenen an. „Cordatus, wenn Ihr kein Geld habt", sagte er oft zu ihm, „ich habe noch einige silberne Becher." Von 1529 bis 1531 war Cordatus als Prediger neben Nikolaus Hausmann in der reichen Stadt Zwickau tätig, aber Streitigkeiten mit dem Rate der Stadt bewogen ihn, diese Stelle wieder aufzugeben. In den Jahren 1531 und 1532 lebte er als Gast im Schwarzen Kloster, und auch als Pfarrer zu Niemegk zwischen Wittenberg und Belzig hatte er in den nächsten Jahren oft Gelegenheit, Luther zu sehen. Im Herbst 1540 erhielt er eine Berufung als Superintendent nach Stendal in der Altmark; hier starb er bald nach Luther im Frühjahr 1546.

Zweifellos war Cordatus ein bedeutender Mensch, gelehrt, beredt wie wenige und unerschütterlich treu, aber er war auch streitsüchtig, rechthaberisch, hitzig, eine cholerische Natur. In dem Streite, den er 1536 gegen Kreuziger und Melanchthon wegen der Lehre von der Rechtfertigung allein durch den Glauben erregte, und in den er gern Luther, die Universität und den Kurfürsten hineingezerrt hätte, zeigte er sich als einen Vorläufer jener Klopffechter, die lutherischer sein wollten als Luther selbst. Auch zwischen seine Nachschriften von Luthers Tischreden hat er gelegentlich eine hämische Bemerkung gegen Melanchthon, Jonas und — Käthe eingeschoben. An ihr mißfielen ihm die langen Reden, und daß sie sich als Hausfrau nicht scheute, ihren Gatten mitten im schönsten Gespräche zu unterbrechen, wenn die Speisen darüber kalt zu werden drohten. So bereitete sie einmal einer langen Auseinandersetzung ein jähes Ende mit den Worten: „Was soll denn das heißen, daß Ihr unaufhörlich redet und nicht eßt?" Sie war offenbar der Ansicht, nach Tisch wäre noch Zeit genug zur Unterhaltung. Dabei richtet Cordatus selbst zuweilen eine Frage an Luther, die diesem kaum einer Antwort wert erscheint, aber mit Behagen schreibt er nach, wie Luther einmal seiner Käthe auseinandersetzt, Gott habe die Männer mit schmalen Hüften und breiter Brust, als dem Sitze der Weisheit, geschaffen; bei den Weibern sei es umgekehrt. Luthers ungeduldige Klage, daß er manchmal mit seiner Frau Geduld haben müsse, wird dreimal gebucht, zweimal fast mit denselben Worten. Erstaunlich ist es ihm, daß ihre Bitten und Tränen so viel Gewalt über ihren Gatten haben. Hierüber sagte Luther einmal zu Käthe ein drastisches Wort, das auch in Lauterbachs großer Sammlung aufgezeichnet steht: „Du überredest mich, wozu du willst. Du hast die volle Herrschaft. Im Haushalte gestehe ich dir auch die Herrschaft zu, unbeschadet meines Rechts, denn Weiberregiment hat nie nichts Gutes ausgerichtet." Und als Luther einen Gastfreund scherzend begrüßte: „Nehmt fürlieb mit einem frommen Wirt, denn er ist der Frauen gehorsam", da schrieb Cordatus grimmig dazu: „Das ist gewißlich wahr!"

Seine umfangreiche Tischredensammlung gehört zum größten Teil in die Zeit vom August 1531 bis in den Februar

1533; einige Reden sind vielleicht schon in den zwanziger Jahren nachgeschrieben, andere können bis 1540 herabreichen. Seine Nachschriften sind wertvoll, doch geben sie uns oft nur kurze Auszüge aus langen Reden Luthers und sind von Mißverständnissen nicht frei.

Getreuer haben in derselben Zeit Dietrich, Schlaginhaufen und Lauterbach nachgeschrieben. Veit Dietrich wurde 1506 zu Nürnberg von armen Eltern geboren und studierte seit 1522 in Wittenberg Medizin, ging aber unter Luthers Einfluß zur Theologie über. Von 1529 bis 1534 war er Luthers Hausgenosse und Famulus. Die große Menge seiner Nachschriften fällt ebenfalls in die Jahre 1531, 1532 und 1533. Da er manche Tischrede gleichzeitig mit Cordatus nachgeschrieben hat, können wir durch eine Vergleichung der beiden Texte feststellen, daß er zuverlässiger ist als Cordatus. Er hat sich auch um die Überlieferung der Predigten und Vorlesungen und des Briefwechsels Luthers Verdienste erworben; schon in Marburg und auf der Koburg begann er als Luthers Begleiter und Sekretär dessen Briefe zu sammeln. Er stand auch Melanchthon sehr nahe. Mit Käthe scheint er sich aber nicht recht vertragen zu haben. Es hing dies gewiß mit der großen Zahl von Schülern zusammen, die er bei sich hatte, und von denen er 1534 ein Einkommen von 100 Gulden bezog. Dabei konnten Zwistigkeiten zwischen der Hausfrau und dem jungen Magister kaum ausbleiben. Doch bot sie ihm immer wieder die Hand zur Versöhnung. Als er von der Koburg auf einige Zeit nach seiner Vaterstadt gegangen war, schrieb ihm Luther, seine Käthe hätte ihm ganz besonders Grüße an ihn aufgetragen, damit er nicht dächte, sie wäre ihm bös. Später folgte dann seine unzeitgemäße Werbung um Lene Kaufmann, wodurch sein Verhältnis zu Käthe wohl nicht besser wurde. Als er Mitte Oktober 1534 aus der Tafelrunde schied, schrieb er an Baumgärtner, er hätte es wegen seiner Schüler getan, und weil die Herrin ihnen nicht günstig gesinnt gewesen wäre. Auch diesmal kann das Zerwürfnis nicht allzu schlimm gewesen sein. Luther und Käthe erhielten ihm ihr Wohlwollen. Er wurde 1535 Prediger zu St. Sebald in Nürnberg, blieb aber mit Wittenberg und besonders mit Melanchthon durch einen lebhaften Briefwechsel in enger Verbindung. Er vermittelte die kirchlichen, politischen und literarischen Neuigkeiten aus Süddeutschland; damals mußte ja durch Briefe gemeldet werden, was jetzt von den Zeitungen gebracht wird. Nach segensvoller Tätigkeit starb er zu Nürnberg 1549.

Johann Schlaginhaufen, ein Oberpfälzer, dessen Name bald in Turbicida latinisiert, bald in Ochloplettes oder Typtochlios gräzisiert wurde, war vom November 1531 bis in den September 1532 im Schwarzen Kloster. Er litt oft unter schweren seelischen Beängstigungen und Anfechtungen. Manches Trostwort, das Luther ihm zurief, um ihn aus seinem Trübsinn aufzurichten, steht unter seinen Nachschriften verzeichnet. Käthe hatte wohl besonderes Vertrauen zu ihm; als ihr Gatte am 1. Mai 1532 von einem Ohnmachtsanfall betroffen wurde, ließ sie zuerst Schlaginhaufen durch eines ihrer Mädchen herbeirufen. Er vergalt das Gute, das er in ihrem Hause genossen hatte, durch treue Anhänglichkeit, wenn er seinen Dank auch nur durch kleine Geschenke wie eine Sendung überreifer Mispeln bezeigen konnte. Er war 1532 Pfarrer in Zahna und im Jahre darauf Pfarrer in Köthen geworden, bewarb sich aber 1536 mit Luthers Fürsprache um die Pfarre in Wörlitz, weil er kränklich war und die Luft in Köthen nicht gut vertrug; auch wäre er gern noch näher bei Wittenberg gewesen. Doch Fürst Wolfgang von Anhalt hielt ihn in seiner Residenz Köthen fest. Als einer der Vertreter der Anhaltischen Geistlichen nahm er 1537 an dem Schmalkaldener Tage teil, und als Luther am 26. Februar todkrank hinweggefahren wurde, war er einer der wenigen, die ihn auf seinem Schmerzenswege geleiten durften; als aber in Tampach unvermutet Besserung eintrat, ließ er sich in seiner Freude nicht halten, eilte mit einem rasch aufs Papier geworfenen Briefe Luthers an Melanchthon nach Schmalkalden zurück und rief vor der Wohnung des päpstlichen Legaten frohlockend und in lateinischer Sprache, daß der Legat ihn auch verstehen könnte: „Luther lebt! Luther lebt!" Er war verheiratet und betrieb in den freien Stunden, die ihm sein geistliches Amt ließ, eifrig die Bienenzucht. Melanchthon, der ihn im Februar 1547 von Zerbst aus besuchte, ließ sich von ihm die Bienenstöcke zeigen, in denen der

Winter ebenso große Verwüstungen angerichtet hatte wie der Krieg in der Universität Wittenberg, und bald darauf bat er ihn brieflich um seinen Besuch, weil er über den Staat der Bienen gern noch mehr gehört hätte, als was in den Büchern darüber zu finden war.

Auch Anton Lauterbach, geboren 1502 in Stolpen, war wohl schon 1531, sicher 1532 Luthers Tischgenosse. Wie er damals erzählte, hatte sein Vater einmal den Ablaßprediger Tetzel aufs Eis führen wollen, indem er ihn fragte, ob der Groschen, den ein Ablaßzettel kostete, auch ein Märkischer Groschen sein dürfte? Die Märkerlein waren nämlich in Sachsen verbotene Münze, und wer ein solches Geldstück aus Versehen angenommen hatte, suchte es gern wieder loszuwerden. Aber der vorsichtige Dominikanermönch, der mit dem frommen Volke schon manche schlimme Erfahrung gemacht hatte, witterte Unrat und wollte sich doch lieber erst nach dem Werte der Märkerlein erkundigen. „Kommt morgen wieder", sagte er zu Lauterbachs Vater, „so will ich's euch sagen."

Lauterbach hatte schon 1517 als Knabe in Leipzig zu studieren angefangen. In die Wittenberger Matrikel wurde er erst 1529 eingetragen. Er war groß von Gestalt und hatte ein treues, inniges Gemüt. Im Jahre 1533 verließ er das Schwarze Kloster, um sich mit einer ehemaligen Nonne zu verheiraten; ihren Vornamen Agnes (Nisa) kennen wir aus Luthers Briefen. Noch in demselben Jahre wurde er trotz dem Einspruche des Bischofs von Meißen als Diakonus in Leisnig eingesetzt, 1536 aber kehrte er nach Wittenberg zurück und wirkte nun hier, in der „heiligen" Stadt, wie er sein geliebtes Wittenberg nennt, als zweiter Diakonus an der Stadtkirche bis 1539.

Schon während seines ersten Aufenthalts in Luthers Hause hatte er bei Tische nachgeschrieben. Noch eifriger war er in den Jahren von 1536 bis 1539, wo er ebenfalls des Abends fast regelmäßig Luthers Gast war. Von sämtlichen Aufzeichnungen der Tischgenossen sind Lauterbachs Tagebücher über die Jahre 1538 und 1539 am wertvollsten, ausführlichsten und zuverlässigsten; außerdem sammelte er auch die Nachschriften anderer Tischgenossen. Da er sich in seinem Amte bewährte, wurde ihm bald ein größerer Wirkungskreis zugewiesen, aber er war mit Wittenberg so innig verwachsen, daß er sich nur mit schwerem Herzen im Sommer 1539 dazu entschloß, als Pfarrer und Superintendent die Ephorie Pirna zu übernehmen. Er ließ dann kaum ein Jahr vorübergehen, ohne Luther in Wittenberg zu besuchen. Unermüdlich erledigte er Käthes Aufträge, und für ihre Gastfreundschaft dankte er ihr durch Sendungen von Butter und Käse oder Obst. „Fordere doch auch einmal eine Gegengabe von uns", schreibt ihm Luther am 19. Oktober 1545; „Du machst uns schamrot, da Du auf so vielfache Weise ohne Entgelt und allzu geschäftig uns dienst." Zahlreiche Briefe Luthers, in denen nur selten Grüße an Frau Agnes und das Töchterchen Elisabeth fehlen, und noch zahlreichere Briefe Melanchthons zeugen von der Freundschaft, die Lauterbach auch später noch mit den Wittenbergern verband. Nach dreißigjährigem Wirken starb er am 18. Mai 1569 zu Pirna. Sein Eingang und sein Ausgang waren nach den Berichten der Pirnaischen Chronisten außergewöhnlich. Seine erste kirchliche Handlung war die Taufe von Drillingen gewesen, und als seine Leiche in der Pfarrkirche in die Gruft gesenkt wurde, wütete stundenlang ein starkes Gewitter im Elbtal, und wie Elias fuhr der fromme Mann im Wetter gen Himmel.

In der Ephorie der reichen Bergstadt Freiberg führte ebenfalls seit 1539 Hieronymus Weller die Reformation durch, ein Freiberger Stadtkind, geboren 1499, ein Angehöriger des alten Geschlechts der Weller von Molsdorf. Sein Vater war frühzeitig gestorben, und er hatte wegen Mittellosigkeit sein Studium in Wittenberg abbrechen und sich der Lehrtätigkeit zuwenden müssen, da er aber herrliche Geistesgaben zeigte, sandten ihn wohlhabende Verwandte 1525 zum zweitenmal nach Wittenberg. Er wollte Jurist werden, führte aber als Student ein loderes und gottloses Leben, bis er 1528 durch eine Katechismuspredigt Luthers im Innersten ergriffen und erschüttert wurde und sich der Theologie zuwandte. Unter schweren Anfechtungen hatte auch er Zeit seines Lebens zu leiden, und Luther, der ihn in sein Haus genommen hatte, mußte ihn oft beruhigen und trösten.

In Luthers Hause feierte er am 14. September 1535 seine Erhebung zum Doktor der Theologie. Luther und

Käthe richteten ihm den Doktorschmaus aus, und Käthe braute eine Menge Bier, denn es waren viele Gelehrte, sieben oder acht Tische voll, zu Gast geladen, und an Jonas sandte sie durch ihren Gatten einen blanken Taler mit der Bitte, allerlei Geflügel einzukaufen, nur Raben sollte er nicht schicken, und Sperlinge hätten sie selbst genug, aber Hasen und ähnliche Lecerbissen wären willkommen. Zu dem Schmause kamen Jonas, Melanchthon und andere Freunde von Jena herüber, wo damals die Universität der Pest wegen weilte. Im nächsten Jahre verheiratete sich Weller mit der jungen Freibergerin Anna am Steig. Die Hochzeit wurde auf Luthers Rat nicht in Wittenberg, sondern in Freiberg gefeiert, denn in Wittenberg hätten doch wieder Luther und Käthe die Wirtschaft übernehmen müssen, und da Weller Doktor war, hätte er die ganze Universität mit Kind und Kegel einladen müssen, und Luther hätte als Wirt auch noch Verpflichtungen gehabt, so daß es der Gäste mehr als zwölf Tische geworden wären und hundert Gulden nicht gereicht hätten. Weller beschränkte sich deshalb darauf, die Heimführung seiner jungen Frau in Wittenberg mit einem kleineren Mahl im Schwarzen Kloster zu feiern. Erst jetzt siedelte er in ein eigenes Haus in Luthers Nachbarschaft über.

Seit 1538 wirkte er als Professor und Lektor der Theologie in seiner Vaterstadt Freiberg. Hier wurde ihm neben dem Superintendenten die Oberaufsicht über das gesamte Kirchen- und Schulwesen anvertraut. Er war kein guter Prediger und stieg deshalb selten auf die Kanzel. Um so fleißiger und erfolgreicher war er als Lehrer und Schriftsteller. Er starb zu Freiberg am 20. März 1572.

Mit dem Jahre 1534 beginnen die Nachschriften von Luthers Tischreden zunächst spärlicher zu werden, ja es muß einmal eine Zeit gewesen sein, wo, wie Cordatus klagt, niemand mehr nachschrieb. Schlaginhaufen war ja schon 1532 fortgegangen, Lauterbach war 1533 bis 1536 in Leisnig, Cordatus 1533 bis 1540 in Niemegk, und Dietrich verließ 1534 Luthers Haus und Wittenberg 1535. Nur Weller war auch noch in den nächsten Jahren bis 1538 um Luther, und Lauterbach lebte wieder 1536 bis 1539 in Luthers nächster Umgebung.

Außer Weller und Lauterbach kennen wir in diesen Jahren nur den Hallischen Ratsherrn und Kämmerer Ludwig Rabe als Nachschreiber von Tischreden Luthers. Er hatte 1535 vor den Nachstellungen des Erzbischofs Albrecht aus Halle flüchten müssen und als Luthers Tischgenosse und Hausgast im Schwarzen Kloster Aufnahme gefunden. Da saß er nun bei Tisch, wie Luther schreibt, wie eine Jungfrau und sprach nur Gutes von dem Kirchenfürsten, der ihn verfolgte. Später war er Kanzler des Fürsten Georg von Anhalt.

Reicher an Nachschreibern ist die jüngere Gruppe der Tischgenossen. An ihrer Spitze steht Johannes Mathesius, einer der bedeutendsten Schüler Luthers und Melanchthons. Geboren am 24. Juni 1504 zu Rochlitz in Sachsen als Sohn des Ratsherrn Wolfgang Mathesius, besuchte er zunächst die Trivialschule in Mittweida und seit 1521 die Lateinschule in Nürnberg. Von 1523 bis 1525 studierte er in Ingolstadt. Die nächsten Jahre hielten ihn noch in Bayern fest, aber schon hier wurde er für den Protestantismus gewonnen, und 1529 wanderte er nach Wittenberg, um Luther und Melanchthon zu hören, doch trat er damals noch nicht in nähere Beziehungen zu Luther. Nachdem er einige Jahre zu Altenburg Lehrer gewesen war, wurde er 1532 als Schulmeister, das heißt als Rektor der Lateinschule in die aufblühende Bergstadt Joachimsthal im böhmischen Erzgebirge berufen. Bis 1540 entfaltete er in dieser Stellung eine segensreiche Tätigkeit, sammelte zahlreiche Schüler um sich und verbreitete den Ruf seiner Schule als einer der besten im Lande. Innerlich aber fühlte er sich immer mehr vom Schuldienst zum geistlichen Beruf hingezogen, und 1540, als er schon in der Mitte der Dreißiger stand, gewährte ihm die Dankbarkeit einiger Mitbürger die Mittel, seiner Neigung zu folgen.

Und gleich in den ersten Wochen seines zweiten Aufenthaltes in Wittenberg hatte er durch Jonas und Rörers Empfehlung das Glück, das er selbst nicht hoch genug preisen kann, Luthers Tischgenosse zu werden. Er war es von Anfang Mai bis Anfang November 1540 und schrieb in dieser Zeit eifrig nach, was er an Luthers Tisch hörte. Außerdem aber schrieb er von älteren und jüngeren Tischgenossen deren Aufzeichnungen für sich ab und brachte so eine große Sammlung von

Luthers Tischreden zusammen. Nachdem er am 23. September 1540 Magister geworden war, wurde er 1541 durch eine Abordnung von sieben Männern benachrichtigt, daß seine Joachimsthaler ihn zu ihrem Diakonus gewählt hätten. Er war mit den sieben bei Räthe zu Gast, und Luther holte ihnen zu Ehren ein kostbares Kristallglas hervor, das einst der heiligen Elisabeth, der unglücklichen Landgräfin von Thüringen, gehört haben sollte, schenkte es voll und ließ es am Tisch herumgehen. Im April 1542 kehrte Mathesius aus Wittenberg nach Joachimsthal zurück. Er starb hier als Pfarrer am 7. Oktober 1565.

Unter seinen zahlreichen Werken stehen seine Luther-Historien obenan, siebzehn Predigten, in denen er seiner Joachimsthaler Gemeinde in den Jahren 1562, 1563 und 1564 das Leben und Schaffen des großen Reformators vorgeführt hat. 1566 zu Nürnberg gedruckt und seitdem in ungezählten Auflagen und Auszügen verbreitet, sind diese Predigten die erste ausführliche Biographie Luthers auf protestantischer Seite. Die beiden Abschnitte, in denen er seine Zuhörer in Luthers Haus führt, beruhen fast ganz auf seiner großen Tischredensammlung. Aber auch in den andern Predigten hat er vieles, was er von Luther selbst gehört oder von andern Tischgenossen über ihn erfahren hat, mit großem Geschick in seine Darstellung verwoben. Dadurch hat seine Biographie Luthers einen unvergänglichen Wert. Freilich sein eigentliches Lebenswerk, die Blüte der evangelischen Kirche in Nordböhmen, ist durch die katholische Gegenreformation gewaltsam vernichtet worden. Von dem starken Baume, der seine Äste und Zweige weithin streckte, ist nur ein Wurzelstock übriggeblieben. Aber sehen wir nicht in unsern Tagen ein frisches Reis daraus hervorsprießen? Das Gedächtnis des treuen Joachimsthaler Seelsorgers ist an der Stätte seines Wirkens wieder lebendig geworden.

Wenig erfahren wir über Georg Plato, einen geborenen Hamburger, der 1537 Magister wurde und 1540 gleichzeitig mit Mathesius in Luthers Hause war. In Luthers Vermögensübersicht vom Jahre 1542 wird noch „Platon Stublin" erwähnt.

Kaspar Heydenreich oder Heyderich, geboren 1516 in Freiberg, folgte 1540 Mathesius im Rektorat zu Joachimsthal, gab aber schon 1541 diese Stelle wieder auf und kehrte nach Wittenberg zurück, wo er am 15. September 1541 Magister wurde. Seine Nachschriften von Luthers Tischreden fallen in die Jahre 1542 und 1543. Am 24. Oktober 1543 wurde er aus Wittenberg als Hofprediger der Herzogin Katharina, der Witwe Heinrichs des Frommen, nach Freiberg berufen. Er begleitete sie 1553 nach Torgau und war hier noch lange Zeit als Superintendent tätig. Erst am 30. Januar 1586 folgte er den übrigen Tischgenossen, die alle vor ihm heimgegangen waren, in den Tod nach.

Hieronymus Besold, ein geborener Nürnberger, studierte schon seit 1537 in Wittenberg, kam aber erst 1542 in Luthers Haus, nicht ohne Sorge vor Käthe, die ihm von seinem Landsmann Dietrich als eine herrische und habsüchtige Frau geschildert worden war. Er ist der Tischgenosse, von dem wir schon die Klage gehört haben, Käthe hätte ihm einen Auftrag für Nürnberg gegeben, das Bezahlen aber vergessen. Er war aber noch 1546 an ihrem Tisch. Erst nach Luthers Tode siedelte er zu Melanchthon über, weil Käthe in ihrer Trauer die Bursa aufzulösen gedachte. Noch in demselben Jahre kehrte er nach Nürnberg zurück. Er diente seiner Vaterstadt treu in Kirche und Schule, starb aber schon 1562 in seinem 42. Lebensjahre.

Der Wittenberger Johannes Stolz war in den vierziger Jahren als Dozent an der Universität in Luthers Umgebung und sammelte damals ebenfalls Luthers Tischreden. 1548 war er Hofprediger zu Weimar. Er starb am 15. Juni 1556.

Als letzter war Johannes Aurifaber, geboren 1519, in den Jahren 1545 und 1546 Luthers Tischgenosse und Famulus. Er begleitete ihn auch auf seiner letzten Reise nach Eisleben. Seit 1550 war er Hofprediger in Weimar, seit 1566 Pfarrer in Erfurt, wo er am 18. November 1575 starb. Er gab als erster Luthers Briefe und Luthers Tischreden, von denen er eine sehr große Sammlung zusammengebracht hatte, in den Druck und sammelte auch andere Schriften Luthers, allerdings betrieb er es fast gewerbsmäßig.

Außer diesen zwölf Männern haben noch andere gelegentlich an Luthers Tisch nachgeschrieben, so besonders Georg Rörer, der fast täglich um Luther war. Von einem sonst wenig bekannten Ferdinandus von Maugis berichtet Mathesius, er habe in seiner Bibel neben zahlreiche Sprüche deren Auslegung durch Luther an den Rand geschrieben. Joachim Mörlin, bis 1540 Diakonus an der Wittenberger Stadtkirche, ein beredter Prediger, verzeichnete später aus der Erinnerung manchen Nachtrag in seinem Handexemplar von Aurifabers gedruckter Sammlung. Auch Johann Crafft, geboren am 20. November 1519 zu Breslau, gestorben ebenda am 19. Oktober 1585, scheint eine größere Sammlung von Tischreden gehabt zu haben. Dieser Mann, der später als Doktor Crato von Crafftheim einer der berühmtesten Mediziner seiner Zeit war, kam 1534 als armer Student mit der Unterstützung des Breslauer Rats nach Wittenberg und blieb sechs Jahre in Luthers Haus. Wie hohe Ehren er später auch gewann, so bekannte er doch immer, das größte Glück seines Lebens wäre es, Luthers Tischgenosse gewesen zu sein. Seine Biographen behaupten sogar, der Hauptteil der Aurifaberschen Tischredensammlung ginge auf Cratos Nachschriften zurück. Aber das ist nachweislich ein Irrtum. Von der Beschaffenheit seiner Tischredensammlung kann uns eine Handschrift der Breslauer Stadtbibliothek eine Vorstellung geben; eigene Nachschriften Cratos sind wohl wenige darin. Noch weniger kann der Ohrdrufer Pfarrer Jakob Weber, den Aurifaber unter seinen Quellen nennt, mit eigener Hand an Luthers Tische nachgeschrieben haben, denn er war bei Luthers Tod noch ein Knabe.

Von jenen Zwölfen aber, die den engeren Kreis der Tischgenossen bilden, sind Lauterbach und Aurifaber die wichtigsten, ja lange Zeit kannte man überhaupt nur ihre großen Tischredensammlungen. Die Lauterbachsche Sammlung (Lutheri Colloquia) ist schon im 16. Jahrhundert einmal von dem Pfarrer Heinrich Peter Rebenstock überarbeitet und herausgegeben worden, aber in einer getreuen Ausgabe liegt sie erst seit 1863 vor uns; sie gibt uns den Text der Tischreden annähernd in der ursprünglichen Fassung, so wie Luther in dem Kreise seiner Freunde zu sprechen gewohnt war, Lateinisch und Deutsch durcheinander. Dagegen hat Aurifaber, dessen Sammlung (Luthers Tischreden) 1566 zu Eisleben gedruckt und später mehrmals wiederholt und überarbeitet worden ist, alles Lateinische ins Deutsche übersetzt und dabei zwischen Luthers kernige Worte häufig seine eigenen Gedanken und Sprüchlein eingeschoben. Beiden Sammlungen gemeinsam ist die Gruppierung der Tischreden nach rein praktischen Gesichtspunkten. Ursprünglich standen ja die einzelnen Reden in den Heften der Tischgenossen in der chronologischen Ordnung, so wie sie von Tag zu Tag an Luthers Tische nachgeschrieben worden waren. Aurifaber und Lauterbach haben aber die einzelnen Reden aus dem chronologischen Zusammenhang herausgerissen und lediglich nach dem Inhalte geordnet. Unter den Rubriken Gott, Engel, Teufel, Christus, Antichrist, das ist der Papst, Kardinäle, Bischöfe und Mönche, Könige, Fürsten und Herren usw. sind nun die bloß dem Inhalte nach zusammengehörigen, aber in den verschiedensten Jahren gesprochenen Reden nebeneinander gestellt. Für einen Geistlichen, der seine Predigt mit einem Worte Luthers würzen wollte, war diese Anordnung gewiß praktisch, aber für uns ist es viel wichtiger, zu wissen, in welchem Jahre Luther so oder so gesprochen hat, und welches der ursprüngliche Wortlaut seiner Äußerung ist. In dieser Beziehung sind die früher vernachlässigten Handschriften der einzelnen Tischgenossen unendlich viel wertvoller als Lauterbachs und Aurifabers Sammlungen, denn was diese preisgegeben haben, den ursprünglichen Text und die feste chronologische Unterlage, das bieten uns jene. —

Aus der großen Zahl der übrigen Tischgenossen sind zunächst zwei Männer als Doktoren der Theologie und wegen der Rolle, die sie eine Zeitlang an Fürstenhöfen spielten, hervorzuheben: Barnes und Schiefer.

Robert Barnes, geboren 1495, 1523 in Oxford zum Doktor promoviert, mußte zu der Zeit, da König Heinrich VIII. noch als „Verteidiger des christlichen Glaubens" auf der Seite des Papstes stand, aus England flüchten. Er lebte Anfang der breißiger Jahre in Wittenberg unter dem angenommenen Namen Antonius. Als Antonius Anglus wurde er auch am 20. Juni 1533 in die Matrikel eingetragen, doch hatte Melanchthon eigenhändig seinen wirklichen Namen „Robert Barns" dazugeschrieben. Als dann Heinrich VIII. aus sehr weltlichen Beweggründen von dem Papste zu den Protestanten abschwenkte, wurde Barnes in seine Heimat zurückgerufen, zum Kaplan des Königs ernannt und mehrmals mit wichtigen Angelegenheiten beauftragt. So war er 1535 ein Mitglied der englischen Gesandtschaft, die von den Wittenbergischen Theologen ein günstiges Gutachten darüber erwirken sollte, daß sich Heinrich VIII. aus gerechten Ursachen von seiner Gattin Katharina von Arragonien, der Tante Kaiser Karls V., scheiden lassen dürfte; die Engländer verhandelten in den ersten Monaten des Jahres 1536 hartnäckig mit den Wittenbergern, ohne jedoch alles, was sie wünschten, zu erreichen. Später verlor Barnes die Gunst des Königs wieder. Er endete im Juli 1540 auf dem Scheiterhaufen. Sein Tod war in Wirklichkeit kein Märtyrertod, vielmehr spielten in die religiösen Wirren, denen er zum Opfer fiel, allerlei politische, ja persönliche Streitigkeiten hinein, aber den ferner Stehenden erschien Barnes doch als ein Märtyrer. Das Glaubensbekenntnis, das er vor seinem Tode ablegte, wurde von Luther mit einer Vorrede veröffentlicht.

Wolfgang Schiefer, latinisiert Severus, stammte wohl aus dem oberösterreichischen Geschlechte der Schiefer von Freyling, die zwischen Steyr und Linz angesessen waren. Seit 1518 studierte er in Wien. Schon damals zog es ihn nach Basel, wo Erasmus und Beatus Rhenanus lehrten, aber die Nachricht, daß in der Schweiz die Pest wütete, hielt ihn in Wien zurück. Als aber die Seuche nach Bayern und schließlich auch nach Österreich übergriff, machte er sich im Frühjahr 1521 trotz des weiten Wegs nach Basel auf. Hier nahm sich Rhenanus seiner an. Nachdem er den Winter von 1522 auf 1523 in seiner Heimat in Everdingen verlebt hatte, studierte er seit dem Frühjahr 1523 zwei Jahre lang in Wittenberg. Darnach wurde er Präzeptor bei den Kindern seines Landsmanns Hans Hofmann, des einflußreichen, ebenfalls dem Protestantismus geneigten Rats und Schatzmeisters König Ferdinands I., und Hofmann brachte ihn schließlich an den Hof des Königs in Innsbruck. Daß Erzherzog Maximilian, deſſen Erziehung ihm anvertraut wurde, ſpäter als Kaiſer Maximilian II. den Proteſtanten ſehr günſtig geſinnt war, war wohl auch eine Folge der Lehren, die Schiefer in die Seele des jungen Prinzen ein= geſenkt hatte. Doch konnte ſeine Tätigkeit an dem ſtreng katholiſchen Hof und unter den Augen des päpſtlichen Nun= tius nicht lange unbeanſtandet bleiben. Schon 1538 oder 1539 mußte er ſeine Stellung aufgeben. Er ging zum zweitenmal nach Wittenberg und weilte hier 1539 und 1540 als gern geſehener und angeſehenſter Gaſt in Luthers Haus. Er ſaß bei Tiſch obenan, wie Matheſius berichtet, und er= zählte oft von dem, was er an dem Hofe des Königs ge= ſehen und erlebt hatte. Luther und Melanchthon wünſchten ihn in Sachſen feſtzuhalten, doch vergebens. Im Herbſt 1540 kehrte er mit einem Empfehlungsſchreiben Melanch= thons nach Öſterreich zurück.

Mehrmals mußte Michael Stiefel des Glaubens wegen flüchten. 1486 zu Eßlingen geboren, war er in das Auguſtiner= kloſter ſeiner Vaterſtadt eingetreten, hatte aber ſchon 1522 vor den Nachſtellungen der Öſterreicher, die damals die Herren in Württemberg waren, entweichen müſſen. Nachdem er kurze Zeit bei dem Ritter Hartmut von Cronberg, dem treuen, opferfreudigen Bekenner des Evangeliums, gedient hatte, kam er nach Wittenberg, fand bei Luther Aufnahme und gewann ſeine Freundſchaft. 1523 wurde er Hofprediger in Mansfeld, am 3. Juni 1525 aber ſandte Luther ihn als Prediger nach Oberöſterreich, wo ſich der junge Edel= mann Chriſtoph Jörger zu Tollet mit ſeiner Mutter Doro= thea und ſeinen Geſchwiſtern zu dem Evangelium bekannte. Dem Begleitbriefe, in dem Luther ſeinen Freund dem jungen Herrn Jörger als einen frommen, gelehrten, ſittigen und fleißigen Menſchen empfahl, folgte ſpäter noch mancher Brief mit wiederholten Dankſagungen Luthers und Käthes, denn die Jörgeriſchen bezeugten ihre Verehrung für Käthes Gatten durch reiche Geſchenke und Zuwendungen an ſein Haus und die Univerſität. Chriſtoph Jörger, der 1578 als Rat Kaiſer Maximilians II. ſtarb, blieb Zeit ſeines Lebens dem lutheriſchen Bekenntniſſe treu, ſeinen Prediger Stiefel aber vermochte er nicht auf die Dauer vor den Anfeindungen zu schützen, die ihn als Ketzer bedrohten, so daß er schon 1526 einmal flüchten mußte. In sein Amt zurückgekehrt, mußte er 1527 zum zweitenmal fliehen. In den ersten Tagen des Jahres 1528 war er wieder in Wittenberg, wo Luther und Käthe ihm in ihrem Hause gern eine Zuflucht gewährten. Mit Käthe war er wohl schon vor ihrer Verheiratung bekannt gewesen, denn er war einer der ersten, denen Luther seine Vermählung mit ihr mitgeteilt hatte, und er hatte ihr damals aus Tollet einen Brief mit den herzlichsten Glückwünschen gesandt.

Im Herbst 1528 wurde er Pfarrer in Lochau nahe bei Wittenberg, so daß Luther mit seinen Knaben ihm in die Kirschen fallen und ihn zu andern Freunden zu Gast laden konnte. Aber einige Jahre später kam es zwischen ihnen zu scharfen Worten. Stiefel, der ein guter Theolog und zugleich ein vortrefflicher Rechenmeister war, hatte aus Daniel, Ezechiel und der Apokalypse herausgerechnet, daß die Welt am 19. Oktober 1533 früh um 8 Uhr untergehen würde. Das Volk begann vor Schrecken und Angst unruhig zu werden, und während Stiefel selbst seine Bücher verschenkte, ohne darüber nachzudenken, was wohl ein anderer nach dem Weltuntergange damit anfangen sollte, legten seine Bauern die Hände in den Schoß. Vergebens suchte Luther seinen Freund brieflich und mündlich von seinen schwärmerischen und törichten Gedanken zur Vernunft zurückzuführen. Der „sittige" Mann tobte förmlich, warf Luther vor, der Geist wäre von ihm gewichen, nannte ihn einen zweiten Pilatus und Herodes; noch neun Jahre später sagte Luther, so böse Worte hätte ihm sein Lebtag kein Widersacher gegeben wie Stiefel.

Als nun der Tag kam, eilten viele von weit her, selbst aus Schlesien nach dem kleinen Lochau, um mit dem großen Propheten zu sterben. Aus Wittenberg aber wanderte am Abend vorher Peter Weller mit einigen Freunden hinaus, um in Luthers Auftrag alles zu beobachten. Und siehe, bei Tagesanbruch trompetete mächtig zwar nicht die Posaune des Jüngsten Gerichts, wohl aber das Horn des Kuhhirten, denn die Ochsen und Kühe würden zuerst daran glauben müssen, hatte Stiefel prophezeit, und um seinen Bauern diesen schmerzlichen Anblick zu ersparen, ließ er das Vieh so früh als möglich zum Dorf hinaustreiben. Danach hielt er in seinem Kirchlein eine lange Predigt, und dann war die Stunde da, unter dem lauten Geheule der Weiber, aber der Jüngste Tag kam nicht, wohl aber kamen um 9 Uhr Abgesandte des Kurfürsten, die setzten Stiefel auf einen Wagen und führten ihn nach Wittenberg. Er mußte seines geistlichen Amtes auf einige Zeit enthoben werden, bis er sich wieder beruhigt hatte, doch trug Luther ihm seine Verirrung nicht nach. Schon im Frühjahr 1535 hatte Stiefel die einträgliche Pfarre in Holzdorf bei Wittenberg inne. Er verschonte seitdem die Bibel mit seinen mathematischen Studien. Hochbetagt starb er als Professor der Mathematik und Diakonus an der Stadtkirche zu Jena im Jahre 1567.

Eine wunderliche Geschichte erzählte Luther selbst kurz vor seinem Tode von dem ungarischen Reformator Matthias Dévay, der als Student in den Jahren 1529 und 1530 freie Kost und Wohnung bei ihm gehabt hatte. In seine Heimat zurückgekehrt, hatte Dévay in Buda gepredigt und war deshalb von einem katholischen Geistlichen vor dem Statthalter verklagt worden. Dieser aber fällte ein salomonisches Urteil. Er ließ zwei Tonnen voll Pulver auf den Marktplatz bringen und sagte zu dem Ankläger und dem Beklagten, jeder sollte sich auf eine Pulvertonne setzen, dann wollte er die Lunte anzünden, und wer von dem Luftsprunge gesund wieder auf die Füße zu stehen käme, dessen Lehre sollte recht sein. Da sprang Dévay flugs auf die eine Tonne, der Papist aber war nicht zu bewegen, auf der andern Tonne Platz zu nehmen, und der Statthalter strafte den papistischen Pfaffen und erlaubte dem lutherischen, frei zu predigen. Zehn Jahre später aber mußte Dévay mit andern Glaubensgenossen aus Ungarn flüchten. Im Winter von 1541 auf 1542 war er wieder in Wittenberg. Von da aus ging er in die Schweiz. Hier aber schloß er sich in der Abendmahlsfrage der Lehre der Reformierten an.

Einen frühen Tod fanden fern von Wittenberg in Jerusalem die beiden Tischgenossen Peter Weller und Hined

Perknowsky. Peter Weller, ein jüngerer Bruder Hieronymus Wellers, war als Stipendiat des Herzogs Albrecht von Preußen seit 1529 in Wittenberg und von 1530 bis 1534 Luthers Tischgenosse. Er studierte Jurisprudenz und bekam deshalb manches anzügliche Wort von Luther zu hören. Er hatte im Schwarzen Kloster einen Hund bei sich, der schnüffelte nach jeder Schüssel, so daß Luther wohl wünschte, die Menschen wären so andächtig zum Beten wie Peter Wellers Hund zum Fressen. In diesen Jahren war auch ein jüngerer Bruder der beiden Weller, Matthias Weller, Organist in Freiberg, zu Besuch in Wittenberg, ein Mann, der gleich seinem Bruder Hieronymus unter Anfechtungen zu leiden hatte. Deshalb sandte Luther ihm einen Trostbrief, und er dankte dafür durch eine Sendung Borsdorfer und die Widmung eines Liedes. In einem launigen Briefe vom 18. Januar 1535 spricht nun wieder Luther seinen Dank hierfür aus und scherzt über die Säue (Fehler), die ihnen bei dem Singen des Liedes mit untergelaufen wären, was aber nicht die Schuld des Komponisten, sondern der Sänger wäre, und er schließt mit den Worten: „Solchen Scherz, bittet meine liebe Käthe, wollet für gut annehmen; und läßt Euch sehr freundlich grüßen." Auch Johannes Jöppel, dessen Vater Hoforganist Herzog Heinrichs des Frommen in Freiberg war, gehörte zu dem Freundeskreise der Weller und war im Schwarzen Kloster, wie Luther schreibt, ein fröhlicher, angenehmer Gast; er starb in jungen Jahren als Hofmusikus des Landgrafen von Hessen.

Nachdem Peter Weller 1534 sein Studium in Wittenberg abgeschlossen hatte, gewährte ihm sein Gönner Herzog Albrecht auch noch die Mittel, die berühmten italienischen Universitäten zu besuchen. Der Herzog war nicht eben angenehm überrascht, als die Kunde kam, Weller hätte von Italien aus eine Wallfahrt nach Jerusalem angetreten, und auch Luther wird diese Reise seines Tischgenossen gemißbilligt haben, denn er sah es nicht gern, daß Neugier, wenn auch eine fromme Neugier die Leute immer noch zu den heiligen Stätten trieb; anstatt nach Rom, Jerusalem und

Compostella zu pilgern, sollten sie lieber durch die Psalmen, Propheten und Evangelien spazieren!

Wellers Reisegefährte, der böhmische Edelmann Ignaz oder Hineck Perknowsky — in der Wittenberger Matrikel steht er im Winter von 1530 auf 1531 als Hineck Perknousky von Berknaui — gehörte zu der böhmischen Brüdergemeinde und weilte als Hofmeister des jungen Burggrafen Borziwog von Dohna in Luthers Hause. In den Tischreden wird er gewöhnlich nur mit seinem Vornamen, zuweilen mit dem Zusatz „ein böhmischer Herr" genannt. Er war wohl schon in Italien mit Peter Weller zusammen und begleitete ihn nun auch in das Heilige Land, aber hier wurden beide wie so viele deutsche Pilger in Jerusalem vom Fieber hinweggerafft, Ende 1535 oder Anfang 1536. Die Bücher, die Weller als Stipendiat des Herzogs Albrecht gekauft hatte, standen noch lange im Schwarzen Kloster; erst 1538 ließ Käthe durch Melanchthon den Herzog bitten, diese Bücher ihren drei Söhnen zu schenken, und der Fürst willfahrte ihrem Gesuch.

. Gleichzeitig mit den Wellern waren die beiden Brüder Heinrich und Johann Schneidewein aus Stolberg am Harz in Luthers Haus. Beide studierten die Rechte. Heinrich, geboren 1510, wird schon 1530 unter den Tischgenossen genannt. 1534 ging er mit Peter Weller nach Italien. Nach seiner Rückkehr als Doktor beider Rechte war er 1538 wieder an Luthers Tisch und sprach oft von seiner Reise. Er wurde dann kurfürstlicher Rat zu Torgau und Weimar, später Professor zu Jena, wo er am 7. Mai 1580 starb; er war mit Wolfgang Reißenbuschs Witwe Anna, geborener Erzäger, vermählt. Sein jüngerer Bruder Johann Schneidewein, geboren 1519, kam ebenfalls schon 1529 als Knabe nach Wittenberg. Er war einer von Dietrichs Dißzipeln. In jugendlichem Alter verlobte er sich 1539 mit Christian Dörings Tochter Anna. Seine Mutter, die verwitwete Frau Ursula Schneidewein in Stolberg, scheint darüber nicht sehr erfreut gewesen zu sein, aber so energisch Luther sonst gegen eigenmächtige und unkluge Verlobungen einschritt, diesmal schien ihm alles für eine eheliche Verbindung der beiden jungen Leute zu sprechen, und er schrieb deshalb für seinen Tischgänger dreimal an seine hartnäckige Mutter. Doktor Johann Schneidewein lehrte später als Professor der Jurisprudenz in Wittenberg, und seine Frau schenkte ihm sechzehn Kinder. Durch ihn wurde 1554 der Erbteilungsvertrag zwischen Käthes Kindern aufgesetzt. Er starb am 4. Dezember 1568.

Unter den älteren und reiferen Tischgenossen pflegte Luther seinen Famulus und den Präzeptor seiner Kinder auszuwählen, wobei er, wie es scheint, die Ärmeren bevorzugte.

Sein erster Famulus Wolfgang Sieberger, ein geborener Münchener, dem wir schon 1517 im Schwarzen Kloster begegnet sind, war offenbar der von Jahr zu Jahr gesteigerten Arbeitslast nicht gewachsen, und obgleich er schon seit 1515 eine Zeitlang in Wittenberg studiert hatte, war er wohl auch für die Aufgabe, einem Luther bei seinen Schriften und Briefen an die Hand zu gehen, nicht gewandt, gelehrt und schreibfertig genug. Es bezeichnet seine Stellung im Schwarzen Kloster, daß Luther ihn in einem Atem mit Käthes Köchin Dorothea nennt: „Knechte und Mägde im Hause haben's besser denn ihre Herren und Frauen selbs, denn sie haben keine Haussorge; verrichten und tun nur ihre Arbeit. Mein Wolf und Orthe, mein Famulus und Köchin, die haben's viel besser denn ich und meine Käthe." Die Aufträge, die Wolf zuweilen von Käthe erhielt, wenn Luther auswärts war, betrafen auch lediglich wirtschaftliche Angelegenheiten, wie die Pflege der Maulbeerpflanzen oder das Abziehen des Weins. Die Versendung der Bücher ging durch seine Hand. Mit einem wichtigen Briefe wurde er hinausgeschickt, rasch einen Eilboten zu mieten. Als aber Luther 1529 seine erste größere Reise nach Marburg antrat, nahm er nicht seinen Wolf, sondern Veit Dietrich als seinen Famulus und Sekretär mit sich.

Was Wolf an Geist und Wissen abging, ersetzte er durch seine Treue. Er ist ein würdiges Gegenstück zu Melanchthons Famulus Johannes Koch, der sein ganzes Leben dem Dienste seines Herrn weihte; so diente auch Wolf Sieberger im Schwarzen Kloster bis zu Luthers Tod, ja darüber hinaus bis an seinen eigenen Tod. Zuweilen hören wir über ihn ein Wort des Tadels. Er brachte es gut fertig,

über der Arbeit rasch einmal einzuniden. Er fand für den
Verkehr mit seinem Herrn nicht immer die rechte Stunde.
War etwas schief gegangen, so wollte niemand schuld daran
sein. Aber trotz seinen kleinen Fehlern stand er doch unter
Käthes Oberaufsicht dem ganzen Gesinde vor, und in den
Wirtschaftsangelegenheiten hatte er ein gewichtiges Wort
mitzusprechen. Deshalb sagte Luther einmal scherzend, er
selbst hätte es schlechter als Aaron, denn dieser hätte nur
einen Moses über sich gehabt, während er drei höhere
Herren hätte, Rörer, Wolf und seine Käthe, das wären
drei Moses auf einmal.

Durch väterliche Fürsorge vergalt er die Treue seines
Dieners. Schon 1535 dachte er daran, ihm ein Altenteil
zu schaffen, indem er ihm von dem Gnadengeld, das der
Kurfürst ihm zugewiesen hatte, Brisgers Häuschen kaufte.
Wolf hatte schon damals einen kranken, schwachen Arm. Aber
er scheint es nicht übers Herz gebracht zu haben, seinen
Herrn zu verlassen. Als Luther ihn zu dieser Zeit einmal
fragte: „Was wirst du tun, Wolf, wenn ich bald sterben
sollte? Möchtest du auch bei meiner Frau bleiben?" da
antwortete Wolf: „Ich weiß es nicht, aber ich wünschte
ebenfalls zu sterben, wenn du, mein Vater, gestorben bist."
Und wenn wir den Brief lesen, den Luther im Herbst 1534
an Wolf geschrieben hat, dann können wir es dem alten,
treuen Menschen nachfühlen, daß ihn die innigste Liebe und
Verehrung für einen solchen Herrn bis an sein Ende im
Schwarzen Kloster festhielten.

Dieser Brief, einer der launigsten, die Luther je geschrieben hat, betrifft Wolfs Vogelherd. Wolf war in dem
Gärtchen, das sein Herr um 20 Gulden für ihn gekauft
hatte, zu einem Vogelsteller geworden. Da lauerte er nun
mit seinen alten Netzen, daß die Vögel in Scharen zufliegen
sollten, und wenn nur vier oder fünf auf die Lockspeise
eingefallen waren, rührte er keinen Finger, sondern dachte:
„O, ich will warten, bis ihrer mehr kommen!" Inzwischen
flogen die satten Gäste davon. Aber zuweilen glückte ihm
doch ein Zug, und als er im Herbst 1534 seinen Herd
aufs neue zugerichtet hatte, erhielt er von Luther einen
langen Brief, den hatten die Amseln, Drosseln, Finken,

Hänflinge und Stieglitze samt andern Vögelchen, die über Wittenberg nach Süden reisen wollten, ihrem günstigen Herrn Doktori Martino Luthern, Prediger zu Wittenberg, geschickt. Darin erhoben sie die Anklage, daß einer, genannt Wolfgang Sieberger, des Herrn Doktoris Diener, ihnen mit etlichen alten, verdorbenen Netzen, die er teuer gekauft hätte, nach dem Leben zu trachten wagte. Sie erlaubten ihm zwar, des Abends Körner zu streuen, aber sie verlangten, daß er des Morgens nicht vor 8 Uhr aufstünde — armer Wolf! — und auf den Herd hinausginge; würde er ihnen aber noch weiterhin freventlich nachstellen, so wollten sie Gott bitten, daß sich ihm des Tages Frösche, Heuschrecken und Schnecken in sein Netz und zur Nacht Mäuse, Flöhe und anderes Ungeziefer in sein Bett setzten. Er sollte doch lieber gegen Sperlinge, Schwalben, Elstern, Dohlen, Raben, Mäuse und Ratten zu Felde ziehen als gegen fromme, ehrbare Vögel.

Eine vollständige Reihe derer, die Luther in der Stellung eines Famulus gedient haben, läßt sich nicht wiederherstellen. Es sind unbedeutende Männer darunter wie jener Braunschweiger Johannes Rischmann, der im Februar 1532 sein Amt niederlegte und Diakonus in Husum wurde, aber auch sehr tüchtige Gelehrte wie Dietrich und Aurifaber. Vielleicht der einflußreichste war Jodokus Neuheler, Neobolus genannt, geboren 1504 zu Ladenburg in der Oberpfalz, seit 1532 Student in Wittenberg, von 1536 bis 1538 Luthers Tischgenosse. Mehrere Briefe der Straßburger Butzer und Capito und des Ulmer Pfarrers Martin Frecht zeigen, daß Neobolus bei den Verhandlungen über die Konkordie zwischen den Süddeutschen und Schweizern und den Wittenbergern eine Vertrauensstellung inne hatte. Er war auch der erste, der Luther Ende März 1537 die ketzerischen Lehrsätze seines Freundes Agrikola vorlegte. Später war er Pfarrer zu Endingen in Württemberg und bewährte sich als ein sehr tüchtiger Theologe, so daß ihn sein Herzog Christoph im Jahre 1552 in der Begleitung des schwäbischen Reformators Johann Brenz auf das Tridentinische Konzil sandte. Er starb zu Endingen am 28. Juli 1572.

Auch die Hauslehrer oder Präzeptoren von Luthers Kindern werden nur gelegentlich erwähnt. Noch gleichzeitig mit Hieronymus Weller, der sich als erster des jungen Hans Luther angenommen hatte, war Georg Schnell aus Rothenburg ob der Tauber im Schwarzen Kloster, ein armer Geselle, deshalb bat Luther Anfang 1533 für ihn bei dem Rate seiner Vaterstadt um eine Unterstützung: „Es ist Euer Stadtkind, des Ihr kein Schande habt, gelehrt und fromm, mein täglicher Haus= und Tischgenoß, des ich ihm muß gute Kundschaft und Zeugnis geben." Drei Jahre später bezeichnet sich Schnell selbst als paedagogus von Luthers Kindern. Am 7. Oktober 1537 wurde er als Pfarrer nach Herzberg ordiniert. Er war ein guter Prediger, und seine Herzberger ließen ihn ungern ziehen, als er 1540 auf die Wittenberger Universität zurückkehrte. Später war er als Geistlicher neben Schlaginhaufen in dem Fürstentum Anhalt tätig.

Sein Nachfolger wurde vielleicht Magister Johann Sachse, Saxo, Saxonius, auch Holstein genannt, denn er war ein Dithmarsche, der Sohn eines Bauern zu Hattstedt in den Elbherzogtümern. Wegen seines brandroten Haares wurde er 1538 von Lemnius in mehreren Epigrammen verspottet. Schon Anfang der dreißiger Jahre dozierte er als junger Magister an der Universität, war auch 1533 und wieder 1539 Dekan der philosophischen Fakultät, 1544 im Sommersemester sogar Rektor, aber auf eine ordentliche Professur wartete er vergebens, trotz Luthers wiederholter warmer Empfehlung. Wie Dietrich und Mathesius, hatte er einige Knaben in Luthers Hause bei sich; vielleicht unterrichtete er auch Luthers Knaben eine Zeitlang. Luther schildert ihn dem Kurfürsten als eines ehrbaren, frommen Gemüts und stillen Wesens; um so auffälliger ist, daß Besold ihn einen unsittlichen und ganz Epikureischen Menschen nennt, aber der junge Besold scheint überhaupt mit Vorwürfen ziemlich verschwenderisch und in seinen Ausdrücken nicht eben wählerisch gewesen zu sein. Sachse wendete sich schließlich juristischen Studien zu und weilte noch 1544 ohne Anstellung im Schwarzen Kloster. In einem vertrauten Gespräche gab er damals Melanchthon alle Schuld daran, daß er keine Professur erhielte: Melanchthon sähe es lieber, daß seine Landsleute, die Süddeutschen, als ein Sachse befördert würden. Käthe scheute sich nicht, über diese heikle Angelegenheit mit Melanchthon selbst zu verhandeln, aber dieser war über den Vorwurf, der gewiß mit Unrecht gegen ihn erhoben wurde, sehr erregt und beunruhigt. Sachse war später in wechselnder Stellung als Jurist, Historiker und Theolog tätig und starb am 16. März 1561 als Domdechant zu Hamburg.

Ausdrücklich als Hauslehrer von Luthers Kindern werden endlich noch ein Magister Franz aus Flandern und Ambrosius Rudtfeld aus Delitzsch genannt. Magister Franz — sein Familienname war Bock — war schon Anfang 1539 bei Luther und verließ Wittenberg im Frühjahr 1541, um in einem weiten Umweg über Oberdeutschland, wo damals Kaiser und Reich zu Regensburg tagten, in seine Heimat zurückzukehren. Rudtfeld begleitete Luther auf seiner letzten Reise nach Eisleben und blieb auch noch nach Luthers Tod eine Zeitlang bei Käthe und den Kindern.

Wir haben eine große Zahl Namen und Daten an uns vorüberziehen lassen müssen, um von Käthes Bursa einigermaßen eine Vorstellung zu gewinnen. Aber ohne diese Einzelheiten wäre ihr Lebensbild unvollständig. Die Kostgänger und die Wittenberger Freunde bildeten den Kreis, in dessen Mittelpunkte sie selbst neben ihrem Gatten als die Frau Doktorissa stand. Mochten einzelne über ihre straffe Herrschaft murren, sie war eben doch in ihrem Hause die Herrin, die domina und δέσποινα, wie selbst Melanchthon sie nennt, und sie mußte es sein, um einen so vielköpfigen Haushalt in Zucht und Ordnung zu erhalten.

Die Sorge für ihre Tischgenossen beanspruchte freilich einen guten Teil ihrer Kraft. Es fehlte auch nicht an Kummer und Leid. Immer wieder berichten Luthers Briefe von Seuchen, und wie oft mögen Krankheiten in das Schwarze Kloster eingezogen sein, ohne daß wir davon hören. Käthes Pflege waren ja auch die jungen Knaben anvertraut, die mit ihren Präzeptoren bei ihr wohnten. Wittenberg war damals keine gesunde Stadt. Kinderkrankheiten wie Masern und Pocken und pestartige Seuchen brachen immer von neuem

aus, und das Wechselfieber, das in den feuchten Elb=
niederungen heimisch war, suchte nicht nur Luther und Käthe
und ihre eigenen Kinder heim, es warf auch manchen von
den fremden Knaben aufs Krankenlager, und Doktor Augu=
stin Schurfs Kunst vermochte nicht in allen Fällen zu helfen.

Am 20. April 1532 starb einer von Dietrichs Zög=
lingen, Johannes Zink, ein lieber Bube, dessen Tod Luther
sehr weh tat, denn er war fein still, züchtig und im Studium
sonderlich fleißig gewesen und hatte des Abends in der
Tafelrunde mit heller Stimme lieblich mitgesungen. Luther
und Käthe hatten es fürwahr an Fleiß, Sorge und Arznei
nicht mangeln lassen, und Käthe hatte wohl manche Stunde
an dem Lager des Kranken gesessen, so daß ihr Gatte in
diesen Tagen einmal sagte: „Wo keine Frau ist, da seufzt
der Kranke, denn sie ist zum Pflegen geboren." Aber trotz
aller Pflege war die Krankheit übermächtig geworden, hatte
ihn hinweggenommen und zu unserm HErrn Jesu Christo
in den Himmel gebracht. Vier Wochen lang hatte er krank
gelegen, wie Dietrich berichtet, und am Tage vor seinem
Tode hatte er noch seinem Präzeptor die Hand zum Ab=
schied gereicht: „Lieber Herr Magister, ich sage Euch Lebe=
wohl!" „Wohin willst du denn gehen?" hatte Dietrich
den Knaben gefragt, und der Sterbende hatte erwidert:
„Zu Christus!" Seine Mitschüler, die an seinem Sterbe=
lager standen, hatte er noch mit brechender Stimme zu allem
Guten ermahnt, dann war er in dem festen Glauben an
Gottes Gnade eingeschlafen. Dem armen Vater Thomas
Zink zu Hofheim schrieb Luther einen herzlichen Trostbrief.

Dagegen hat man den Trostbrief, den Luther im De=
zember 1544 an den Bergschreiber Georg Hösel in Marien=
berg im sächsischen Erzgebirge gerichtet hat, und in dem er
von dem Tode dreier junger Studenten spricht, irrtümlich
dahin verstanden, als wären diese drei oder wenigstens zwei
davon Luthers Tischgenossen gewesen. Der erste, ein junger
Lüneburger, war im August 1544 gestorben, der andere,
Magister Theobald Fontejus aus Straßburg, am 27. Oktober
und der dritte, Hieronymus Hösel aus Marienberg, im De=
zember desselben Jahres. Die drei Anschläge, in denen der
Rektor der Universität die Studenten auffordert, ihren Kom=

militonen die letzte Ehre zu erweisen, zeigen deutlich, daß keiner von ihnen bei Luther und Käthe gewohnt hat. Wohl aber kündigt der Rektor am 6. September 1548 das Begräbnis eines Studenten an, der im Schwarzen Kloster gewohnt hatte; damals war der Bursa, die Käthe nach dem Tode ihres Gatten wieder um sich gesammelt hatte, ein Mitglied durch den Tod entrissen worden. —

Zu Käthes Hausgenossen gehörte endlich noch das zahlreiche Gesinde. Erwähnt werden mehrere Mägde oder Dienerinnen — im Mai 1538 lagen zwei auf einmal am Fieber danieder —, die Köchin Dorothea, der Kutscher, der Schweinehirt Johannes und mehrere Knechte oder Tagelöhner. Daß einer von diesen plötzlich aus dem Dienst lief und sich in der Stadt mit einem übel beleumundeten Mädchen einließ, war schon schlimm. Schlimmer noch trieb es 1538 ein Tagelöhner Käthes, ein sehr fleißiger und guter Mensch, sanft wie ein Lamm, wenn er nüchtern war, aber in der Trunkenheit ein wahrer Kampfhahn. Am 10. Februar, an einem Sonntag, prahlte er den ganzen Tag in der Stadt herum, er wäre Luthers Diener, und schlug endlich im Rausch einen zu Tode; zur Besinnung gekommen, nahm er unter Tränen von seiner Frau Abschied und entwich, das arme Weib mit drei Knaben im Stiche lassend.

Die schlimmste von allen war 1541 eine Abenteurerin, die sich als ein edles Fräulein Rosina von Truchseß bei Luther und Käthe einführte und vorgab, eine arme Nonne zu sein. Es stellte sich bald heraus, daß das erlogen war, und als Luther selbst sie vornahm, bekannte sie ihm, sie wäre aus Münnerstadt in Franken, die Tochter eines Bürgers, der im Bauernkrieg als Aufrührer enthauptet worden wäre; sie bat flehentlich, ihr um Gottes willen zu vergeben, daß sie sich einen falschen Namen beigelegt hätte, und sich ihrer zu erbarmen. Und Luther in seiner grenzenlosen Gutherzigkeit gewährte dieser Schwindlerin gegen das Gelöbnis, nicht mehr zu lügen, freie Aufnahme in seinem Hause! Aber sie log und trog weiter, griff diebisch in Küche und Keller und Kammern und ergab sich insgeheim dem unsittlichsten Leben. Luther frohlockte, als Käthe endlich im August 1541 hinter ihre Schliche kam und ihr die Tür wies. Als aber nach und nach alle ihre Schandtaten offenbar wurden, da beklagte er fast, daß Käthe sie Knall und Fall fortgeschickt hatte, denn eine solche verlogene, diebische Schälkin hätte verdient, gesäckt zu werden, die Elbe hätte denn nicht Wasser genug gehabt. Sein Zorn erwachte von neuem, als die Landstreicherin von Pfarrhaus zu Pfarrhaus zog, überall lügend und stehlend und nirgends angehalten. Als endlich die Kunde kam, sie wäre in Leipzig, schrieb er am 29. Januar 1544 an den ihm wohlbekannten Stadtrichter Johann Göritz und bat ihn, die angebliche Truchsessin scharf im Auge zu behalten. — Wegen einer „andern Rosina" fragt er 1545 bei Käthe an, ob dieser Betrüger und Bösewicht schon ins Gefängnis gesetzt worden sei? Damals scheint also ein Mann im Schwarzen Kloster es ähnlich getrieben zu haben wie vier Jahre zuvor Rosina.

Die Schuld daran, daß Luther und Käthe auch an ihrem Gesinde wiederholt schlimme Enttäuschungen erlebten, lag offenbar in ihrer allzu großen Vertrauensseligkeit. Luther gab selbst zu, daß er leicht zu täuschen und zu betrügen wäre, weil er alle Menschen für gut hielte oder an ihre Besserung glaubte; er sagte zwar, nun hätten ihn seine üblen Erfahrungen gewitzigt, aber er ließ sich doch immer wieder durch heiße Bitten und heuchlerische Versprechungen täuschen. Selten zeigte er sich so vorsichtig zurückhaltend wie gegen Hartmuts von Cronberg Schwester Lorichia oder Lorche. Sie war in erster Ehe mit dem edeln Herrn Wolf Kämmerer von Worms genannt Dalberg vermählt gewesen und hatte sich als Witwe von einem reichen Juden Jakob, den sie sehr liebte, entführen und ehelichen lassen. Erst in Erfurt fanden ihre Angehörigen ihre Spur wieder. Sie sandten Reisige aus, sie zurückzubringen. Diese begegneten auf der Straße zufällig dem Juden, der hoch zu Roß wie ein Edelmann einherzog, erkannten ihn und stachen ihn nieder. Lorche, die unterdessen nach Schlesien geflüchtet war, wurde von ihren Angehörigen zurückgerufen, aber unterwegs wurde sie im Sommer 1535 in Wittenberg von ihrer Niederkunft überrascht. Luther hatte sie bei sich aufgenommen. Er hob auch ihr Kind aus der Taufe. Als aber einige Monate vergangen waren, mochte er sie nicht länger bei sich behalten, denn sie enthüllte ihm nicht, wer sie wäre, und er erkannte doch, daß sie eine vornehme Frau war. Darum sandte er sie mit einem warmen Empfehlungsbrief, aber auch mit der Warnung, vorsichtig zu sein, nach Eisenach zu Justus Menius. Erst als ihr Bruder Hartmut auf der Suche nach ihr in Wittenberg eintraf, wurde alles offenbar, und jetzt erst konnte Luther, was er gern schon früher getan hätte, der schwer geprüften Frau die völlige Verzeihung ihres Bruders erwirken.

Für Luthers und Käthes Barmherzigkeit gibt es kein herrlicheres Zeugnis als das, daß sie sich durch die schmerzlichsten Enttäuschungen nicht abschrecken ließen, immer wieder zu helfen. Über den Undank der Welt klagte Luther zwar oft, aber für sich selbst erwartete er keinen Dank. Bereitwillig nahm er jede neue Bürde auf sich, mit der sich kein anderer beladen mochte, und tröstete sich: „Luther hat einen starken Rücken, er wird auch diese Last tragen." Und als Käthe einmal über die Untreue und den Ungehorsam ihres Gesindes klagte, tröstete er sie mit den Worten: „Eine vortreffliche Gottesgabe ist ein reiner und treuer Diener, aber ein seltener Vogel auf Erden." Auch sonst hören wir gelegentlich von kleineren Vergehen, wenn Luther ungeduldig über die Saumseligkeit seiner Leute spricht, oder wenn er im Scherz bei Link in Nürnberg einen recht großen unzerbrechlichen und sich selbst putzenden Leuchter bestellt, dem die Mägde weder im Wachen noch im Schlafen etwas anhaben könnten; allzu hitzig wäre im Haus ebenso schädlich wie allzu säumig. „Du weißt ja", fügt er hinzu, „was für Sitten und Charakter das Gesinde jetzt hat." So fehlte es auch hier nicht an Verdrießlichkeiten, ja der Klagen sind mehr als der Lobsprüche, aber unsere Überlieferung ist hier ebenso einseitig wie über die Erziehung der Kinder und Pflegekinder. Jedes schlimme Ereignis wird gebucht; von dem Guten hören wir selten, und doch war das Gute gewiß die Regel und das Schlimme nur die Ausnahme. Wie hätte sonst ein so großes Haus gedeihen können! Sicherlich hielt Käthe ihr Gesinde ebenso fest zusammen wie das ganze übrige Hauswesen und ging ihren Dienstboten als Herrin mit dem besten Beispiele voran. Darum schreibt ihr Gatte: „Die Augen der Hausfrau kochen besser als Magd, Knecht, Feuer und Kohlen."

Freunde und Gastfreunde.

„Ist es nicht ein ganz schändlich Ding und Teufels Trug in uns, daß wir einem Menschen mehr vertrauen als Gott? Ich versehe mich zu meiner Käthe, zu Philippus, zu euch mehr Guts, denn zu Christus, und weiß doch, daß keiner von euch solches für mich litte, wie Christus erlitten hat." Diese Worte sprach Luther Anfang 1532 zu seinen Tischgenossen, und sein ganzes Leben wird erfüllt und getragen von dem felsenfesten Vertrauen, das er seinen nächsten Freunden und Mitarbeitern entgegenbrachte. Ja, es war mehr als Freundschaft, was ihn mit Philipp Melanchthon verband. Seit jenen Augusttagen des Jahres 1518, da das große „Männlein" aus Bretten in Wittenberg eingezogen und an seine Seite getreten war, fühlte er sich wie verwachsen mit ihm. Neidlos bewunderte er an ihm die Meisterschaft in der Beherrschung der alten Sprachen, das tiefe Eindringen in die Heilslehren der Schrift, die Klarheit und Folgerichtigkeit in der Entwicklung der Gedanken. Die begeisterte Liebe zu dem neugewonnenen Freund gipfelte in der Hoffnung, er selbst wäre wohl nur der Vorläufer, der den Weg zu bereiten hätte, und Magister Philippus wäre dazu berufen, das Werk zu vollenden.

In dieser Erwartung sah er sich freilich während seines Aufenthalts auf der Wartburg durch Melanchthons schwächliche Haltung enttäuscht. Melanchthon war nicht dazu geschaffen, der neuen Kirche den Grund zu legen und die Pfeiler aufzurichten, die das Gewölbe tragen sollten. Aber für den inneren Ausbau war er der rechte Mann. Luther selbst vergleicht sich einmal mit dem Waldrechter, der im Forste die Stämme fällt und aus dem Gröbsten bearbeitet, Melanchthon aber mit dem Tischler, dessen Hobel die Unebenheiten glättet. In der Bewunderung seines Mitarbeiters ließ er sich durch die Erkenntnis seiner Schwächen nicht herabstimmen. Mit herrlichen Worten pries er immer und immer wieder, was Wittenberg, Deutschland, ja die ganze gebildete Welt dem Magister Philippus zu danken hätten. Allen Versuchen, den Freund von ihm abzudrängen, widerstand er, ja ihm gegenüber war er zuweilen sogar dazu geneigt, zu dulden, was er von keinem andern hingenommen hätte: Abweichungen in der Lehre, wenn sie nur nicht die Grundlagen berührten. Noch 1540 sagte er von ihm: „Das Männlein ist fromm, und wenn er schon unrecht tät, so meint' er's doch nicht arg, sondern er wäre voreingenommen."

Und Melanchthon fühlte sich in den ersten Jahren von Luther angezogen und festgehalten wie der Stahl vom Magneten. Unter Luthers Einfluß wurde der Gelehrte zum Theologen, der Humanist zum Reformator. Mit seinen 24 Jahren stand er an der Spitze der Universität, als Luther 1521 nach Worms zog. Aber die religiösen Wirren, denen Wittenberg in Luthers Abwesenheit verfiel, und die Unruhen, denen Melanchthon hilflos gegenüberstand, während Luther sie nach seiner Rückkehr lediglich durch die Gewalt seines Wortes in kürzester Zeit dämpfte, hinterließen in Melanchthons Seele einen Stachel, der sich immer tiefer eingrub. Es war nicht nur die Erkenntnis, daß er eben doch nur der zweite war; es beunruhigten ihn auch die Sorgen: Roheit und Unvernunft, wie sie schon in den Wittenbergischen Unruhen hervorgetreten waren und dann im Bauernkriege alle Schranken der Gesittung und des Gesetzes durchbrachen, möchten die Blüte der Wissenschaften knicken; und zugleich stiegen Zweifel in ihm auf, ob er als Theolog an seiner Stelle stünde, ob es nicht vielmehr die ihm von Gott gesetzte Bestimmung wäre, seine ganze Kraft den Wissenschaften zu widmen und ihren Verfall aufzuhalten.

Seine Verbindung mit Luther und der Theologie war zwar schon zu innig, als daß er sie je wieder hätte lösen können. Aber in seinen vertrautesten Briefen begegnen wir nun zuweilen der Sehnsucht, sich ganz den Wissenschaften hingeben zu dürfen, bald auch Klagen, endlich sogar harten Worten über die Abhängigkeit, ja Dienstbarkeit und Knechtschaft, worin er von Luther gehalten würde. Daß diese Klagen aber mehr der Ausfluß augenblicklicher Verstimmungen als der Ausdruck seiner dauernden Gesinnung gewesen sind, geht schon aus der Tatsache hervor, daß er trotz allem bis zu Luthers Tod in seiner Stellung ausharrte und nach Luthers Tod in die ihm nun allein gebührende erste Stelle einrückte. Ein Mann, wie er, wäre doch überall mit offenen Armen aufgenommen worden! Was hätte ihn abhalten können, die

Ketten, von denen er in seinen Briefen spricht, zu brechen? Nur die Gewißheit, daß er in allen wesentlichen Lehren mit Luther einig war, und die Überzeugung, daß er in Wittenberg unentbehrlich war, vermochten ihn zu halten. Er blieb, trotz allen seinen Klagen, unbeirrt auch durch die lockenden Anerbietungen von gegnerischer Seite. Wir dürfen deshalb jenen Briefen nicht allzuviel Gewicht beilegen. Seine empfindliche und leicht erregbare, selbstquälerische und argwöhnische Natur sah manches wohl schlimmer, als es in Wirklichkeit war.

Die schlimmsten Jahre waren 1536, 1537 und 1538. Im August 1536 hatte Cordatus den Streit begonnen, indem er in der Rechtfertigungslehre einen Punkt herausgriff, in dem Melanchthon und Kreuziger in der Beurteilung der Notwendigkeit guter Werke von Luther abzuweichen schienen. Der Angriff war sehr bedenklich für Melanchthon, denn Cordatus galt mit Recht für einen der Allergetreuesten unter Luthers Anhängern, und er stand mit seinem Mißtrauen nicht allein. Luther selbst war anfangs heftig erregt, ließ sich aber doch nicht mit fortreißen. Wenn er auch während seiner Erkrankung in Schmalkalden sorgenvoll in die Zukunft blickte, gewann er doch bald die feste Zuversicht zurück, daß sein Lebenswerk nach seinem Tode nirgends besser aufgehoben sein könnte als in Melanchthons und Kreuzigers Händen. Eine freundschaftliche Aussprache zwischen den beiden Freunden im Frühling 1537 entzog Cordatus, der sich nur schwer zu beruhigen vermochte, für seine weiteren Angriffe den Boden.

Aber der Zwiespalt, der hier zwischen dem Führer der Protestanten und seinem bedeutendsten Mitarbeiter zu klaffen schien, hatte nicht verborgen bleiben können. Der Kurfürst blickte mißtrauisch auf Melanchthon. Angesehene Katholiken hielten die Zeit für günstig, ihn für Rom zu gewinnen. Und im Sommer 1537 entnahm Doktor Jakob Schenk einem vertraulichen Briefe, worin Melanchthon den Genuß des Abendmahls in einerlei Gestalt unter dem Drucke katholischer Obrigkeiten für zulässig erklärt hatte, die Waffen zu einem neuen Angriff. Wiederum stieß Luther nach anfänglichem Aufbrausen das Schwert in die Scheide zurück, wehrte das Mißtrauen des Kurfürsten und seines Kanzlers Brück ab und ließ es nicht zu der Untersuchung kommen, die Melanchthon bedrohte; er erklärte vielmehr, mit ihm sein Herz teilen und für ihn beten zu wollen.

Auch das Ärgernis, das 1538 durch Melanchthons Schüler Simon Lemnius und seine Epigramme über Wittenberg gebracht wurde, hinterließ in Luthers Seele wohl kaum mehr als eine vorübergehende Verstimmung.

Und die Sturmwolken, die in diesen Jahren über Wittenberg dahinjagten, wären wohl überhaupt nicht so bedrohlich heraufgezogen, hätte sich Melanchthon Luther gegenüber völlig offen gezeigt. Die freundschaftliche Unterredung der beiden Männer hatte im Frühjahr 1537 alle Mißverständnisse zerstreut; eine rückhaltlose Aussprache zwischen ihnen hätte gewiß auch die noch gefährlicheren Angriffe Schenks viel früher haltlos in sich zusammensinken lassen. Käthe beklagte es schmerzlich, daß es nicht dazu kam. Sie suchte darauf hinzuwirken, und ebenso hätte Kreuziger gern eine Auseinandersetzung zwischen Luther und Melanchthon herbeigeführt. Aber diesen versöhnlichen Bestrebungen stand damals Melanchthons Frau herrisch entgegen.

Wäre uns diese Tatsache nicht durch Melanchthons treuesten Freund Kreuziger bezeugt, wir würden sie kaum für glaublich halten. Frau Katharina Melanchthon wird uns zwar auch von Cochläus in seinem heimlichen Gespräch als eine Frau geschildert, die es schmerzlich empfunden hätte, nur eines Magisters Gattin zu sein und hinter den Doktorenfrauen zurückstehen zu müssen, während Käthe als Edelgeborene und als Luthers Gattin unter den Wittenbergischen Professorenfrauen die allervornehmste gewesen wäre und sich stolz wie eine Gräfin und übermütig gezeigt hätte. Cochläus ist nun freilich alles andere als ein guter Gewährsmann, und wir müßten uns hüten, ihm Glauben zu schenken, wenn er allein stünde. Aber Käthes Stolz wird uns doch auch von andern Zeitgenossen glaubwürdig bezeugt. Und wenn Kreuziger berichtet, Melanchthons Frau hätte trotz Käthes Wünschen eine Zusammenkunft ihres Gatten mit Luther zu verhindern gesucht, so deutet das allerdings darauf hin, daß sie ihren Gatten in seiner Verstimmung nicht zu beschwichtigen, sondern eher aufzustacheln bemüht war, in dem Gefühle gekränkten Stolzes und einer gewissen Eifersucht auf Luthers und Käthes Vorrang.

Auch hören wir Luther weder in seinen Briefen, noch in den Tischreden ein einziges Mal in herzlicher Weise von Melanchthons Frau sprechen, während er doch die Frauen anderer Freunde gern mit einigen freundlichen Worten oder einem Scherze grüßen läßt. Ebensowenig hat ihr Gatte seinen eigenen Briefen herzliche Grüße von ihr beigefügt. Nie wird ihres Besuches im Schwarzen Kloster gedacht, während ihre Kinder doch die Spielgenossen von Käthes Kindern waren und ihr Gatte oft wochenlang Abend für Abend an Luthers Tische saß. Sie scheint in der Tat in dem innigen Freundschaftsbunde, der ihr Haus und Käthes Haus alle die Jahre verband, etwas abseits gestanden zu haben.

Um so herzlicher gestaltete sich allmählich das Verhältnis zwischen Melanchthon und Käthe. Die Abneigung, mit der er ihr anfangs entgegengetreten war, schwand wohl bald, als er sie näher kennen lernte und sah, welches Glück sie Luther brachte. Als sie Ende des Januars 1540 töblich erkrankt war, schrieb er an einen Freund: „Ihr werdet für unsere Kirche beten; so bittet Gott auch, daß er den Herrn Doktor tröste und seine Gattin erhalte!" Auch andere Freunde bittet er in diesen Tagen, für Käthes Genesung zu beten. Und als er selbst im Juni desselben Jahres fast verzweifelte und vor Schmerz, Scham und Reue vergehen wollte, weil seine und Luthers Ratschläge betreffs der Doppelehe des Landgrafen Philipp zu dem größten Ärgernis geführt hatten, da schrieb ihm Luther in einem langen Trostbriefe die Worte: „Auch meine Käthe heißt Dich tapfer und fröhlich sein." Wie hoch muß Melanchthon Käthe geschätzt haben, daß Luther hoffen durfte, den verzagenden Freund durch einen Hinweis auf sie und die Erwartungen, die sie von ihm hegte, aus seiner Kleinmütigkeit aufrichten zu können!

In den Tagen der Sorge und der Trauer bewährt sich echte Freundschaft. Als Luther hinweggegangen war, fand Melanchthon in der Totenklage um ihn den reinsten Ausdruck der Liebe, Verehrung und Dankbarkeit. Auch er und er vor andern hatte an sich erfahren, daß in dem oft schroffen und harten Mann ein Herz treu und ohne Falschheit ge-

Die Lutherstube in Wittenberg

schlagen hatte. Wo Luther helfen konnte, hatte er es nie an sich fehlen lassen. Energisch war er dazwischen getreten, als Melanchthons Haus von einem Schlage bedroht wurde, den menschliche Kraft noch abwehren konnte. Es war Ende des Jahres 1543, daß sich Melanchthons achtzehnjähriger Sohn Philipp mit einer jungen Leipzigerin namens Margarete Kuffner heimlich verlobte. Gegen das Mädchen war wohl nichts Schlimmes einzuwenden; sie gehörte einer achtbaren Familie an, sie war eine Schwägerin von Melanchthons Freund Paul Eber. Aber das unreife Alter des jungen Philipp, der noch nichts konnte und nichts war, ließ doch eine Verbindung zwischen ihm und Margarete als etwas Unmögliches erscheinen. Indessen die beiden Verlobten wollten nicht voneinander lassen, ja Margarete schrieb dem jungen Philipp einen ergreifenden Brief und beschwor ihn, der Eide zu gedenken, womit er ihr die Ehe zugesagt hätte. Melanchthon war tief bekümmert. Aber er war auch als Vater schwach und nicht dazu geschaffen, die törichte Verlobung seines Sohnes mit Gewalt zu zerreißen; ja, er hätte wohl gar nachgegeben, obgleich ihm und seiner Frau das Herz darüber brechen wollte. Da erstand ihnen ein Helfer in Luther. Luther sah mit schwerer Sorge, daß der Ruf der Universität unter ähnlichen Vorkommnissen litt. Mit seiner mächtigen Persönlichkeit und der ganzen Wucht seiner Autorität schritt er gegen dieses heimliche Verlöbnis ein. Er entband Melanchthons Sohn von den Eiden, die er dem Mädchen geschworen hatte. Die beiden jungen Leute starben auch nicht an Liebesgram. Margarete Kuffner reichte schon 1545 einem Geistlichen die Hand, und Philipp Melanchthon der jüngere heiratete 1550, als er das rechte Alter dazu hatte, eine Witwe aus Torgau.

Trotz manchen Sorgen, Mißverständnissen und Verstimmungen, an denen es auch in den letzten Jahren nicht fehlte, blieben Luther und Melanchthon eng verbunden. Die Mitwelt vermochte sie nicht zu trennen, und wenn die Nachwelt den Namen des einen nennt, steigt zugleich das Bild des andern vor uns auf. In der Schloßkirche ruhen sie nebeneinander, wie auch ihre Häuser einander nahestehen. Melanchthons Wohnhaus liegt ebenfalls in der Kollegienstraße, wenig über hundert Schritte nach Westen vom Schwarzen Kloster entfernt. Der Straße wendet es die Schmalseite zu, nur drei Fenster breit, nach oben in einem Giebel abgeschlossen, der mit Rundbögen geziert ist. In der Gestalt, in der es noch vor uns steht, stammt es aus der zweiten Hälfte der dreißiger Jahre, aus derselben Zeit, da auch Luther im Schwarzen Kloster die großen Um- und Neubauten vornahm. Am 11. April 1536 früh um 6 Uhr wurde der Grundstein gelegt, am 16. Juni 1537 war es vollendet. Hier wohnte nun der Praeceptor Germaniae mit seiner Frau Katharina und den heranwachsenden Kindern Philipp und Magdalena (geboren 1531, vermählt 1550 mit dem Mediziner Kaspar Peucer); die älteste Tochter Anna war schon seit 1536 mit Georg Sabinus verheiratet, ein jüngerer Sohn Georg war 1529 frühzeitig gestorben. Im ersten Stock wird Melanchthons Studierstube gezeigt; hier steht noch das Bett, in dem er am 19. April 1560 verschied. In einem Zimmer des zweiten Stocks erinnern gemalte Wappen und eingeschnittene Inschriften daran, daß auch dieser große Mann einen Teil seiner kostbaren Zeit einer Bursa widmen mußte, und an Gästen fehlte es in diesem Hause ebensowenig wie im Schwarzen Kloster. „Heute wurde an meinem Tische in elf Sprachen geredet", schreibt Melanchthon einmal: „lateinisch, griechisch, hebräisch, deutsch, ungarisch, slavisch, türkisch, arabisch, neugriechisch, indisch und spanisch." Der Hörsaal, in dem Melanchthon zu lesen pflegte, stand in dem Garten hinter dem Hause. Aus dem Garten soll ein Weg nach dem Klostergärtchen geführt haben.

Neben Melanchthon stand eine lange Zeit Agrikola Luthers Herzen und seinem Hause am nächsten. Johann Agrikola — sein deutscher Familienname war Schneider — stammte aus Luthers Geburtsstadt Eisleben; er wird deshalb oft nur Magister Eisleben oder Islebius genannt. Etwa zehn Jahre jünger als Luther, war er nach dem Abschluß seiner Studien in Leipzig schon 1516 nach Wittenberg gekommen. Hier wurde er, wie er selbst bekennt, durch Luthers Lehre und Gottes Gnade neu geboren und gläubig. Bald gehörte er zu Luthers und Melanchthons vertrautesten Freunden. Als er 1525 aus Wittenberg schied, erhielt ein lebhafter Briefwechsel die Ver-

bindung zwischen den Freunden und ihren Frauen aufrecht.
Auch Räthe ließ Agrikolas Frau Else oftmals grüßen. Sie
war freudig dazu bereit, die kränkelnde Freundin zu ihrer
Genesung bei sich aufzunehmen, obgleich sie sich selbst damals
nicht recht wohl fühlte. Sie versorgte ihr gelegentlich in
Wittenberg ein Dienstmädchen. Sie dankte ihr für Geschenke;
ein Kleid, das 1527 zum neuen Jahre kam, war fast zu kostbar, aber von den Elsbeeren,* die Else Agrikola geschickt
hatte, wäre Räthe eine zweite Sendung willkommen gewesen,
denn sie aß Elsbeeren leidenschaftlich gern.

Agrikola leitete seit 1525 die Lateinschule seiner Vaterstadt Eisleben. Eine der ältesten protestantischen Schulord-
nungen trägt seinen Namen. Die erste volkstümliche deutsche
Sprichwörtersammlung ist sein Werk. Er war ein feuriger
Kanzelredner, ein heiterer, liebenswürdiger Gesellschafter.
Dreimal begleitete er den alten Kurfürsten Hans als Prediger auf die Reichstage: 1526 und 1529 nach Speyer, 1530
nach Augsburg. Hier schrieb er unter einen Brief Melanchthons an Räthe die Worte: „Ich, Johann Agrikola Eisleben, meine es auch gut, meine liebe Frau Doktorin." Und
von hier aus sandte er ihr durch die Vermittlung ihres Gatten
auch einen scherzhaften Brief, von dem Luther schreibt: „Ich
habe Deinen Brief, lieber Agrikola, meiner Herrin geschickt,
aber ich kann Dir leicht ihre Antwort vorhersagen; wenn sie
ihn gelesen hat, wird sie auflachen und sagen: ‚Ei, wie ist
Magister Eisleben doch ein Grundschalk!'" Als dann der
junge Kurfürst Johann Friedrich 1535 in Wien die Be-
lehnung mit der Kur Sachsen erhielt, hatte er ebenfalls
Agrikola als Reiseprediger bei sich. Dem hochbegabten und
hochstrebenden Manne wurde das kleine Eisleben zu eng. Er
suchte einen größeren Wirkungskreis, und Luther kam seinen
Wünschen entgegen und berief ihn Ende des Jahres 1536
nach Wittenberg. Da er hier nicht gleich eine passende Wohnung fand, nahmen Luther und Räthe ihn und seine Frau
Else und ihre neun Kinder zu sich ins Schwarze Kloster, ja
Luther übertrug ihm die Leitung der Kirche und der Uni-

---

* Crataegus torminalis Linn. Die Frucht, die im September
reif wird, ähnelt im Geschmack der Mispel.

versität und die Sorge für sein Haus und die Seinigen, als er im Februar 1537 mit Melanchthon und Bugenhagen in Schmalkalden war.

Aber der Sommer desselben Jahres schlug ihrer Freundschaft eine unheilbare Wunde. Agrikola fing an zu lehren, die Predigt des Gesetzes wäre ungeeignet und unnötig für die Erkenntnis der Sünde und die Herbeiführung der Buße; in der Predigt der Gnade läge schon alles enthalten. Dieser antinomistischen Lehre gegenüber war es Luther unmöglich, auch nur einen Schritt zurückzuweichen. Vergebens suchten Frau Else und Frau Käthe zu vermitteln. Die flehentlichen Bitten der einen und die Tränen der andern vermochten ihn nicht umzustimmen. Unerbittlich bestand er darauf, Agrikola müßte seine Irrlehre ehrlich widerrufen. Dann wäre er zur Versöhnung bereit gewesen, denn er war nicht nachträglich. Er sagte zu seinen Freunden: „Wenn Agrikola mit seiner kleinen Frau käme und spräche: ‚Herr Doktor, ich hab' genarret; vergebt mir's!' — so wäre alle Sach' richtig." Aber dazu sollte es nicht kommen. Drei Jahre währte der Streit, da Agrikola zwar mehrmals einlenkte, aber immer wieder zur Seite ausbrach. Er hat wohl kaum klar erkannt, wie weit er sich schon von Luther entfernt hatte. Wie hätte er sonst mit gutem Gewissen im März 1540 den Kurfürsten als Schiedsrichter zwischen sich und Luther aufrufen können! Und nie hätte er es wagen dürfen, sein Wort zu brechen, wie er es tat, als er im August 1540 trotz seinem Versprechen, in Wittenberg zu bleiben, heimlich entwich. Er trat zwar in Berlin in eine sehr ehrenvolle Stellung ein. Wenn er aber etwa gehofft hatte, als Hofprediger Joachims II. von Brandenburg bei Luther eher Gehör zu finden, so kannte er Luther wenig. Die Fürsprache des Hohenzollern hatte bei Luther in Glaubensfragen ebensowenig Gewicht wie die seines eigenen Landesherrn, und auch Melanchthons Vermittlungsversuche hatten nur einen äußerlichen Erfolg. Agrikola widerrief zwar endlich, aber Luther brachte es jetzt nicht mehr über sich, ihm zu glauben und wieder zu vertrauen. Einst hatten die Wittenberger dem kleinen Magister Eisleben den Kosenamen Grickel oder Gricklichen gegeben; jetzt waren Grickel und Jäckel — Agrikola und Schenk — für Luther zwei verlorene Menschen. Als Agrikola im Frühjahr 1545 mit einem Empfehlungsbriefe seines Kurfürsten nach Wittenberg kam, ließ ihn Luther von seiner Schwelle weisen. Nur Frau Else und ihre Tochter Magdalena durften Käthe und ihn besuchen, doch das Wiedersehen hinterließ nach allem, was geschehen war, im Schwarzen Kloster wenig Freude.

Luthers vertrauliche Äußerungen zeigen aber, wie schwer es ihm geworden war, den Freund von sich zu stoßen. Jetzt könnte er nachfühlen, sagte er 1540, was Christus unter Ischariots Verrat gelitten haben möchte. In jüngeren Jahren war er leichter zu versöhnen gewesen. Aber die Erfahrung hatte ihn belehrt, daß Freunde, die einmal auf der Grundlage der Lehre gestrauchelt und von ihm gewichen waren, trotz einer scheinbaren Umkehr nie wieder zu wahren Freunden wurden. So hatte er nach dem Bauernkriege dem Doktor Andreas Karlstadt durch seine Fürsprache beim Kurfürsten die Rückkehr nach Sachsen ermöglicht, ja er hatte seine Käthe die Patenstelle bei Karlstadts jüngstem Söhnchen übernehmen lassen; wenige Jahre später war Karlstadt wieder zu seinen Gegnern übergegangen. Dem Pfarrer Georg Witzel, der ebenfalls nach dem Bauernkriege von dem Schwerte des Henkers bedroht gewesen war, hatte er die Pfarrstelle zu Niemegk bei Wittenberg anvertraut; nach einigen Jahren war Witzel zum Katholizismus zurückgetreten und wurde einer der heftigsten und schreiblustigsten Gegner des Protestantismus. Infolge solcher Enttäuschungen hielt sich Luther später an das Wort des Apostels Paulus: „Einen ketzerischen Menschen meide, wenn er einmal und abermal ermahnet ist." Sein schroffer Bruch mit Agrikola ist aber weiter ein Beweis dafür, daß er sich in seinem nachsichtigen Verhalten gegen Melanchthon nicht von seiner Freundschaft oder der Besorgnis, diesen Mitarbeiter zu verlieren, beeinflussen ließ. Wo es sich um den Kern der Lehre handelte, da gab es für ihn keine Rücksichten. Was ihn und Melanchthon beisammenhielt, kann nur die beiderseitige Überzeugung gewesen sein, daß sie in allen wesentlichen Lehren übereinstimmten.

Völlig ungetrübt blieb die Freundschaft zwischen Luther und Justus Jonas, dem Schloßpropst. Geboren 1493 zu Nordhausen als Sohn des Ratsmeisters Jonas Koch, war er auf den Namen Jobst (Jodocus, Justus) Koch getauft worden, nannte sich aber auf der Universität Erfurt, wo er die Rechtswissenschaft studierte, nach dem Vornamen seines Vaters Justus Jonas. Unter den Erfurter Humanisten bekannte er sich am entschiedensten zu Luther, und dieser vergaß es ihm nie, daß er 1521 den Mut dazu gefunden hatte, ihn freiwillig nach Worms zu begleiten. Noch im selben Jahre 1521 ging Jonas nach Wittenberg und wandte sich hier ganz der Theologie zu. Seitdem stand er unter den Reformatoren in der vordersten Reihe, weniger bedeutend durch seine eigenen Schriften, als vielmehr durch seine praktische Tätigkeit als Visitator und Organisator und durch seine zahlreichen, trefflichen Übersetzungen lateinischer Schriften Luthers und Melanchthons. Er war ein vorzüglicher Stilist, ein beredter Redner. War Luther einmal bekümmert, so ließ seine kluge Käthe heimlich den Doktor Jonas zu Tische rufen, denn keiner verstand es so gut wie er, Luther durch sein Gespräch zu erheitern.

Unter den abendlichen Tischgenossen wird er oft genannt, und sein Verkehr mit Luther und Käthe hat etwas ungemein Herzliches. Wie oft läßt Käthe ihn, wenn er auswärts ist, grüßen! Halb im Scherz, halb im Ernst warnt sie ihn durch ihren Gatten, bei seinem Steinleiden nicht zu viel von dem guten Weine zu trinken, sonst würde er heimkehren „innerlich so rauh und scharf von Steinen, wie die Fässer sind, wenn sie ausgetrunken sind", und dann bekäme man von ihm schließlich noch die Klage zu hören, er hätte sich sein Leiden in Wittenberg geholt, während er doch draußen den Grund dazu gelegt hätte. Auch diesen wortreichen Auftrag richtete Luther dem Freunde treulich aus, denn er erinnerte sich mit Vergnügen, auf der Koburg selbst ähnliche Ermahnungen von Herrn Käthe erhalten zu haben. Und wenn er dem fernen Freunde Nachrichten über seine Frau und seine Kinderschar sendet, so war gewiß auch hier Käthe die Vermittlerin. Für ihre Freundschaft dankte Jonas durch Gegengrüße und Geschenke und warme Anteilnahme an Freud' und Leid in ihrem Hause. Als sie ihm 1530 die Geburt seines fünften Jungen nach Augsburg angezeigt hatte, schrieb er ihr unter Melanchthons Brief, dem auch Agrikola seinen

Gruß beifügte, die Worte: „Liebe Gevatter! Auch wünschte ich Euch, Hänschen Luther und Magdalenchen und Muhme Lenen viel seliger Zeit. Pusset mir in meinem Namen meinen liebsten Jungen." Und während ihrer schweren Erkrankung teilte er am 24. Januar 1540 dem Fürsten Georg von Anhalt die Sorgen mit, in denen sie alle um das Leben der besten Frau schwebten: „Wenn dieser mein Brief stumpf und wenig heiter ist, vielmehr ziemlich traurig, ja sehr bekümmert, so liegt die Schuld an der angstvollen Unruhe, in der wir gehalten werden." Er wünscht der todkranken Frau, die fast schon einer Leiche gleiche, Genesung durch ein Wunder Gottes.

Und seine Frau Katharina, die Pröpstin, war von allen Wittenbergischen Professorenfrauen am innigsten mit Käthe befreundet. Die beiden Frauen waren, wie Luther schreibt, ein Herz und eine Seele. Auch Katharina Jonas war von Geburt ein Edelfräulein, aus dem Geschlechte der Falken; ihr Vater Erich Falk war ein alter sächsischer Kriegsmann. Im Jahre 1522 hatte Jonas sie heimgeführt. Ihre Ehe war reich mit Kindern gesegnet, und obgleich der Tod manches hinwegraffte, blieb doch eine kleine Schar übrig. Wie der junge Just Jonas Hänschen Luthers Spielgenoß und später sein Schulfreund war, so werden Sophie und Else, Joachim und Katharina Jonas mit Käthes jüngeren Kindern ungefähr gleichen Alters gewesen sein. Für beide Frauen war es wohl eine schwere Trennung, als Jonas 1541 nach Halle berufen wurde. Schon im Sommer 1542 war Katharina wieder bei Käthe zu Besuch. Aber in den Weihnachtstagen kam unerwartet aus Halle die erschütternde Nachricht von ihrem Tode. Käthe war noch im frischen Schmerz um ihr Töchterchen Magdalena; der neue Schlag warf sie fast danieder. Und ihr Gatte trauerte in tiefempfundenen Worten um die Verstorbene, die er wegen ihres heiteren und sanften Wesens und wegen ihrer Treue und Sittsamkeit wahrhaft geliebt hatte, und deren Anblick ihm immer trostreich gewesen war, denn er hatte gehofft, sie würde nach seinem Tode den Seinigen am nächsten stehen.

Daß Jonas seinen verwaisten Kindern schon nach wenigen Monaten eine zweite Mutter gab, scheint Käthe verletzt zu haben. Auch Luther bat den Freund, doch noch zu warten.

Dann sandte er ihm zwar ein Hochzeitsgeschenk, auch einen Gruß an die junge Frau, aber ausdrücklich nur in seinem Namen. Käthe blieb stumm. — Jonas vermählte sich nach dem Tode seiner zweiten Frau gar noch ein drittes Mal. Nach dem unglücklichen Ausgange des Schmalkaldischen Krieges hatte er aus Halle weichen müssen. Er starb am 9. Oktober 1555 als Superintendent zu Eisfeld in Thüringen.

Zu dem engeren Kreise der ältesten und vertrautesten Freunde von Luthers Hause gehörte ferner noch Johannes Bugenhagen, geboren 1485 zu Wollin in Pommern, seit 1523 Stadtpfarrer von Wittenberg, später Generalsuperintendent von Kursachsen. Gleich Jonas war er ein tüchtiger Organisator; die Durchführung der Reformation in Norddeutschland und in Dänemark ist sein Werk. Nach seiner Heimat oft nur Doktor Pommer oder Pomeranus genannt, vereinigte er in sich die besten Eigenschaften des niederdeutschen Stammes: Tatkraft, Zähigkeit und Treue. An Käthes Tische fiel er oft in seine plattdeutsche Mundart zurück und warf manches derbe Wort in die Unterhaltung, aber seine kurzen, witzigen Äußerungen trafen gewöhnlich den Nagel auf den Kopf. Auch in Luthers seelischen Anfechtungen fand er oft den rechten Spruch. Ihm pflegte Luther seine Beichte abzulegen; er war wohl auch Käthes Beichtvater.

Schon vor seiner Anstellung als Stadtpfarrer hatte er sich 1522 mit einem jungen und, wie es scheint, armen Mädchen verheiratet. Wir kennen nur ihren Vornamen Walpurga und ihren Geburtstag, den 1. Mai 1500. Während des bösen Pestjahres 1527 hielt sie ebenso tapfer wie Käthe an der Seite ihres Gatten aus; als aber die Frau des Diakonus Rörer im Pfarrhause von der Seuche hinweggerafft worden war, zog Bugenhagen mit Walpurga und den beiden Kinderchen Michael und Sara zu Luther und Käthe hinüber, nicht aus Furcht vor der Ansteckung, denn im Schwarzen Kloster lagen ebenfalls Pestkranke, sondern Luther wünschte den Freund in diesen Wochen der Trübsal als Trost und Beistand näher zu haben. Um dieselbe Zeit, da Käthe ihrem Gatten die kleine Elisabeth schenkte, genas Walpurga Bugenhagen im Schwarzen Kloster eines Knäbleins Johannes; beiden Kindern war nur ein kurzes Leben beschieden. Auch der kleine Michael starb früh. Erst der dritte Knabe, der wiederum Johannes genannt wurde, blieb am Leben. Die einzige Tochter Sara Bugenhagen war später mit dem kursächsischen Rate Georg Krakau vermählt.

Im Dienste des Evangeliums war Bugenhagen oft auswärts, und Luther vertrat ihn im Pfarramt. Auf diesen Reisen, die ihn 1528 und 1529 nach Braunschweig und Hamburg, 1530 bis 1532 nach Lübeck, 1534 und 1535 nach Pommern und 1537 bis 1539 nach Dänemark führten, hatte er seine Frau bei sich. Als er aber im Frühjahr 1542 abermals in Norddeutschland war, scheint Walpurga wiederum im Schwarzen Kloster gewohnt zu haben, obgleich ihr Gatte in Wittenberg in der Neustraße auch ein eigenes Haus hatte, allerdings war es nur eine „Bude", aber doch groß genug, daß Walpurga etwas Vieh halten konnte. Sie butterte selbst, und als sich einmal die Milch nicht schlagen lassen wollte, woran doch nur der Teufel und seine Hexen schuld sein konnten, da setzte sich der Doktor Pommer aufs Butterfaß und — was er tat, erzählt Luther ganz unbedenklich. Wir dürfen es ihm aber doch nicht nacherzählen. Die katholischen Schriftsteller, die immer wieder auf diese Teufelsaustreibung Bugenhagens zurückkommen, haben ganz recht: Es ist eine unsaubere Geschichte; sie hätten nur nicht verschweigen sollen, daß auch Melanchthon den Doktor Faust, den großen Zauberer, in ähnlicher Weise bedrohte, und daß schon der heilige Franz von Assisi seinem Ruffinus gegen den stolzen Geist, den Teufel, die Anwendung desselben Leibmittels empfohlen hatte, dessen sich Bugenhagen bediente, Franz von Assisi, den die katholische Kirche unter ihren Heiligen verehrt, während wir Protestanten nicht daran denken, unsere großen Reformatoren zu Heiligen zu erheben.

Wir dürfen aber solche Geschichtchen auch wirklich nicht nach unsern Anstandsbegriffen beurteilen, sondern wir sollten uns immer vor Augen halten, wie roh jene Zeit noch war, und wie groß ihr Aberglaube. Teufel und Teufelsspuk, Zauberer und Hexen, Wald- und Wassergeister und gespensterhafte Erscheinungen ängstigten damals Katholiken wie Protestanten, und in dem Glauben, daß die Geschicke der Menschen in den Sternen geschrieben stünden, waren sich die meisten Gelehrten einig. Luther war einer der wenigen, die von der eiteln Kunst der Astrologie nichts hielten; er hatte deshalb mit Melanchthon, der ein gläubiger und eifriger Astrolog war, manchen Strauß auszufechten. Aber in allen übrigen Dingen war er ebenso abergläubisch wie seine Zeitgenossen, und seine Käthe war es gewiß nicht minder. Sie erzählte einmal bei Tische von einem Teufel, der mit seinem Weib in der Mulde wie in einer schönen Stube gewohnt hätte; es wird eine Erinnerung aus ihrer Klosterzeit gewesen sein: Unweit des Klosters Nimbschen sollte nach dem Glauben des Volkes in dem Muldenstrome, dessen Tiefe hier an dem Absturze des Trompeterfelsens oder Rabensteins schier unergründlich erscheint, ein gefährlicher Nix hausen.

Bugenhagen starb zu Wittenberg, des Lebens müde, am 20. April 1558, drei Jahre nach Jonas, zwei Jahre vor Melanchthon, der von der großen älteren Generation als der letzte hinwegging. Unter der jüngeren Generation, die dazu berufen war, das Werk der Reformation weiterzuführen, war Kaspar Kreuziger oder Cruciger der bedeutendste, ein geborener Leipziger, ein Sohn des Kaufherrn Georg Kreuziger, der später in Wittenberg lebte und mit irdischen Gütern reich gesegnet war, so daß Jonas einmal ausrief: „Gott sei gelobt, daß auch ein frommer Theologus einmal reich wird!" Geboren am 1. Januar 1504, war Kaspar Kreuziger schon früh auf der Universität seiner Vaterstadt in die alten Sprachen eingeführt, bald aber auch für die Reformation gewonnen worden. Fast noch ein Knabe, hatte er die große Disputation zwischen Luther und Eck in der Pleißenburg mit angehört. Einundzwanzig Jahre alt, war er nach dem Abschluß seiner Studien in Wittenberg mit der Leitung der Lateinschule in Magdeburg betraut worden. Seit 1528 lehrte er als Professor in Wittenberg. Wegen seiner Gelehrsamkeit, Friedfertigkeit und Frömmigkeit sahen Luther und Melanchthon in ihm ihren berufenen Nachfolger.

Seit 1524 war er mit Elisabeth von Meseritz verheiratet. Luther selbst hatte sie getraut. Elisabeth war, wie Käthe, aus einem Kloster geflüchtet. Ihren frommen Glauben bekannte sie in dem Liede „HErr Christ, der einige Gotts Sohn, Vaters in Ewigkeit", das Luther in sein ältestes Gesangbüchlein (1524) aufgenommen hat. Sie stand in sehr herzlichen Beziehungen zu ihm und Käthe. Er duzte sie und nannte sie liebe Else. Ihrer Freundin Käthe brachte sie einmal aus Leipzig von der Messe ein goldenes Schmuckstück mit, und Luther dankte ihr dafür durch eine Gegengabe, die zwar minder kostbar, aber nicht minder gut gemeint war. Nach ihrem frühen Tode im Mai 1535 vermählte sich Kreuziger im April 1536 in zweiter Ehe mit dem Leipziger Edelfräulein Apollonia Gunterode, einer Tochter des Leipziger Ratsherrn Kunz Gunterode. Die Hochzeit wurde aber weder in Leipzig noch in Wittenberg gefeiert, sondern in Eilenburg, auf dem Schlosse, das der Kurfürst auf Luthers Bitte zur Verfügung gestellt hatte, denn Leipzig stand noch unter der Herrschaft des Herzogs Georg, und in Wittenberg einen Hochzeitsschmaus zu geben, wäre allzu kostspielig gewesen. Auch diesmal hielt Luther selbst die Traurede.

Nach Herzog Georgs Tode führte Kreuziger 1539 gemeinsam mit dem Gothaischen Pfarrer Friedrich Mekum (Myconius) die Reformation in seiner Vaterstadt durch. Die Leipziger hätten ihn gern als ihren Superintendenten bei sich behalten, aber Kreuziger war, wie Luther dem Kurfürsten sehr ernstlich erklärte, in Wittenberg unentbehrlich. Er schrieb nicht nur Predigten und Vorlesungen Luthers nach, was auch andere taten, und bereitete einige der besten Schriften Luthers für den Druck vor; er nahm auch schon früh an wichtigen Verhandlungen und Entscheidungen teil und bewährte sich auf mehreren Reichstagen als Protokollant durch seine Schreibfertigkeit, Geistesgegenwart und Bibelfestigkeit. Er war auch ein Mitglied des hohen Rates, des Synedriums, mit dessen Beihilfe Luther in den Jahren 1539 bis 1541 seine Übersetzung der Bibel einer sorgfältigen Durchsicht unterzog. Zu den regelmäßigen Verhandlungen, die damals unter Luthers Vorsitz im Schwarzen Kloster stattfanden, kamen in den Nachmittagsstunden Melanchthon, Bugenhagen, Jonas, Kreuziger, Aurogallus und Rörer; zuweilen waren auch fromme Gelehrte von auswärts da, der Leipziger Hebraist Bernhard Ziegler, der Augsburger Johann Forster (Forstemius). Luther legte den Freunden einen Text vor, und in eifrigem Für und Wider wurden die fremden Worte besprochen, ihre Bedeutung geprüft, ihr Sinn festgestellt, die beste Wiedergabe in deutscher Sprache aufs Papier gebracht. Rörer führte dabei das Protokoll. War die Arbeit in Luthers Studierstube beendet, dann blieben die Freunde zuweilen noch zum Abendbrot an Käthes Tische, und wie die Tischreden zeigen, wurde da noch manche schwierige Stelle besprochen. — Wie Kreuziger hier unter den besten Männern Wittenbergs genannt wird, so steht er auch unter Luthers Testament vom Jahre 1542 als Zeuge zwischen Melanchthon und Bugenhagen, und nach Luthers Tode bestellte ihn der Kurfürst neben Melanchthon als Vormund für Käthes Kinder. In der schweren Zeit des Schmalkaldischen Krieges bemühte er sich, wenigstens einen Rest der Universität in Wittenberg zu erhalten. Sein früher Tod am 16. November 1548 bedeutete einen herben Verlust für den Protestantismus.

Magister Georg Rörer endlich war mit seinem Fleiß und seiner Gewissenhaftigkeit ein rechter deutscher Gelehrter. 1492 zu Deggendorf geboren, war er erst in reiferen Jahren nach Wittenberg gekommen und hatte hier 1525 als erster evangelischer Geistlicher in feierlicher Weise die Ordination von Luther erhalten. Er war als Diakonus an der Stadtkirche tätig und diente zugleich Luther als ständiger Sekretär und dem Buchdrucker Hans Lufft als wissenschaftlicher Korrektor. Unermüdlich schrieb er Luthers Predigten nach, worin er später in dem jungen Eilenburger Andreas Poach einen eifrigen Mitarbeiter fand; wie viele Worte Luthers wären ohne die hingebende Tätigkeit dieser beiden Männer verloren! Rörer war wohl der schnellste unter den Schnellschreibern seiner Zeit. Er hatte sich eine eigene Kurzschrift ausgeklügelt, deren Lesung freilich nicht ganz leicht und deren Auflösung auch nicht immer ganz sicher ist. In seiner Vertrauensstellung — Luther nannte ihn oft nur beim Vornamen — war er gewiß nicht ohne Einfluß, wenn er es auch verschmähte, sich vorzudrängen. Im Scherz, aber doch nicht nur im Scherz stellte ihn Luther einmal zu den

Männern, denen er sich selbst zuweilen beugen mußte. Auch in den inneren Angelegenheiten des Schwarzen Klosters war sein Wort nicht ohne Gewicht; ihn und Sieberger und Käthe nannte Luther seine drei Moses, denen er als ein einziger Aaron gegenüberstünde. Die segensreichste Tätigkeit entfaltete Rörer seit 1539, indem er in gemeinsamer Arbeit mit Kreuziger die erste (Wittenbergische) Gesamtausgabe von Luthers Werken veröffentlichte. Auch an der zweiten (Jenaischen) Gesamtausgabe war er der wichtigste Mitarbeiter. Er starb als Bibliothekar zu Jena am 24. April 1557.

Schon durch seine Stellung als Hausarzt war Augustin Schurf bei Luthers Kränklichkeit und der großen Zahl von Schutzbefohlenen Käthes ein häufiger Gast im Schwarzen Kloster. Während des Pestjahres 1527 scheint er sogar bei Luther und Käthe gewohnt zu haben; seine Frau Hanna war eine der drei Pestkranken, die in Luthers Hause daniederlagen, aber wieder genasen. Sein Bruder Hieronymus Schurf, der große Jurist, war dagegen in den späteren Jahren kein Freund Käthes; ja, sie soll ihm feindlich gesinnt gewesen sein, und während des Zerwürfnisses zwischen Luther und Schurf war in Wittenberg allgemein die Rede davon, Käthe hätte die Zornesglut ihres Gatten geschürt. Es war ihr freilich wohl nicht verborgen geblieben, daß Schurf die Heirat ihres Gatten aufs schärfste gemißbilligt hatte, und bei dem erbitterten Streite wegen des kanonischen Rechts und der Gültigkeit heimlicher Verlöbnisse stand sie gewiß nicht nur deshalb auf der Seite ihres Gatten, weil er ihr Gatte war. Wenn selbst der Kurfürst dagegen einschreiten wollte, daß in Wittenberg von den Juristen gelehrt wurde, die Kinder verheirateter Priester wären nicht erbberechtigt, um wieviel mehr wird Käthe, die ehemalige Nonne, als Frau und als Mutter durch solche Lehren erregt und verletzt worden sein!

Noch manches Mitglied der Universität und mancher aus der Bürgerschaft werden gelegentlich als Gäste im Schwarzen Kloster genannt. Wirkliche Freunde Luthers und seines Hauses waren Cranach und die Seinigen. Cranach war der einzige gewesen, den Luther nach dem Wormser

Reichstage brieflich darauf vorbereitet hatte, daß er sich eine Zeitlang verborgen halten müßte. Mit seiner Frau Barbara hatte Cranach dann Käthe an ihrem Hochzeitstage ins Schwarze Kloster geleitet. Käthes Hänschen war sein Patenkind. Wiederholt hat er Luthers und Käthes Bildnisse gemalt oder in Holz geschnitten, und seine Söhne Hans und Lukas und seine Schüler sind für den Buchschmuck, den Luthers Schriften tragen, eifrig tätig gewesen. Wie Luther in den Zeiten der Not Cranachs Hilfe in Anspruch genommen hatte, so hörte Cranach in wichtigen Angelegenheiten auf Luthers Rat, und bei freudigen und traurigen Ereignissen erfuhr er seine Teilnahme und sein Beileid. Als der junge hochbegabte Hans Cranach 1537 zu seiner künstlerischen Ausbildung nach Italien wandern sollte, da riet Luther entschieden zu; als aber der junge Mann in Bologna dem fremden Klima erlegen war, ging Luther selbst in das große Haus am Markt, um die betrübten Eltern zu trösten.

Ebenfalls am Markte wohnten Frau Felicitas von Selbitz, deren mehrmals in den Tischreden und in Luthers Briefen gedacht wird, und Ambrosius Reuter, dessen Haus eins der berühmtesten in Wittenberg war. Es trug am Giebel ein großes Gemälde: auf der einen Seite Luther, der mit einer gewaltigen Schreibfeder dem Papste die dreifache Krone vom Haupte stieß, auf der andern Seite Melanchthon, der mit einer Federbüchse, an der ein Tintenfaß hing, auf den Papst losschlug, in der Mitte aber ein Schwein mit goldener Krone auf seidenem Pfühl. Dieses Bild, das eigentlich ein Spottbild auf das Papsttum war, hielten die Wittenberger später für ein Gedächtnis an das schlimme Abenteuer, das Reuter in seiner Jugend in Leipzig erlebt hatte. Dreiundzwanzig Jahre alt, war er 1520 als Student nach Leipzig gekommen und hier mit einem katholischen Geistlichen über Luthers Lehre in Streit geraten. Sein Gegner zeigte ihn an, und er wurde gefangen gesetzt. Er hatte aber in der Stadt einige Landsleute und Freunde. Als diese nun hörten, daß eine scharfe Untersuchung wider ihn angestellt werden sollte, gingen sie zum Tor hinaus an den Stadtgraben und riefen ihm in kurzen lateinischen

Worten zu, daß es ihm wohl ans Leben gehen würde, und daß er sich vorsehen und Gott beichten sollte.

Sein Leben war wohl nicht ernstlich in Gefahr. So streng Herzog Georg sonst auch war, einen religiösen Mord lud er nicht auf sein Gewissen, ja er zeigte zuweilen eine unerwartete Milde. Zwei Jahre später wagte ein Landsmann Reuters, Sebastian Fröschel aus Amberg, in Leipzig sogar evangelisch zu predigen; da ließ ihn der Herzog zwar unter dem Geleite der drei Bürgermeister und des ganzen Rats und sämtlicher Stadtknechte zu sich in die Pleißenburg bringen und hielt ihm eine scharfe Rede: Früher wäre er ein schön Fröschel gewesen, jetzt aber zu einer giftigen Kröte geworden; aber er begnügte sich schließlich damit, den jungen Mann des Landes zu verweisen, und Fröschel erinnerte sich noch viele Jahre später als Diakonus in Wittenberg mit Vergnügen an jenen Tag, da er in Leipzig mit solcher großen Herrlichkeit und Pracht auf das Schloß geführt worden war. Wahrscheinlich wäre auch Reuter glimpflich davongekommen. Aber er sann auf Flucht. Es gelang ihm, einen Eisenstab aus dem Fenster seines Gefängnisses zu brechen, damit zertrennte er das kleine Bett, das ihm gegeben worden war, weil es kalter Winter war, fertigte sich ein Seil und wollte sich aus dem Turm in den Stadtgraben hinunterlassen, da aber das Seil noch zu kurz war, mußte er endlich hinabspringen und beschädigte sich arg am Schenkel. Eine gute Weile hinkte er bei finsterer Nacht im Stadtgraben umher, in großer Bekümmernis und Sorge, wie er nun auch noch aus dem Graben und davonkommen möchte, da sah er plötzlich ein Schwein, und in der Hoffnung, das Tier würde eben dahin zurücklaufen, wo es hereingekommen wäre, trieb und verfolgte er es, bis es endlich auf eine Stelle zurannte, wo ein Stück der Mauer eingefallen war, und obgleich die Öffnung eng war, zwängte er sich doch glücklich hindurch und gelangte auch unbemerkt in die Stadt, wo er bei einem seiner Freunde etliche Tage verborgen blieb. Endlich machte er sich auf den Weg nach Wittenberg. Unterdessen war aber die falsche Botschaft nach Leipzig gekommen, der entflohene lutherische Ketzer wäre in einer Dorfschänke bei Düben gesehen worden. Man schickte also eilends einen Wagen und Knechte aus, ihn wieder einzufangen. Die überholten ihn auf der Straße. Da sie ihn aber erst in Düben zu finden erwarteten, so argwöhnten sie gar nicht, der junge Mann, der sich für einen armen Schneider ausgab, könnte der gesuchte Flüchtling sein, und als er ihnen klagte, daß er wegen eines Schadens am Beine nicht gut fortkommen könnte, nahmen sie ihn aus Barmherzigkeit zu sich auf den Wagen und ließen ihn ein gut Stück Weges mitfahren, bis er endlich friedlich von ihnen schied. Sie fuhren nach Düben weiter, um den Flüchtling nur ja noch einzuholen, Reuter aber kam auf einem Umwege fröhlich und gesund nach Wittenberg.

Hier beendete er seine juristischen Studien und verheiratete sich 1523 mit einer reichen Witfrau, nach deren Tode in zweiter Ehe mit einer Verwandten Luthers, und als diese 1548 gestorben war, noch ein drittes Mal. Aus allen drei Ehen hatte er nicht weniger als dreiundzwanzig Kinder, von denen ihn zwölf überlebten. Seit 1534 saß er in dem Rate der Stadt. Er hatte auch einen kleinen Tuchhandel. Während des Schmalkaldischen Krieges war er Bürgermeister. Nach dem Kriege legte er seine Würde nieder und übernahm das Amt eines Universitätsnotars, das nach seinem Tode (1564) dem jüngeren Philipp Melanchthon zufiel. Nicht nur als einen Verwandten schätzte Käthe ihn hoch; als Witwe erbat sie sich ihn beim Kurfürsten für ihre Kinder als dritten Vormund, während sie den Doktor Major, der oft unter den Tischgenossen genannt wird, als Vormund ablehnte.

Aber nicht nur die Wittenberger Freunde waren häufige Gäste im Schwarzen Kloster. Hätte Käthe ein Fremdenbuch gehabt, manche Seite wäre mit den Namen auswärtiger Freunde und Gäste gefüllt worden. Da kamen fürstliche Personen, vornehme Beamte, geistliche und gelehrte Männer, Eltern, die ihre Kinder auf die Universität brachten, Reisende, die Wittenberg nicht verlassen mochten, ohne Luther gesehen zu haben, oder die überhaupt nur mit dieser Absicht nach Wittenberg gekommen waren. Ihnen allen stand Käthes gastliches Haus offen. Luthers älteste und vertrauteste Freunde Spalatin und Hausmann hätte sie am liebsten noch viel öfter bei sich gesehen, als es wirklich geschehen konnte. Ein lebhafter Briefwechsel, in dem auch Käthe oft durch die Feder ihres Gatten zu den Freunden sprach, mußte den Raum überbrücken, der die beiden von Wittenberg trennte.

Georg Burkhardt, 1482 zu Spalt in Franken geboren und deshalb Spalatinus genannt, hatte sich als Superintendent von Altenburg bald nach Luthers Hochzeit ebenfalls verheiratet. Wie Luther seine Käthe im Scherz seine Kette nannte, so tat er es auch mit Spalatins Frau, die ebenfalls Katharina hieß. Als Käthe ihr Hänschen im Arme hielt, wünschte sie auch ihrer Namensschwester und deren Gatten ein Spalatinchen. Die Briefe flogen herüber und hinüber. Trotzdem beklagten sich die Altenburger, zu denen seit 1525 Brisger und seine Frau gehörten, Luther schriebe zu selten; er las ihnen deshalb gehörig den Text, und auf der Koburg konnte er Spalatin den Vorwurf zurückgeben: Boten kamen, aber mit leeren Händen. „Bringst du nicht Briefe?" fragte Luther jedesmal, aber die Antwort war: „Nein!" „Wie gehet's den Herrn?" „Wohl!" Dann hätten sie doch schreiben können, meinte Luther. Aber in den letzten Jahren fand auch Käthe, ihr Mann schriebe nicht oft genug; die gnädige Frau von Zölsdorf hatte ja seit 1540 manches Anliegen an Spalatin. Als Dank sandte sie dem Freund eine heilkräftige Wurzel, die sollte gegen den Stein helfen, und seinen Töchtern schenkte sie einige Bücher, als sie 1537 ihrem krank aus Schmalkalden heimkehrenden Gatten nach Altenburg entgegengefahren war und die Gastfreundschaft des Altenburger Pfarrhauses genossen hatte. Spalatin, dessen Name auch in der Reihe der Geschichtsschreiber des Wettinischen Fürstenhauses obenan steht, starb noch vor Luther, am 16. Januar 1545.

Nikolaus Hausmann, geboren 1479 zu Freiberg, war als Pfarrer in Zwickau ebenfalls zu weit von Wittenberg entfernt, als daß er öfter hätte zu Besuch kommen können. Luther schätzte diesen Freund wegen seiner Frömmigkeit und seines lauteren Charakters besonders hoch und war empört, als der Zwickauer Rat in heftige Kompetenzstreitigkeiten mit ihm geriet. Mehrmals bat er ihn dringend, nach Wittenberg zu kommen; schon wäre ein neues Stübchen für ihn bereit. Als er endlich kam, erklärte Luther, seine Armut mit ihm teilen zu wollen. Eine Zeitlang war Hausmann in Wittenberg tätig. Da er unvermählt geblieben war, konnte er sich wohl mit seinem Stübchen begnügen. Aber Käthes Kinderchen mögen ihm, dem alten Junggesellen, manches Rätsel aufgegeben haben; Melanchthon sagte einmal zu ihm, es wäre eigentlich eine Schande, daß ein Mann mit grauen Haaren nicht wüßte, was für eine Bewandtnis es um das Zahnen der kleinen Kinder hätte. Besser als in der Kinderpflege war Hausmann in der Seelsorge an seinem Platze. Im Herbst 1532 wurde er von den drei Anhaltischen Fürsten als Hofprediger nach Dessau berufen, um in ihrem Lande die Reformation durchzuführen, und sechs Jahre später vertraute ihm der Freiberger Rat die Leitung der Kirche in seiner Vaterstadt an. Am 17. Oktober 1538 schied er von Luther. Beiden standen die Tränen in den Augen. Sie ahnten, daß es ein Abschied wäre, dem kein Wiedersehen folgen sollte. Schon am 6. November kam aus Freiberg die Nachricht, daß der Greis bei seiner Antrittspredigt auf der Kanzel vom Schlage getroffen worden war. Mit aller Schonung wurde Luther durch Käthe, Melanchthon, Jonas, Lauterbach auf den Verlust vorbereitet. Als er endlich an dem Tode seines Freundes nicht mehr zweifeln konnte, brach er in Tränen aus und sagte: „Also nimmt Gott die Frommen hinweg, wird danach die Spreu verbrennen. Das ist mir gar ein lieber Freund gewest!" Und er saß den ganzen Tag trauernd zwischen Melanchthon und Jonas, und auch Camerarius, der zu Besuch in Wittenberg war, und Kaspar von Ködritz, ein alter Freund des Hauses, waren gekommen, ihn zu trösten.

Die Freunde waren Käthe stets willkommen. Aber der Besuch der vielen fremden Gäste war oft eine schwere Last. Doch hören wir kaum einmal von ihr ein Wort der Klage darüber. Die ohnehin vielbeschäftigte Mutter und Hausfrau nahm es als etwas Selbstverständliches hin, daß ihr Haus in ruhigen Zeiten einem Gasthaus, in den Pestjahren einem Spitale glich. Zuweilen war in dem großen Ge-

bäude kein einziges Zimmer frei. Dann mußte selbst ein
fürstlicher Besuch abschlägig beschieden werden. So lag 1537
im Sommer und Herbst die alte Kurfürstin Elisabeth von
Brandenburg, Joachims I. Witwe, wochenlang im Schwarzen Kloster, körperlich und geistig krank, und Käthe saß auf
dem Bette der Fürstin und schweigete sie. Da wollte deren
Tochter, die Fürstin Margarete von Anhalt, mit einem
kleinen Gefolge nach Wittenberg kommen, die kranke Mutter
zu besuchen. Aber im Schwarzen Kloster war kein Platz
mehr, und in der Stadt war alles voll von Studenten
und nirgends eine Herberge frei. Luther mußte der Fürstin
abschreiben und sie und ihren Gatten, den Fürsten Johann,
damit vertrösten, daß es ihrer Frau Mutter unter Käthes
Pflege an nichts mangelte. Aber er und Käthe atmeten
erleichtert auf, als die Kurfürstin endlich ihr Haus verlassen konnte.

Als Käthe Witwe geworden war, wagte es der Kanzler
Brück, vor dem Kurfürsten von der großen und vertunlichen
Haushaltung zu sprechen, die sie geführt hätte. Wir haben
Luthers Einnahmen kennengelernt und gesehen, wie gut Käthe
es verstand, die Ausgaben niedriger zu halten als die Ein-
nahmen und aus der großen Armut der ersten Jahre all-
mählich zu einem gewissen Wohlstande zu gelangen; wir haben
nun auch erfahren, welche Verpflichtungen ihr durch die
Stellung ihres Gatten auferlegt wurden. Gewiß, der Haus-
halt, dem sie vorstand, war groß, sehr groß, aber ihre
Schuld war es nicht. Mochten auch zeitweilig einige arme
Verwandte von ihr am Tische sitzen, ihre Zahl war ver-
schwindend gering gegenüber der Schar derer, die durch ihren
Gatten ins Haus geführt wurden.

Wie sie es überhaupt fertig brachte, allen diesen Verpflichtungen zu genügen, wie sie oft bangen und sorgen
mochte, wie sie unermüdlich schaffen und selbst mit zugreifen
mußte, darüber hören wir nicht viel. Wir haben aber doch
außer den schon früher angeführten Äußerungen Luthers
noch ein gewichtiges Zeugnis von ihm, das sind die Worte,
die er 1537 in Gotha zu Bugenhagen sprach, als er sterben
zu müssen glaubte. Da bat er, den Freunden Melanchthon,
Jonas und Kreuziger seine letzten Grüße zu bringen, und

sagte weiter: „Tröste meine Käthe! Sie soll den Schmerz ertragen, eingedenk dessen, daß sie zwölf Jahre mit mir fröhlich gewesen ist. Sie hat mir gedient nicht nur wie eine Ehefrau, sondern wie eine Magd. Gott vergelte es ihr!"

Luthers Tod.

„Deiner Gattin, Frau Katharina, der besten Frau, sage ich hiermit Lebewohl", schrieb Capito an Luther, als er im Mai 1536 in Wittenberg gewesen war: „Nach meiner Heimkehr werde ich ihr durch die Händler etwas schicken, was sie zu meinem Gedächtnisse tragen soll. Ich liebe sie von Herzen. Ist sie doch dazu geschaffen, Deine Gesundheit aufrechtzuerhalten, so daß Du um so länger der Kirche, die unter Dir geboren ist, das heißt allen, die auf Christus hoffen, zu dienen vermagst." Und als er dann einen Ring an Neobolus sandte, bezeichnete er den schlichten Goldreifen als eine Gabe an Katharina von Bora, die beste Frau, und als ein Zeichen seiner Gesinnung gegen sie: „Verdientermaßen wird sie deshalb wert gehalten, weil sie als Hausfrau mit Sanftmut und Fleiß für unsern gemeinsamen Lehrer sorgt."

Was Capito bei seinem kurzen Besuche feinfühlig erkannt hatte, ist auch für uns Käthes höchstes Lob: die liebevolle, nie rastende Sorge, mit der sie ihren Gatten umgab und in seinen kranken Tagen hingebend pflegte.

Der kranken Tage waren bei ihm fast mehr als der gesunden. Als er ehelichte, hätten ihm wohl wenige und er am wenigsten sich selbst ein langes Leben vorausgesagt. Sein fester und zäher Körper, das Erbe seiner Eltern, war durch die übermäßigen Kasteiungen, denen er sich als Mönch unterworfen hatte, geschwächt und drohte, unter der fast übermenschlichen geistigen Anspannung in den aufregenden und aufreibenden Kämpfen zu erliegen. Die Leiden, die ihn immer wieder heimsuchten, waren zugleich körperlich und seelisch: Blutandrang und Schwindel, Kopfweh und Ohrensausen, Beklemmungen und Beängstigungen, die sich bis zu schweren Ohnmachtsanfällen steigerten, und mit denen die heftigsten seelischen Erschütterungen verbunden waren, tiefe Schwermut, geistige Anfechtungen, quälende Zweifel an der Gerechtigkeit seiner Sache, ja an Gottes Gnade. Das waren die Kämpfe mit dem Teufel, von denen er oft in den Briefen und in den Tischreden spricht.

Schon vor seiner Verheiratung war er einmal ohnmächtig in seinem Zimmer aufgefunden worden, und in der tiefen Traurigkeit, die diesem Anfalle gefolgt war, hatten ihn die Freunde durch Musik erheitert. Dann hatte die Krankheit wohl einige Jahre geruht. Aber nachdem er schon im Januar 1527 einen neuen Anfall gehabt hatte, der ihm fast das Herz abdrückte, überfiel ihn sein Leiden am 6. Juli schlimmer als vorher oder nachher wieder. Bugenhagen und Jonas, die an diesem Tage mit Doktor Schurf um ihn und Käthe waren, haben uns ausführliche Berichte hinterlassen, und Luther selbst schreibt über seinen Zustand an Melanchthon, länger als eine Woche sei er in Tod und Hölle hin- und hergeworfen worden und zittere noch an allen Gliedern.

In der behaglichen Häuslichkeit, die Käthe nach den ersten Jahren der Not ihm schuf, scheint sich seine Krankheit gemildert zu haben. Kopfweh und Schwindel zwangen ihn zwar noch oft, die Feder aus der Hand zu legen, und seine Anfechtungen kehrten immer wieder, aber körperliche und seelische Leiden im Vereine setzten ihm doch nicht wieder so hart zu, wie in dem heftigen Anfalle vom 6. Juli 1527.

Dafür hatte sich 1526 ein neues, schmerzhaftes Leiden bei ihm eingestellt, das Steinleiden, das ihn im Februar 1537 in Schmalkalden dem Tode nahe brachte. Die Hausmittel, die Käthe aus Wittenberg gesandt hatte, wollten nicht mehr helfen, und die Leibärzte der in Schmalkalden versammelten Fürsten und der berühmte Mediziner Georg Sturz, den der Kurfürst aus Erfurt herübergerufen hatte, waren tagelang vergeblich bemüht gewesen, die Krankheit zu heben oder dem Kranken in seinen unerträglichen Schmerzen wenigstens Erleichterung zu verschaffen. Da verlangte Luther am 25. Februar, aus Schmalkalden hinweggebracht zu werden; er wollte nicht in Gegenwart des Ungeheuers, des päpstlichen Nuntius, sterben. Aber Melanchthon hielt ihn abergläubisch zurück, denn die himmlischen Zeichen waren nicht günstig. Erst am nächsten Tage fuhr der Kranke mit seinen Begleitern Sturz, Bugenhagen, Spalatin, Myconius und Schlaginhaufen aus Schmalkalden nach Gotha. Das Schüttern des Wagens auf den schlechten Wegen im Gebirge bereitete ihm furchtbare Qualen. Doch — war es die Erschütterung, die zur Krisis führte, oder der dünne Rotwein, den er in Tambach trank? Plötzlich trat Besserung ein. Noch aus Tambach, wo diese Nacht gerastet wurde, konnte er seinem herzliebsten Melanchthon, der in Schmalkalden hatte zurückbleiben müssen, einen Brief senden, und aus Gotha, wo er die nächsten Tage bei Myconius blieb, meldete er seiner Käthe:

„Ich bin tot gewest. Und hab' Dich mit den Kindlein Gott befohlen und meinem gnädigsten Herrn, als würde ich Euch nimmermehr sehen. Hat mich Euer sehr erbarmet! Aber ich hatte mich dem Grabe beschieden. — Gott hat Wunder an mir getan diese Nacht und tut's noch durch frommer Leute Fürbitt'. Solches schreib' ich Dir darum, denn ich halte, daß mein gnädigster Herr habe dem Landvogt befohlen, Dich mir entgegenzuschicken, da ich ja unterwegen stürbe, daß Du zuvor mit mir reden oder mich sehen möchtest. Welchs nun nicht not ist, und magst wohl daheim bleiben, weil mir Gott so reichlich geholfen hat, daß ich mich versehe, fröhlich zu Dir zu kommen."

Sein Brief wird für Käthe, die um sein Leben bangte, ein rechter Trost gewesen sein. Aber sie zurückzuhalten vermochte er nicht. Noch ehe sie sich selbst auf den Weg machen konnte, sandte sie eine ihrer Nichten zu der Pflege ihres Gatten, und auch Jonas eilte mit dem jungen Mädchen seinem Freunde entgegen. Dieser aber hatte in Gotha erst noch einen Rückfall in seine Krankheit zu überwinden, einen Rückfall, so schlimm, daß er von neuem an seinem Leben verzweifelte und endlich alle, die um ihn waren, bis auf Bugenhagen hinweggehen hieß. Bugenhagen hat die Worte, die Luther in der Stille der Nacht (vom 28. Februar zum 1. März ?) zu ihm sprach, getreulich nachgeschrieben. Sein Bericht wird gewöhnlich als Luthers erstes Testament bezeichnet. Ein wirkliches Testament ist es jedoch nicht.

Erst nach einigen Tagen konnte Luther von Gotha über Erfurt nach Weimar gebracht werden, wo Melanchthon mit ihm zusammentraf. Dann ging die Fahrt nach Altenburg weiter. In Spalatins Hause begrüßte Käthe den ihr durch Gottes Gnade neu geschenkten Gatten, und am 14. März waren sie wieder in Wittenberg. Die Genesung schritt rasch vorwärts. Schon nach vierzehn Tagen konnte er wieder predigen. Aber das Steinleiden regte sich, wie es seine Natur ist, immer wieder, und die weißen Bernsteinkörner, die Herzog Albrecht von Preußen als ein Heilmittel dagegen sandte, konnten freilich nichts helfen.

Auch zahlreiche andere Krankheiten schwächten ihn. Von den schweren pestartigen Seuchen, denen er sich furchtlos aussetzte, blieb er zwar verschont, aber vom Fieber und von rheumatischen Schmerzen wurde er wiederholt geplagt. 1538 litt er schwer an der Ruhr. Die Anfälle von Schwindel kehrten immer wieder. 1541 kam ein äußerst schmerzhaftes Ohrenleiden hinzu. Ein offener Schaden am Beine, der sich schon 1532 gezeigt hatte, bereitete ihm viele Beschwerden; die Ärzte hielten später die Wunde künstlich offen, da sie hofften, den Blutandrang nach dem Kopfe dadurch ablenken zu können. So hatte Käthe immer wieder um ihn zu sorgen und ihn zu pflegen, und sie war unermüdlich in der Pflege und unerschöpflich in Hausmitteln. Wie ihr Sohn Paul Luther, der Mediziner, später bezeugte, half sie nicht nur in Frauenkrankheiten durch Beratung und Behandlung. Sie hatte wohl auch den Kardobenediktentrank bereitet, der ihrem Gatten bei seiner Erkrankung im Januar 1527 half, obwohl die Ärzte, wie er selbst schrieb, nichts davon wissen mochten.

Es war übrigens damals nichts Seltenes, daß Frauen ein wenig doktorten. Verschmähten es doch sogar Fürstinnen nicht, eigenhändig Arzeneien zu bereiten. Die appetitlichsten Ingredienzien wurden nicht immer dazu genommen. Auch Luther schrieb aus Schmalkalden an Käthe: „Deine Kunst hilft mich auch nicht mit dem Mist."

Wo Käthe die Kunst gelernt hatte? Die alte Muhme Lene, die bis an ihren Tod im Schwarzen Kloster lebte, war einst in jüngeren Jahren Siechenmeisterin im Kloster Nimbschen gewesen; sie wird es nicht vergebens gewesen sein.

Käthe selbst hatte eine feste Gesundheit. Von kleineren Leiden hören wir zwar oft, aber selten, daß sie wirklich krank gewesen wäre. Einmal wurde auch sie von einer Ohnmacht betroffen; ein andermal war sie vom Fieber so geschwächt, daß ihr Gatte klagte: „Liebe Käthe, stirb mir ja nicht!" Eine schwere und langwierige Krankheit hatte sie nur in den ersten Monaten des Jahres 1540 zu überstehen, als sie infolge einer Fehlgeburt todkrank daniederlag.

Am 18. Januar war sie noch frisch und gesund gewesen, so daß Luther dem Kurfürsten seine Bereitwilligkeit erklären konnte, nach Eisenach zu kommen, wenn seine Anwesenheit da notwendig wäre. Am 22. Januar aber war ihr Zustand schon fast hoffnungslos, und obgleich man unablässig um sie bemüht war, hatte sie sich selbst des Lebens begeben und wiederholte nur immer die Worte des 31. Psalms: „HErr, auf dich traue ich. Laß mich nimmermehr zuschanden werden!" Dabei war sie ruhig und getrost; wären die Kinder nicht gewesen, sagte Luther später, um Käthes willen hätte er kein Vaterunser mehr gebetet, sondern ihre Seele Christo befohlen. Um der Kinder willen flehte er in heißen Gebeten zu Gott, sie ihm zu lassen. Am 24. Januar glich sie einer atmenden Leiche und lag trotz allen Stärkungsmitteln, die ihr eingeflößt wurden, immer wieder in Ohnmacht, ein trauriger Anblick; aber der treuesten Pflege, die jeden Atemzug und jede Bewegung überwachte, gelang es, sie am Leben zu erhalten. Langsam wich die Krankheit. Nachdem man sie am 9. Februar außer Gefahr geglaubt hatte, mußte man drei Tage später von neuem für ihr Leben fürchten. Dann trat endlich Besserung ein und hielt an. Essen und Trinken schmeckten ihr wieder. Wie ihr Gatte am 26. Februar schreibt, hatte sie nun auch das Bett verlassen und versuchte, die ersten Schritte zu gehen, aber es war mehr ein Kriechen, wobei sie sich mit den Händen an Tischen und Stühlen weiterhalf. Sie mußte erst wieder gehen lernen. Aber bald kam mit der zunehmenden Kraft auch das Frohgefühl der Genesung über sie, und am 8. April konnte Luther an Melanchthon schreiben: „Meine Käthe ist vollkommen wiederhergestellt."

Einige Wochen darauf kaufte er ihr das Gütchen Zölsdorf. Das Porträtmedaillon, das sie noch in demselben Jahre 1540 für ihr liebes Zölsdorf arbeiten ließ, zeigt keine Spuren der überwundenen schweren Krankheit. Das Gesicht ist voll und fleischig, der Gesichtsausdruck hat etwas ungemein Lebhaftes und Energisches. Für die vierzigjährige Frau stand die Sonne des Lebens noch hoch, aber für ihren Gatten neigte sie sich zum Untergange.

Manches traf in seinen letzten Lebensjahren zusammen, ihn zu verstimmen und zu verbittern. Wie oft hören wir ihn unter den Beschwerden des Alters klagen, er sei müde, abgearbeitet, zu nichts mehr tauglich! Wie oft sehnt er sich aus dieser sündigen Welt nach einer besseren! Die sittlichen Zustände waren in Wittenberg gewiß nicht schlimmer, eher besser als auf andern deutschen Universitäten, aber er sah mit Entrüstung, wie sich unter seinen Augen die Unzucht immer frecher hervorwagte. Er verzweifelte an einer wirklichen Besserung der Welt, denn überall herrschten Geiz und Wucher, Tyrannei, Zwietracht, Untreue, Bosheit und Schalkheit bei dem Adel, an dem Hofe, in den Rathäusern, in der Stadt und auf dem Lande, und überdies die Verachtung des göttlichen Wortes und unerhörter Undank. Agrikolas Abfall und das Zerwürfnis mit Schurf hatten ihn aufs empfindlichste getroffen. In früheren Jahren hatte er zwar noch größere Widerwärtigkeiten unerschüttert ertragen, aber jetzt war seine geistige Spannkraft erlahmt.

In gereizter und verbitterter Stimmung wollte er schon Anfang 1544 Wittenberg für immer verlassen, und es bedurfte der flehentlichsten Bitten, ja der Tränen Bugenhagens und anderer einflußreicher Männer aus der Kirche, der Universität und der Stadt, ihn zu halten. Im Sommer des nächsten Jahres fuhr er in Kreuzigers Begleitung mit seinem ältesten Sohne Hans und seinem Tischgenossen Ferdinand von Maugis nach Zeitz zu Amsdorf. Unterwegs aber, besonders wohl in Leipzig, wo er bei dem reichen Ratsherrn Heinz Scherl rastete, kamen ihm schlimme Dinge zu Ohren, die ihm in Wittenberg verheimlicht worden waren. Am 22. Juli schrieb er deshalb aus Zeitz an Käthe:

„Gnad' und Friede! Liebe Käthe, wie unser Reise ist gangen, wird Dir Hans alles wohl sagen; wiewohl ich noch nicht gewiß bin, ob er bei mir bleiben solle. So werden's doch D. Caspar Creuciger und Ferdinandus wohl sagen. Ernst von Schönfeld hat uns zu Lobnitz schön gehalten, noch viel schöner Heinz Scherle zu Leipzig. Ich wollt's gerne so machen, daß ich nicht durft' wieder gen Wittenberg komen. Mein Herz ist erkaltet, daß ich nicht gern mehr da bin. Wollt' auch, daß Du verkauftest Garten und Hufe, Haus und Hof, so wollt' ich meinem gnädigsten Herrn das große Haus wieder schenken. Und wäre Dein Bestes, daß Du Dich gen Zulsdorf setzest, weil ich noch lebe, und kunnte Dir mit dem Solde wohl helfen, das Gutlin zu bessern, denn ich hoffte, mein gnädigster Herr soll mir den Sold folgen lassen, zum wenigsten ein Jahr meins letzten Lebens. Nach meinem Tode werden Dich die vier Element zu Wittenberg doch nicht wollen leiden; darumb wäre es besser bei meinem Leben getan, was denn zu tun sein will. — Magst solches (wo Du willt) D. Pommer und Mag. Philipps wissen lassen, und ob D. Pommer wollt' hiemit Wittemberg von meinenwegen gesegenen. Denn ich kann des Zorns und Unlusts nicht länger leiden. Hiemit Gott befohlen, Amen. Dienstag Knoblochstag, 1545. Martinus Luther."

Käthe wird sich beeilt haben, diesen Brief den beiden Freunden mitzuteilen. Schon am 1. August berichtete die Universität hierüber an den Kurfürsten, und noch an demselben Tage wurden von seiten der Universität Melanchthon, Bugenhagen und Major und von seiten der Stadt der Bürgermeister Gregor Matthes und der Buchdrucker Hans Lufft, der damals Stadtrichter war, an Luther abgeordnet; der Kurfürst aber sandte am 5. August den Doktor Ratzeberger mit einem besänftigenden Brief. Ihren vereinten Bemühungen und Versprechungen gelang es, Luther zur Heimkehr zu bewegen. Nachdem er noch einige Tage in Leipzig — diesmal bei Camerarius — und in Torgau beim

Kurfürsten verweilt hatte, war er am 16. August 1545 wieder in Wittenberg.

Er hoffte hier bald und ohne schweren Todeskampf zur letzten Ruhe eingehen zu dürfen. Schon als er im Winter von 1542 auf 1543 wieder einmal von seinem heftigen Kopfweh gemartert worden war, hatte er zu seiner Frau gesagt: „Käthe, wenn mir morgen nicht besser wird, so will ich unsern Hans lassen von Torgau holen, denn ich je gern wollt', daß er sollt' bei meinem Ende sein." Käthe hatte ihn zu beruhigen versucht: „Sehet, Herr, da machet Ihr Euch Gedanken!" Aber er hatte erwidert: „Nein, Käthe, es ist keine Einbildung von mir. Ich sterbe nicht so plötzlich; ich will erstlich mich niederlegen und krank werden. Aber ich will nicht lang liegen."

Ein langes Siechtum blieb ihm erspart. Seiner Käthe aber war es nicht beschieden, ihm die Augen zuzudrücken. Das letzte selige Stündlein, das er sich oft sehnlich herbeigewünscht hatte, schlug ihm nicht in Wittenberg, sondern in Eisleben, in der Stadt, da er geboren und getauft worden war.

Die Grafen von Mansfeld, in deren Herrschaft Eisleben lag, waren einst reich und mächtig gewesen, mächtig als die Herren einer stattlichen Landschaft, reich durch die Bergwerke, in denen das silberhaltige Kupfer gewonnen wurde. Durch Erbteilungen und üble Wirtschaft war aber das alte Grafenhaus in mehrere Linien gespalten und stark verschuldet, und über den Anteil an der Herrschaft, an der Unterhaltung der Kirchen und Schulen und an dem Ertrage der Silbergruben waren Streitigkeiten entstanden, die bei den verwickelten und vielfach ineinander verflochtenen Rechten und Ansprüchen der verschiedenen Linien immer noch eines Schiedsrichters harrten. Da wandte sich Graf Albrecht an Luther und bat zugleich den Kurfürsten um die Erlaubnis, daß Luther das Schiedsrichteramt übernehmen dürfte. Der Kurfürst willigte ein, aber ungern. Nach Luthers Tode schrieb er den Mansfeldern in ziemlich scharfen Worten, er hätte am liebsten gesehen, Martinus seliger wäre als ein alter, abgelebter Mann mit diesen Sachen verschont geblieben. Der Kanzler Brück sprach sogar von den Mansfeldischen „Säuhändeln". Und Luther selbst nannte einen

unter den verschiedenen Streitpunkten ein wahres Stachel=
schwein, ja stachliger als ein Stachelschwein. Aber er war
trotz seiner Schwäche dazu bereit, seinen Landesherren den
letzten Dienst, den sie von ihm verlangten, treulich zu
erweisen.

Schon Anfang Oktober 1545 war er mit Melanchthon
und Jonas zum erstenmal in Mansfeld. Da die Grafen
damals dem Kurfürsten gegen den Braunschweigischen Her=
zog Heinz von Wolfenbüttel Heeresfolge leisten mußten,
war die Reise ergebnislos.

Am Martinstage hatte er dann in Wittenberg noch ein=
mal seine vertrautesten Freunde bei sich: Melanchthon,
Bugenhagen, Kreuziger, Major und Eber. Als sie nach
einem fröhlichen Mahle von ihm schieden, sprach er zu
ihnen ernste Worte: „Bei meinem Leben wird es, ob Gott
will, keine Not haben, und wird guter Fried' in Deutsch=
land bleiben. Aber wann ich nun tot bin, so betet auch,
denn es wird alsdann Betens hoch vonnöten sein. Unsere
Kinder werden noch müssen den Spieß in die Hand nehmen."
Und den jungen Paul Eber wies er auf das Vorbild des
Apostels Paulus hin, dessen Namen er trüge.

Acht Tage später, am 17. November, stand er zum
letztenmal auf dem Lehrstuhle und beschloß seine Erklärung
des ersten Buches Mosis mit den Worten: „Ich kann nicht
mehr! Ich bin schwach. Bittet Gott für mich, daß er mir
ein gutes seliges Stündlein verleihe."

In den Weihnachtsfeiertagen war er mit Melanchthon
zum andernmal auf der Burg Mansfeld. Seinem Begleiter
hatte davor gegraut, bei den kalten Wintertagen ins Land
hinauszufahren; seine Kränklichkeit zwang auch dazu, die Ver=
handlungen abzubrechen.

So zog Luther am 23. Januar 1546 zum drittenmal
in die Heimat, diesmal nach Eisleben. Melanchthon konnte
ihn wegen seiner Kränklichkeit nicht begleiten. Als Reise=
gefährten folgten ihm aber seine drei Söhne mit ihrem
Präzeptor Rudtfeld und sein Famulus Aurifaber. In Halle,
wo sie durch Hochwasser und Eisgang drei Tage lang auf=
gehalten wurden, schloß sich ihnen Jonas an.

Mutter. Bei den Universitätslehrern, deren Wohnungen schon mit jungen Leuten überfüllt wären, würde die Gesundheit ihrer Knaben gefährdet sein, auch möchten sie unter dem fremden, ungleichen jungen Volke leichter in böse Gesellschaft geraten als bei ihr, denn ohne ihre Erlaubnis dürften sie doch nicht aus dem Hause gehen.

Die Vormunde wagten zwar nicht den Kurfürsten ausdrücklich zu bitten, er möge seinen ersten Befehl widerrufen, aber dieser Wunsch spricht doch verständlich genug aus ihrem Bericht. Sie heben nochmals Pauls Kränklichkeit hervor. Sie geben Rudtfeld das ehrenvolle Zeugnis, er sei ein gelehrter, treuer Geselle. Sie erbieten sich, selbst Martins Studien zu überwachen.

In seiner Entscheidung am 21. Mai ließ es denn auch der Kurfürst dabei bewenden, daß die Söhne bei der Mutter blieben, doch sollten die Vormunde darauf achten, daß „gemeldte des Doctors seligen Söhne alle drei zu Zucht, Tugend und Lahr mit Fleiß gehalten und ihnen sämtlich oder sonderlich nicht viel versäumlichs Spazierens verstattet werd'".

Käthe hatte also in allen wichtigeren Fragen ihre Wünsche gegen die Absichten des Kanzlers durchgesetzt. Leicht war der Kampf nicht gewesen. Um manchen Punkt wird heftig gestritten worden sein, ohne daß wir davon hören. Melanchthon, der doch mit den eigentlichen Vormundschaftsgeschäften verschont werden sollte, klagte in diesen Wochen dreimal fast mit den gleichen Worten: „Wir werden tüchtig geplagt!" Die Vormunde hatten allerdings zwischen Käthes starkem Willen und dem Widerstande des Kanzlers einen schweren Stand. Daß sie schließlich auf Käthes Seite traten, entschied ihren Sieg, denn der Kurfürst war in treuem Gedenken der Dienste und Verdienste Luthers nur auf das Beste der Witwe bedacht. Ihm vor andern schuldete sie Dank, nach ihm den Vormunden, aber am meisten verdankte sie sich selbst.

Im Elend.

Aus Käthes Leben war mit dem Heimgange Luthers die Sonne gewichen. Auch für uns wird ihr Bild schattenhaft. Spärlich sind die Nachrichten, die wir über ihre letzten Lebensjahre haben, und was sie berichten, ist fast nur Not und Sorge.

Wohl durfte sie hoffnungsvoll in die Zukunft blicken, nachdem sie die erste Niedergeschlagenheit überwunden hatte. In Haus und Hof war sie die Herrin geblieben, und durch die Erwerbung von Wachsdorf hatte sich ihr kleines Reich noch vergrößert. Als es bekannt wurde, daß sie wieder Kostgänger bei sich aufnehmen wollte, bildete sich rasch eine neue Tischgenossenschaft. Das Sommersemester begann in Wittenberg am 1. Mai; am 30. Mai starb im Schwarzen Kloster der junge österreichische Edelmann Augustin Römer von Waidhofen. Damals hatte also Käthe bereits wieder eine Bursa. Daß die weiten Räume ihres Hauses nicht leer stehen blieben, dafür werden schon Melanchthon und Kreuziger gesorgt haben.

Die Freunde dachten auch daran, ihr die Unterstützung der fürstlichen Gönner ihres Gatten zu erhalten. Aus eigenem Antrieb hatte schon im März 1546 Herzog Albrecht von Preußen seine Fürbitte für die Witwe Luthers bei dem Kurfürsten eingelegt; es hätte dessen nicht bedurft. Am 16. April hatte dann Jonas den König Christian III. von Dänemark gebeten, der Witwe und der Kinder gnädigster Herr zu sein, und der König erklärte am 7. Juni in gnädigen Worten seine Geneigtheit. Inzwischen hatte Bugenhagen am 5. Juni in seinem und Melanchthons Namen den König noch bestimmter gebeten, den Ehrensold von 50 Talern, die Luther in diesem Jahre zu erwarten gehabt hätte, seiner Witwe zu bewilligen. Am 14. Oktober befahl der König die Auszahlung des Geldes. Aber bevor noch der Bote nach Wittenberg kommen konnte, war die Universität in voller Auflösung und Käthe selbst im Elend.

Mit düsterem Ausblick in die Zukunft hatte schon Luther die Wolken im Süden sich immer drohender zusammenballen sehen. Über Deutschland lag es wie die Schwüle vor dem heraufziehenden Gewitter, während in Regensburg noch einmal vergeblich über die Einigung verhandelt wurde. Zugleich mit der Nachricht von Luthers Tode war bis in den äußersten Osten das Gerücht gedrungen, Kaiser Karl V. rüstete zum Kriege, und man erzählte sich in Königsberg in banger Ahnung, draußen im Reiche hätte sich der alte Kaiser Friedrich der andere, der Hohenstaufe, der vor dreihundert Jahren ins Grab gesunken war, an etlichen Orten sehen lassen. Herzog Albrecht von Preußen schrieb deshalb am 24. März an den kursächsischen Kämmerer Hans von Ponickau und bat ihn um Auskunft darüber, was es mit diesem teuflischen Gespenst auf sich hätte.

Das Schmalkaldische Bündnis der Protestanten schien aber allen Gefahren gewachsen zu sein. Der Kurfürst Johann Friedrich von Sachsen und der Landgraf Philipp von Hessen, die niederdeutschen Städte, deren Vorkämpferin das stolze Magdeburg war, und die oberdeutschen Reichsstädte Straßburg, Frankfurt, Ulm, Augsburg und Nürnberg, der Württemberger, die Pfälzer waren stark genug, dem schlecht gerüsteten Kaiser einen unüberschreitbaren Wall entgegenzusetzen. Mußten nicht auch die Schweizer Eidgenossen zum Schwerte greifen, wenn es dem Glauben galt? Würde der König von England die deutschen Protestanten im Stich lassen? Durfte der König von Frankreich dulden, daß Karl V. durch einen Sieg in Deutschland übermächtig wurde? Zuversichtlich nahmen die Protestanten den Kampf auf, als der Kaiser am 16. Juni zu Regensburg die Kriegserklärung aussprach. Nach menschlichem Ermessen mußte ihnen der Sieg zufallen. Das war auch Melanchthons Überzeugung. Aber er las zugleich in den Sternen, und da stand es anders geschrieben.

Vom Auslande kam keine Hilfe, und den deutschen Protestanten fehlte ein Mann, der sie zum Siege mit sich fortgerissen hätte. Der Kurfürst war schwerfällig und bedächtig, der Landgraf zeigte nichts mehr von der Entschlossenheit, mit der er noch 1530 in Augsburg den katholischen Fürsten gedroht hatte: „Macht Fried'! Wir begehren's. Tut Ihr's nicht, und ich muß hinunter, so will ich von Euch einen oder zwei zum mindesten mitnehmen!" Wochenlang standen sich jetzt im Sommer 1546 die Heere an der Donau gegenüber — auf der einen Seite die Protestanten mit ihren deutschen Kriegs-

knechten, stark, aber unschlüssig und unfähig, die Entscheidung
zu erzwingen — auf der andern Seite der Kaiser mit seinen
welschen Räten und mit seinen Italienern und Spaniern, noch
in der Minderzahl, aber fest entschlossen, jedem Streiche der
Gegner auszuweichen, bis er stark genug wäre, selbst den ent=
scheidenden Schlag zu führen.

Die Entscheidung fiel nicht an der Donau, sondern an der
Elbe bei Wittenberg. Herzog Moritz von Sachsen, Heinrichs
des Frommen Sohn, hatte für seinen hochgespannten Ehrgeiz
von seinen Glaubensgenossen wenig zu erwarten, alles aber
vom Kaiser. Der Kurhut, den sein Vetter Johann Friedrich
trug, war ein Siegespreis, kostbar genug, den protestantischen
Herzog in das katholische Lager zu locken. Im Bündnis mit
dem Kaiser und dessen Bruder, dem Könige Ferdinand, sandte
er seinem Vetter am 27. Oktober den Absagebrief und rückte
in sein Land ein. Fast nirgends fand er Widerstand. Der
Kurfürst lagerte noch mit seinem Heere an der Donau; sein
ältester Sohn mußte sich damit begnügen, Wittenberg und
Gotha zu halten.

Wittenberg war die Hauptfeste. Durch die Befestigungs=
arbeiten der letzten Jahre war es für die Kriegskunst jener
Zeit fast uneinnehmbar geworden. Es war auch stark besetzt,
und die Bürger fühlten sich hinter den hohen Wällen sicher
geborgen; von ihnen verließ keiner die Stadt. Aber die
Universität mußte während einer Belagerung eine schwere
Bürde sein. Zeigten sich doch schon vor dem Herannahen der
Feinde allerhand Unzuträglichkeiten zwischen der buntgemischten
Studentenschaft und dem Kriegsvolk. Der Kurfürst hatte des=
halb bereits im Sommer an eine Verlegung der Universität
gedacht. Jetzt löste sich in den ersten Novembertagen die Hoch=
schule von selbst auf, noch ehe am 6. November der Rektor
ihre Auflösung angeordnet hatte. Nur wenige Studenten
blieben zurück, und als am 9. November die Botschaft kam,
Herzog Moritz hätte Zwickau genommen und rückte mit seinen
Scharen auf Wittenberg, da begann auch unter den Pro=
fessoren ein wildes Flüchten. In der Winterkälte fuhren
Greise, Frauen und kleine Kinder ins Land hinaus, und
dichter Schnee bedeckte die Wagen und die Insassen.

An diesem Tage verließ wohl auch Käthe die Stadt. Sie zog mit ihren Kindern nach Magdeburg, wo die Universität während des Krieges eine Zuflucht zu finden hoffte. Als Hüter des Schwarzen Klosters scheint der alte Wolf Sieberger zurückgeblieben zu sein.

Kreuziger und Eber blieben in Wittenberg. Auch die Diener der Kirche und der Schule harrten sämtlich aus, an ihrer Spitze Bugenhagen, der nach der Wiederkehr des Friedens seine „Wahrhaftige Historia, wie es uns zu Wittenberg in der Stadt gegangen ist" niederschrieb; aber auch er hatte seine Kinder hinweggeschickt und in Zerbst in Sicherheit gebracht. Melanchthon zögerte noch einige Tage. Am 13. November aber war er in Dessau, am 15. in Zerbst, wo er mit den Seinigen blieb, denn der Rat zu Magdeburg nahm zwar zahlreiche Flüchtlinge auf, aber öffentliche Vorlesungen wollte er nicht zulassen, obgleich Melanchthon selbst in dieser Angelegenheit mehrmals nach Magdeburg reiste.

Unterdessen hatten die Wittenberger am 16. November ihre Vorstädte mit den Lusthäusern und Gärten weggebrannt; da wurden von den kleinen Leuten, die nur ihr Häuschen in der Vorstadt hatten, viele bettelarm, und mancher wohlhabende Bürger litt großen Schaden, aber die Hauptleute durften nicht dulden, daß sich die Feinde dicht vor den Wällen festsetzten. Schon nahten sie, den Fußknechten und dem Aufgebote der Meißnischen Ritterschaft voran die leichten Reiter, die König Ferdinand aus Ungarn dem Herzoge zu Hilfe gesandt hatte, die Husaren oder Hussern, wie sie von dem entsetzten Volke genannt wurden, kroatische, wallachische und polnische Grenzer, ein wildes Gesindel, wie es in Mitteldeutschland seit den Raubzügen der Hunnen nicht wieder gehaust hatte. Der Schrecken, der vor ihnen herzog, war noch größer als ihre kriegerische Tüchtigkeit.

Hatte Moritz gehofft, Wittenberg durch einen Handstreich nehmen zu können? Nachdem er die Stadt am 18. November vergeblich berannt hatte, wiederholte er den Sturm nicht. Auf eine regelrechte Belagerung war er nicht vorbereitet. Aber sein Heer blieb wochenlang in der Umgegend liegen, bis endlich in den Weihnachtstagen der Kurfürst in Eilmärschen aus Süddeutschland heranzog. Am 21. Dezember war er in Fulda, am 24. in Langensalza. Am 25. und 26. nahm Herzog Moritz seine Truppen von Wittenberg zurück und warf sein bestes Fußvolk in die am meisten bedrohte Stadt Leipzig. Am 1. Januar 1547 stand der Kurfürst in Halle, wo er sein Heer einige Tage rasten ließ, und am 6. Januar vor Leipzig, aber diese Stadt trotzte der Beschießung drei Wochen lang.

Durch den Abzug der Herzoglichen waren die Straßen nach Wittenberg wieder frei geworden. Räthe hätte jetzt heimkehren können. Bugenhagens Angehörige kamen bald nach Weihnachten zurück. Melanchthons Frau war zum neuen Jahre, Melanchthon selbst am 13. Januar in Wittenberg, doch blieb er nur wenige Tage und begab sich dann wieder zu den Seinigen nach Zerbst. Er ahnte, daß das Schlimmste noch bevorstand, und diese Befürchtung wird auch Räthe in Magdeburg festgehalten haben. Über ihren Aufenthalt in Magdeburg haben wir sonst keine Nachrichten. Wo sie wohnte? Wovon sie mit ihren Kindern und dem Diener, der ihr gefolgt war, lebte? Ob sie in großer Not war? Wir wissen es nicht.

An Unterstützung fehlte es ihr in dieser Zeit nicht ganz. Die 50 Taler, die Christian III. von Dänemark ihr bewilligt hatte, scheinen zwar wegen des Krieges in Hamburg zurückgehalten worden zu sein; Bugenhagen schrieb deshalb am 15. November 1546 nochmals an den König. Aber am 10. Januar 1547 hatte Melanchthon in Zerbst 150 Taler in Händen, ein Drittel für sich, das andere für Bugenhagen, das dritte für Räthe. Und kaum drei Wochen später kamen vom Könige nochmals 200 Taler oder vielmehr 196 Taler, denn vier Taler hatte der Bote, der alte Schlesier aus Wittenberg, unterwegs verzehrt; diesmal war neben Melanchthon, Bugenhagen und Räthe auch Jonas mit 50 Talern bedacht. Für Räthe aber lag ein sehr gnädiges Schreiben des Königs bei. Die Worte, in denen sie ihrem fürstlichen Gönner am 9. Februar 1547 aus Magdeburg dankte, kamen ihr aus dem Herzen: Ein großer und hoher Trost sind ihr in ihrem Jammer und Elend der

Brief des Königs und seine Spende gewesen. — Für ihr Mitgefühl und ihre Selbstlosigkeit zeugt, daß sie ihrem Danke sogleich eine neue Bitte anschließt, nicht für sich selbst, sondern für Doktor Major, den ihr verstorbener Gatte nun über zwanzig Jahre wie einen Sohn geliebt hätte, und der jetzt mit zehn lebendigen Kindern bei ihr in Magdeburg im Elend wäre. Auf ihre Fürbitte erhielt auch er schon zu Ostern von dem Könige 50 Taler ausgezahlt.

Der Krieg hatte sich inzwischen weiter nach Süden gezogen. Am 27. Januar mußte der Kurfürst zwar die Belagerung von Leipzig aufheben, aber auf dem flachen Lande vergalt er seinem Vetter in den nächsten Wochen in dem gleichen Maße, daß er ihm in den Rücken gefallen war. Bis ans Erzgebirge streiften die Kurfürstlichen durch das Land. Nur wenige feste Städte, wie Freiberg und Dresden, verblieben dem Herzoge.

In diesen Wochen, da der Stern des Kurfürsten noch einmal hell aufleuchtete, verließ Käthe Magdeburg und kehrte mit ihren Kindern nach Wittenberg zurück.

Aber während sich der Kurfürst damit begnügte, über seinen Vetter leichte Erfolge davonzutragen, brachte der Kaiser selbst die Entscheidung. Am 21. März brach er von Nördlingen auf. Langsam führte er sein Heer nach Norden, von Gichtanfällen gequält, die ihn zwangen, in der Sänfte zu reisen und in Nürnberg wiederum mehrere Tage zu rasten. Am 5. April war er in Eger; kurz vorher hatten sich König Ferdinand und Herzog Moritz mit ihm vereinigt. Am 18. April war er in Gnandstein, dem Schlosse der Herren von Einsiedel. Von da zog er östlich über Rochlitz, Colditz und Leisnig nach der Elbe. Jenseits des Stroms stand der Kurfürst bei Mühlberg. Der Angriff des Kaisers, der den ganzen Winter über gezaudert hatte und jetzt mit großer Übermacht über ihn kam, überraschte ihn. Als die feindlichen Reiter am 24. April durch den Strom setzten, trat er zwar den Rückzug an, aber es war schon zu spät. Auf der Lochauer Heide mußte er sich gegen Abend den Verfolgern stellen; nach kurzem Kampfe flohen die Seinigen,

er selbst geriet blutüberströmt in die Gefangenschaft des
Kaisers.

Bald nach Mitternacht kamen die ersten Flüchtlinge vor
Wittenberg an. Von denen in der Stadt für Feinde ge=
halten und erst bei Tagesanbruch eingelassen, brachten sie
den Bürgern und der Kurfürstin Sibylle, die mit ihren
beiden jüngeren Söhnen im Schlosse war, die erste Nach=
richt vor der Niederlage. Der verzweifelte Aufschrei, mit
dem die Fürstin unter dem Krachen der Geschütze um ihren
Gatten klagte, gellte Bugenhagen noch lang im Ohre nach.
Die Verwirrung in der Stadt war groß. Die Tore wur=
den geschlossen gehalten, kein Wagen durfte hinaus. Erst
als ein Tag um den andern verging, ohne daß der Kaiser
gekommen wäre, gewann man die Ruhe zurück und gab
denen, die fliehen wollten, freien Weg.

Unter den Familien, die in den letzten Tagen des Aprils
zum zweitenmal aus Wittenberg flüchteten, waren auch Wal=
purga Bugenhagen und Käthe mit ihren Kindern.

Melanchthon hatte sich von Zerbst nach Magdeburg be=
geben. Hier stand plötzlich Käthe vor ihm und bat ihn
mit Tränen in den Augen, ihr eine Zufluchtsstätte zu suchen.
Sie gedachte nach Dänemark zu gehen, dessen König sie
unterstützt und seiner Gnade versichert hatte, und Melanch=
thon billigte ihren Entschluß. Er begleitete sie selbst mit
den Seinigen nach Braunschweig; auch Major folgte ihnen
mit seiner zahlreichen Familie. In Helmstedt wurden sie
von dem Rate gastfreundlich aufgenommen, ebenso fanden
sie bei dem Rate zu Braunschweig einen guten Empfang
und in der Stadt genügende Unterkunft. Wie Melanch=
thon am 4. und 6. Mai aus Braunschweig schreibt, hatte
er Luthers und Majors Familien bei dem evangelischen
Abt untergebracht, während er selbst bei dem Superinten=
denten Nikolaus Medler bleiben wollte, bis er für die
Seinigen ein kleines Haus gefunden hätte. In den nächsten
Tagen fuhren er und Major mit Käthe weiter. Major
wollte sie bis nach Dänemark geleiten, Melanchthon wenig=
stens bis nach Lüneburg. Aber schon in Gifhorn riet ihnen
Herzog Franz von Lüneburg von der Weiterfahrt ab, weil
das Land voller Kriegsknechte wäre und die Reise nicht

ohne Gefahr. Sie kehrten deshalb nach Braunschweig zurück, wie Melanchthon am 9. Mai berichtet. Käthe blieb hier, während Melanchthon später die Seinigen zu seinem Freunde, dem Bürgermeister Michael Meienburg, nach Nordhausen brachte. Von Nordhausen fragte er dann am 28. Mai brieflich bei Major an, ob Luthers Witwe noch die Absicht hätte, nach Dänemark zu gehen? Aus Halle wäre die Nachricht gekommen, die Flüchtlinge könnten ruhig nach Wittenberg zurückkehren; wäre das wahr, so würde sich Käthe durch die Hoffnung, ihre Landgüter wieder bewirtschaften zu können, wohl lieber nach Wittenberg zurückführen lassen.

Die Nachricht war in der Tat wahr. Seit dem 5. Mai hatte der Kaiser vor Wittenberg gelagert, ohne jedoch einen Sturm zu wagen. Verhandlungen mußten ihn sicherer ans Ziel führen als Gewalt. Um sein Leben zu retten, mußte der unglückliche Kurfürst am 23. Mai die feste Stadt dem Sieger übergeben lassen. Seinen Söhnen wurde Thüringen zugewiesen, er selbst mußte dem Kaiser als Gefangener folgen und wurde noch jahrelang von ihm in Haft gehalten, nicht mehr als Kurfürst. Die Kur Sachsen wurde seinem Vetter Moritz übertragen. Der neue Landesherr sicherte den Wittenbergern sein Wohlwollen zu und war bemüht, der Universität die großen Männer zu erhalten, die ihren Ruhm begründet hatten. Die meisten blieben in der Stadt, mit der sie sich inniger verwachsen fühlten als mit dem Ernestinischen Fürstenhause. Der greise Lukas Cranach aber folgte seinem Herrn freiwillig in die Gefangenschaft.

Nachdem am 6. Juni die letzten Kaiserlichen abgezogen waren, nahm Kurfürst Moritz die Huldigung der Bürgerschaft entgegen. Am 8. Juni lud Kreuziger als Rektor der Universität die geflüchteten Professoren brieflich ein, ihre Lehrtätigkeit in Wittenberg wieder aufzunehmen. Acht Tage später, am 14. Juni, starb der alte treue Wolf Sieberger, und am 28. Juni hatte Käthe in Braunschweig ein Schreiben erhalten, worin sie von Bugenhagen und Reuter aufgefordert wurde, heimzukehren: in Wittenberg wäre nun alles sicher; ihre Güter und das Haus wären unversehrt geblieben. Dieser Brief, der zugleich die Nachricht von Wolfs Tode gebracht haben wird, bestimmte Käthe zur Heimkehr.

Wenn die beiden Freunde ihr versichert hatten, ihre Güter und das Haus wären unversehrt, so meinten sie damit wohl nur das Schwarze Kloster und den Hausrat. Was außerhalb der Stadtmauer lag, war sicherlich in einem wüsten Zustand. Als die Wittenberger ihre eigenen Vorstädte niederbrannten und in ihren Gärten die Fruchtbäume hinweghieben, da gingen sie an Käthes Garten am Saumarkte gewiß nicht schonend vorüber. Und wie sah es erst weiter draußen im Lande aus! Ein pommerscher Edelmann, der mit dem Kaiser gegen Wittenberg gezogen war, berichtet: Die Dörfer um Wittenberg waren wüst, aus allen Höfen hatten sich die Leute geflüchtet, alles Vieh war weggetrieben, in den Höfen nichts gelassen; auf dem Felde sah man hier und da die von Hunden zerfleischte Leiche eines Bauern oder einen sterbenden Landsknecht liegen. Die Welschen, die mit dem Kaiser gekommen waren, hatten fast noch schlimmer gehaust als die Hussern. Die hatten zwar auch geplündert und geschändet, aber die Spanier waren mordlustig, und trotz dem Verbote des Kaisers, zu sengen und zu brennen, hatten sie eine teuflische Freude daran, die ausgeplünderten Höfe bis auf den Schweinestall niederzubrennen. Um die Leute im Lande zu halten, mußte deshalb Kurfürst Moritz seinen neuen Untertanen versprechen, ihnen zum Wiederaufbau ihrer Höfe Bauholz geben zu lassen und den ganz Verarmten Korn zu schenken oder zu leihen.

Wachsdorf und die Boos lagen auf dem Wege nach Wittenberg, Zölsdorf zwischen Leipzig und Altenburg an der Straße, auf der Freunde und Feinde mehrmals hin- und hergezogen waren. Daß diese Güter durch den Krieg schweren Schaden gelitten hatten, wird von Bugenhagen ausdrücklich bezeugt, und auch Käthe selbst klagt über ihre armen verwüsteten und verheerten Güter. Die Beschädigung der Scheunen und Ställe war vielleicht noch gar nicht das Schlimmste. Wie wir wissen, betrieb Käthe in Zölsdorf und auf der Boos, die guten Wieswachs hatte, besonders die Viehzucht, und auch Wachsdorf war nach der Schilderung des Kanzlers Brück für die Viehwirtschaft besser geeignet als für den Ackerbau. Ob wenigstens das Vieh gerettet worden war? Es scheint nicht so. Käthe war durch den Krieg verarmt. Eine arme Frau nennt sie sich selbst noch 1552, eine arme und itzt von jedermann verlassene Witwe. Eine arme Frau wird sie auch schon 1548, 1549 und 1550 von Melanchthon und Bugenhagen genannt, und Bugenhagen fügt hinzu: „Sie wäre nicht arm, wenn sie ihre Gütlein wüßte zu versorgen, aber da fehlt's."

Verluste, die den Viehbestand getroffen hatten, waren schwer zu ersetzen. Dazu gehörte bares Geld. Käthe mußte neue Schulden auf sich nehmen, doch hütete sie sich davor, ihre Güter zu hoch zu belasten. Bei ihrem Tode war zunächst eine Barschuld von 400 Gulden da; der Leipziger Jurist Magister Franz Kram, der bei dem Kurfürsten Moritz in Diensten stand, hatte ihr diese Summe wohl unter Melanchthons Vermittelung vorgestreckt. Außerdem waren mehrere Becher verpfändet. Alles in allem gerechnet, betrugen ihre Schulden gegen 1000 Gulden. Möglich, daß sie schon während des Krieges einen Becher oder den andern hatte versetzen müssen, aber der größte Teil ihrer Schulden stammte erst aus ihren letzten Lebensjahren und war durch die Verwüstung ihrer Güter notwendig geworden.

Für das tägliche Leben genügten wohl notdürftig die Einkünfte aus dem Schwarzen Kloster. Die Universität Wittenberg sammelte sich wieder, und Käthes Tisch hatte die alte Anziehungskraft nicht verloren. Aus zwei Todesfällen, die im September 1548 und im November 1550 aus dem Schwarzen Kloster berichtet werden, dürfen wir den Schluß ziehen, daß ihre Tischgenossenschaft auch in ihren letzten Lebensjahren zahlreiche Mitglieder hatte. Fast fünf Jahre lang war damals Johann Stromer aus Auerbach bei ihr, ein Neffe des bekannten Leipziger Mediziners Heinrich Stromer, der nach seinem Geburtsorte gewöhnlich nur Doktor Auerbach genannt wurde; sein Haus in Leipzig — es ist durch die Faustsage berühmt geworden — trägt noch jetzt den Namen Auerbachs Hof. In diesem Hause hatte der junge dreizehnjährige Johann Stromer 1539 vor Luther gestanden, und die wenigen Worte, mit denen ihm der große Mann seinen Trinkbecher gereicht hatte, blieben ihm unvergeßlich und gleichsam eine prophetische Mitgabe auf einem langen und an Ehren reichen Lebenswege. Nachdem er im Schmalkaldischen Kriege gleich andern Studenten beim Herzoge Moritz Kriegsdienste genommen hatte, studierte er seit 1548 in Wittenberg weiter, zuerst Theologie, dann Medizin, schließlich Jurisprudenz. Er starb in seinem 82. Lebensjahre als Professor zu Jena am 11. Oktober 1607.

Auch die beiden größeren Säle, die hinter den Wohnräumen im Schwarzen Kloster lagen, blieben nicht leer stehen. Im Sommersemester 1551 las hier Bartholomäus Lasan über Herodot.

Durch ihren Fleiß hätte Käthe ihre Güter allmählich wieder in besseren Stand setzen und sich von ihren Verlusten erholen können, wären ihr nur nicht gerade auf ihren Gütern von bösen Nachbarn neue Schwierigkeiten in den Weg gelegt worden, so daß sie noch in ihrem Todesjahre dem Könige von Dänemark klagen mußte, die Freunde hätten ihr größeren Schaden zugefügt als einst die Feinde.

Schon 1548 hatte sie vor den Gerichten der Mark Brandenburg zu prozessieren. Melanchthon schrieb deshalb am 20. Februar an den Propst Georg Buchholzer in Berlin und bat ihn, sich der Sache anzunehmen und auch die Teilnahme des Kanzlers Johann Weinleb dafür zu gewinnen. Wäre der Kurfürst von Brandenburg im Lande — Joachim II. war damals auf dem Reichstage zu Augsburg, wo das sogenannte Interim zusammengeflickt wurde —, so würde er Luthers Kindern in ihrer Bedürftigkeit gewiß gern helfen. Luther hätte geistige Nahrung ausgestreut, und es wäre nur billig, daß fromme Fürsten seinen Kindern die leibliche Nahrung reichten. Worum es sich bei diesem Prozeß eigentlich handelte, geht aus Melanchthons Worten nicht hervor.

Im Sommer 1548 begann ein neuer Prozeß vor dem kurfürstlichen Amtmann in Leipzig. Der Gutsherr auf Kieritzsch erhob gewisse Ansprüche auf Zölsdorf. Als einen streitsüchtigen Menschen bezeichnet ihn Melanchthon. Ein gütlicher Vergleich war nicht möglich, weil seine Forderung, wie Melanchthon am 31. August an Camerarius schreibt,

viel zu hoch war. Hans von Bora, Käthes Bruder und
Vormund, war ebenfalls gegen einen Vergleich, und als
früherer Eigentümer von Zölsdorf kannte er ja die Ver-
hältnisse. Käthe wollte nun ihre Vertretung einem der
tüchtigsten Leipziger Juristen, dem kurfürstlichen Rate Doktor
Johann Stramburger übertragen. Melanchthon zweifelte
freilich, ob der viel beschäftigte Mann für die arme Witwe
Zeit finden würde, aber er bat Camerarius, mit Stramburger darüber zu sprechen, und dieser nahm sich wirklich
Käthes an. Ihre Sache war also in den besten Händen.
Trotzdem zog sich der Prozeß lange Zeit hin. Noch im
Januar 1550 mußte Käthe selbst vor dem Amtmann in
Leipzig erscheinen, und Melanchthon hatte die Absicht, sie
auf ihre Bitte dahin zu begleiten, wurde aber dann durch
unaufschiebbare Verhandlungen davon abgehalten. Camerarius, der in dem großen Garten der Universität wohnte,
hatte jetzt die Gelegenheit, Luthers Witwe ihre frühere
Gastfreundschaft zu vergelten, und Stramburger scheint nun
endlich den Prozeß zu einem guten Ende geführt zu haben.
Das Geschenk, von dem Melanchthon am 30. April 1550
spricht, war wohl Käthes Dank an ihren Anwalt.

Aber sie sollte sich nicht lange der Ruhe freuen. Neuen
Schaden und einen neuen Prozeß brachte die Belagerung
Magdeburgs, die im November 1550 begann und sich bis
in den Hochsommer des nächsten Jahres hineinzog, und dann
führte Kurfürst Moritz sein Heer gegen den Kaiser. Für
jedes Land waren damals die Durchzüge und Einlagerungen
der Truppen, auch wenn es befreundete waren, eine schwere
Last. „Die Witwe unsers Vaters Luther klaget hart" — schrieb
Bugenhagen am 11. Januar 1552 an Christian III. —,
„es ist ja am Tage, daß sie in ihren Gütern dieses
Jahres großen Schaden erlitten hat samt ihren Nachbarn."
Waren es die übermäßigen Kontributionen, durch die sich
die Landleute gedrückt fühlten, oder hatte das rohe Kriegsvolk Verwüstungen angerichtet: Käthe und ihre Gutsnachbarn
mußten vor den kurfürstlichen Gerichten Klage erheben, und
zwar gegen Hans Löser, den Sohn des alten Erbmarschalls,
der Paul Luthers Pate gewesen war.

Auch sonst erlebte Käthe die schmerzliche Erfahrung, daß gerade die Leute, die sich bei Lebzeiten ihres Gatten hoch und teuer zu allen Diensten erboten hatten, jetzt in keiner Weise mehr des Verstorbenen gedachten. Der Undank, unter dem sie zu leiden hatte, war so groß und allgemein bekannt, daß Melanchthon und Eber in dem öffentlichen Anschlag, in dem sie Käthes Tod der Universität anzeigten, nicht stillschweigend darüber hinwegzugehen wagten; sie schreiben: „Als der Krieg ausbrach, irrte sie mit ihren verwaisten Kindern im Elend umher, unter sehr großen Beschwerden und Gefahren, und außer den Übelständen, die für eine Witwe vielfältig sind, erfuhr sie auch großen Undank von vielen, von denen sie wegen der ungeheuren öffentlichen Verdienste ihres Gatten um die Kirche Wohltaten erhoffte, aber in schändlicher Weise enttäuscht wurde."

An den neuen Landesherrn scheint sie sich trotz ihrer Not nie gewendet zu haben. Von ihm hätte sie auch kaum etwas zu erwarten gehabt. Moritz gehörte zu den Fürsten, die sich der äußeren Segnungen der Reformation erfreuten, ohne je innerlich in ein näheres Verhältnis zu ihr getreten zu sein.

Nur der König von Dänemark half immer wieder. Die Bitt- und Dankbriefe, die Melanchthon (3. September 1548), Bugenhagen (17. Juli und 6. September 1549, 18. Juni 1550, 11. Januar und 22. März 1552) und Käthe selbst (6. Oktober 1550 und 8. Januar 1552) an ihn schrieben, hielten ihm die Hand offen. Wohl Jahr für Jahr erhielt Käthe die 50 Taler, die Christian III. einst ihrem Gatten ausgesetzt hatte. Nach ihrem Tode dankte deshalb ihr ältester Sohn dem Könige, daß er dies Jahrgeld auch seiner seligen Mutter „bis anher" hätte auszahlen lassen.

Ein anderer Fürst, der schon Luthers Gönner gewesen war, Herzog Albrecht von Preußen, unterstützte die Hinterlassenen zwar nicht mit Geldsendungen, erbot sich aber 1549, den ältesten Sohn bis zu dem Abschluß seiner Studien zu versorgen. Hans Luther war noch immer bei der Mutter. Nach einer späteren Nachricht soll er zwar im Schmalkaldischen Krieg als Fähnrich gedient haben, und alt genug wäre er zum Kriegsdienst gewesen, auch kräftig genug;

mancher Student hatte damals anstatt der Schreibfeder den Spieß in die Hand genommen. Aber als Hans im Frühjahr 1549 nach Ostpreußen zog, war dies — wie Käthe schreibt — sein erstes Abreisen und seine erste Ausfahrt, und diese Worte hätte die Mutter doch kaum wählen können, wenn er schon 1547 als Fähnrich im Felde gestanden hätte. Er scheint vielmehr mit der Mutter und den Geschwistern zusammen geflüchtet und dann nach Wittenberg zurückgekehrt zu sein. Hier wandte er sich jetzt der Jurisprudenz zu; nach Melanchthons Urteil war er für diese Wissenschaft auch geeignet.

Im Frühjahr 1549 besuchte nun Georg Sabinus, der in Königsberg Professor war und bei dem Herzog Albrecht von Preußen in hohem Ansehen stand, seinen Schwiegervater Melanchthon in Wittenberg. Er sprach auch mit Käthe von der gnädigen Gesinnung und dem Anerbieten des Herzogs, die Kosten für das Studium ihres ältesten Sohnes zu tragen, und auf Melanchthons Rat entschloß sich die Witwe, ihren Hans nach dem fernen Ostpreußen auf die Universität Königsberg zu senden. Am 29. Mai schrieb sie einen langen Brief, den Hans dem Herzoge überbringen sollte, dankte dem Fürsten für seine gnädige Förderung und Mitsorge für ihre nachgelassenen armen Kinder aufs demütigste und bat ihn, ihren Hans in Gnaden und Schutz aufzunehmen und Geduld mit ihm zu tragen, wenn er sich anfangs nicht recht zu benehmen wüßte, denn es wäre seine erste Ausfahrt, und er wäre noch unerfahren.

Jonas hatte dem jungen Luther schon am 24. Mai einen Empfehlungsbrief an den Herzog geschrieben, und ein glänzendes, ja fast zu glänzendes Zeugnis hatte ihm Melanchthon am 25. Mai ausgestellt. Er nennt ihn nicht nur unbescholten, bescheiden, wahrheitsliebend und züchtig, gewandt und ausdauernd in körperlichen Anstrengungen, er rühmt auch seinen Geist und seine Beredsamkeit; nur von seinem Fleiße spricht er nicht.

Hans erfüllte nicht ganz die Hoffnungen, mit denen ihn seine Mutter ziehen ließ. Fast zwei Jahre studierte er in Königsberg. Für einen Juristen, der später in die höheren

Staatsämter aufrücken wollte, war aber damals der Besuch einer der berühmten italienischen oder französischen Universitäten die beste Empfehlung. Käthe wendete sich deshalb am 24. April 1551 nochmals an den Herzog und bat ihn, ihren Sohn Johann zur Vollendung seiner Studien nach Frankreich oder Italien zu senden und ihr auf ihr Gesuch eine gnädige Antwort zugehen zu lassen; da sie in ihrer Schwachheit manches mit ihm zu besprechen hätte, daran ihm und seinen Brüdern und seiner Schwester merklich gelegen wäre, wünschte sie ihn vorher eine kurze Zeit in Wittenberg zu sehen, dann sollte er je nach der Entscheidung des Herzogs entweder nach Königsberg zurückkehren oder ins Ausland ziehen.

Die Antwort des Herzogs vom 12. Juli 1551 war für die Mutter eine bittere Enttäuschung. Auf ihr Gesuch durfte ihr der Herzog nicht länger verschweigen, daß sein gnädiger Wille bei ihrem Sohne nicht so angewendet wäre, wie er wohl gehofft hätte. Ihr Sohn hätte seiner Studien nicht nach Gebühr abgewartet, er hätte sich auch etlicher guter Händel teilhaftig gemacht, die er besser hätte unterlassen sollen. Trotzdem fügte der Herzog hinzu, er wäre ihr und ihrem Sohne auch jetzt noch besonders um ihres in Gott ruhenden lieben Herrn willen gnädig gesinnt; würde ihr Sohn in Königsberg vorliebnehmen, so wollte er ihn noch weiter unterhalten, aber ihn nach Italien oder Frankreich zu senden, darauf könnte er sich nicht einlassen.

Drei Tage, nachdem der Herzog dies geschrieben hatte, am 15. Juli 1551, stellte die Universität Königsberg für Johann Luther ein schönes Zeugnis aus; etwas wirklich Schlechtes können die Händel, von denen der Herzog spricht, also doch nicht gewesen sein. Mit diesem Zeugnis kehrte Johann heim, um dem Wunsche seiner Mutter nachzukommen. Sie war, wie sie selbst geschrieben hatte, kränklich und sehnte sich in der Ahnung eines nahen Todes, ihn noch einmal zu sehen.

Grabstein Käthe Luthers
in der Pfarrkirche in Torgau

Von Wittenberg nach Torgau.

Es waren trübe Jahre für Käthe, da sich nach dem Tode ihres Gatten ein jeder fremd gegen sie stellte und sich ihrer niemand annehmen wollte. Die Not, in der sie lebte, die Gleichgültigkeit, mit der ihr begegnet wurde, und die Anfeindungen, denen sie ausgesetzt war, beugten ihren Stolz und brachen ihre Gesundheit.

Aber nicht in ihrem lieben Wittenberg sollte sie zur letzten Ruhe eingehen.

Der Sommer des Jahres 1552 brachte wieder einmal eine pestartige Seuche über die Stadt. Schon zu Anfang des Junis hatte der Rat zu Torgau der Universität eine Zufluchtsstätte in seiner Stadt angeboten. In den ersten Julitagen mußten die Professoren ihre Studenten entlassen. Die einen zogen heim, die andern folgten ihren Lehrern nach Torgau, wo die Vorlesungen am 17. Juli in dem Franziskanerkloster wieder aufgenommen wurden.

Käthe blieb noch bis in den September in Wittenberg. Erst als das Schwarze Kloster selbst von der Pest heimgesucht wurde, zog sie um der Kinder willen fort und fuhr nach Torgau. Aber unterwegs scheuten die Pferde und drohten den Wagen von der Straße zu reißen; mehr um die Kinder, als um sich selbst zu retten, sprang Käthe herab, schlug aber hart zu Boden und stürzte in den Graben, der voll kalten Wassers stand. Der Schreck, der schwere Fall und die Erkältung zogen ihr eine Lähmung zu.

Über drei Monate lag sie in Torgau siech danieder und schwand langsam hin. Gottes Wort tröstete sie und hielt sie in ihren Leiden aufrecht. In inbrünstigen Gebeten wünschte sie sich einen sanften Tod. Oft befahl sie Gott auch die Kirche und ihre Kinder und bat ihn, die lautere Lehre, die er durch die Stimme ihres Gatten dieser jüngsten Zeit wiedergegeben hätte, den Nachkommen unverfälscht zu erhalten.*

---

* In neuerer Zeit ist behauptet worden, Käthe hätte auf ihrem Sterbebette gesprochen: „Ich will an meinem HErrn Christus

Am 20. Dezember wurde sie durch den Tod von ihren Leiden erlöst.

Als Vizerektor der Universität lud Paul Eber am 21. Dezember die Studenten zu dem Begräbnis ein, das noch an demselben Tage stattfinden sollte. Der Verfasser des langen lateinischen Schriftstücks war wohl Melanchthon. In Erinnerung des schweren Kummers, den die Verstorbene in den letzten Jahren ihres Lebens hatte tragen müssen, stellte er vor seine Betrachtungen die Worte, mit denen der griechische Tragiker Euripides in seinem Orest die Königstochter Elektra auf die Bühne treten läßt:

Kein Übel ist so schrecklich, das die Sprache nennt,
Kein Schicksal oder gottverhängtes Ungemach,
Das nicht mit seiner Bürde last' auf Sterblichen.

Durch diese Worte war einst Sokrates im Theater zu Athen so mächtig bewegt worden, daß er dem Schauspieler mit lauter Stimme zurief, sie zu wiederholen. Und wer hätte nicht selbst erfahren, daß es Unglücksfälle gibt, mannigfaltiger und trauriger, als sie sich erdenken lassen? Nur wir Christen finden in aller Trübsal einen Trost in dem Glauben an Gott und unsern HErrn Jesus Christus und in der Hoffnung auf ein ewiges Leben. An dieser Hoffnung hat sich auch Luthers Witwe in ihrem großen Leid aufgerichtet. — Melanchthon schildert nun kurz die Trauer Käthes um den Tod ihres Gatten, ihr Elend und ihre Verlassenheit, den Unglücksfall, der sie aufs Siechenbett gestreckt hat, und die gottergebene Geduld, mit der sie ihr langes Siechtum ertragen hat; er bittet zum Schluß die Studenten, ihr die letzte Ehre zu erweisen, in Hochschätzung ihrer ausgezeichneten Frömmigkeit, aus Teilnahme an der Trauer ihrer verwaisten Kinder, in Erinnerung an die nie genug zu preisenden Verdienste ihres Gatten.

Nachmittag um 3 Uhr versammelten sich die Studenten vor dem Sterbehaus. Von dem Franziskanerkloster aus stand es in der nächsten Straße, die aufs Schloß führte;

---

kleben bleiben wie die Klette am Kleide." Diese Behauptung stammt wohl erst aus dem Jahre 1850 und beruht auf einem seltsamen Mißverständnis.

es war wohl das Haus, das jetzt die Nummer 457 trägt, in der Lutherstraße.

In der nahen Pfarrkirche (Marienkirche) fand Käthe ihre letzte Ruhestätte.

Hier steht noch jetzt im Chore der Leichenstein, den die vier Kinder ihrer Mutter gesetzt haben. Die Umschrift lautet: „ANNO 1552. den 20. DECEMBR: Ist In Gott Selig entschlaffen alhier zu Torgau Herrn D. Martini Luthers seligen Hinderlassene wittbe Katharina von Borau."

Die Arbeit des Steins ist handwerksmäßig und läßt kaum mehr erkennen, als daß die Verstorbene auch noch in ihren letzten Lebensjahren eine volle Gestalt und ein fleischiges Gesicht gehabt hat. Über ihrer linken Schulter steht das Wappen derer von Bora, über ihrer rechten Schulter Luthers Wappen; beide Wappen sind mit dem Grabstein 1617 und 1730 neu bemalt worden. Das eigentümliche Kopftuch, das die Verstorbene trägt, ist nicht etwa, wie man vermutet hat, eine Witwentracht oder Leichentracht, denn auf dem Medaillon in der Kieritzscher Kirche trägt Käthe das gleiche Kopftuch, und noch weniger ist es eine bäuerische Tracht, denn ein ganz ähnliches Kopftuch trägt die mildtätige, reiche Frau Apollonia von Wiedebach auf ihrem Bildnis im Leipziger Museum.

Schon durch dieses Kopftuch wird das Medaillon Käthes in der Kirche zu Kieritzsch als echt erwiesen. Wie hätte ein später lebender Künstler auf den Gedanken kommen können, der Frau Doktor Luther eine so seltsame Kopfbedeckung zu geben! Und woher hätte er auch wissen sollen, daß Zölsdorf gerade im Jahre 1540 — diese Jahreszahl steht in der Umschrift — von Luther gekauft worden war? Übrigens werden beide Medaillons, das Luthers und das Käthes, schon 1750 von dem damaligen Kieritzscher Pfarrer als ein „kostbares Überbleibsel des Altertums" bezeugt. Kostbar ist dieses Bildnis Käthes wirklich, denn es ist das einzige, in dessen energischen Gesichtszügen wir etwas von der fax domestica, der Hausfackel, von der Kreuziger spricht, wiederfinden.

Unter den Ölgemälden, die wir von Käthe haben, ist das in unserm Titelbild wiedergegebene eins der wertvollsten. Es ist das Gegenstück zu dem Bildnisse Luthers, das in unserm dritten Abschnitte steht. Beide Bilder sind wohl von Cranachs eigener Hand, wenn auch nicht mehr aus der Zeit seiner höchsten Künstlerschaft. Sie stammen aus dem Jahre 1526. Vor mehreren andern sehr ähnlichen Bildnissen Luthers und Käthes aus den Jahren 1525 und 1526 sind sie durch ihre Erhaltung ausgezeichnet; sie sind auch verhältnismäßig am eindrucksvollsten.

Mehrere Bildnisse aus den Jahren 1528 und 1529 wurden früher ebenfalls auf Cranach selbst zurückgeführt, sind aber bloße Gesellenarbeiten und nur insofern interessant, als sie Käthes Gesicht etwas voller zeigen als das Bild von 1526. Beide Gatten neigten eben zum Starkwerden. Schon deshalb ist ein bekanntes, auch in Kupferstich nachgebildetes Ölgemälde im Stadtgeschichtlichen Museum zu Leipzig aus der Reihe der Bildnisse Käthes zu streichen; die ältliche, ziemlich hagere Matrone, die auf diesem Leipziger Bilde vor uns steht, hat mit Käthe gar keine Ähnlichkeit, wahrscheinlich ist es ihre Freundin Walpurga Bugenhagen.

Die gleichzeitigen Holzschnitte Käthes gehen vielleicht auf Zeichnungen Cranachs zurück, sind aber an Bedeutung mit dem Cranachschen Bilde von 1526 und dem Kieritzscher Medaillon aus dem Jahre 1540 nicht zu vergleichen. Die zahlreichen Kupferstiche und Holzschnitte aus späterer Zeit haben überhaupt keinen selbständigen Wert.

Während Sammeleifer und fromme Wünsche manches Stück mit Luther und Käthe in Verbindung gebracht haben, das nie in ihrem Hause gewesen ist, haben Unachtsamkeit und Unkenntnis manches echte Stück zugrunde gehen lassen. Mußte doch noch 1846 ein Nachkomme Luthers in der weiblichen Linie darüber klagen, daß seine Stiefmutter wertvolle „Autographa und andere Denkwürdigkeiten", die aus dem Nachlasse Luthers und Käthes stammten und von einer Generation der andern anvertraut worden waren, nach dem Tode seines Vaters als Makulatur verbrannt hatte!

Luthers und Käthes Nachlaß wurde, wie wir wissen, durch den Erbteilungsvertrag vom 5. April 1554 unter die vier Kinder geteilt.

Der älteste Sohn Johann Luther war zu dieser Zeit wohl schon an der Kanzlei in Weimar tätig. Der alte, schwergeprüfte Herzog Johann Friedrich war im Sommer 1552 von Kaiser Karl V. aus der Haft entlassen worden und am 26. September unter dem Jubel seines treuen Volkes nach Weimar zurückgekehrt; er starb am 3. März 1554, kaum zwei Wochen nach dem Tode seiner Gattin Sibylle. Wahrscheinlich hatte Johann Luther seine Berufung nach Weimar noch dem alten Fürsten zu verdanken. Ende des Jahres 1554 hatte er bereits den Titel eines Kanzleirates. Als die Grumbachschen Händel zum Kriege führten, wurde er im Frühling 1566 von Herzog Johann Friedrich dem Mittleren nach Ostpreußen beurlaubt, wo seine Schwester Margarete verheiratet war. Danach scheint er eine Zeitlang an dem kurfürstlich brandenburgischen Hofe gedient zu haben. Auf einer zweiten Reise nach Ostpreußen starb er zu Königsberg am 27. Oktober 1575. Er war seit 1553 — in diesem Jahre hatte er wohl seine Berufung nach Weimar erhalten — mit Elisabeth Kreuziger vermählt, einer Tochter des verstorbenen Professors Kaspar Kreuziger. Aus dieser Ehe ging wohl nur eine Tochter Katharina hervor; sie verheiratete sich später, aber ihre Ehe blieb kinderlos, und so erlosch dieser Zweig der Familie auch in der weiblichen Linie schon mit der zweiten Generation.

Der andere Sohn Martin Luther studierte Theologie, trat aber nie in ein Amt ein und starb frühzeitig zu Wittenberg am 3. März 1565. Seine Ehe mit Anna Heilinger, einer Tochter des Wittenbergischen Bürgermeisters Thomas Heilinger, war nicht mit Kindern gesegnet.

Der jüngste Sohn Paul Luther, der Mediziner, vermählte sich am 5. Februar 1553, also wenige Wochen nach dem Tode seiner Mutter, mit Anna von Warbeck, der Tochter des kurfürstlichen Vizekanzlers und Rats Veit von Warbeck zu Torgau; ist das Datum der Hochzeit richtig überliefert, so wird Käthe ihre zukünftige Schwiegertochter noch kennengelernt haben. Nachdem Paul Luther 1557 in Wittenberg zum Doktor der Medizin erhoben worden war, lehrte er eine Zeitlang an der neuerrichteten Universität Jena, ging aber bald als Leibarzt der drei Ernestinischen Herzöge an deren Hof. Während der Belagerung des Grimmensteins im Jahre 1567 blieb er an der Seite des Herzogs Johann Friedrich in Gotha. Nach der Gefangennahme seines Herrn diente er dem Kurfürsten Joachim II. von Brandenburg, und dieser hielt ihn als seinen Leibarzt und Rat in hohen Ehren. Noch acht Tage vor seinem Tode war der greise Fürst am 28. Dezember 1570 bei Paul Luther zu Gast und leerte in einem Zuge den großen silbernen Becher, den Luther einst vom Schwedenkönige Gustav Wasa zum Geschenk erhalten hatte; am 3. Januar 1571 starb er zu Köpenick. Noch in demselben Jahre wurde Paul Luther von dem sächsischen Kurfürsten August als Leibarzt nach Dresden berufen. Er diente endlich auch noch dessen Nachfolger Christian I. Aber 1590 verließ er den kalvinisch gesinnten Dresdner Hof und zog sich in das orthodoxe Leipzig zurück. Hier starb er am 8. März 1593. Seiner Ehe entstammten sechs Kinder. Der älteste Sohn Johann Ernst Luther pflanzte den Mannesstamm weiter fort; sein Urenkel Martin Gottlob Luther, geboren zu Wurzen am 5. Juli 1707, gestorben als Advokat zu Dresden am 3. November 1759, war der letzte männliche Nachkomme Luthers und Käthes. Doch führen mehrere noch jetzt blühende Familien ihren Stammbaum in der weiblichen Linie auf Paul Luther zurück.

Um die Hand der einzigen Tochter Margarete Luther bewarb sich schon 1554 der junge, reiche ostpreußische Edelmann Georg von Kunheim, Erbherr auf Mühlhausen und Knauten. Früh verwaist, war er unter der Oberaufsicht seines Landesherrn, des Herzogs Albrecht, erzogen worden; seit 1550 studierte er in Wittenberg, wo er bei Melanchthons Freund Eber Wohnung und Tisch hatte. Er war noch minderjährig, als er sich eigenmächtig mit Margarete verlobte, und seine Vormunde, die mit seiner Brautwahl nicht einverstanden waren, setzten es beim Herzog Albrecht durch, daß der junge Herr von Kunheim den Befehl erhielt, ungesäumt heimzukehren. Da schrieb Melanchthon am 18. Dezember 1554 mit Tränen im Auge an den Fürsten, und seine Fürsprache scheint die Angelegenheit zugunsten der beiden jungen Leute entschieden zu haben. Am 5. August 1555 wurde die Hochzeit zu Wittenberg im Beisein vieler Grafen und Edlen und der

Professoren aufs feierlichste vollzogen. Nach einer sehr glücklichen Ehe starb Margarete schon 1570 in dem 36. Jahre ihres Alters zu Mühlhausen zwischen Elbing und Königsberg. Von ihren neun Kindern überlebten sie drei, und in den Nachkommen ihrer ältesten Tochter Margarete von Kunheim hat sich dieser Zweig der Familie in der weiblichen Linie ebenfalls bis auf die Gegenwart fortgepflanzt.

Stimmen der Zeitgenossen und Urteile der Nachwelt.

Als Luthers Käthe ist Katharina von Bora unsterblich geworden; Liebe und Haß haben uns ihr Lebensbild gezeichnet, weil sie Luthers Ehefrau gewesen ist.

An den widerlichen Äußerungen des Hasses dürfen wir rasch vorübergehen. Was unter den Zeitgenossen die „Leipziger Esel" oder ein Emser, ein Cochläus, ein Lemnius über Käthe gefabelt haben, ist offenbar erlogen und kann einem unbefangenen Leser nur die Röte der Scham und des Unwillens ins Gesicht treiben. Gegnerschaft ist zu leiden, aber unleidlich wird sie, wenn sie das Schandzeichen der Lüge und der Verleumdung an der Stirne trägt. Sollen wir das Zeugnis eines Zeitgenossen ernst nehmen, so müssen wir verlangen, daß er durch seine Beziehungen zu Wittenberg und seine Stellung zu Luther in der Lage gewesen sei, Käthe richtig zu beurteilen, und daß er wirklich den guten Willen gehabt habe, dies zu tun.

Hieran fehlt es aber auch den Biographen, die in späterer Zeit auf der Seite der Katholiken über Käthe geschrieben haben. Ein Biograph soll doch wenigstens danach streben, dem Menschen, über den er schreibt, gerecht zu werden. Aber bis auf den Pater Heinrich Denifle herab sind diese katholischen Schriftsteller von einer Gehässigkeit erfüllt, die von Gerechtigkeit ebensoweit entfernt ist wie Tag und Nacht. Wer aus zehn Zeugnissen, von denen neun günstig sind, während das zehnte ungünstig ist, gerade dieses eine Zeugnis, das ihm zustimmt, herausgreift und die andern neun, die ihm widersprechen, beiseite schiebt, der wird uns immer nur ein groteskes Zerrbild, nie ein lebenswahres Bild vor Augen stellen.

Auf der andern Seite dürfen freilich ebenso wenig ungünstige Zeugnisse verschwiegen werden, wenn sie auf unverdächtige Gewährsmänner zurückgehen und gut überliefert sind. Den zahlreichen Biographen, die in späterer Zeit aus den Reihen der Protestanten über Käthe geschrieben haben, ist der Vorwurf nicht ganz zu ersparen, daß sie ungünstige Zeugnisse zwar nicht verschweigen, aber doch nicht ernst genug nehmen. Von Johann Friedrich Mayer, der 1698 ihre erste Biographie herausgegeben hat, bis auf Albrecht Thoma, dem wir ihre jüngste Biographie verdanken, zeigt sich bei den protestantischen Schriftstellern ein gewisses Bestreben, Käthes Vorzüge ins hellste Licht zu rücken, ihre Fehler aber abzuschwächen, und sehr vorsichtig geht man um den unbestreitbar großen Einfluß herum, den sie auf ihren Gatten gehabt hat; es ist, als fürchtete man, Luthers Größe könnte dadurch beeinträchtigt werden, daß er zuweilen unter Käthes Einwirkung gehandelt hat.

Wo Licht ist, da ist auch Schatten. Sollten den großen Vorzügen, die Käthe gehabt hat, keine Fehler gegenüberstehen?

Ihre Vorzüge liegen für jeden, der nur sehen will, klar und offen da, und wir dürfen uns hier darauf beschränken, sie nochmals kurz hervorzuheben. Die Grundlagen ihres Wesens waren ihr rastloser Fleiß, ihre Wirtschaftlichkeit, ihre Sparsamkeit. Durch diese Tugenden brachte sie ihr Hauswesen allmählich empor. Der Vorwurf des Geizes ist bei der Mildtätigkeit und Gastfreundschaft, die sie an der Seite ihres Gatten ausübte, nicht aufrechtzuerhalten; sparsam war sie, geizig nicht.

Wie sie als Hausfrau makellos vor uns steht, so auch als Gattin und wohl auch als Mutter. Leidenschaftliche Liebe hatte Luther und Käthe zwar nicht zusammengeführt, aber aus ihrer Ehe wuchs ihnen die wahre Liebe hervor, die in der gegenseitigen Achtung und im wechselseitigen Verständnis wurzelt und alles überwindet, was sich zwischen Mann und Weib drängen will. Welches Vertrauen Luther auf seine

Käthe setzte, geht aus einem Wort hervor, das er im Dezember 1535 gesprochen hat: „Die Epistel an die Galater ist meine Epistel, der ich mich vertraut habe, meine Käthe von Bora."

Ihrer Mutterliebe entsprang wohl die große Sorglichkeit, die in ihr einheitliches Charakterbild etwas Fremdes hineinzutragen scheint. In der Liebe zu den Ihrigen war sie leicht zu Sorgen und Befürchtungen geneigt, aber die Not fand sie stets tapfer und unerschrocken. Von der Aufopferung, mit der sie ihren Gatten und ihre Kinder hegte und pflegte, hat ihr Gatte selbst oft genug gesprochen.

Ob sie in ihrer Mutterliebe gegen die Kinder zuweilen schwach war? Schon ihr Gatte klagte darüber, daß ihm manches in seinem Hause verheimlicht würde, und der Kanzler Brück wies auf die Gefahr hin, die Witwe könnte ihren Söhnen zu viel freien Lauf lassen. Die beiden Ältesten rückten ja später auch nicht in höhere Stellungen auf. Aber dürfen wir der Mutter daraus einen Vorwurf machen? Martin war kränklich und Johannes wenig begabt; es waren Mängel der Beanlagung, nicht der Erziehung. Und Paul, der jüngste, dessen Entwicklung vom Knaben zum Jüngling ganz in die Zeit der Witwenschaft Käthes fiel, wurde später der tüchtigste. — Groß war Käthes Mutterliebe und fähig zu jedem Opfer. Ihr eigenes Leben setzte sie auf ihrer letzten Fahrt nach Torgau ein, um ihre Kinder zu retten.

In der Liebe zu ihrem Gatten fand sie auch die Kraft, eine üble Charaktereigenschaft wenigstens ihm gegenüber zu unterdrücken. Sie war stolz und selbstbewußt, wie es oft bei energischen Naturen der Fall ist, und als Luthers Gattin wurde sie gewiß nicht bescheidener oder demütiger gegen andere. Ein kleiner Zettel, den Luther einmal — wir wissen leider nicht, wann oder an wen — geschrieben hat, lautet: „Meine Ketha läßt auch freundlich warnen, daß Ihr ja beileib kein Bauernkloppel zur Ehe nehmet, denn sie sind grob und stolz, können die Männer nicht vor gut haben, können auch weder kochen noch keltern." Haec Ketha, 4. hora, setzt Luther lateinisch hinzu, das heißt: Käthe hatte dieses geflügelte Wort um 4 Uhr gesprochen. Wie wir wissen, hielt Luther selbst seine Käthe für hochmütig, ehe er sie als Gattin heimführte. Aber bald sah er ein, daß sie ihm willfähriger und gehorsamer war, als er je gehofft hatte. Gegen andere freilich blieb sie stolz; der Tischgenosse, der jene Äußerung Luthers über ihren Hochmut nachschrieb, fügte hinzu: sic est, „so ist's". Sie beugte sich eben nur vor einem Herrn, vor ihrem lieben Herrn. Vor ihm demütigte sie sich, wie er selbst bezeugt, bis zu den Diensten einer Magd.

Wie ist es aber mit ihrer Demut zu vereinigen, daß ihr Herrschsucht nachgesagt wird? Die Antwort auf diese Frage liegt in dem Verhältnis, in dem die beiden Gatten zueinander gestanden haben. Wir haben Käthe nun als treue Gattin, als liebevolle Mutter, als tüchtige Wirtschafterin kennenlernen; ist sie ihrem Gatten vielleicht noch mehr gewesen?

Es ist bedauerlich, daß sie in den Tischreden so selten zu Worte kommt — den Tischgenossen lag ja bei ihren Niederschriften nur an Luthers Reden — und daß ihr Briefwechsel bis auf einige Geschäftsbriefe, Bitt= und Dankbriefe verschollen ist. Der einzige Brief an ihre Schwägerin Christina von Bora schlägt tiefere Klänge an und läßt uns ahnen, was wir dadurch verloren haben, daß wir die zahlreichen Briefe, die sie an ihren Gatten und später an ihren ältesten Sohn Hans geschrieben hat, nicht mehr lesen können. Es ist uns damit zugleich die Möglichkeit genommen, von ihrem Geist und ihrer Bildung eine sichere Vorstellung zu gewinnen.

Zweifellos war sie eine gescheite Frau, oder wie sie von Zeitgenossen genannt wird, eine kluge, verständige Frau. Sie hatte einen lebhaften Geist und einen heiteren Sinn. Sie war auch eine gebildete Frau, ohne jedoch eine gelehrte Frau zu sein; dies hat ihr jüngster Biograph Albrecht Thoma mit Recht hervorgehoben. Sie fand sich in der Bibel ebenso zurecht wie in ihrem kleinen Katechismus. Ihre Briefe sagte sie zwar lieber einem andern in die Feder, als daß sie sie selbst geschrieben hätte, aber die wenigen Zeilen, die wir von ihrer Hand haben, sind durchaus nicht ungelenk, zeigen vielmehr gewandte und charakteristische Schriftzüge. Lateinisch verstand sie genug, um einer leichten Unterhaltung zu folgen und selbst einige lateinische Worte dazwischen werfen zu können. Die Briefe, die ihr Gatte an sie gerichtet hat, sind aber ganz deutsch; in einen einzigen hat er ein paar lateinische Sätze eingeschoben, die weniger für sie als für Bugenhagen bestimmt waren, und als er ihr einmal ein längeres lateinisches Schreiben schickte, bat er sie, sich's von Bugenhagen oder Peter Weller lesen, das heißt übersetzen zu lassen. Es war ja freilich leichter, an Gesprächen teilzunehmen, wie sie an Luthers Tische geführt wurden, deutsch und lateinisch durcheinander, als ein ganzes langes Schriftstück theologischen Inhalts zu verstehen. Greulich fand sie die griechische Sprache. Ihr Gatte gab sich vergebliche Mühe, ihr den Spruch: „Der Gerechte wird seines Glaubens leben" auf griechisch einzuprägen; sie antwortete nur: „Lieber Gott, wer soll das nachsprechen!" So legte sie sich auch das griechische Wort Katechismus auf ihre Art zurecht, aber es wäre ungerecht, ihr die Kattegissemam als einen Mangel an Bildung vorzuhalten; da müßte man den gleichen Vorwurf gegen Luther selbst richten, denn auch er schreibt gelegentlich Porse statt Bursa.

Bibelfest und fromm war Käthe, aber zur Theologie hatte sie keine Anlage. Ihr Gatte brachte sie mehr als einmal durch neckische Paradoxien in Aufregung oder Verlegenheit. So erklärte er einmal 1532, es würde noch dahin kommen, daß ein Mann mehr als ein Weib nähme. „Das glaub' der Teufel!" rief Käthe erschrocken, und als er seinen Ausspruch zu begründen suchte, rückte sie mit einem Spruch des Apostels Paulus hervor, aber der Herr Doktor zerpflückte ihr diesen Spruch und scherzte mit ihr, bis sie erklärte: „Bevor ich das zulasse, will ich lieber wieder ins Kloster gehen und Euch und alle Kinder im Stich lassen." Als er in demselben Jahre einmal sagte: „Der Teufel würget uns alle; Satan hat Gottes Sohn erwürget", da fiel sie ihm ins Wort: „Ei nein, lieber Herr Doktor, das glaub' ich nicht!" Ein andermal legte er ihr die Frage vor, ob sie auch glaubte, daß sie heilig wäre? Erstaunt antwortete sie: „Wie kann ich heilig sein? Bin ich doch eine große Sünderin." Feiner unterschied Lauterbachs Frau Agnes, indem sie erwiderte: „Ich bin heilig, weil ich glaube, eine Sünderin aber, weil ich Mensch bin." Luther hatte die Antwort erwartet: „Ich glaube an meine Heiligung, weil ich getauft und eine Christin bin und an das Sakrament der Taufe glaube." Diese richtige Antwort fand keine der beiden Frauen. Ebenso griff Käthe daneben, als sie 1540 von dem Doktor Schenk sagte: „Ich möchte dem Doktor Kuckuck meine Tochter nicht geben, denn er predigt das Evangelium nicht lauter." „Nicht doch!" mußte Luther sie da verbessern; „das Evangelium predigt er richtig, aber das Gesetz predigt er falsch."

In seiner Theologie wurde Luther also gewiß nicht durch seine Käthe beeinflußt, und es war nur ein Scherz, wenn er sie seine „tiefgelehrte" Frau nannte. Noch weniger hatte sie im Ernste bei der Besetzung von Pfarrstellen ihren Rat dazu zu geben. Allerdings schrieb ihr Luther am 2. Juli 1540: „Ich hab' dem Doktor Pommer, Pfarrer, geschrieben, wie der Graf zu Schwarzburg einen Pfarrer gen Greußen bittet; da magst Du auch als eine kluge Frau und Doktorin mit Magister Georg Major und Magister Ambrosio helfen zu raten, welcher unter den dreien sich wolle bereden lassen, die ich dem Pommer angezeigt. Es ist nicht eine schlechte Pfarre, doch seid Ihr klug und macht's besser." Öffnet sich hier nicht der Ausblick auf ein wundersames Bild? Käthe hat Sitz und Stimme unter den Wittenbergischen Theologen! Aber das Bild entschwindet uns gleich wieder. Abgesehen davon, daß wir bei diesen Worten nicht recht wissen, wo der Scherz aufhört und der Ernst anfängt, handelte es sich ja gar nicht darum, unter den drei Männern, die Luther vorgeschlagen hatte, den tüchtigsten oder den würdigsten herauszufinden — würdig waren wohl alle drei —, sondern einen von ihnen zu überreden, daß er dem Rufe folgte. Bei ihrer hohen Redegabe hatte Käthe auch eine große Überredungskunst.

Sagte doch Luther selbst zu ihr: „Du überredest mich, wozu du willst!" Und Zeitgenossen, die ihm sehr nahe gestanden haben, wie Cordatus, Kreuziger und Agrikola, bezeugen uns übereinstimmend, daß sie eine Gewalt über ihn hatte wie kein anderer Mensch.

Aber worin bestand nun eigentlich ihr Einfluß, und auf welchen Gebieten machte er sich geltend?

Von Anfang an hatte Luther seiner Käthe den ganzen Haushalt zugewiesen. In diesem ihrem Reiche herrschte sie fast unbeschränkt, und er fühlte sich so wohl dabei, daß er nicht müde wurde, sie mit ihrer Herrschaft zu necken und sich vor seinen Freunden als den armen, unterdrückten Ehemann hinzustellen. Schon acht Tage nach der Hochzeit hatte er für sie den Kosenamen „mein Herr Catherin" gefunden, und mit immer neuem Behagen variierte er seitdem das Thema mea Ketha — meus Ketha. Einen scherzhaften Brief, den er am 18. März 1535 an den Mansfeldischen Kanzler Müller schrieb, unterzeichnete er: „Doktor Martinus, Doktor Luther, Doktor Hans", und wie aus einer Randbemerkung hervorgeht, sollte Doktor Luther seine Käthe und Doktor Hans sein neunjähriges Söhnchen sein, Kaspar Müllers Patenkind. Käthe war also der Doktor Luther — aber unbeschadet seines Rechts.

Es wäre ja komisch, wollte jemand alle diese Äußerungen Luthers anders auffassen als wie sie gemeint sind, nämlich im Scherz. Luther war wirklich nicht von dem Holze, aus dem die gefügigen Ehemänner geschnitzt werden. Und wenn er ernsthaft von seiner Käthe sprach, lauteten seine Worte ganz anders; da pries er ihre Dienstfertigkeit und Willigkeit. Die geschäftige Anmut, mit der sie im Hause schaltete und waltete, und ihre Bescheidenheit und Klugheit werden auch von Capito und ihrem langjährigen Tischgenossen Hieronymus Weller hoch gepriesen. Weller schreibt: „Ich entsinne mich, daß Luther oft gesagt hat, er wünschte sich von Herzen Glück dazu, daß ihm Gott eine so gefügige, bescheidene und kluge Gattin geschenkt hätte; ausgezeichnet verstünde sie es, seine Gesundheit zu pflegen und zu erhalten, geschickt wüßte sie sich seinem Charakter anzupassen und seine Fehler und unangenehmen Eigenschaften mit Sanftmut zu ertragen."

Luther kannte seine Fehler. Hatte Käthe ihren Stolz und ihren starken Willen, so er seinen Eigensinn; eigensinnigissimum nannte er seinen Kopf. Wie sehr er es gerade in Kleinigkeiten war, möge ein Erlebnis zeigen, das Lauterbach überliefert hat. Schon im Sommer 1538 hatte Luther einmal von der Ungeschicklichkeit der deutschen Handwerker gesprochen: Wenig Arbeit, viel Lohn, wäre ihr Wahlspruch; in Italien gäbe es geschicktere Schneider, darum wollte er sich keine neuen Hosen mehr machen lassen: „Ich hab' dies Paar Hosen selber viermal geflickt; will sie noch ehe mehr flicken, ehe ich mir neue laß machen." Er scheint aber hierzu kein so dauerhaftes Zeug genommen zu haben wie einer seiner Leipziger Gegner, der geizige Doktor Hieronymus Dungersheim von Ochsenfurt, der sich den Hosenboden mit Pergament und Schuhdraht sicherte. Schon im nächsten Jahre fand Käthe eines Tages ein Stück Tuch aus den Höschen eines ihrer Jungen herausgeschnitten, und als sie dem Urheber des schlimmen Schadens nachging, stellte sich's heraus, daß der Herr Doktor diesen Flicken höchst eigenhändig auf seine Hosen aufgenäht hatte. Er entschuldigte sich nun zwar damit, Friedrich der Weise und Kurfürst Hans hätten ihre Hosen ebenfalls selbst geflickt, aber daß sie dabei dem Kurprinzen seine Höschen zerschnitten hätten, konnte er wohl nicht nachweisen, und sehr friedlich wird Käthes Stimmung an diesem Tage nicht gewesen sein.

Auch sonst konnte es in einem so großen Haushalte nicht an kleinen Verstimmungen fehlen. Doch hören wir sehr selten davon, und das ist um so bemerkenswerter, als Luther und Käthe bei ihrem Naturell mit einem Vorwurf oder einer kleinen Gardinenpredigt sicherlich nicht so lange zurückhielten, bis sie ganz allein waren. Ungeduldig und ohne seine Verstimmung vor den Tischgenossen zu bemeistern, klagte er einmal, daß er auch mit Kätha von Boren Geduld haben müßte, daß ihn die Schneider, Schuster, Buchbinder, sein Weib immer wieder warten ließen; wenn er noch einmal freien wollte, klagte er ein andermal, so wollte er sich ein gehorsam Weib aus einem Stein hauen, denn er hätte verzweifelt an aller Weiber Gehorsam. Ein einziges Mal wird uns berichtet, daß sie einen unbedeutenden Streit mit ihm hatte, und daß er dann zu Veit Dietrich sagte, er stünde auch von ihr einen Zorn aus, da er ja noch ganz andern Zorn bestehen könnte. Für gewöhnlich werden ihre Bitten und Tränen seinen Sinn rasch erweicht haben, und kam es doch zu einem kleinen Ungewitter, so wußten beide, daß das in einer rechten Ehe nur die Oberfläche berührt und nicht in die Tiefe geht. „Ob sie gleich bisweilen schnurren und murren", sagt Luther von zwei in Eintracht lebenden Eheleuten, „das muß nicht schaden! Es gehet in der Ehe nicht allzeit schnurgleich zu; ist ein zufällig Ding, des muß man sich ergeben."

Das Verhältnis der beiden Gatten im Schwarzen Kloster war so beschaffen, daß es für jedes christliche Haus vorbildlich ist. Wohl durfte sich die Frau in ihrem Reich als Herrin fühlen, aber doch nur insoweit, als der Mann, dem ihre Arbeit und ihre Sorge und Pflege galten, in dem Mittelpunkt des Ganzen stand.

Mehrere Zeitgenossen berichten nun aber, Käthes Einfluß auf ihren Gatten wäre über ihr Reich hinausgegangen. Bei dem Zerwürfnis, das Luther in seinen letzten Lebensjahren von den Juristen schied, war es in Wittenberg fast ein Stadtgespräch, daß der Herr Doktor aus Eingebung und Antrieb seiner Gattin handelte. Man hat dies Gerücht als einen grundlosen Klatsch bezeichnet, und Luther selbst hat sich sehr scharf darüber ausgesprochen, daß er sich von seinem Weibe etwa in Sachen des Haushalts oder des Tisches (der Bursa) leiten lasse, aber in Dingen des Gewissens und der Schrift erkenne er keinen andern Lehrer und Doktor an als den Heiligen Geist.

Es kann ja auch keine Rede davon sein, daß sich ein Luther je von seiner Frau in theologischen Fragen hätte leiten lassen. Daß er sich aber gelegentlich auch in solchen Fragen von ihr beeinflussen ließ, dafür liegen Tatsachen vor, aus dem ersten Jahre seiner Ehe, da er — wie er selbst bezeugt — nur auf ihre Bitten hin seine entscheidende Schrift gegen Erasmus schrieb, und aus dem letzten Jahre seiner Ehe, da er — wie der Kanzler Brück bezeugt — durch einige Worte seiner Frau zu einer harten Antwort an den Beamten des Kanzlers bestimmt wurde.

Gegenüber diesen Tatsachen ist es unmöglich, von einem grundlosen Klatsch zu sprechen. Wir werden vielmehr durch sie gezwungen, auch die schwerwiegenden Zeugnisse Agrikolas und Kreuzigers näher ins Auge zu fassen.

Agrikola hat nach seiner Flucht aus Wittenberg eigenhändig Erinnerungen aus seinem Leben in ein altes hebräisches Buch eingeschrieben.[*] Darin gedenkt er auch der antino-

---

[*] Die im Texte ganz deutsch wiedergegebene Stelle lautet im Urtext: „Do hat die Domina Ketha, rectrix coeli et terrae, Juno coniunx et Soror Jouis, Die ben man regirt wuhin sie wil, eyn mal eyn gutt wort von myr geredt. Idem fecit et Jonas."

miſtiſchen Streitigkeiten und erzählt, Luther habe ſeine Verteidigungsbriefe nicht einmal leſen wollen: „Da hat die Frau Ketha, die Regentin im Himmel und auf Erden, Juno, die Gattin und die Schweſter des Jupiter, die den Mann regiert, wohin ſie will, die hat einmal ein gut Wort von mir geredet. Dasſelbe hat auch Jonas getan." Und nun erſt habe Luther ſeine Briefe geleſen. — Die Erbitterung, in der Agrikola damals aus Wittenberg entwichen war, klingt noch in dieſen Worten wieder.

Mit ruhigen Worten aber ſchreibt Kreuziger am 15. Februar 1544 während des Zerwürfniſſes zwiſchen Luther und den Juriſten an ſeinen Freund Veit Dietrich in Nürnberg: „Du weißt, daß er zu vielem, was ihn entflammt, eine Fackel in ſeinem Hauſe hat."

Dieſe Männer glaubten alſo einen recht weitgehenden Einfluß Käthes auf Luther wahrzunehmen. Und doch durfte Luther ſelbſt jeden Verdacht einer Beeinfluſſung durch ſeine Frau von ſich weiſen? Zweifellos mit Recht. Er dachte nur an die Lehre, für die er eintrat, und an die theologiſchen Streitfragen, in denen er gegen ſeine Widerſacher kämpfte; aus ſachlichen Beweggründen trat Käthe wohl ſelten einmal beſchwichtigend oder aufreizend an ihn heran. Sie ließ ſich vielmehr von ihrer perſönlichen Teilnahme und von ihren Gefühlen leiten. Bei der rückhaltloſen Offenheit, mit der er von ſeinen Freunden und Feinden ſprach, und bei der Verehrung, mit der ſie zu ihm aufblickte, konnte es nicht ausbleiben, daß ſeine Freunde ihre Freunde und ſeine Feinde auch ihre Feinde wurden. Seine Größe war ja ihr höchſter Stolz. Da aber auf dieſer Welt Perſonen und Sachen nicht voneinander zu trennen ſind, ſo erſtreckte ſich ihr Einfluß gelegentlich über die Perſon hinweg auf die Sache.

Als ſie in den erſten Monaten ihrer Ehe darauf beſtand, ihr Gatte dürfte Erasmus nicht ohne Antwort laſſen, da war ſie, wie wir wiſſen, von Camerarius ins Vordertreffen geſchoben worden. Camerarius ließ ſich dabei gewiß von ſachlichen Beweggründen leiten. Die Streitſchrift, die Erasmus veröffentlicht hatte, war die Kriegserklärung der Humaniſten an den Reformator, und bei der Bedeutung der beiden Männer mußte der Kampf aufgenommen und bis zu einem ehrenvollen Vergleich oder bis zu der Niederlage des einen Gegners durchgefochten werden. Für solche Erwägungen mochte Käthe wenig Verständnis haben. Aber das erfaßte sie, daß die Gegner in dem hartnäckigen Schweigen ihres Gatten leicht das Zugeständnis seiner Niederlage sehen könnten — eine Besorgnis, die übrigens Luther selbst teilte —, und sie ließ nicht ab, ihn mit flehentlichen Bitten zu bestürmen, bis er, der fast ein Jahr lang unwillig gezaubert hatte, endlich seinen Widerwillen bezwang und nun in wenigen Wochen seine Entgegnung niederschrieb.

Handelte sie hier aus Liebe zu ihrem Gatten, so ließ sie sich in andern Fällen durch Freundschaft bestimmen. Wie sie für einen ihrer Tischgenossen, den Magister Sachse, bei Melanchthon eintrat, so vertrat sie Melanchthon selbst bei ihrem Gatten und suchte eine freundschaftliche Aussprache herbeizuführen, um ihre Verstimmung zu heben. Ebenso erfreute sich Agrikola ihrer Fürsprache, aber gerade er mußte an sich erfahren, daß ihr Einfluß durchaus nicht grenzenlos war, daß er vielmehr in dem noch stärkeren Willen und der Überzeugungstreue ihres Gatten eine unüberschreitbare Schranke fand. Trotz ihren Tränen blieb Luther gegen Agrikola unversöhnlich.

Sie vermochte wohl überhaupt nur dann wirklich auf ihn einzuwirken, wenn sie bei ihm einer Stimmung oder einer Erregung begegnete, die ihr entgegenkam. In diesem Falle hatte sie allerdings eine große Gewalt über ihn. Sie war ja keine stumpfsinnige oder einfältige Natur, die ganz in den kleinen Sorgen des täglichen Lebens aufgegangen wäre oder dem Lebenswerke ihres Gatten und seinen Kämpfen teilnahmlos gegenübergestanden hätte. Sie war gescheit, lebhaft und beredt, und sie haßte seine Gegner; sie wünschte sich einmal etwas Allmacht, um alles, was ihm entgegenstand, niederzustrecken. Sicherlich stand sie auch in dem Zerwürfnisse zwischen ihm und den Juristen auf seiner Seite. Die Urheberin dieses Zerwürfnisses war sie selbstverständlich nicht, aber sie schürte seinen Zorn. Wie ihr Zusammenstoß mit dem Beamten des Kanzlers bewies, genügten zuweilen einige wenige Worte von ihr, den verhaltenen Groll ihres Gatten zum offenen Ausbruch zu bringen.

Ihr Einfluß mag manchmal mitgewirkt haben, ohne daß wir davon hören. Im fünften Abschnitt haben wir zwei überaus heftige Briefe Luthers kennenlernen, den einen an den Zeugmeister Friedrich von der Grune wegen der Schanzarbeiten, die das Schwarze Kloster bedrohten, den andern an Spalatin wegen einer wirklichen oder vermeintlichen Schädigung, die Käthe durch den Altenburger Schösser erlitten hatte. Die maßlose Heftigkeit der Sprache ist bei Luther sonst in persönlichen Angelegenheiten etwas Unerhörtes, und in einem zweiten Brief an Spalatin entschuldigt er sich selbst deshalb: Ihm läge ja wenig an solchen Dingen, aber er wäre verheiratet! Sollte Käthe nicht auch hier die Hausfackel gewesen sein?

Bei seinem cholerischen Temperament und ihrem energischen Charakter dürfte ihr Einfluß öfter nachteilig als günstig gewesen sein. Dies schadete ihnen beiden. Er kam dadurch in das Gerede, als ließe er sich auch in rein sachlichen Fragen von seiner Frau beeinflussen — ein Verdacht, der nach allem, was wir wissen, entschieden abzuweisen ist —, und ihr selbst erwuchs daraus Feindschaft. Die Abneigung des Kanzlers Brück wurzelte wohl hauptsächlich darin, daß er — mit Recht oder mit Unrecht — mehr als einmal auf seinem Wege dem Widerstande Käthes begegnet zu sein glaubte.

Wir werden also zugestehen müssen, daß Käthe zuweilen einen starken Einfluß auf Luther ausübte; wir dürfen aber zugleich nochmals hervorheben, daß sie dabei nicht aus Herrschsucht handelte, sondern aus Liebe zu ihrem Gatten oder aus Freundschaft für seine Mitarbeiter oder aus Feindschaft gegen seine Widersacher. Von ihrer Herrschsucht könnten wir nur dann sprechen, wenn sie ihn gegen seinen Willen zu etwas überredet hätte, aber das war unsers Wissens nie der Fall; wenn sie wirklich einmal etwas bei ihm durchzusetzen vermochte, wie gegen Erasmus oder dem Beamten des Kanzlers, da war ihr seine Stimmung auf dem halben Wege entgegengekommen, und ihr Zureden hätte für ihn eher Übereinstimmung als Überredung bedeutet.

Nur bei der alles überragenden Stellung, die er innehatte, war es ferner möglich, daß die Zeitgenossen an seiner Frau eben das tadelten, was sie bei jeder andern Frau selbstverständlich und ganz in der Ordnung gefunden hätten. Ober ist es nicht das gute Recht der Frau, an den Sorgen ihres Mannes teilzunehmen und gelegentlich, gefragt oder ungefragt, ihre Meinung zu äußern? Sache des Mannes ist es, die Entscheidung in seiner Hand zu halten. Darin ließ sich Luther auch von seiner Käthe nicht beeinflussen, das zeigt sein Verhalten gegen Agrikola.

Wie weit er sie aber in die kirchlichen und politischen Fragen, die ihn beschäftigten, einweihte, geht schließlich aus seinen Briefen hervor. Der erste Brief, den er ihr überhaupt geschrieben hat, der vom 4. Oktober 1529 aus Marburg, enthält fast nur Mitteilungen theologischen Inhalts, und ebenso schickte er ihr in späteren Jahren außer allerhand Aufträgen und Grüßen auch theologische und politische Neuigkeiten, bald ausführlicher, bald nur in kurzen Andeutungen. Er wußte eben, daß sie nicht völlig in ihrem Haushalt aufging. Sie brachte auch den Dingen, die ihn bewegten, ein offenes Herz und ein gewisses Verständnis entgegen.

Was er von einer guten Ehefrau verlangte, daß sie ihrem Gatten ein freundlicher, holdseliger und kurzweiliger Gesell des Lebens sein sollte, das war seine Käthe für ihn, und darum liebte er sie, liebte er sie mehr als sich selbst. „Ich habe meine Käthe lieb", sagte er schon 1532, „ja ich hab' sie lieber, denn mich selber, das ist gewißlich wahr; das ist, ich wollte lieber sterben, denn daß sie und die Kinderlein sollten sterben." Daß sie nicht fehlerfrei war, wußte er, ebenso wie er wußte, daß er seine Fehler hatte, aber er erklärte, daß er seine Käthe nicht um Frankreich, noch um Venedig hingeben wollte, denn sie wäre ihm von Gott gegeben, wie er auch ihr; sie wäre ein treues Weib, und ihre Tugenden wären viel größer als ihre Mängel.

So urteilte der große Mann, der ihr auf dieser Welt am nächsten gestanden hat, und wir werden gut daran tun, uns bei seinem Urteile zu bescheiden.

Wir wollen sie nicht zu einer Heiligen oder gar zu einem Engel erheben; sie war eine Frau mit starken Leidenschaften und wußte zu lieben und zu hassen. Aber wir wollen uns ihr Bild auch nicht verunstalten lassen und wollen nicht mäkeln und nörgeln, wo ihr eigener Gatte ihre Fehler entschuldigt und ihre Tugenden gepriesen hat.

Für ihn ist sie die rechte Frau gewesen, und erst in der Ehe mit ihr ist er der ganze Luther geworden. Der gewaltige Doktor Martinus, dessen Geist in uns lebt, hätte ja keiner Katharina von Bora bedurft, um die weltgeschichtliche Persönlichkeit zu werden, die er ist; aber der liebe Herr Doktor, an dessen treuem deutschen Gemüte wir uns erfreuen, ist ohne seine Käthe undenkbar.

Zeittafel.

1483 10. Nov. Martin Luther zu Eisleben geboren.
1499 29. Jan. Katharina von Bora zu Lippendorf geboren.
1504 (oder 1505). Käthe auf der Klosterschule zu Brehna.
1508 (oder 1509). Käthe in dem Kloster zu Nimbschen.
1515 8. Okt. Käthes Einsegnung als Nonne in Nimbschen.
1517 31. Okt. Luthers 95 Thesen.
1523 4./5. Apr. Käthes Flucht aus dem Kloster Nimbschen.
 bis 1525. Käthes Aufenthalt in Mag. Reichenbachs (und in Cranachs) Haus in Wittenberg; Baumgärtner und Doktor Glatz.
1525 Frühjahr. Der Bauernkrieg.
 5. Mai. Kurfürst Friedrich der Weise stirbt; Johann der Beständige.
 13. Juni. Luthers und Käthes Hochzeitstag.
 27. Juni. Die Hochzeitsfeier.
1526 7. Juni. Johannes Luther geboren.
1527 6. Juli. Luthers erste schwere Erkrankung.
 Spätherbst. Die Pest in Wittenberg.
 10. Dez. Elisabeth Luther geboren.
1528 3. Aug. Elisabeth Luther stirbt.
1529 4. Mai. Magdalena Luther geboren.
 Sept. Luther in Marburg.
1530 Apr. bis Okt. Luther auf der Koburg.
1531 9. Nov. Martin Luther geboren.
 ? Erwerbung des Gärtchens im Eichenpfuhl.
1532 4. Febr. Verschreibung des Schwarzen Klosters an Luther und Käthe und ihre Leibeserben.
 19. Apr. Erwerbung des Baumgartens am Saumarkt.
 16. Aug. Kurfürst Johann der Beständige stirbt; Johann Friedrich der Großmütige.
1536 28. Jan. Paul Luther geboren.
1534 17. Dez. Margarete Luther geboren.
1535 Sommer. Die Pest in Wittenberg.
 bis 1540. Um- und Neubauten im Schwarzen Kloster.
1537 Febr. Luthers zweite schwere Erkrankung in Schmalkalden.

1539 ? Pachtung des Gutes Boos.
Herbst. Die Pest in Wittenberg.
1540 Jan. u. Febr. Käthes schwere Erkrankung.
Mai. Erwerbung des Gütchens Zölsdorf.
1541 Erwerbung von Brisgers Häuschen.
1542 6. Jan. Luthers Testament.
20. Sept. Magdalena Luther stirbt.
1544 Erwerbung des Hopfengartens an der Specke und des Gartens im Elsholze.
1546 18. Febr. Luther stirbt zu Eisleben.
22. Febr. Die Beisetzung in Wittenberg.
März bis Juni. Ordnung des Nachlasses; Erwerbung des Gutes Wachsdorf.
Sommer. Ausbruch des Schmalkaldischen Krieges.
Nov. Käthes erste Flucht aus Wittenberg; Aufenthalt in Magdeburg.
1547 März? Käthes Rückkehr nach Wittenberg.
24. Apr. Schlacht auf der Lochauer Heide.
Käthes zweite Flucht aus Wittenberg; Aufenthalt in Braunschweig.
Anfang Juli. Käthes zweite Rückkehr nach Wittenberg.
1548 bis 1552. Kriegsschäden und Prozesse.
1552 Sommer. Die Pest in Wittenberg.
Sept. Käthe verunglückt auf der Fahrt nach Torgau.
20. Dez. Käthe stirbt in Torgau.
21. Dez. Die Beisetzung in der Pfarrkirche zu Torgau.

Inhaltsübersicht.

Lippendorf, Brehna, Nimbschen	1
Von Nimbschen nach Wittenberg	26
In Magister Reichenbachs Haus	46
Käthes Einzug ins Schwarze Kloster	60
Der Morgenstern von Wittenberg	77
Kinder und Pflegekinder	117
Hausgenossen	156
Freunde und Gastfreunde	188
Luthers Tod	212
Im Elend	242
Von Wittenberg nach Torgau	257
Stimmen der Zeitgenossen und Urteile der Nachwelt	263
Zeittafel	277

www.ingramcontent.com/pod-product-compliance
Lightning Source LLC
Chambersburg PA
CBHW050858300426
44111CB00010B/1294